青春奥秘
——青年的历史存在与社会角色

谢昌逵◎著

出版资助单位
上海社会科学院国民精神与素质研究中心
河南师范大学青少年问题研究中心

中国发展出版社
CHINA DEVELOPMENT PRESS

图书在版编目（CIP）数据

青春奥秘：青年的历史存在与社会角色/谢昌逵著．—北京：中国发展出版社，2017.5

ISBN 978 – 7 –5177 – 0676 – 2

Ⅰ.①青… Ⅱ.①谢… Ⅲ.①青年—研究—中国 Ⅳ.①D432.6

中国版本图书馆 CIP 数据核字（2017）第 085232 号

书　　　名：青春奥秘：青年的历史存在与社会角色
著作责任者：谢昌逵
出 版 发 行：中国发展出版社
　　　　　　（北京市西城区百万庄大街16号8层　100037）
标 准 书 号：ISBN 978 – 7 –5177 – 0676 – 2
经 　销 　者：各地新华书店
印 　刷 　者：北京市密东印刷有限公司
开　　　本：700mm×1000mm　1/16
印　　　张：19.5
字　　　数：350 千字
版　　　次：2017 年 5 月第 1 版
印　　　次：2017 年 5 月第 1 次印刷
定　　　价：48.00 元

联 系 电 话：(010) 68990535　68990692
购 书 热 线：(010) 68990682　68990686
网 络 订 购：http://zgfzcbs.tmall.com
网 购 电 话：(010) 68990639　88333349
本 社 网 址：http://www.develpress.com.cn
电 子 邮 件：10561295@qq.com

一

　　"青年"的概念起于对"青春"的认识。屈原在《楚辞·大招》开篇中说："青春受谢，白日昭只，春气奋发，万物遽只"，汉代文学家刘向解释为春季来临。这种将青年现象与自然现象相统一的对青春的赞美，古诗文中还有不少。青年作为人的理想形态的出现，亦源远流长，法国著名思想家埃德加·莫兰推论从原人向智人进化的过程中存在族类的青春化。这里暂且按下不表。我们想说的是，中国社会在前进，中国青年也在进步，作为时代晴雨表与时代性格的青年，对于现代化进程中的社会转型有着最为敏感的反应。首先，青年要求个性解放的价值转变与个人物质利益得到承认的社会环境是相适应的；其次，社会流动的增加与就业政策的改变又增加了青年追求的自由度；再次，大众文化的兴起填平了精英文化与平民文化、高雅文化与世俗文化的鸿沟，培养了青年民主、平等的意识。经济发展、自主意识增强、用消费与时尚实现自我的身份认同，以及追求世俗化和日常生活审美化等等，无处不沾染上后现代的气息。

　　后现代主义的解构使得现世生活、感官享受读得到了肯定，青年在社会生活中的地位与作用越来越凸显。世俗化的进展增强了青年的自主性、主体性，全球化背景下的社会变迁，使青年社会化的传统模式在主客观上都发生了变化，由家长、教师、领导主导的生活、学习、工作，演变成为在同伴的水平联系中个人有了更大可能性的选项，青年成为自身社会化的积极参与者，而网络在青年的交流平台和展示平台。80后、90后突出的特征就是网络一代，跨文化收集信息的一代。网络对当代青年不仅具有极高的娱乐价值，而且是组织公益性互助性活动、进行各种讨论、作为政治或准政治交流的工具。

后现代社会中，一方面是价值的多元化、相对化，对价值观与生活方式可以用个人的标准任意解释，何谓幸福美好的人生已没有普遍而客观的评判尺度；另一方面，由于在个人无限选择的机会面前却不具备选择的能力，人的依附性从对神转向为对物，认同于科技飞速发展所造成的现代社会结构与文化模式而成为赶时髦、随大流的"单向度的人"。这种种社会心态在青年身上一样得到了淋漓尽致的反映。

后现代化主义将"启蒙"与"理性"重新拆解、拼贴，构成新的"景观"。可以说中国改革开放后成长起来的一代青年是"改弦更张"、"脱胎换骨"的一代人。在"寂静的青春"内部有着并不寂静的涌动。

青年研究以青年为对象，无法回避时代。从某种意义上讲，青年研究是当代史的部分叙述和解释，而有关青年研究的立场、视域、文本、方法、观点以及修辞，一直是我们探索和交流的问题。自从青年被作为研究对象，青年研究被纳入社会科学以来，对其的"理论反思"和"方法探索"一直未间断过，将青年研究从单纯的"问题研究"或"对象研究"的水平，提高到学科研究的水平，一直是我们孜孜以求的。青年研究既要做大——让更多的人来关注青年、研究青年；青年研究又要做小——坚持研究青年的深层次问题、青年的个体问题，一直是我们共同努力的方向。

经过几年的沉淀，由孙抱弘先生主编的"后现代视野与青年研究丛书"即将陆续出版，这是青年研究的一个阶段性成果总结，它相对完整地呈现了目前国内青年研究的基本水平，而集中为"后现代"的青年研究，并以这样整齐的面貌呈现，尚属首次，其学术视野和思想高度令人期待。为此，我们感到由衷的欣慰，同时寄希望于后来者。

谢昌逵　金志塈

2017年5月4日

二

自 2007 年起,在中国青少年研究界的几位元老——特别是谢昌逵与金志
塑教授的督促推动下,我斗胆组织了三届"青少年研究基础理论建设"研讨
会。规模不大的研讨会本意只在于对近 30 年的中国青少年研究,特别是基础
理论研究作些后顾前瞻,想不到会议得到了全国青少年研究界的热烈反响与
积极支持,社科院系统的沈杰、关颖、吴小英、黄海,高等院校的佘双好、
马建青、方巍、高中建、王东莉、姚建龙,共青团院校系统的田杰、陆玉林、
张华、宋国力、钱永祥、陈亮、涂敏霞等青少年研究界的宿将新秀纷至沓来,
会议人数只有几十位,却开得热烈而深入,特别令人感动的是,一些青少年
研究界的后起之秀得到会议信息不远百里、千里寻踪来会,并要自付一切会
议费用。正是在全体参会学者的共同努力下,三次会议都取得了些许进展。
正如会后一些学者对这几次研讨会进行的回顾总结那样,这几次会议的特点
主要有以下三个方面。

一、会议的讨论有了更清晰的学术自觉,也更加深入和透彻。为此,召
开首届研讨会的 2007 年被称为了"青年研究的理论反思年"(蒯辙、蔡富有,
2008;吴小英,2012);

二、由于学者的学科立场与话语系统的差异,"讨论的主题也在不断地重
复和争论中裹足不前,难以达成统一共识"(吴小英,2012);

三、这种状态反而为多学科视角的引入和青年研究领域的拓展提供了更
多的机会,也给青年研究带来了多元化的开放空间以及范式变革的可能性
(吴小英,2012)。

我很同意学者们的上述见解,从建构论与过程论的后现代哲学立场观之,
我们的三次研讨会只不过是青少年研究和基础理论建设长河中的一个节点或
浪花,是对以往研究与建设的当下水平的评估与预测,是对未来发展的可能
的展望。研究还要进行,理论还要发展,我们只是展示问题、讨论问题,并
不奢望传统意识中的"统一认识",也不妄求现代意识下的"体系建设";我
们只希望这样的研讨会能多少有助于青少年研究事业的发展,以及对实际的

青少年工作有所推动。

在这三次研讨会上有两个问题引起了我们的关注，也正是这两个相互关联的问题使我们决心来编撰出版这一套丛书。这两个问题是：

一是学科建设与基础理论建设的关系。

如果撇开生存与经济需求的因素——尽管这在中国的社科生态环境中极其重要。我以为：首先，学科建设与基础理论建设分属于青年研究同一目标下的两个层面，学科建设以知识、理论与方法的系统传授为目的，有助于一代又一代青少年理论与实践工作者的培养，其建设的侧重在于学理的积累、梳理与传授；基础理论建设，侧重点在于问题研究，青少年研究说到底是人的研究，人是世界上最复杂的研究对象。可以说，人文社会科学各个学科的研究实际上都隐含着人或人性的研究内涵，所以人的研究、青少年的研究当然是一个多学科、跨学科的综合性和整合性研究，更是复杂性的问题研究。由于学理研究与问题研究存在着明显的分工，所以学科建设与基础理论建设显然应加以区分。其次，学科建设与基础理论建设又是相辅相成、相依相存的。面对问题研究的基础理论吸纳多学科的理论成果用于青年研究，一些经过反复运用验证的概念、观点、理论框架应当不断被充实到学理研究中，推动学科建设；与此同时，一代又一代的青少年工作者、研究者通过相对稳定的学科培训，投入到实际的问题研究，即基础理论的运用与发展中。正是在这样的互动中，学科建设与基础理论建设不断地演进发展；也正是在这个意义上，我们说问题研究、基础理论建设，是学科建设的基石或底座。事实上，人类社会中并不存在纯粹的学科与学理研究，学科建设、学理研究不是"避风港"，也非"自娱之地"，必须面对而不是背对不断出现的各类社会与人的发展问题；最后，我们也可以说，人文社会科学的最终目标都将指向社会与人，指向自然—社会—人类的和谐发展；从这个角度去理解，是不是也应该指向一代又一代青少年的健康和谐的成长与发展！如果由此生发开去，我们是否可以说失去了问题意识与人文指向的社会科学研究，极可能陷入迷途。为此，在从注重经验综合、习惯笼统而感性的传统研究向注重学科分工、强调数模推演的现代研究转型时，更要警惕这种倾向性的问题。

二是不同话语系统中基础理论建设的对话与梳理。

反观三次研讨会上，许多学者的观点、理念、理论分歧不少的原因或很主要的原因，就是人们自觉或不自觉地运用了传统、现代和后现代的三套话语系统在对话，这就很难或几乎不可能就同一个问题达成共识。比如，学科建设的过分强调，实际上是受自然科学研究分科思路影响的现代话语系统的核心理念，所以持这一话语系统思考的学者极为重视学科体系的建设就理所当然，而希望用几本教科书来稳定学科建设、体现学科建设成果的设想也在情理之中。事实上，在我们的三次研讨会上，自觉或不自觉持这一话语系统的学者占较大比例。

　　鉴于我们正处于后发型的现代化进程之中，传统的、现代的话语系统均有其存在的合理性与必要性；不过，我们也需要更前沿的瞻望与后现代的思考，这无疑也有其必要性与必然性，同时这也是我们在三次研讨会后，深感要将基础理论建设引向深入的可能的新努力方向。为此，我们再一次斗胆进行这一尝试——希望能在后现代的视野里对青年研究及其基础理论建设的进程再尽绵薄之力。

　　这里具体到写书与编书，就有了对三个话语系统的"划分"与"梳理"的问题。本人以为，青少年研究存在着三套话语系统，这是我在去年的青少年基础理论建设工作会议（2012.10. 乐山）提出的一个假设性的命题，是站在社会科学当今发展的认识水平上，试图对青少年研究学术发展作一个探索性的概括，也是一个需要加以梳理与论证的命题。所以，我们现在所能做的只是"梳理"，而且是初步的梳理，还很难对三个话语系统作十分明确的划分。这个命题只是为了使我们对30年来的青少年研究的学术发展脉络把握的视野有所开拓，由于是假设，这个命题当然也应接受"证伪"的检验。但是，无论如何，这总是一个较新的总结思路，或许能把我们引入一个新天地，走出"就事论事"或原地踏步的困局。更何况，在论文编选与专著撰写的过程中，相关问题的深入探讨对青少年基础理论的建设应该是利大于弊的，当然我们这里大致要明确两点。

　　第一，关于话语系统的梳理主要是从蕴含于论文著述中的哲学立场与思维方式上去梳理，比如，强调结构主义、本质主义和历史规律的应属于现代话语系统；倾向建构主义、非本质主义和过程论的则属于后现代话语系统。

当然，实际著述中的哲学立场，应该从作品的整体上去把握，而不是仅凭作者简单的表态。此外，一般大致可以省察到：前者天生具有"固态"研究的情结，思维方式倾向于线性与平面性，追求确定的体系性的理论建设模式；后者则已有了"液态"研究的意识，思维方式趋于多维多元和复杂，容许不确定而流动的开放性理论建构。

第二，具体到实际的论文著述之中，可能只有一套话语系统，可能混杂着两套乃至三套话语系统，那只能从通篇的基调上去把握，甚至也要经过编撰者充分的讨论来确定。这种讨论乃至争论可能是非常有趣和有意义的。

最后还要说明的是，由于编撰成书的过程有快有慢，所以我们采取了完成一本、出版一本的做法，尽可能在 2~3 年内结束第一辑的出版工作。

孙抱弘

2017 年 5 月 4 日

总序一作者介绍

谢昌逵：中国青年社会学会原会长、中国社会科学院社会学所青年研究室原室主任、《青年研究》原主编，"中国青少年研究事业终身成就奖"获奖者。

金志塑：国际青年社会学研究会前副主席、中国青年社会学研究会前副会长、上海社会科学院青少年研究所前任所长。

总序二作者介绍

孙抱弘：上海社会科学院国民精神与素质研究中心主任，青少年研究所研究员，《公共世代与现代人》主编，兼任中国青少年研究会常务理事。曾担任青少年研究所副所长、《当代青年研究》主编。

REFFACE
推荐序

　　这是一次探索与发现之旅。追寻青春脚步，穿越时光隧道，历八载寒暑，以耄耋之年，谢老凭坚韧的毅力和满腔热情，完成了对青年历史的一段艰难探索。创臻辟莽，前驱先路，在中国青年史研究领域，谢老无疑是一个先行者；爬罗剔抉，钩沉辑佚，于开创中国青年史研究，谢老无疑又是一个苦行者。在历史中发现青年，在青年中发现历史，是这次探索之旅的初衷，也是它所追求的一种学术理想，因此又可以说，谢老是青年历史研究路上的一个朝圣者。而最难能可贵的是，这一切都是从谢老80岁那年开始，而今，谢老已年届九秩……

　　青春作伴，总会给人以无限美好的期待和畅想。青年研究，在根本上应该属于青春的事业。"青春相守望，结伴少年行"，可以认为是青年研究事业发展和青年研究者生存体验的生动写照。谢老的经历，或可验证这种独特的认知、理解和感受。改革开放以来，中国青年研究走过了它将近40年的一段历史。谢老既是这段历史的见证人、参与者和开拓者，也是其自始至终的践行者。从20世纪70年代末创办《青年研究》开始，在过去的几十年里，谢老一直笔耕不辍，在青年研究领域颇有建树，曾荣获中国青少年研究事业终生成就奖。记得1991年3月在北京的一次青年研究座谈会上，谢老讲到，搞青年研究，有60岁以后人生拼搏重新开始的味道；30岁不学艺，60岁重新开始，尝到其中一些酸甜苦辣。当时他还满怀热情地提出，希望能够有人写出一本像西蒙·波娃的《第二性》那样无国界的关于"青年人"的"圣经"。

创办《青年研究》那年，谢老已 50 岁；60 岁以后，再次开始拼搏；80 岁，走进青年的历史……《青春奥秘：青年的历史存在与社会角色》，是谢老走进青年历史获得的部分重要成果。惶惶二十万字，面对它，作为青年研究的后来者，有沉思，有感慨，更难免有几分激动！

回顾中国青年研究过去几十年走过的学术历程，一方面，我们会欣喜地看到它所取得的诸多成就，另一方面，我们也不得不承认，历史，尚未真正进入这一研究领域和研究者的理论视野。最突出的表现是：有关青年的重大历史题材，几乎无人问津；现实青年问题的阐释很少做历史追溯；有关青年历史研究的优秀成果极其少见；大量研究成果堆砌，但总体上缺乏一种坚实而厚重的历史感。中国青年研究最缺的是历史。重返历史，或走进历史，或许是中国青年研究发展的当务之急。

在历史中发现青年，在青年中发现历史，是青年研究亟待确立的思维方式和思想方法。青年研究不能脱离现实，脱离现实将没有实际存在的价值；同时，青年研究必须重返和走进历史，否则不能构建自己的知识谱系和完成自己的知识积累，而没有自己知识基础的任何理论研究都将是没有前途的一种学术自恋和话语虚构。在我们的大量研究中，出于实用或功利的目的（或由于视野的偏狭和理论的短视），更多关注的是现实的、表层的或所谓热点的、时尚的青年现象或问题。当我们敞开历史的视野，将会发现，青年不仅是一种现实的社会力量，更不仅仅是那些流行时尚的弄潮儿，同时也是历史的创造者。17 世纪意大利伟大的人文主义者维科曾讲到，评述人类生活，亦即讲述历史的，是老年人，而"各民族的创建者则是青年"。这是关于青年的历史观最早的，也是最明确的表述。黑格尔则认为："解释历史，就是要描绘在世界舞台上出现的人类的热情、天才和活力。"这种热情、天才和活力，只有在青年中才能得到最充分的体现，才能化为一种新的时代精神。黑格尔将这种历史与时代精神称为"青年精神"和"青春化"。这种关于青年的历史观，已成为西方有关青年和青年研究的一种思想文化传统。在西方有关青年的研究或论述中，历史从来都是其最主要的思想资源和理论背景。西方学界关于青年与历史的论述，绝不鲜见，而且成果丰富。比较有代表性的如吉利斯（John R. Gillis）的《青年与历史——欧洲年龄团体的传统与变化》

（《Youth and History-Tradition and Change in European Age Re-lations，1770 – Present》，1971 年初版，1981 年增补再版），在增补版的"补论"中作者明白地解释道："本研究是某个特殊的历史瞬间，也就是 1968 年——这是发生了戏剧性变动的一年——的产物。"历史论述和对现实的分析在吉利斯那里构成了一个完整的体系——在 20 世纪 60 年代学生运动中他发现了历史，在历史的追溯中他重新发现了青年。

国内有历史学家说得好："我们身边的每一处能够被言说、被体悟的事情，如果不能够获得历史解释，它都无法进入理性的思索之中。从历史中获取意义，获取人生在某个时刻具有的确定性和行动的立足点，这是试图了解历史的人所追求的。"马克斯·韦伯指出："社会科学的最终目的不是追逐新观点和新概念的建构，而是致力于认识具体历史联系的文化意义。"赖特·米尔斯则将历史作为"社会研究的主轴"。但是，由于种种原因，在我国的青年研究中，这些重要的思想观点被有意无意地忽略、淡忘了。毫无疑问，这将严重影响我们对青年研究的一些重要概念、范畴、观点、方法的认识和理解——什么是青年？青年的意义和价值是什么？中西青年的发生发展是否遵循同一道路？这些带有根本性的问题，既需要我们联系中国青年的现实做出解释，更需要我们结合中国的历史文化传统做出回答。同时，更有必要基于我们自己的世界观、方法论，特别是历史观，对有关青年的某些带有根本性、普遍性和规律性的问题，提出自己的看法，以贡献于人类文明进步过程中对于青年的认识与理解。

如何界定青年的历史？或者说，我们如何理解历史上的青年？青年的历史将从哪里开始？研究青年历史，诸如此类的问题必须是首先要回答的。但是，这些看似简单、浅白，甚至已成定论的问题，恰恰隐涵着诸多深刻的理论难题。在这里，不可能对这类问题做更多论述，只能表述我们自己的观点，即：青年的诞生，是人类进化史上的一个重大事件，而绝不仅仅是某种"现代性的后果"。这决定于青年存在的三种形态：自然的（生命过程）；社会的（成长过程）；历史的（世代过程）。因此，青年的历史，必然会追溯到久远的过去，不仅仅是近现代，而是古代，以至人类文明的源头，甚而是人类进化史的开端……

青年研究，是对青年存在的终极追问和探寻。它可能与某些所谓的"本质"或"规律"有关，但更重要的是对青年的天性、人性或人类性问题的深刻洞察与理解。如果说有所谓青年本质或规律的话，那么这种本质和规律只能隐含在青年的天性之中，深藏在青年的自然之中，它来自生命创造的本源，来自自然界和人类进化的源头和人类文明悠远的历史。青年，处于生命运动与社会运动的交错点上，正是在这一交错运动的过程中，人类的生命形式，呈现出无限丰富的多样性。历史总是充满悖论甚至是吊诡！但青年的出场和在场，他们作为一种"力量"和具有"青春活力"的种种历史表现，又总是赋予历史以无限的创造性想象和快乐（美、艺术、情欲、爱、享乐等），而人类进化所奉行的即是创造、想象和快乐的原则。按照这一原则，我们或许能够对欧洲18、19世纪青年掀起的浪漫主义、狂飙突进运动以及20世纪60年代西方青年的反文化运动乃至中国的红卫兵运动做出一些新的理解。恩格斯在早年曾说："历史就是我们的一切。"在晚年，他又说："必须重新研究全部历史。"这意味着，历史，将揭开人类社会的斯芬克斯之谜。我们要真正认识和理解青年，也必须先回到历史——包括人猿揖别的那一刻。

如果说，在前面一段谈到的是关于青年历史研究的历史观问题，那么，这里涉及的将是一个方法论问题。也正是在这一意义上，我们认为在关于青年与历史关系的理解上，存在诸多的理论难题。而要真正解答这些难题，仅仅面对现实是远远不够的，它需要更丰富的历史知识和经验感受，包括神话的、宗教的、民俗的、艺术的、政治的、经济的、文化的、社会的……对青年研究来说，青年，首先不是一个思辨的对象，而是需要你用生命热情去体验去感受的存在。在某种意义上，青年，如同青春的概念一样，是一个隐喻，一种象征，一部神话，或者是一种有关生命、理想、希望、未来等的信仰。然而，正如国外学者所说，"某些隐喻的历史使我们窥见了世界的精神态度和看法，古往今来是如何演变的"。因此，有关青年的历史研究，还需要想象力。历史的想象，可能是最彻底的想象。西方的人类学和艺术史家发现埃尔塔米拉洞穴中几万年前留下的壁画中，有年轻人的形象和成年仪式的画面，这种近乎康德所谓的历史"臆想"，实际上也为人们提供了在历史穿越过程中获得的关于青年的历史想象。

随着西方新史学，特别是新文化史、新社会史研究的兴起，关于青年史的研究不断取得新的成果。中国青年研究在这方面无疑是一个最薄弱而且至今尚未引起相应关注的重要环节。中国青年研究，应借鉴国内外青年史研究的优秀成果与经验，在青年史研究方面取得重大进展。可喜的是，我们已经看到，在国内学界相关学科的一些研究中，这方面的成果已愈益增多。著名秦汉史学者王子今关于秦汉少年的研究发现，秦汉少年是一种重要"社会力量"，"少年"作为一种特殊社会力量受到重视始于先秦时期，秦汉少年体现一种"时代精神"，是中国"游侠社会的基础"，对后世会党运动具有"先导性的影响"。还有研究者认为，中国文化，从春秋时期百家争鸣、百花齐放，到五四新文化运动而至当今，始终呈现出一种自我更新、自我发展的强大力量，表现出一种朝气蓬勃、生生不息的"少年精神"。还有学者提到，汉五陵少年任侠纨绔，或可见中华青年文化之滥觞。著名学者林庚于20世纪40年代唐诗研究中提出的"盛唐气象，少年精神"的观点，近年来再度受到研究者热情关注。有研究者注意到，两汉乐府诗中出现了大量以少年命名的诗歌，《全唐诗》中少年诗大约有230首，李白约有70多首写少年的诗歌。这些诗作或刻画少年义侠轻财尚义、刚毅勇武、安定边塞之豪情壮举，或表现其斗鸡走马、纵酒狎妓的游猎宴乐生活，生动呈现汉魏少年承先秦任侠风尚之余绪，呈大汉威武刚健之雄风，至盛唐时期则演化成为一种尚武重力、浪漫无羁的"少年精神"。研究者认为，这是一种时代精神和民族气节的文化表征，是华夏文明青春浪漫的文化记忆。

关于近现代青年研究最值得关注的是桑兵的《晚清学堂与社会变迁》，还有台湾学者梅家玲的《发现少年，想象中国——梁启超〈少年中国说〉的现代性、启蒙论述与国族想象》，留美学者宋明炜的《从"少年中国"到"老少年"——清末文学中的"青春"想象及其问题性》《现代中国的青春想象》，这些作品"历史化地理解20世纪上半期中国青春话语的兴起和演变，在此基础上考察它在中国现代性想象中的位置和功能"，都非常值得一读。王富仁关于创造社与中国现代青年文化起源的文章，陈思和依寻少年情怀、青春主题、革命话语的逻辑变迁解读五四新文学，读来也颇受启发。陈映芳的《青年与社会变迁》也从社会学的角度对中国青年近现代以来的历史做了很好的梳理。

几乎人类历史上的每一场革命，都伴随着青年的狂欢，从陈胜吴广起义到法国大革命，到20世纪60年代的计算机革命……当我们真正走进历史的时候，不难发现这一显著的事实。著名学者汪晖曾在一次讲座中说过："讨论青年、讨论青春、讨论新的政治，实际上意味着我们要界定自己跟历史的关系。"著名学者蔡翔说："在某种意义上，中国革命的历史，实际燃烧的就是青年的激情，而围绕这一历史的叙述和相关的文学想象，也可以说，就是一种'青年'的想象。"这些，都会给青年研究，特别是关于青年的历史研究以深刻启示。

只有站在历史的高度，才能敞开青年研究的历史视野。历史，将赋予中国青年研究以一种崭新而独特的精神气质，中国青年研究也将从历史中获得异常丰富的思想文化资源和对经验世界更多样的感性与情感体验。

敞开历史视野，是中国青年研究走出碎片化、平面化、功利化等流弊与困境的重要途径之一。走进青年的历史，走进青年发展、变化更深远、更宏阔的历史背景，在历史中理解青年发生、发展和社会存在的价值，发现青年之于历史变革与社会变迁的意义，对中国青年的历史文化传统和民族特性做出合理的解释，同时，从历史，特别是中外思想史、观念史、社会史等研究中，不断发现和汲取新的经验、理论、学术和思想文化资源，这即是历史对于青年和青年研究的重要意义之所在。

谢老的《青春奥秘：青年的历史存在与社会角色》，正为此而孜孜以求，付诸八年的不懈努力。在书中"作为社会创造物的青春期"一章中，谢老明确提出需要"从社会历史总体的角度考查青年""希望青年研究能具有这样一种总体的视野"，认为青年研究的很多命题需要"综合各学科的成果，站在社会历史总体的高度进行探索"。这是贯穿谢老全部青年历史研究的思想和理论基础，一种认识的高度和历史的视野。遵循这一思路，从人类文明的源头开始，谢老一路走来，以一个探索者的胸怀、决心、勇气和反思精神，对人类诞生时期的青春奥秘，对中西方青年的历史，展开总体性的描述和思考。从"青年猴"到"青年神"，从古希腊罗马青年、中世纪和文艺复兴青年，到近现代和后现代青年，视野深远宏阔，思想充满智慧。谈到中国历史上的青年，谢老对日本学者横山宏章所谓的"中国尽管有数千年的历史，那其中却见不到热血沸腾的年轻人"的说法，据史据理，铺陈驳议；对中国当代青年，特别是"特殊历史中的特殊世代"，改革开放和现代化进程中的中国青年，中国城市化进程中的农民工，谢老更是着力尤深，有批判，有反思，有告诫，有期待……这一切，无论对于中国青年研究本身，还是对研究者来说，无疑具有重要的意义和价值。

谢老的研究表明，如何敞开青年研究的历史视野，首先是历史观问题，或者说，是一个思想方法问题。应该意识到，没有对历史的追问，就不会有理性的思考。这是社会科学研究的定律。对现实问题的任何解释，答案都已在历史中。对青年的理解，应建立在对历史的深刻认识之上。

走进历史，我们将可能重建自己的青年观，将可能发现青年的存在及其发生、发展等问题不仅仅具有现代社会学意义。历史证明，青年不仅是一种实体性的社会存在，更是一种价值、理想和信仰。青年的诞生，不仅是近代西方开启的现代化进程的一个"后果"，更是人类进化史上的一个重大事件。谢老的研究，首先遇到的第一个难题是：历史上到底有没有青年？如果没有，为什么？如果有，关于青年的历史叙事应该从哪里开始？另外，还将遇到的一个难题是，如何将"青年"概念置于现代中国语境中考察其发展的历史脉络，从而将"青年"的概念历史化？也许还有这样的问题，即以何种方式想象青年？心理学、生理学的，抑或社会学、政治学、教育学或哲学、美学的？解决这些难题，不仅需要历史知识，还需要一定的史学理论做支撑，除此之外还需要涉猎大量的跨学科知识和方法。在《青春奥秘：青年的历史存在与社会角色》中，我们看到这些问题都有所涉及，并在认识上提出了一些独到的看法，而最重要的一点，是这里的研究在某种程度和意义上证明，青年，有自己的历史！这种说法似乎显得过于谨慎和保守。但是，这已经足够了——青年史的研究，将是一个艰难而漫长的过程。

一路走过，留下的是探索者的足迹——或显或隐，或深或浅，但无论如何，探索者的精神是最宝贵的。谢老真正地走进了青年的历史。对于中国青年研究，这是一片蛮荒丛林。谢老刚刚走进来，某些大方之家或者可以说，他见到的还只是树木，尚未真正见到森林。然而，正如菲力浦·阿利埃斯在

《儿童的世纪》一书序言中所说："历史学家研究的最佳时机，就在于他刚刚开始想象全面看问题的时候，就在于笼罩着地平线的薄雾尚未散尽的时候，就在于他离原始材料尚未太远、那些材料还保留着它们的新鲜感的时候。历史学家的功绩也许不在于捍卫自己的观点，而在于将自己新发现的快乐传递给读者，使他们感受到那个未知世界的色、香、味。"于此，我可以对谢老说：足矣！在这片蛮荒之林，借用凯鲁亚克小说的名字，谢老确如一个"孤独旅者"，或者"荒凉天使"，但这份孤独与荒凉，是幸运的旅者与天使才可以享有的。谢老的快乐，我们是可以想见，也可以分享的。

谢老书稿杀青付梓之际，曾几次嘱我做序。说实话，这不能不令我忐忑、犹豫。谢老是改革开放后中国青年研究事业的开创者之一，且年龄上足以堪比我的父辈，为尊者、长者序，似有不妥。但回想过去这八年间，我与谢老真的成了忘年交，就青年与历史的诸多问题，倾心交流，书信往来累积下来竟有八九万字。念兹在兹，情随事迁，感慨系之，终成以上文字，是为序。

田杰

2017 年 3 月 20 日于深圳

推荐序作者介绍

田杰：深圳青年学院原副院长，教授。中国青少年研究会理事，获得中国青少年研究事业突出贡献奖，全国团校优秀教师深圳市优秀教师等荣誉称号。著有《文化与思维》《青年美育概论》等专著及大量学术论文。

CONTENTS
目　录

上篇

青年的历史存在

第一章
人类诞生时期的青春奥秘

　　青年是否属于历史的存在，而且这种历史究竟可以追溯到人类文明进程的源头有多远，曾是青年研究中争论较多的问题，分歧具体表现在工业社会之前是否有青年存在，古代社会中的"年轻人"具有何种意义和价值。提出青年研究最缺的是"历史"的学者田杰认为，青春的出场与人类的诞生完全同步，① 人类学、考古学等学科长期以来对化石、遗物等进行生物学、解剖学等多种学科的研究有了丰硕成果，使我们对史前人类有了更多的认识，其中对人类诞生时期青年的存在状况也有论述。当然，如此丰硕的研究成果要完全掌握根本不可能，对史前人类中的青春作出专题论证毫无疑问具有非常大的难度，这是探讨人类诞生时期的青春奥秘。由于好奇心以及它的重要性，经过初步的学习与探索我们大胆提出：人类是在青春的生命中诞生的，从中可以看到青年特征的社会价值的最初源头，其发生与发展一直影响延伸到了当代。这里作为抛砖引玉，提出一些初步的看法。

族类的青春化

　　著名的人类学家理查德·利基在所著《人类的起源》中认为人类史前时代存在四个阶段：第一阶段在约700万年以前类似猿的动物转变成为两足直立行走的物种，是人的系统（人科）的起源；第二阶段是在700万～200万年前之间，物种繁衍为许多不同物种适应不同的环境，产生出不同的分支；第三阶段是在300万～200万年前之间发展出脑明显较大的一个物种，是人属出现的信号，以后发展到智人；第四阶段是现代人的起源，开始具有语言、意识、艺术想象力和技术革新②。

---

① 田杰："青年研究的史学范式与理论图景"，载《当代青年研究》2009年第6期。
② ［英］理查德·利基著，吴汝康、吴新智、林圣龙译：《人类的起源》，上海世纪出版集团2007年版，前言，第6、18、19、40、111～134页。

　　人类的起源一直是学术研究的热门话题。神创论早已为自然进化论所替代。但是自然进化论忽略了人与动物的本质差别。自然进化产生人科动物，只是作为人类起源的前提性外部因素，还必须依靠该物种共同的创造性劳动活动，使人科动物意识与语言的萌芽发展为明确的语言体系与思维能力，才进化成为人。因此，最新的生命系统理论认为，尽管突变和自然选择对生物进化很重要，但更重要的核心因素是创造力。洛耶在其编著的《人类动因对进化的冲击》中写道：“在整个生命世界，进化不能仅局限于生物体对其环境的适应，因为环境本身也被具有适应性和创造力的生命系统网络所改变。”① 书中对创造力与进化的关系作了大量分析，为我们考察史前人类中的青春提供了重要的理论基础。

　　美国人类学家格尔茨说：“每个人有生日，而人类没有生日。”人类学家一般都将灵长类动物从树上来到地面直立行走作为原人进化的开端。这个过程是由许多因素相互干预的游戏。而罗德曼和麦克享利将两足行走与黑猩猩四足行走的效率进行比较后，认为存在着“以能量效益作为有利于两足行走的自然选择的力量”。利基支持这个结论：当环境变化导致森林萎缩时，两足行走的能量效益更有利于搜寻食物。利基描写人类祖先当时类似狒狒的生活：“30 个左右的人组成的群体，在一个大领域内以一种协调的方式搜寻食物，……成年女性和她们的子女是这个群体的大部分成员，……未成年的和低级别的雄性大部分时间是在群体的外围，往往自己寻找食物。”② 法国人类学家埃德加·莫兰在他的《迷失的范式：人性研究》中认为正是这批未成年的创造性推动了两足行走。他写道：在愈益狭小的森林中，成年猴和未成年猴的紧张状态，以及未成年猴的好奇心，使一些不守常规的小猴群体分裂出来，离开森林到了草原，启动了直立行走，成为向人类进化最关键的起步。“因此看起来是不正常者、被抛弃者、‘无国籍者’、探险者、反叛者成为原人革命的先锋。”③ 他又根据对日本九州岛上猕猴的研究：一个青年猴将手中的植物块根偶然掉进海水，它拿起来发现不仅洗清了泥土，而且吃时还增加了调味，在青年猴群中形成了用海水洗涤的习惯，而老年猴不予理睬。等待这些青年猴群成年时这种革新就成了成年社会的常规。“我们可以看到好奇的猴喜玩耍、好探索，虽然它们地位卑微，处于社会边缘，但是它们的存在

---

　　① ［美］D·洛耶编著：《人类动因对进化的冲击》，社会科学文献出版社 2004 年版，第 34 页。
　　② ［英］理查德·利基著，吴汝康、吴新智、林圣龙译：《人类的起源》，上海世纪出版集团 2007 年版，前言，第 6、18～19、40、111～134 页。
　　③ ［法］埃德加·莫兰著，陈一壮译：《迷失的范式：人性研究》，北京大学出版社 1999 年版，第 46、30、56～57、71～72、145、63 页。

构成了整个社会开放的边界，变化的因素通过这里发生。"① 许多学者又解释创造性不单纯是发明，而是如艺术家那样的天性、快感和大自然的直接联系所发挥出来的那种创造性。创造首先是直觉，而不是逻辑，直觉是一种"敏感或机灵"。史前人类在进化中的创造性恰好具有这样的特点。直觉、快感、探索等，又是正在进入成人社会没有形成固定思维模型的青年们所富有的创造力的特征，在人类开始进化中，青年的这种创造性正是其社会价值最原始的显示。

由创造力推动的进化，使多种类直立行走的猿种，约在200万年前出现了脑量达750毫升的一支人属，导向今天这样的人。人类的起源特别是思想的诞生是学术界最迷人的话题。在谈到脑的进化时，著名生物学家遗传学家尼古拉·彼得罗维奇·杜比宁就认为"那个开创人类祖先进化的原初物种，必定在作为反映器官的脑组织上具有新的特点。"② 这种新特点可以假设为脑机能出现了可塑性、非特定化，对变化了的环境能作出适应行为，脑的容量也因此日益增加，到直立人时已有1100毫升，最后到现代智人就高达1200～1600毫升。脑的基因哪怕只是很小一步的改变都要花费上万年的时光，杜比宁因此认为，神经系统的进化是有机界发展史上最奇特最复杂的过程，他将这种脑和心理的进化看成为人的前史。而恩格斯则明确指出："首先是劳动，然后是语言和劳动一起，成了最主要的推动力，在它们的影响下，猿的脑髓就逐渐地变成人的脑髓。"③

脑的增长带来了一个人类独有的现象，人的成熟时间需要延长，出现了青春期。利基引用学者对化石的分析，描述了从直立人到能人、智人脑容量的逐步增加与出生时人类骨盆结构制约的关系。由于要直立行走，女性骨盆只能扩大到有限程度，胎儿脑的量增到一定程度，即使没有成熟，也必须提前出生（出生时的脑容量约340克），出生后继续增长，成熟期因此不能不延长。"人类发展的最重要的方面之一，是婴儿初生时实际上是软弱而不能自助的，还要经历一段较长的儿童期。此外，如每位父母都知道的，儿童还经过一个青年生长突然加快的时期，此时他们以惊人的速率增加身高。在动物界中唯独人类才有这种现象。"④ 莫兰更因为成熟期的不断延长而提出了原人进化中存在族类青春化的著名理论。

① ［法］德日进著，李弘祺译：《人的现象》，新星出版社2006年版，第126页。
② ［俄］尼·彼·杜比宁著，李雅卿、海石译：《人究竟是什么》，东方出版社2000年版，第86～256页。
③ 《马克思恩格斯选集》（第三卷），人民出版社1974年版，第512页。
④ ［英］理查德·利基著，吴汝康、吴新智、林圣龙译：《人类的起源》，上海世纪出版集团2007年版，前言，第6、18～19、40、111～134页。

　　不仅脑的容量，脑的质量的增长更要在出生后在文化环境中逐步成长。人的生物特性也正好对社会条件的变化能够敏锐地、合乎需要地作出反应。杜比宁就论证过："社会意识使生物因素的一切方面'人化'。结果，人的心理生活把来自机体内部因素、无条件反应、体液作用、性生活本能等的影响整合起来，用特殊的方式折射出来。这证明了这样一个观点：为完善生活所必须的各种能力和心理特征，正常人不是在出生时就获得的，它们是在正常人进入社会生命活动一切领域的过程中形成的。只有人才拥有长久的儿童期和青年期，是对人的社会本质顺利形成的有力的生物学'辅助'。"①*莫兰也认为："社会文化的复杂性绝对需要一个较长的童年。"当时文化正日益复杂，莫兰描述了年轻原人在接受成人文化后的想象力与创造力："青春的品质在社会里活跃和发展着。比年轻的类人猿存在时间更长的年轻原人游戏、探索、被新鲜事物吸引。在吸收成年人的知识和技能的同时，他们还能够对之加以修改、完善和创新。很可能正是他们在玩弄火石和作发声的游戏时，点燃了火和发明了语言。""这样，青年人的半社会化，他们和成年人的关系，使得社会有可能直接享受创新和发明之利。"②

　　社会不仅享受到了青年的创新与发明，青春的品质同时也促进了社会的"人性化"。莫兰特别强调青春的品质融入成年社会的重要意义。在类人猿那里，青少年还处于边缘地位，到了原人甚至智人的初级阶段，青少年虽然还不能构成为一个阶层，但青春的品质却在社会里活跃和发展着。有了更长的成长阶段，在家庭核心关系（母与子以及兄弟姐妹的关系）和同伴中形成了童年的感情世界，这种感情在以后采取友情、挚爱和爱情的形式指向新的伙伴，促使青春品质进入成年世界，使成年世界保留青春的品质与活力。"青春肯定仍然是青少年的特点，但它的特征不再严格孤立存在于'青少年阶段'之中：青少年性在开始时还被淹没在童年的宇宙里，然后它被半融合在成年人的世界里。"③

　　莫兰认为青春化是原人进化中的关键问题。当时文化的自我再生，他认为也就是文化上被培养起来的青年群体在脱离了原有社会之后再生出的一个新社会。他书中有一个大脑进化引发青春化，青春化推动文化的发展和不断增长的社会复

　　① ［俄］尼·彼·杜比宁著，李雅卿、海石译：《人究竟是什么》，东方出版社2000年版，第86～256页。
　　② ［法］埃德加·莫兰著，陈一壮译：《迷失的范式：人性研究》，北京大学出版社1999年版，第46、30、56～57、71、72、145、63页。
　　③ ［法］埃德加·莫兰著，陈一壮译：《迷失的范式：人性研究》，北京大学出版社1999年版，第46、30、56～57、71、72、145、63页。

杂性，文化发展与社会复杂性又推动了大脑的进化，这样三个过程之间的互动关系图。① 所以他说青春化是一个总体的和多方面的过程，它保障了社会文化自我再生和自我发展的更优越的条件，也保障了个人从出生直到成年人在感情上、智力上和创造性上发展的更为优越的条件，可以说是启动了人的内在自然的人化，这是具有重要意义的历史源头。这就给我们展示了在史前人类中青年的生命运动与社会运动交错进行的原始状态，青年以其作为人类自身生命的生产和物质再生产的重要社会力量而具有特殊的价值。据我国科学家对 22 具北京猿人残骸的考察，15 具死于 14 岁以前，3 具死于 15～30 岁，另 3 具死于 40～50 岁，仅 1 具活到了 50 岁。可见 20 岁左右的青年几乎接近于社会的主体，族类存在青春化是完全有可能的，说明了青年的诞生在人类诞生中的重要意义。

在原创文化中成长

学者将原人时代称为古社会，智人社会为原始社会，原始社会的复杂性和人脑在其中的发展都是原人阶段所无法比拟的。智人的 10 万年的进化大大超过了原人的几百万年，从旧石器时代进展到新石器时代，由简单的石器工具进展到陶器的兴起，狩猎也开始向饲养、耕种的农业变化。在社会结构上，从母系社会发展到父系社会，从一小群流动的猎人进展到几十人定居在一起成为氏族，分布到了全球各个地方，又从氏族发展到几百人的部落，由农村建立起城市，形成为初级国家。

为了探讨原始社会中的青春奥秘，就要从原始社会早期的母系社会开始。对于母系社会，马克思、恩格斯都曾经同意摩尔根对母权制家庭的非对抗的公有制社会的实证研究。恩格斯在《家庭、私有制和国家的起源》中就说，在人类的蒙昧和野蛮阶段，"妇女不仅居于自由的地位，而且居于受到高度尊敬的地位"。2008 年被世界权威机构评选为 20 世纪对人类最有影响的 20 位思想家之一的美国著名文化人类学家理安·艾斯勒对母系社会作出了更为独特的解释。艾斯勒在《圣杯与剑》中，引用了众多学者对旧石器时代留下的洞穴艺术，直到新石器时代留下的大量女神雕像的分析，可以看到女性的形象和象征曾起过核心作用，证明当时人们对美好而神秘的生命的敬畏和惊奇。但是她不主张将这种社会称为母

---

① ［法］埃德加·莫兰著，陈一壮译：《迷失的范式：人性研究》，北京大学出版社 1999 年版，第 46、30、56、57、63、71、72、145 页。

权制社会，不仅是因为社会中女人与男人、父母与孩子之间的关系是和平与平等关系，而且那些艺术与神像还表明女神的权力并不是征服、抢劫和掠夺，而是给予，提供必要的物质和精神资源使生活得到满足。男女两性之间互相补充增加了共同的力量，因此是一种伙伴关系的社会。在这种社会中，孩子属于整个氏族或部落，养育也是由公共负责。孩子们长时间在慈母的怀抱中成长，心中植入了深厚的真挚的母爱。① 莫兰也认为，母亲的长期关怀是出生后成熟期延长的原因之一。在这种和谐与慈爱环境中成长的未成年人，不存在任何个人利益，不知功名利禄，继承了长辈的给予和奉献精神，将爱投向同类，充满着善意为共同的生存与发展锤炼出不屈不挠的奋斗精神，开始了对真、善、美的追求。李泽厚在讨论人性时写道："马克思说得好，动物与自然是没有什么主体和客体的区别。它们为同一个自然法则支配着。人类则不同，他通过漫长的历史实践终于全面地建立了一整套区别于自然界而又可以作用于它们的超生物族类的主体性，这才是我所理解的人性。"②

当时所处的自然环境又是怎样的呢？正如恩格斯所说，自然界起初是作为完全异己的、有无限威力的和不可制服的力量与人对立的。在充满恐惧和饥饿的环境中忍受着各种敌人的围困，有些种类就因此被淘汰而绝迹了。面临异己的、神秘的、超越的自然环境，氏族部落形成时发生的新型人际关系，对智力提出了更高更尖锐的挑战，刺激了人类意识的起源。尽管考古记录中很少有对意识的证据，但是考古发现，10 万年前尼安德特人有意识地埋葬死者，这种仪式使人类学家联想起人开始对人的生命的有意识活动。这种有意识的活动对神话和宗教的形成起了重大的作用。既然生命能意识到自身，人们对死亡、疾病等生命现象，对闪电雷鸣、狂风暴雨等自然现象，在惊愕恐惧之余开始希望得到解释，出现了战胜自然的强烈愿望。但是当时以感性结构为核心的思维模式只能人物不分、人兽不分、主客体不分，以为万物之中都存在一种无人格超自然的神秘之力，都有灵性，学者称为"泛灵力论"时期。接着认为自然界的万物与人都是具有喜怒哀乐的生命实体，将社会现象与自然力量人格化，被学者称为"万物有灵论"的观念，日月星辰、山川海洋、风雨雷电、动物植物等都被神化、人格化，种种神话由这种反映意识的源头喷涌而出，表达出对一切事物寻求解释的心声，成为史前

---

① ［美］理安·艾斯勒：《圣杯与剑：我们的历史，我们的未夹》《神圣的欢爱：性、神话与女性肉体的政治学》《国家的真正财富：创建关怀经济学》，被作者称为"权—性—钱"三部曲，均由社会科学文献出版社 2009 年出版。

② 李泽厚：《实用理性与乐感文化》，三联书店 2005 年版，第 203 页。

历史的极为重要的部分。"到了原始思维的高级阶段，以丰富的创造性想象和奇特幻想为特征的思维形式，把整个原始社会编织得光怪陆离、五光十色，开出了神话幻想之花，从而使原始思维的形象性特征发展到了黄金时代。"①

分布在埃及、希腊、巴比伦、印度、中国等各地的原始社会都开出了神话之花，都出现了自然崇拜、图腾崇拜、祖先崇拜等众多的神话，生动地反映了人类祖先与自然斗争的过程，是人类精神的原初创造，是一切文明的起点与渊源。杨适教授称之为原创文化。"原创文化一词，我指的是以往人类文化发展进程中几个在精神智慧上影响最重大深远的形态由以起源的创造原型。"② 神话以及巫术、礼仪对原始社会发挥了重要的功能，是原始社会中文化的重要发展，促使个人行为、社会行为同宇宙观相辅相成于统一的体系，并在更大程度上协调社会集体与自然界的相互关系，促进了原始社会的发展，既改变了人与自然的关系，也促进了人的内在自然的人化，人具有了更丰富的文化心理素质。青年也就是在这种神话、巫术等文化的的影响下，接受了先民的人伦观念，开始有了信仰，使社会组织的规则神圣化。而神话绝不是个人的创造，因为当时个人对集体有着强烈的依附性，没有自我意识。也不是一代人的创造，而是无数代人集体智慧的结晶，代代相传。每代人出生后都要先接受它的教诲，同时又以成长中的创造对它增添新的内容，这也就是将青春品质融入成人社会的族类青春化的继续。所以青年既在原创文化中成长，原创文化中又包含有当时的青年亚文化。

刘再复将原创文化称为原形文化。"如果说《论语》是儒家文化的原形，那么《山海经》则是整个中华文化的原形原典。它虽然不是历史（属神话），却是中华民族最本真、最本然的历史……《山海经》产生于天地草创之初，其英雄女娲、精卫、夸父、刑天等，都极单纯，她（他）们均是失败的英雄，但又是知其不可为而为之的英雄。她们天生不知功利、不知算计、不知功名利禄，只知探险、只知开天辟地、只知造福人类，她们是一些无私的、孤独的、建设性的英雄。她们代表着中华民族最原始的精神气质，她们的所作所为，说明中华民族有一个健康的童年。"③ 其他氏族的原始文化也同样如此精美绝伦。譬如，希腊的普罗米修斯盗火受难的神话就传遍了全世界。普罗米修斯用泥块创造了人，又教给人生存技能。宙斯为报复将他吊锁在悬崖峭壁，每天派猛鹰啄食他的肝脏，但是他始

① 张浩：《思维发生学》，中国社会科学出版社 2005 年版，第 308 页。
② 杨适主编：《原创文化与当代教育》，社会科学文献出版社 2003 年版，第 5 页。
③ 刘再复："原形文化与伪形文化"，载《读书》2009 年第 12 期。

终不肯屈服，也是开天辟地、造福人类的英雄。神话作为原始社会必须接受的信仰，这些精神气质必然成为当时青年的行为榜样。神话又是人类的远古史话，这种精神气质与英雄行为也应是当时青年英雄行为的具体表现。

更值得重视的是，神话中许多神本身就是青年。中国填海的精卫就是炎帝的女儿。希腊等神话中有许多是青年。田杰在引用黑格尔"一般来说，希腊人在塑造理想的神像时宁愿用较年轻的形象"这句话以后写道："男女青年的形象在这里代表一种理想，成为一种象征，而这种理想和象征不仅仅是艺术的和审美的，更是需要在社会和文化的一般意义上来理解和把握的。"① 在马赫列尔的《青年问题和青年学》中，更是将阿波罗列为希腊神话中最能代表那个时代的青年形象。具体表现在："首先是'回顾'过去（回到开天辟地时代的神话乐土：北方人国家）；其次是'面向'未来（具有预见未来的能力）；第三是身居'创造文明英雄'行列：阿波罗掌握预言的艺术，集美与勇敢于一身，鼓励艺术和手工艺，激励创作。"接着马赫列尔还指出阿波罗更深层次的青年形象特征：新诞生的阿波罗很快成熟，并出于正义反抗自己的父亲。② 在人类诞生的原始社会中，青年们开天辟地，成为知其不可为而为之的英雄，创造了文明与物质生活。青年的生命力、想象力、创造力在人类的诞生中就有了充分表现，青年特别是年轻女性因此也就成为原始艺术表现得最多的主题，使我们在人类的诞生时期就发现了"青春的奥秘"。

在非对抗的公有制母系社会中，相互支持、相互关怀、充满对生命的爱，创造了文化。人类学家甚至认为"语言是从一种基本上是合作的而非侵略的社会行为的认识母质中成长起来的，并且依赖于两性之间一种劳动行为的具有补充性质的社会结构的分工"。"智力在社会环境中的重要性，这种重要性远大于智力在满足技术要求时的重要性。"③ 刘再复在评论李泽厚的书中认为：人类之所以可能，人类的智慧本体（精致的文化心理本体、情感本体）之所以可能，就是因为人类有一个区别于动物的不断改善工具的共同的伟大实践历程。④ 情感、语言、意识在伙伴环境中的生成就是这个历程开端时的成果，使人的生命成为宇宙中唯一最

---

① 田杰：《文化与思维》，海天出版社 2000 年版，第 77 页。

② ［罗］F·马赫列尔著，陆象淦译：《青年问题与青年学》，社会科学文献出版社 1986 年版，第 13、27 页。

③ ［英］理查德·利基著，吴汝康、吴新智、林圣龙译：《人类的起源》，上海世纪出版集团 2007 年版，前言，第 6、18、19、40、111～134 页。

④ 刘再复：《李泽厚美学概论》，三联书店 2009 年版，第 11 页。

珍贵、最稀罕的生命，从兽性中开始产生了人性。人的本质永远是一个动态创造与发展的过程，人性也就是人类自我塑造的过程。青年在这种原创文化中成长，培养了人性，成为人类从兽性向人性转化起步时期的奇迹。但是毕竟尚处在人性的起步阶段，还没有脱掉自然发生的共同体的脐带，还将继续勇往直前。

父权社会的成年仪式

恩格斯在《家庭、私有制和国家的起源》中对原始社会制度的发展作了详尽研究。历史发展的决定因素归根结底是直接生活的生产和再生产，一方面是生活资料的生产，一方面是人自身的繁衍，所以社会制度要同时受到劳动发展与家庭发展阶段的制约。氏族的血缘关系固然有某种平等与自由，但是劳动产品毕竟有限。"随着财富的增加，它便一方面使丈夫在家庭中占据比妻子更重要的地位；另一方面，又产生了利用这个增强了的地位来改变传统的继承制度使之有利于子女的意图。"父权制替代了母权制。恩格斯称这是"人类所经历过的最激进的革命之一——并不需要侵害到任何一个活着的氏族成员"。但是他又说"母权制的被推翻，乃是女性的具有世界历史意义的失败"。①

说这是最激烈的革命之一，因为是它开启了史前史由蒙昧、野蛮时代向文明的转变。财富的增加，有了手工业与农业的分工，产生了完全脱离生产劳动的商人，出现了土地私有制，财富集中到少数阶级的手中。富人与穷人、自由民与奴隶之间的对立，需要能够缓解冲突的第三种力量，国家因此诞生了。一部分人脱离生产专职从事政治、军事、文化事业，人类的潜力发展到极其重要的阶段，各个民族这时都经历了自己的英雄时代。以希腊为例，繁荣了千余年的爱琴文化是希腊文化的背景，印欧族人的军事入侵摧残了它，但战时的领袖建起了城邦政治，虽然战乱不止，由于与爱琴人联姻形成新的民族，沿袭爱琴文化的精神发展了希腊文化。随后并且出现过 20 多岁的亚力山大国王，打败腓尼基和埃及等地成为亚力山大帝国。年轻的亚力山大既崇拜希腊文化又欣赏东方文化，在他死后虽然政治上分崩覆灭，希腊文化却已经绿叶成荫，出现了苏格拉底等一批大师。雅斯贝斯认为，公元前 8 ~ 2 世纪，西方、印度和中国这三个地区同时首次涌现许多哲人，人类意识在原创文化的基础上有了新的觉醒，其哲学思想与文化影响至今，雅斯贝斯称这个时期为轴心期。所有这些都是革命的成果。那么，为什么又

---

① 《马克思恩格斯选集》（第四卷），人民出版社 1974 年版，第 51、52、161、173 页。

是具有历史意义的失败呢？自从有了统治者，不仅将穷人、奴隶当成工具对待，就是在各部落民族之间也相互争夺，野蛮民族甚至将掠夺视为比自己创造更为荣耀，战争成为经常的职业，为世袭王权与世袭贵族尊定了基础。氏族制度"它从一个自由处理自己事务的部落组织转变为掠夺和压迫邻人的组织，而它的各机关也相应地从人民意志的工具转变为旨在反对自己人民的一个独立的统治和压迫机关了"。① 正如杨适教授所说的："在人类发展其能力的最早的重要时代，父权制、家族制、奴隶制因素都在氏族部落里发生了。少数人、某些集团从人群里分化出来，他们通过把其余人当作动物或自然对象来对待，开展了他们的对象化活动，使自己的人类潜能发挥出来，创造了种种新文化。这就是异化的开端。"②

　　人类学的研究表明，青年曾是最早的异化对象。莫兰的论述是最有力的说明：早在男性垄断了令妇女和孩子都望而生畏的祭祀事业的时候，就有了控制青年的仪式。由于女性是生命的源泉，当时还多少受到尊敬，"但是对于青年人来说，巫术的控制则更为完全，它尤其表现在启蒙的礼仪上"。③ 据大量描述，这种仪式有隔离、考验与接纳几个阶段。隔离是要孩子离开原有环境送到森林或其他地方与世隔绝一段时间，在那里对他们实施鞭打或用利器施行种种鲜血淋淋的手术，要求他们接受考验信守种种禁忌，最后引领他们回到部落，举行典礼，意味着死而复生，结束童稚时期天使般的天真阶段，进入青年的觉醒状态，允许他们获得成人资格。在母系社会，仪式、礼仪曾作为社会的中心用以协调社会行为，信仰与崇拜的对象是自然或祖先，没有单独为青年举行成人仪式。父系社会为年轻人专门设立仪式控制他们，是史前史中的一件创举，表明青年不再只是一种自然的存在，成人社会对青年的社会特性已经开始有认识了。

　　平章起在其著作《成年仪式》书中一开始就写道："从文化人类学的观点来看，成年仪式的本质是一种文化传承的方式，是青年在生理上、社会上的一种文化适应的过程。"④ 他认为这是一个生物的个体神秘地变成一个具有宗法、宗教特性的人的一种仪式。的确，神话、巫术、礼仪等在母系社会中就已经自然地在教育青年使个人行为与社会相协调，现在以一种野蛮的方式进行，显然是增强了它的绝对服从性。更有学者如徐丹从战争已成为统治阶层的经常职业这种情况出

---

① 《马克思恩格斯选集》（第四卷），人民出版社 1974 年版，第 51、52、161、173 页。
② 扬适：《中西人论的冲突》，中国人民大学出版社 1997 年版，第 216 页。
③ ［法］埃德加·莫兰著，陈一壮译：《迷失的范式：人性研究》，北京大学出版社 1999 年版，第 46、30、56、57、63、71、72、145 页。
④ 平章起：《成人仪式——兼及青年文化适应》，天津古籍出版社 2002 年版，第 3 页。

发，根据大量人类学家的论述证明："某些原始部落的成年仪式本身便是为了造就一个勇敢的战士，男孩们以跳战争舞来表示自己的成年[1]，少年通过模拟战役杀害成年战俘而获得成年的资格[2]，德昌布利人甚至要求每个男孩在成年前必须杀死一个人[3]，战争本身被高度地仪式化，具有使人新生的性质[4]。"书中记载了当时仪式中的残酷情景：承受荨麻鞭打，在肌体上长线条划出血来以纯洁血液，用荆棘刺舌头耳朵以示向神致敬，吊在绳子上失去知觉醒后被老人砍去左手小指作为献给神的祭品……①

《圣杯与剑》的作者艾斯勒以希腊米诺斯文化为例指出，母系社会不是毫无等级，但是一种较松散、不专制的等级；不是没有任何暴力与压迫，但暴力不是人们的理想更没有形成为制度。而父权制已经形成为崇拜暴力实行压迫的专制制度。社会进展到了十分复杂的时候，不能没有实施管理与协调的权力，但是要看掌权者究竟是为谁服务。"权力导致腐败，绝对权力导致绝对腐败。"根据这句名言，父系的专制权力往往标榜的是公而实际在营私，将穷人、奴隶甚至异族等等都当作动物一样加以利用，成为异化，正如上述仪式中所显示的，青年更是首当其冲。"从人类进化史和文明史来看，青年期的出现既与特定年龄段上人的生物学特征有关，但青年期又总是被整合到一定的社会制度或结构之中，赋予青年期特定的社会涵义。青年期的本质因此而发生了根本性的变化，成为一种年龄等级制度，成年礼成为成人社会权力的象征，成为对青年期阶段的人的自然、自由和自我的一种剥夺和压迫，并且以制度化的形式赋予其合理性的解释和合法性的地位。古代和传统社会中的青年即是作为年龄等级制度中的一个被压迫被剥夺等级而存在的。"②

对青春的赞扬依然存在，但是对青年的认识基本上正如田杰所论述的是采取否定或不信任的立场。在生产进一步发展以后，野蛮的成年仪式逐渐为较文明的宗法成年仪式替代，出现了对青年的教育，开始是聘请教师的家庭教育，接着有了种种贵族学校。马赫列尔在书中首先叙述了对青年认识的历史，第一章第二部分是"对青年认识的教育学——哲学阶段"，他在其中列举著名希腊哲学家对青

---

① 徐丹：《倾空的器皿成年仪式与欧美文学中的成长主题》，上海三联书店2008年版，第56～57页。(1.［美］马文·哈里斯著，李培茱、高地译：《文化人类学》，东方出版社1988年版；2.［美］P. R.桑迪著，郑元者译：《神圣的饥饿》，中央编译出版社2004年版；3.［美］玛格丽特·米德著，宋践等译：《三个原始部落的性别与气质》，浙江人民出版社1988年版；4."宗教庆典仪式"，载［美］维克多·特伪选编：《庆典》，上海文艺出版社1993年版）

② 田杰："青年研究的史学范式与理论图景"，载《当代青年研究》2009年第6期。

年的论述以后写道："在这里，我们再次看到了作为教育过程模式的传习活动，只是形式有所改变而已。它制约着青年被承认为真正平等社会成员的过程：只有通过在成年人指导和监护下进行的特殊考验，否定了自己作为儿童和青年的天性（被社会认为是消极的或者低劣的天性）之后，只有在具备了与老年阶层的规范相适应的理性思维和行为之后，青年才能成为社会的正式成员。"① 应该充分肯定，在著名哲学家的教育中继承和发扬了原创文化中的人性，他们的直接面授影响了许多青年。但是，正如恩格斯所说"卑劣的贪欲是文明时代从它存在的第一日起直至今日的动力"②。成年人为了实现贪婪，需要编辑自己的理由和手段，使之合法化以实行控制，原创文化开始变形，刘再复称之为与原形文化对立的伪形文化。儒家文化在变成统治阶级的思想后便发生了变形，发展成许多严酷的行为规范，如三纲五常、三从四德。刘再复引用鲁迅批判《水浒传》《三国演义》歌颂暴力、崇拜权力的论述后写道："两书中只有气，没有灵魂；只有情绪，没有信念；只有政治沙场，没有审美秩序。"走到了伪形的高峰。③ 父权社会初期的教育主要面向贵族子弟，青年们接受了老年阶层的思维与行为模式，代代相传向往父辈主宰他人的权力，参与争权夺利十分激烈，甚至有子辈为夺取王位杀掉父王，再下一辈又照样杀害父辈夺权，历代王朝中的这些故事在神话中有详细的描写。当青年掌握了权力与财富进入成人社会的时候，在专制王朝的统治下他们或者要控制别人作为自己的工具，或者没有实现目的成了别人的工具。正是这种异化使人的潜能发挥出来创造了新的文明，因此是必经的历史阶段，必须承认异化的历史功绩。但是，在这种情况下，青年的天性被成人社会中的贪婪与争斗所融化。原人进化中青春品质融入成年社会的现象大为减退了。莫兰就曾说过，"在变成成年人的时候，男人'压抑'他曾经浸润过的妇女文化和青少年文化"，这种压抑可能从原人社会开始而在更进化的和现代的社会中愈甚，"这个人性化过程在今天还远远没有完成"。④

值得重视的是，我们仍然在历史中发现了青年品质的存在。以中国的历史为例，在春秋战国时期，出现了世袭社会的解体，著名学者何怀宏写道："在延续

① ［罗］F·马赫列尔著，陆象淦译：《青年问题与青年学》，社会科学文献出版社1986年版，第27页。
② 《马克思恩格斯选集》（第四卷），人民出版社1974年版，第51、52、161、173页。
③ 刘再复："原形文化与伪形文化"，载《读书》2009年第12期。
④ ［法］埃德加·莫兰著，陈一壮译：《迷失的范式：人性研究》，北京大学出版社1999年版，第46、30、56、57、71、72、145、63页。

了几代之后，子孙或由于客观条件的优越而淡忘了创业的艰难，失去了奋斗的刺激动因；或由于在价值观念上更重视生活的精美享受、文化艺术的精致发展（而这在某种意义上也可以说正是世族、乃至其他人类群体或个人的斗争所努力追求的目标或目标之一）而不经意于延续世族的责任，甚至变得萎靡，再加上资源的有限，这种衰亡就几乎可以说是不可避免的。"[1]何怀宏为此作的注释[2]中，以约翰·高尔斯华绥的长篇小说《福尔赛世家》中继创业的资产者之后的第二代、第三代转向文学艺术的情况，以及清朝时代参与创造老北京特殊生活氛围的"八旗子弟"为例，说明"转向文化、注重生活也许正因作为一个个自在的目的，正是奋斗者的一个理想"。的确，注重生活向往文化，在母系社会原创文化的熏陶下青年就开始有了这种追求。在以卑劣的贪欲为动力的父权社会，青年中出现不再贪欲于权力与财富、明显地转向文化追求生活质量的现象，是人类历史中最早萌发的新的人生价值观，具有伟大的启蒙作用。青年萌发的这种新价值观，中国的哲学家上升为天人合一的思想，成为经典的理论影响至今。但是歌颂权力、谄媚权力的伪形文化更为膨胀，从此在历史进程中始终存在"反文化现象"。尽管如此，青年的这种品质在历史的长河中也一直存在。《红楼梦》大观园中的贾宝玉、林黛玉就是对抗成人社会的男女青年，他们认为外面的世界充满贪婪只代表肮脏和堕落，黛玉葬花就鲜明地表明青年坚决拒绝成人的控制，"他们所企求的是理想世界的永恒，是精神生命的清澈"。[3]这种追求直到20世纪60年代的青年运动中有了更鲜明的表现。当时的嬉皮士已经认识到人与自然的关系，到乡间农庄和山林湖边等人烟稀少的地方安营扎寨，亲近自然，关心和爱护自然环境。这与当时思想界初露端倪的环保意识不谋而合，1968年罗马俱乐部成立，来自7个国家17位平均年龄不到30岁的青年科学家完成俱乐部第一个文献《增长的极限》，呼吁人类要面对未来，克制贪婪，保持人与自然、人与人之间的和谐关系。

青年作为一种社会现象，青年人与成年人、与社会的协调与冲突，与人类进化的历史一样久远，从父权社会开始到现在可以说日益突出。自从父权社会的统治者因为贪婪掠夺而将战争当成职业以后，不仅将人当成动物，而且相互摧残杀死生命也毫不介意，可说是胜过了兽性。成年社会对存在的兽性却在不断地反思，但是人类陶醉了，沉浸在无边的喜悦和享受之中，对成功背后产生的破坏地

---

① ② 何怀宏：《世袭社会及其解体》，三联书店1996年版，第166页。

③ 余英时著："《红楼梦》的两个世界"，载《中国思想传统的现代诠释》，江苏人民出版社1995年版，第332页。

球等隐患却麻木不仁，贪婪也就丝毫不减，发生一次又一次的危机，受到压制的青年感受最深，引发一次又一次的青年运动。

从文明社会至今不过几千年，比较从原人到智人的几百万年确是时间的一小部分。还要经过多长的时间才可以实现摩尔根所说的古代氏族社会的自由、平等和博爱在更高级形式上的复活，一大批思想家包括马克思在内都为解开这个历史之谜作了大量研究。艾斯勒由于重建男女伙伴关系社会的论述成为 20 世纪最有影响的思想家之一。男人与女人、父母与孩子的关系是人类社会最基本的关系，自从父权社会建立以来，也开始了父亲统治孩子的代际关系，其中充满了种种矛盾，成为人类进化史和文明史的一部分。"人类社会要走向和谐，首先要解决的是代际和谐问题而不可能是其他——因为，这是最根本、最本源的和谐。这一问题现在已引起政治学、伦理学等学科的特别关注，并进一步在更广泛的意义上提出'代际正义'的概念，它所涉及的不仅仅是现实生活中的代际关系问题，而是当代人如何处理与未来世代的关系。"① 艾斯勒从两性关系出发详细论证了如何重建男女伙伴关系社会。我们真诚地希望青年研究领域有学者能象艾斯勒研究男女关系那样对代际关系作出研究，从原始社会代际和谐出发，沿着代际冲突的历史发展，如何从政治、经济、文化等方面创造条件，迎接原始和谐的人性在更高形式上的复活，为创造未来作出重要贡献。

---

① 田杰："青年研究的史学范式与理论图景"，载《当代青年研究》2009 年第 6 期。

第二章

人类独有的青春期

　　谢小军在 2006 年第 10 期《知识就是力量》发表"青春期：人类所特有的年龄阶段"一文开始写道："青春是一个美丽的字眼，在浪漫的诗人眼中，青春'是初春枝头刚爆的第一颗嫩芽，是黎明时分喷薄的第一束光芒，是情人眼里迸发的第一抹幸福'，它是'诗人诗歌里闪烁的第一丝灵感'。遗憾的是，许多伟大的诗人并不具备精深的自然科学知识。如果他们更深刻地洞悉大自然的深邃，那么他们将吟诵出更多更瑰丽更辉煌的篇章。如果我们的诗人们知道青春仅仅属于人类，只有人类才拥有青春，那么他们一定羞惭他们这些字句想象力的匮乏，是的，人类是非常独特的，青春期是人类所特有的一个年龄阶段。"的确，青春期的研究是对人的研究，而人是宇宙中最为珍贵、十分稀罕的生命，人的诞生又是多么艰险、极其悲壮的过程，在这个过程中出现了只有人类才有的青春期。以如此广阔的背景来讨论青春期会更有想象力、理解力，我们现在从人类的诞生开始，探讨何以只有人类才独有青春期。

人类起源的辩证关系

　　"人，是地球上的物质发展、有机进化过程的最大成果。……我们现在没有掌握来自邻近星系的可以证实有地外理性生存的信号。这就更加令人确信，生命和人是宇宙中最珍贵、最稀罕的现象。"① 在这个最珍贵、最稀罕的生命中存在一个其他生命没有的青春期，这当然是非常难能可贵的现象。

　　"人类的最终诞生，也许是宇宙中最重要的一件事，也是原子、电子和种种粒子之间无所不能的一种表现。人类进化证明了 40 亿年的生命史为人类的出现做了全部生理上的准备，而这一进程的最后冲刺大约开始于 500 万年前。从那时起，

---

　　① ［俄］尼·彼·杜比宁著，李雅卿译：《人究竟是什么》，东方出版社 2000 年版，第 1 页。

有一些灵长类放弃了动物的本能而以智能的方式去求生存。这当中，许多尝试都遭到惨败，很多介乎于人和灵长类之间过渡状态的生物灭绝了。发掘到的一些介乎于人和猿之间的进化类型的化石，给我们展示了相当多的悲壮，这些类种走进了死胡同，在生存中被淘汰。在没有学会人的生活方式之前，轻易地放弃猿的灵巧或者技能，是十分危险的。但是，我们的祖先仍旧义无反顾地踏着失败者的尸骨前进，它们坚持用两条腿行走，努力把前肢变成了手，变成了可以制作工具的器官。[①] 忻迎一在《宇宙与人》一书中的这段话告诉我们，人类祖先进化到这一步，是多么的惊险与悲壮，而继续往前进化时仍然充满惊险。直立行走失去了猿类快速奔跑的能力，既缺乏防御的装备，又缺少掠夺的技巧，被人类学家称为"被剥夺了生存能力的存在物"。请看房龙的描述："早期的人类处境悲惨。他生活的世界充满了恐惧和饥饿，忍受着成千上百种敌人的围困。他的亲属和朋友随时会被恶狼、狗熊和可怕的剑齿虎撕得粉碎，一幅幅血淋淋的恐怖景象永远呈现在他的眼前。"但是，房龙接着写到："这段痛苦的经历却成了人类真正的福运。因为在这场痛苦中死去的都是弱者，这就迫使那些幸存者磨砺他们的智慧，在艰难中变的更强。"[②] 在如此艰险的生死搏斗中人类祖先必须同舟共济，在共同使用天然工具的漫长岁月里，头脑里逐渐浮现出所需要工具的模糊样板，开始有意识地加工工具。直立行走本来就增进了人脑的容量，制造工具的劳动同时促进了脑的发展。在劳动的过程中，由于需要传递的信息日益多样化、复杂化，促进发音器官的变化，从而产生了语言。恩格斯指出：是语言和劳动一起，成了两个最主要的推动力，使猿的脑逐渐变成为人的脑。恩格斯认为，脑与它的最密切的工具即感觉器官的进一步发展，形成了意识以及抽象能力与推理能力。这些能力又反过来成为劳动与语言进一步发展的推动力。[③] 由于它们的循环，社会性的共同劳动推动着生物进化形成了智人，产生了人类独特的进化道路。"从人的祖先进入社会劳动活动之时起，就产生了生物进化，就性质来说是新的条件：生物进化在已经形成的社会关系范围内进行，并且愈来愈取决于社会关系。"[④] 在人类进化过程中，生物进化依然在发生，人的祖先基本上还是生物的，但是与动物的进化仅取决于它们适应环境的需要完全不同，人类祖先的进化是使人的机体的结构与功能朝向可以改变环境的方向发展。尽管这种进化仍然是通过突变和重组选择进行

---

① 忻迎一：《宇宙与人》，中国电影出版社 2001 年版，第 87 页。
② 房龙著，刁一恒译：《文明的开端》，北京出版社 1999 年版，第 7～11 页。
③ 《马克思恩格斯选集》（第 3 卷），人民出版社 1974 年版，第 512 页。
④ ［俄］尼·彼·杜比宁著，李雅卿译：《人究竟是什么》，东方出版社 2000 年版，第 120 页。

的，具有基因型的性质，但它已经不完全是生物因素在起作用，而是社会因素越来越强，甚至成为生物进化的主导因素的结果。这就是人类起源中生物因素与社会因素的辩证关系。这种关系形成的人类特殊进化模式，在一代又一代中积累和保留下来，直到超生物的智人种诞生。进化到智人阶段，人的生物遗传特性从此基本保持稳定，而人的社会却有了巨大进步。智人时期石器制作已很精美，并有了艺术创作能力，开始有墓葬习俗，反映了宗教观念的萌芽。

人类是在地球上经过几千万年的历史从动物那里进化而来的。一旦进化成为有思想能创造的物种，他就成为地球上唯一的高贵的伟大生命。法国的帕斯卡尔曾对此有过精辟的论述："思想形成人的伟大。人只不过是一根苇草，是自然界最脆弱的东西；但他是一根能思想的苇草。用不着整个宇宙都拿起武器来才能毁灭；一口气、一滴水就足以致他死命了。然而，纵使宇宙毁灭了他，人却仍然要比致他死命的东西更高贵得多；因为他知道自己要死亡，以及宇宙对他所具有的优势，而宇宙对此却一无所知。""能思想的苇草——我应该追求自己的尊严，绝不是求之于空间，而是求之于自己的思想的规定。我占有多少土地都不会有用；由于空间，宇宙便囊括了我并吞没了我，有如一个质点；由于思想，我却囊括了宇宙。"①

脑的进化延长青春期

世界著名的人类学家利基在论述人类史前时代的过程时，肯定地认为有四个阶段：第一阶段是在 700 万年前，类似猿的动物变成为两足行走的物种。第二阶段是 700 万～200 万年前之间，两足的猿繁衍成许多不同的物种适应不同的生态环境。在这些物种中，在距今 300 万～200 万年之间发展出脑子明显较大的一个物种。"脑子的扩大标志着第三个阶段，是人属出现的信号。"这一支物种发展成直立人最终到智人。第四个阶段就是现代人的起源。② 为什么会出现脑明显较大的物种？根据利基在书中的论述，这个物种的两足行动出现了高效率、大跨步的动作，代表人类适应中的核心变化。这种变化接着引发了活跃的狩猎行为，利用工具狩猎的活跃能力，又必须有更高级脑活动的指引。脑是新陈代谢耗费能量最

---

① 转引自《人文精神读本——生命》，中央编译出版社 2006 年版，第 267 页。
② ［英］理查德·利基著，吴汝康、吴新智、林圣龙译：《人类的起源》，上海世纪出版集团 2007 年版，第 6 页。

大的器官，必须有足够的营养才能发展，恰好由直立行走发展到了狩猎，在食物中添加了肉食，提高了对脑能量的供应，使人属脑量的增加成为可能。利基认为这对早期人属进化有重大意义，肉食在我们祖先的日常生活中起着重要的作用，空前地加快了脑量增加的速度。

世界著名的生物学家和遗传学家尼古拉·彼得罗维奇·杜比宁从另一个角度对脑机能的进化作了论述："那个开创人类祖先进化的原初物种，必定在作为反映器官的脑组织上具有新的特点。这些特点可以假定在于记忆和'痕迹感觉'复合的统一大大加强，这在以后就能接近实现预想的行动。"杜比宁认为，在这些心理要素的基础上，后来又在劳动的影响下，人类祖先获得了一种形成行动的原始观念模型的萌芽的能力，到了直立人阶段，由于社会因素的扩大和需要的增加，使脑容量的进化极快，最后成为人脑。[①] 著名学者埃德加·莫兰也正是这样设想的：原人和直立人的脑较小，面对日益增加的社会复杂性的压力，它的潜能已经发挥到了极限。种种压力使脑的潜能增加的基因引起突变，不仅是神经元数量的增加，而且大脑中彼此独立的部位之间会形成新的连结和组织的中心。[②] 人脑的体积与机能的发展速度与规模，在生物界是人类所独有的。南方古猿脑的容量只有 500 克，进化到最早的原人（或称能人）有了 800 克，到直立人有 1350克。脑的基因改变，哪怕一小步都花费上万年的时光。杜比宁认为神经系统逐步上升的进化是有机界发展史上最奇特最复杂的过程。他将这种脑和心理的进化看成为人的前史。

不论是脑进化的需要，或是社会生活的日益人性化，都必定要延长从童年到成人之间的过渡期。人脑的容量与机能都是在出生后完成的。大猩猩的新生儿出生时脑容量达到成年的 70%，而智人只占 23%。人的新生儿的脑重只有 340 克，6 个月增加 1 倍，1 岁 970 克，3 岁 1200 克，6 岁 1250 克，20 岁才 1400 克。田鼠和家鼠发育成熟只要几个星期，狐猴的成熟期是 2 年，大猩猩 7 年，智人的初期要到 7 岁才能完全学会语言，13 岁发育完成。瑞典科学家波特曼将人的出生与动物相比认为人是"生理早产一年"的动物。兰德曼也指出"人在子宫内要度过长得多的时间，而他又几乎是提前一年就来到了世上，因而还有一个'子宫外年'"。婴儿出生时平均脑重 350 克，头的直径约 10 厘米。灵长类动物婴儿的脑

① ［俄］尼·彼·杜比宁著，李雅卿译：《人究竟是什么》，东方出版社 2000 年版，第 256 页。
② ［法］埃德加·莫兰著，陈一壮译：《迷失的范式：人性研究》，北京大学出版社 1999 年版，第 70页。

在子宫内基本成型就出生，动物的本能行为方式在脑中也大体形成。人的婴儿如果要像动物那样成熟再出生，脑再重一点，大一点，分娩将会极其困难。科学家罗森堡对此的解释是，在人的进化中，妇女骨盆的大小既要使人能直立行走，又要让胎儿能够出生，骨盆产道的现状就是要求两者平衡的结果，分娩仍然很困难，100 多年前曾经是产妇的首要死因。[①] 针对波特曼说人是生理早产一年的说法，青年教育学家王东华则认为："恰恰相反，人类婴儿的生理是相当成熟的，早产的仅仅是他的大脑。"[②] 王东华认为出生婴儿的脑仅是它的第一次诞生，还要在外界环境中经过 3 年通过各种信息的刺激与锻炼中成长，脑才从环境这个"子宫"里分娩出来，可谓第二次诞生。所以，王东华认为人是早产3 年的动物。

生理与心理的互动

灵长类动物婴儿的脑在子宫内基本成型就出生，一出生很快就能成熟在特定的环境中生存。"人类发展的最重要方面之一，是婴儿初生时实际上是软弱而不能自助的，还要经历一段较长的儿童期。此外，如每位父母都知道的，儿童还经过一个青年生长突然加快的时期，此时他们以惊人的速率增加身高。在动物界中唯独人类才有这种现象：大多数种类的哺乳动物，包括猿类在内，都是从婴儿期几乎直接进入成年期的。"[③] 这是人类学家理查德·利基在他所著的《人类的起源》中的结论。

唯独人类才有青春期，首先就是由于脑的早产，脑的机能系统是在出生后形成的。杜比宁描述了新生儿在成长中脑机能的发展过程。脑皮质的种系发生的新区（顶下区、颞区和额区）主管人的活动，并与言语、劳动、思维活动有关，这些区的发展在胚胎发生中就已开始，出生后到 1 岁发展得更迅速。2 岁时发生急剧的飞跃，7 岁幼儿的抽象思维达到相当高的水平。[④] 劳伦斯·斯滕伯格在《青春期》书中指出青春期早期是抽象思维能力突飞猛进的时期，也是脑部显著发育成熟的时期。这时前额叶皮层才能成熟，它是我们设目标、做计划和元认知这种

---

① 蔡如鹏："直立行走的获益与代价"，载《中国新闻周刊》2007 年 8 月 6 日。
② 王东华：《发现母亲》，四川人民出版社 1999 年版，第 38 页。
③ ［英］理查德·利基著，吴汝康、吴新智、林圣龙译：《人类的起源》，上海世纪出版集团 2007 年版，第 40 页。
④ ［俄］尼·彼·杜比宁著，李雅卿译：《人究竟是什么》，东方出版社 2000 年版，第 83 页。

复杂认知活动时会被激活的大脑区域。① 斯滕伯格提出了青年的思维与行为的转变，是否与脑的实际变化联系在一起的问题。我们习惯于更重视思维的社会历史的生成，实质上没有生理作为前提，也就没有生成思维的物质基础。杜比宁就认为生物因素是社会因素的前提："在承认一般生物学规律对人的重要意义时，还必须考虑到，人还具有与动物不同的特殊的生物特征。这些特征，是人作为有思维能力的社会存在物进行自觉活动的必要前提。"② 正因为以脑为核心的生理成熟有一个渐进的过程，作为青春期发展的核心的认知发展也必然与儿童的年龄密切相关，必然要形成一个更长的青春期。皮亚杰通过各种临床观察和实验，提出了很完整的关于儿童认知发展的阶段理论：感知运动阶段（出生~2 岁）、前运算阶段（2~7 岁）、具体运算阶段（7~11、12 岁）、形式运算阶段（11、12~15、16 岁）。

　　社会因素对思想的形成有决定性的作用。即使有了人脑也不一定就会有思想，狼孩就是证明。那两个在狼群中长大的孩子，脸部的眼、鼻、耳朵都发生某些变化，回到人间经过训练也不过只学会 45 个单词。即便在人间长大，因为与社会的接触、交往不同智力也会有差别。二次大战失去父母在孤儿院长大的孩子，由于所得到的社会刺激很少，就表现为反应迟钝、社会交往技能很差、具有语言障碍。认识来源于社会实践，包括人脑都是人类漫长劳动实践的成果。马克思指出：人的五官感觉是"全部世界史的成果"；罗伦兹的的论点：从动物到人，从认识器官到思维形式，都是机体在适应环境的交互作用中形成和产生出来的。李泽厚在引用上述论点后写道："人类一切认识的主体心理结构（从感觉知觉到概念思维等）都建立在这个极为漫长的人类使用、创造、更新、调节工具的劳动活动之上。"③ 作为个体的成长，也必须在家庭、学校的教育中，在积极参与社会活动的过程中，通过与人们的相互作用，并接受人类的社会遗产，从而激发脑的机能。在婴儿身上，意识和思维的发展不是因为他具有生物学前提——脑，而是因为他参与种种社会实践，与人们交往的过程中，在接受人类已有的经验中产生的。生理成熟是在生物遗传结构与社会文化环境共同作用的结果。在人的成长中，生理发展正好适应社会文化的要求，这种特性为人类社会的进步提供了无限的可能性，也包括了青少年自身的成熟。杜比宁在谈到儿童期和青年期的作用时

---

　　① ［英］劳伦斯·斯滕伯格著，戴俊毅译：《青春期——青少年的心理发展和健康成长》，上海社会科学出版社 2007 年版，第 88~89 页。

　　② ［俄］尼·彼·杜比宁著，李雅卿译：《人究竟是什么》，东方出版社 2000 年版，第 2 页。

　　③ 李泽厚：《实用理性与乐感文化》，三联书店 2005 年版，第 205 页。

指出："社会意识使生物因素的一切方面'人化'。结果，人的心理生活把来自机体内部因素，来自无条件反应、体液作用、性生活本能等的影响整合起来，用特殊的方式折射出来。证明了这样一个观点：为完善生活所必需的各种能力和心理特性，正常人不是在出生时就获得的，它们是在正常人进入社会生命活动一切领域的过程中形成的。只有人才固有的长久的儿童期和青年期，是对人的社会本质顺利形成的有力的生物学'辅助'。"[①]

　　大脑进化的任何进步表现为童年期的延长，延长的童年期中的任何基因突变很可能促进了大脑进化的基因突变，引起大脑体积的逐步增长。莫兰据此提出了青春化的理论："大脑进化过程中的进步又是与青春化过程中的进步分不开的。"幼年时期的延长允许大脑在外部世界的刺激和文化的影响下持续其组织上的发展；换言之，个体发育进展的缓慢性有利于学习技能，发展智力和文化的熏陶即传播。延长了成熟期的青年不断地游戏、探索，被新鲜事物所吸引。他们在接收成人的经验同时，还能够加以修改、完善和创新。莫兰在讨论人类文化的发展时，提出童年和青年的纯洁情感与优良品质对成年社会的影响。较长的童年阶段有利于在最早的家庭核心关系（兄弟姐妹的关系、孩子和母亲的关系）中形成童年的感情世界，使这种感情在以后采取友情、挚爱和爱情时指向新的伙伴，在成年生活中扎根。青春品质开始还被淹没在童年的宇宙里，然后被半融合在成年世界，他们在类人猿社会里处于边缘地位的品质接着浇灌着原人社会。青春化变成了一个人类学现象。

　　莫兰如此强调从原人向智人进化中存在一个族类的青春化，并不完全是一种推论。许多关于远古时代的神话故事中，就有不少歌颂青年的神话。另一个基本的事实是当时人类祖先的寿命总的说不是很高。据人骨化石的鉴定资料，北京人时期有 40% 以上死时只有 14 岁左右。[②] 北京人出现在 70 万年前，已是直立人，脑容量 1043 克，比南方古猿大了 1 倍多，可以说当时的成年人也就是相当于青年。所以早期青春化的存在是可以理解的，并为我们理解人类独有的青春期以及青春期的作用与功能提供了有力的论证。

---

① ［俄］尼·彼·杜比宁著，李雅卿译：《人究竟是什么》，东方出版社 2000 年版，第 86 页。
② 邱树森、陈振江主编：《新编中国通史》，福建人民出版社 1993 年版，第 10 页。

特定化和非特定化

特定化，或称特殊化、专门化，这里是指动物的生理构造及其功能被特定为只适合于特定的环境，它的行为也因此被规定了，就像是一把钥匙只能适合开一把锁。而人的生理构造则没有规定他只能在特定环境中应做什么或不应做什么，因此是非特定化的。

动物的进化是由生物因素决定的。它的生理构造与机能是在适应它生存的环境中，通过自然选择加以确定遗传下来，以特定化的行为方式生存在特定的环境之中。换一个不同的环境，他就不能适应，甚至走向灭亡。古希腊哲学家赫拉克利特写道："驴子宁愿要草料不要黄金。""（猪）在污泥中取乐。""猪在污泥中洗澡，家禽在尘土和灰烬中洗澡。"① 德国生物学家乌克威尔用解剖学对动物进行过深入研究，他认为有多少种不同的生物体，也就有多少种不同的组合与样式。动物的每个生命体都各有一套察觉之网和一套作用之网，即一套感应器系统和效应器系统，前者接受外部刺激，后者对刺激作出反映。这两套系统在任何情况下都紧密交织，被联结在一个系列之中，成为动物的功能圈。因此，即使是最低级的生命体，都是完完全全地符合于它的环境的。② 每种动物接受外界刺激的反映能力与行为方式也是如此，动物的知觉只在一个狭隘而有限的特殊环境之内发展，只感觉它能触及到的那个外部世界，知觉的焦点只落在必需的东西上，其他无需知道的任何东西都会被忽略。因此，动物的生活始终被限制和缩小到适合于它的客观范围之内。

自从人类祖先告别动物进化成为人开始，也就告别了器官功能的特定化，不再由本能驱使以特定的行为生存在特定的环境中。对于动物来说，它的器官的特定化在特定的环境中是它的优点，然而一旦环境发生较大变化，它的特定行为习惯不能改变就成了致命的弱点，只能被淘汰。除非环境变化的压力促使基因改变形成新的物种，以新的行为适应新的环境。这是"自然选择"。人则不同，告别动物后已没有特别规定的行为方式，这成了自然的弱点，但是他因此而使用工具，而思考问题，用创造性的劳动改造自然，以弥补非特定化的不足。人的认识也不再限定在相关的狭小范围，而是将世界整体作为认识和研究的客观对象，被

---

① 北京大学哲学系、外国哲学史教研室编译：《古希腊罗马哲学》，三联书店 1957 年版，第 19 ~ 22 页。
② ［德］恩斯特·卡西尔著，甘阳译：《人论》，上海译文出版社 1985 年版，第 32 页。

称为"对世界的开放性"。无论生存环境怎样变化，人都无需改变自己的本能，而是创造出适应环境的新的生存方式来发展自己，成为唯一能在全世界繁衍的动物。"动物物种靠变异的帮助，力求获得经受得住灾变的能力，人却靠'创造性反应'的帮助，获得这种能力。"① 与"自然选择"不同，人通过创造改变环境这种现象可称为"人为选择"。人这种有明确目的的创造性是人作为文化生物最重要的特征，它是人的内在主观精神的体现。人之所以是创造性的，就因为他是自由的。德国哲学家米切尔·兰德曼在分析非特定化的结果时指出："他在双重意义上是自由的，即一方面从本能的统治下'获得自由'；另一方面又在趋向创造性的自我决定中'走向自由'。因此，创造和自由是增加在纯理论的对世界的开放性之上的两个'属人的'特征。"②

创造与自由是两个"属人的"特征，兰德曼并且说："由人所创造的人，作为一种具体现象，是历史的；但是，作为自我创造者的他的创造性核心，却是永恒的。在这个意义上，人类的'本质'的确存在。"③ 兰德曼运用人类学对人与动物作比较后，将创造与自由这个属人的特征，看作为人的主观精神的全部内容加以强调，这是高扬了人的主体性。同时，他又将人所创造的社会文化称为客观精神，认为人创造了文化，又是文化的产物，人的创造性必然要受到社会文化的制约，创造与自由因此也就不是任意的。兰德曼认为这样才是完整的人的形象，才能完全理解人。可以说，也只有这样才能完全理解青年。创造和自由既是人的本质，更是青年的本质特征。

继承和创新的关系

"动物在天性上比人更完善，它一出自然之手就达到了完成，只需要使自然早已为它提供的东西现实化。人的非特定化是一种不完善，可以说，自然把尚未完成的人放到世界之中；它没有对人作出最后的限定，在一定程度上给他留下了未确定性。"④ 人的未确定性表明人有可塑性。人究竟会有怎样的行为与生存方式，自然并没有对它作出规定，因此兰德曼在他的书中一再强调，人要靠自己完成自己，自然只完成了人的一半，另一半留给人自己去完成。人必须决定自己要

---

① [德] 米切尔·兰德曼著，阎嘉译：《哲学人类学》，贵州人民出版社1988年版，第203页。
② 同上，第228页。
③ 同上，第256页。
④ 同上，第228页。

成为怎样的人。人的自我完善，从人类的整体来说，人类祖先进化发展到现在，就是一部人类自我完善的历史。但是从个体或年龄的视角来讲，能否自我完善就有各种可能性，与童年和青年时期有着特殊的关系；自然完成了人的一半，就是自然已赋予人的本能与潜能，另一半留给人自己去完成，实际就是指后天实现潜能的努力。每个个体或每一代人都不是如动物那样一切从头开始，而是一旦出生就生活在社会文化的传统之中。他们要完成自己，要决定自己成为怎样的人，必须首先接受当时已经存在的社会遗产，而且越是掌握其中的最高级的部分就越有可塑的能力。但是，人又绝不只是消极的满足现状的生物。人总是力求创造新的存在状况，处在不断创新的无限追求之中。童年时期以接受社会文化传统为主，接受传统与不断创新两者并行的时期正是青春期。接受教化是青年的必修课，而生命最旺盛的青春期，又是创新愿望最旺盛的时期。青春期如何继承社会遗产，处理好继承与创新的关系，形成创造性的能力，是人能否做到靠自己完善自己的关键。

人类祖先自身的自然在与外界相互作用的漫长过程中逐渐具有了人的特性，成为创造性活动的生理前提。高级神经系统及其所联系的各种器官的结构和功能，各种潜在的能力，通过遗传基因传递下来，作为天赋和潜能，自然地存在于人的身上。这些潜能包括：由思想自由锤炼出来的理性思维能力、由理性思维带来的创造活动能力、社会交往与组织能力等，思维能力是其中的核心。但这毕竟是潜能，与由遗传固定下来不学而会的本能不同，潜能必须依靠后天的发掘，主观的努力，而且只能在社会中借助社会力量的教化与培养才能实现。弗洛伊德的学说就是只着眼于人的本能特别是性冲动方面的作用。这对于只承认和只强调理性而忽视本能的论点是一个补充，但是，弗洛伊德本人在后来以及精神分析学说的发展都主张用文明的升华来解决这些非理性的冲动。人的本能也确是在社会中得到升华，性冲动升为爱情，吃有了食文化，耳能听懂音乐，眼能欣赏艺术，人身上已很少有不经过社会化的本能，更何况潜能。所以，经过艰险而又悲壮的进化过程所诞生的人类，留给每位新出生的成员一个重要课题就是如何发掘已经天赋在人身上的潜能。这些潜能的发掘，要从婴幼儿时期与环境互动中发生的认知发展开始，直到青年时期一步一步得到实现。这种在后天实现潜能的活动，是一个不断超越自然本能、不断趋向极限的运动，贯穿于人的一生，但青春期则是开始发掘潜能的关键时期。

动物只有本能没有潜能。动物只能凭生理本能生存在特定的环境中。动物也可以学习，那是通过条件反射、强化训练、试错法甚至模拟进行的学习，是非常有限的，而且不会作为经验留下来。它们的每一代、每个个体都是一次次地从头开始。动物除了将自己本能的自然属性遗传给直接的后代以外，再也不能留下任何别的东西。人则完全不同。自从人类祖先使用工具、制造工具的共同劳动开始，就形成了社会经验并且世代相传。在社会日益进化的条件下，一方面使人的生物基础按照社会进步的要求进行调整，不断进化直到出现智人种；一方面这些社会经验不可能通过机体生物遗传，必须在后天通过社会的"遗传基因"传授给后代，创造出人类独有的新型遗传发展方式，即社会遗传方式。人类祖先一开始只能传递使用天然工具的经验，接着是制造工具的经验，经过2000万年到了智人阶段，石器制作已很精美，有了艺术创作能力和宗教观念的萌芽。从智人至今4万年间，人已经掌握了原子动力，基因的化学合成，有了计算机、宇宙飞船以及种种经济、政治制度和文化模式。这种愈来愈高级、愈来愈丰富、愈来愈迅速的变化发展速度，是人类进化发展的一种特殊速度。这些新增加的社会经验，都需要传授给下一代。从人类诞生时期开始，长辈就非常注意社会经验的传授。在原始社会，为了社会遗传特别举行成人仪式。从古代氏族贵族制出现最早的文明，贵族就注意聘教师传授后代。在轴心时代，中国的孔子、希腊的苏格拉底等哲人无不重视教育。工业革命扩大了学校教育，进一步延长了成熟的时间，出现了作为社会存在物的青春期。"在人的祖先的进化中，社会遗产容量逐渐增加，内容越来越复杂化，这促使在人的生物发展中出现童年、少年和青年的漫长时期，这是其他动物所没有的。"①

　　"站在巨人的肩膀上"，这是牛顿的名言。我们知道，从文艺复兴到启蒙运动，那些伟大的思想家都是在青少年开始接过前辈的思想，形成了灿烂辉煌的思想接力赛，创建了伟大的思想，作出了历史的贡献。被称为"无冕之王"、启蒙运动最高化身的法国伏尔泰，他在年轻时期，卜莱神父说他"喜欢把欧洲的任何重大问题放在他的小秤上称过"。② 他因为写了两首讽刺摄政王的诗两次被抓进巴士底狱。33岁出狱到英国待了3年，对洛克的思想以及英国富足又自由的社会印象十分深刻，对洛克特别仰慕，他晚年回忆时写道："我又回到洛克这里来了，就像一个浪子回到他父亲那里一样。"回国以后针对法国社会的黑暗写成《哲学通讯》秘密印行，其批制意义极其显然，以致成为禁书。③ 这些伟大的思想家，

<hr>

① ［俄］尼·彼·杜比宁著，李雅卿译：《人究竟是什么》，东方出版社2000年版，第131页。
② 陈乐民：《启蒙札记》，三联书店2009年版，第50页。
③ 同上，第36～37页。

都是在年轻时期就着眼于未来，对历史和现实进行解剖，期望发现其中的问题并加以审视，力求解决问题改变现实，实现理想。这种批判精神是推动人类社会不断进步的理想力量。正是有了这样的理想和批判精神，就会产生解决问题的内驱力，激发起强烈的求知欲和好奇心，唤发起内心创造的需求与兴趣。这时，对于能够帮助他们解决问题的社会遗传就特别敬仰，继承他们的思想作为批判的武器进行创新。无论是科学研究或是创造历史，越是掌握社会遗传中的高级部分就越有创新的可能，不仅可以避免重复前人所作的耕耘，而且使自己能够跨越时空站在创新的前沿。

在所有的社会遗传中，知识是人类最为宝贵的财富。知识是人类在改造自然的活动中积累起来的认识成果。"知识就是力量"，培根的这句名言曾经激励了一代又一代人在追求知识的漫漫长路上不懈努力。但是人们对这句名言有一些误解。著名学者郅庭瑾教授 2001 年在教育科学出版社出版《教会学生思维》受到热烈欢迎以后，又修改在 2007 年出版《为思维而教》，在书中引用了杜威对这句名言的论述：在培根那里，"知识就是力量"不过是说"知识可以发挥力量"。知识本身并没有力量，只有适当地使用知识、以知识作为基础来解决问题才可能实现知识的力量。这是一种基于知识的思维能力，或者说是基于知识的智慧。知识具有多大的力量总是取决于知识在多大程度上转化为"思维能力"或智慧。[1] 郅庭瑾教授认为，知识构成思维的基础，掌握知识的多少知识积累的厚薄，在一定程度内影响着思能力的发展；但知识毕竟是已知的东西有其极限，过分依赖知识会导致思维定势和思维惰性。知识渊博和学富五车绝不意味着思维能力高人一筹，即知识的多少不能成为衡量思维能力强弱的标准。更重要的是对知识的理解、运用和转化的能力。[2] 中国的学校教育将知识占据至关重要的地位，形成了教育的深刻危机，郅庭瑾教授因此提倡"为思维而教"，使学生不仅学到知识，而且能掌握思维的方法，培养解决问题的能力，成为有智慧的人。

郅教授也认为，"为思维而教"，理论目标的形成和观念形态的改变相对容易，难的是怎样落实和贯彻到日常的学校教育实践中去。[3] 人的社会本质的形成是一个非常复杂的过程，从婴幼儿就要开始注意，因此不仅学校教育，家庭教育也同样重要。2009 年尹建莉出版《好妈妈胜过好老师》，书上公布了自己的电子

---

[1]　郅庭瑾：《为思维的教》，教育科学出版社 2007 年版，第 59 页。

[2]　同上，第 61 页。

[3]　同上，第 252 页。

邮箱，在 5 年中畅销了 540 多万册，收到越来越多的读者来信，最多时每天 300 封。尹建莉从近 20 万封来信中，挑选出 100 个典型问题汇集成新书《好妈妈胜过好老师 2——自由的孩子最自觉》。尹建莉在回答《中国青年报》记者时说道："家庭教育是一个人成长的全部基石，无论是智力、情感还是能力的发展，一切一切，全部来自家庭。"①

对于儿童的智力发展，众多的著名学者已经有了大量的研究，存在一些不同的争论，但都认为有阶段性和稳定性。苏联心理学家科恩在所著《青年心理学》中，描述了青少年的智力发展过程以后写道："青年初期最有价值的心理成果是发现了自己内部世界，对于青年来说，这种发现与哥白尼当时的革命同等重要。"② 发现自己的内心世界，就是有了自我意识。在对外部世界有了认识以后，又对自己是如何认识的进行认识，再认识。只有这样的深思熟虑才能使自己的决策符合客观规律创造成功。"它表明人在实践的基础上，不仅反映着世界，而且反映着自我进而反映着自我与世界的关系。把这种关系和反映作为认识的对象，正是认识能够超越自身的原因。……自我意识充分体现了实践的发展，没有自我意识，就不会有意识自觉地向新的领域的跨进。马克思'自由的首要条件是自我认识'的思想是深刻的。没有自我意识，就谈不上自由。"③

并不是每个青年到时候都具备了自我意识，不要说狼孩，由于环境的关系，就有青少年在成长中不仅缺乏社会交往，甚至连语言交流、情感交流都很少，他的认知结构就停留在幼儿时期。认知心理学指出，个体的智力是由早期经验所决定的，早期经验给儿童智力发展造成的影响很不容易改变。儿童已有的知识构成他的认知结构，新的认识是主体对已有的认知结构加工改造即进行建构才有可能。后一阶段的发展以前一阶段的认知为基础，如果认知结构停顿了，就不可能有后一阶段的发展。尽管生理在成长，由于外界信息与主体现有认知结构差距过大，主体对它将不会作出任何反应，以忽略刺激的方式维持原有的认知，形成认知失真和心理失调，严重的甚至停滞不前形成无知状态。"少成若天性，习惯成自然"，这种不易改变的早期经验将影响人的一生，尽管有良好的机遇，思维定势使他置若罔闻，一事无成，虚度年华。"为思维而教"，如何使每个青少年都在

---

① 蒋肖斌："尹建莉：家庭教育是孩子成长的全部基石"，载《中国青年报》2016 年 6 月 5 日，第 3 版。

② ［苏］科恩著，史民德、何得霖、方琬译：《青年心理学》，广西人民出版社 1983 年版，第 77 页。

③ 杨耕、陈志良："关于思维的内在矛盾的再思考——兼论哲学思维的特点和功能"，载《天津社会科学》2001 年第 4 期，第 15 页。

青春期形成自我意识，是家长、老师和青少年自己都要非常重视的问题。

完美无缺的设计

青春期是人类独有的，人类在宇宙中是否也是唯一的物种？现在有很多关于UFO的消息，有的甚至看到了其中有活动的物体，仿佛宇宙中有与人同类型的生命。这些远远得不到证实。既然太阳系中有人类，以宇宙的宏大，存在同类生命的可能性是很大的。但是在没有证实以前，我们至少可以说人类是极其珍贵、十分稀罕的生命。面对广阔的宇宙、雄伟的地球、特殊的人类，作为每个个人，必然显得渺小。但是，不论是多么偶然的机遇使你出生在这个世界上，人的尊严与价值就必然存在，关键是你是否认识到理解到了。青春期的重要意义在就在这里，成为人类独有青春期的原因。根据本文前面的分析，对人类创建这个独有的青春期的意义，我们归纳如下。

动物，特别是高级动物也有思想，但它只是一种信号反映，不能描述任何对象。人由于社会劳动使猿脑进化成具有意识和思维能力的人脑，有了可以改造客观世界进行创造性活动的潜能，成为唯一高贵的伟大生命。但是这种人类独有的潜能又必须从婴幼儿时期就开始发掘。皮亚杰发现了从幼儿一直到青年的认知发生发展的过程与机制。认知是各种成长因素中最重要的因素。人的伟大就在于他有思想。智慧是宇宙中最美丽的花朵，正是在青春期开始绽放的。可以说没有青春期就不会有人的潜能的开发。

动物除了将特定化的自然属性遗传给直接的后代以外，再也不能留下任何别的东西。人类则有越来越丰富的社会文化遗产需要传递给后代，如何进行代与代之间的传递一直是人类历史中的重要课题。到了现代，由于社会文化遗产极大的丰富多彩，青年进入大学本科都不足以完全掌握，还需要读研究生、博士生，要更长地延长青春期。好在人的寿命也在延长，青春期成为人类接受历史遗产的极端重要的时期。

动物在天性上比人更完善，它一出生就达到完成。人则不同，自然没有对人作出最后的规定，这种未确定性使他具有极大的可塑性，只能靠人自己去完成。所谓自我完成，是指自己应该具有适应和改变客观环境并做到主客体良性互动的能力，具有人类特有的高尚人格。一个人只有在真正深刻的懂得自己必须自主选择并独立承担后果时，他才算是真正成熟了。培养这种能力从人出生就要开始，但是最关键是在青春期。人是在青年时开始面向未来的，自我意识也是在青春期中形成。青年如何选择与确定人生目标，为未来作好一切准备，以塑造自己完善的人生道路，是人类自我完善向青春期提出的要求。

动物始终限制在被缩小到适合于它自己生存的范围之内。人则不同，人从本能的束缚中获得自由，由自我决定的创造性活动开拓新的生存方式来发展自己。青春期是人生命中最旺盛的时期，也是创新愿望最旺盛的时期。如果在青春期内，他能顺利接受历史的遗产，开发自己的潜能，充分发挥青年创造与自由的特性，形成自我完善的能力，说明他具备了足够的主体精神，担当得起开拓新局面的重任。否则，他与客观环境没有建立良性互动的关系，甚至会对社会形成负面作用。因此青春期是越来越关系到人类未来的重要时期。

接受遗产，开发潜能，完善自我，创造未来，发挥青春期应有的创造与自由的特性，这些是每位来到人间的新生命都要面临的历史使命。人类的进步使这些使命的内容丰富到了简单的成人仪式已不可能承担的地步，必须要有一个与之相适应的青春期，而恰恰人类新生儿的脑与生理没有成熟就出生，需要有一个较长的生理成长阶段，以满足成长中生物因素与社会因素相互适应的要求。这真是人类天衣无缝完美无缺的设计。我们千万不要辜负了人类祖先在进化中做出的这种设计，理应努力使青春期成为祖先所希望的那种理想的青春期，迎接更高层次的族类青春化。

第三章
作为社会创造物的青春期

斯腾伯格所著的《青春期》一书的第一部分"青春期的基本变化"中有三章：生物性过渡、认知的过渡和社会性过渡。在社会性过渡中，介绍了被称为创造论者的作者们的观点：与其说青春期是一种生物现象或者认知现象，不如说它是一种社会创造物。创造论者指出，世界上存在着完全不区分青春期或者对青春期的看法大不相同的其他文明或者历史时期。当代社会中的青春期的特色行为和问题，是由社会界定青春期的特殊方式所引起的。当代社会中所知的青春期，在19世纪中叶的工业革命之前其实并不存在。① 我们不认为是19世纪兴起的工业革命才创造了青春期，青春期在人类历史上一直存在，但是，生理成长是遗传而不是环境决定的，认知和心理的发展确实与当时的社会环境有密切关系，不同的历史阶段，社会界定青春期的不同方式引起青春期不同的特色行为和问题，在原始社会、古代社会以及中世纪，青年在社会中都有不同的角色。到了现代，社会变革使青年登上了历史舞台，青年在社会发展中的重要作用使社会对青春期有了新的认识。多元时空建构了多样的角色。因此，我们要从社会历史总体的角度考查青年。社会创造物的论点是社会学的范畴，我们还应综合各学科的成果，站在社会历史总体的高度进行探索，谱写青春期研究的新篇章。

不同的历史阶段

《青年问题与青年学》的罗马尼亚学者F·马赫列尔认为，建立青年学首先意味着分析它的研究对象即青年的历史和对青年认识的历史。② 为了力求从历史进程中抽象出能构成青年学源流的那些因素，他在书中第一章"青年学的历史——本体论基础"，用98页占全书299页1/3的巨大篇幅，详细论述了青年的历史和

---

① [美]斯腾伯格著，戴俊毅译：《青春期》，上海社科出版社2007年版，第114页。
② [罗]F·马赫列尔著，陆象淦译：《青年问题和青年学》，社会科学文献出版社1986年版，第8页。

对青年研究的历史，为研究不同历史对青年的不同界定提供了帮助。F·马赫列尔可能在青年研究历程中，最早提出历史对青年研究有重要作用的学者之一，也为我们研究青年的历史存在提供了宝贵的理论资源。我们也希望青年研究能具有这样一种总体的视野。

他将远古时代到现代社会分为四个历史阶段进行分析，我们在理解的基础上提出一些看法。第一章的第一阶段"传习仪式：对青年的认识发展史上的神话阶段"写道：在原始社会中不存在近代意义上的青年，以接受成年的规范和价值为前提，要进行隔离、过渡和接纳的成年仪式。将孩子送到远方隔离起来，割断与以往的任何联系。又要忍受包括肉体的折磨，勇敢接受部落的一切信仰与禁忌，被称为过渡。直到回归部落获得成人资格被称为接纳。传习仪式与"神话"内容相适应是对青年认识的神话阶段。这些确实存在，问题是在这之前还有另一种历史和界定青春期的不同方式。在母系制社会里，有可能将青少年隔离起来长期割断与母亲的情感联系吗？童年的一切必须"死去"才允许进入成年社会，怎么能有青春化？开天辟地的神话如中国的女娲就诞生于母权制社会的繁荣时期，仪式、礼仪面对的是全社会，面对异己的自然力，要求团结一致，历尽艰险，英勇无畏溶入到族群中共同奋斗。是父权制改变了这种局面。"男性阶级占据巫术——宗教领域中关键的职位，垄断着令妇女和孩子望而生畏的与神灵交往的事业。至于妇女，她们也不是在巫术上手无寸铁的，……但是对于青年人来说，巫术的控制则更为完全，它尤其表现在启蒙的仪式上。"① 随着父权制替代母权制，神话也由祖先崇拜替代母权制的图腾崇拜，前者是人格神，后者是自然神，在自然崇拜之外又产生了一种对社会力量的崇拜。② 在氏族制里产生父权家族制，进一步演变为氏族贵族制，形成以贵族为核心的大小势力集团相互对抗，防御、奴役加侵略、扩张成为常态。为磨练不怕牺牲的战士的成年仪式成了父权制界定青年的特殊方式，青年成了最早的异化对象，是青年的历史和对青年认识的历史最早出现的转型，成年仪式成了成人社会权力的象征，对青年的人的自然、自由的剥夺和压迫具有了合法性，青年与成年的代际关系成为支配历史的重要因素。

马赫列尔的第二阶段是"作为年龄阶梯上的一级阶梯的青年：对青年认识的教育学—哲学阶段"。这个历史阶段是雅斯贝斯所说的轴心时代，不仅出现了对

---

① ［法］埃德加·莫兰著，陈一壮译：《迷失的范式：人性研究》，北京大学出版社1999年版，第145页。

② 张浩：《思维发生学——从动物思维到人的思维》，中国社会科学出版社1994年版，第341页。

年龄群体及其特征的定义，更重要的是青年知识分子参与了文明的对话。许倬云论述轴心时代几种文化产生的各种原因，最后的结论是："总之，人类思想的第一次突破是反省经验累积的后果，与专业而独立的知识分子的出现，也当有密切的关系。"① 孔子的家世是由宋国卿大夫沦落为流亡鲁国的士，他15岁有志于学，三十而立，是列国纷争、王纲纽解的大变局促使他深刻反思，家族意识淡化四处流动寻求自由发展的青年拜他为师，师生对话形成了儒学。道家、墨家也是师生对话的成果。百家争鸣打破了君王对思想的垄断，是对以暴力与战争进行统治的批判。在古希腊，苏格拉底、柏拉图、亚里士多德的师生关系名垂青史，他们每个人又与一大批青年学生进行对话，特别是苏格拉底对希腊的民主制与奴隶制进行反思成为哲学大师。对话不仅产生了新知识，青年聚集在哲人周围进行对话成为教育的直接形式，轴心时代也是历史上兴起教育的时代——有了宫廷学校、宗教学校、民间学社、家庭教师等。成年仪式也减少了神秘色彩有了比较文明的形式。在中国，为男孩举行冠礼，女孩则行"及笄"礼。在印度称为入法礼或家祭。斯巴达实施军事训练。雅典又是公民教育。与青年被承认为生命周期的一个阶段相适应，哲学思想也在议论青年，赫列尔介绍了柏拉图和亚里士多德对青年的很多议论，认为出现了对青年认识的教育学—哲学阶段。问题是，接受教育的主要还是贵族子弟，广大青年仍然是战争的工具或者是奴隶，罗马青年14岁就由父亲送上战场。马赫列尔写道："根据我们的看法，这一认识阶段的特征是出现了以思辨方法为主的父权主义类型的论述。"②

第三阶段是"作为社会存在的青年：对青年认识的前科学的整体模式阶段"。

马赫列尔引用霍恩斯坦因的论述指出，是骑士团、大学和行会这3种机构对决定中世纪青年的地位发挥了特殊作用，我们则认为是父权的分散改变了青年的社会存在。中世纪初期的欧洲，骑士仪式从7岁开始，要进行长达10多年，其信念是忠于战争和豪侠；还有农家子弟成为手工业行会学徒的隆重入会仪式，"这是一种涉及绝对服从和剥削的劳动环境"。③ 农村家庭中的青年更是没有任何选择的余地。这种成人仪式终于发生了变化，但与上述互不相关的3个机构无关，而是父权的分散的结果。君权与教权既分离又互动使骑士仪式赋予了人情味。商品经济的发展，使农村青年冒险外出集合成为城市，形成为中产阶级与君权、教权

---

① 许倬云：《中国古代文化的特质》，新星出版社2006年版，第141页。
② ［罗］F·马赫列尔著，陆象淦译：《青年问题和青年学》，社会科学文献出版社1986年版，第27页。
③ ［奥］米德罗尔·西德尔著，赵世玲等译：《欧洲家庭史》，华夏出版社1987年版，第94页。

三足鼎立。权力的分散使青年获得了反抗专制的更多自由，他们为了求学，长途跋涉奔向著名学者，聚集起来形成大学，成为与君权、教会及商业之外独立的思想群体，为文艺复兴作好了准备。可以说，人的发现开始是发现了青年，人的解放首先是青年从父权制压制下获得解放，因此有学者认为中世纪的变革更像是根本性的变革。当然，马赫列尔认为当时青年虽然被承认为社会存在，依然不能摆脱社会的"边缘"角色。① 与此相适应，出现了对青年认识的前科学的整体模式阶段，他详细介绍了考门斯基、卢梭和黑格尔对青年的论述。他认为卢梭应该受到赞扬，"因为他批判了那个时代的社会和受父权主义教条束缚的传统青年模式，并通过爱弥尔这个形象，提出一个新人的未来模式"。② 这些议论很好，但是，将欧洲中世纪与文艺复兴以后的近代史都作为一个阶段又太简单了。从文艺复兴到启蒙运动是欧洲历史中一个非常重要的阶段，使欧洲走上了世界的前列。以大学为摇篮，一代又一代青年知识分子接过前辈的思想进行创新，形成了灿烂辉煌的思想接力赛，人性取代神性，人权高于君权，主体性战胜依附性，现代青年由此诞生，

　　马赫列尔的第四阶段是"作为能动的社会实体的青年：对青年的单学科科学认识阶段"。"20 世纪的青年作为民族和国际共同体的一个不可分割而又特殊的部分，日益强烈地表明，它是一个真正能动的社会实体，是进步的主要力量之一。"③ 关于现代社会对青年的界定我们在下文作出论述。对这个阶段出现的对青年的单学科研究，马赫列尔用 50 页的篇幅作了介绍，我们也将在下一章对青年研究的发展历程作出详细介绍。

社会的青年化

　　文艺复兴启动了工业革命，极大地提高了生产力，资本主义空前发展，资本家掌握了政权。在天文大发现的同时还有地理大发现，欧洲列国由地中海沿岸开拓到遍及东西两半球，被称为殖民地竞争。为了获得大规模的原料和销售产品的市场，欧洲列强在本土扩张版图的同时再次向海外四处抢夺土地，战争成了欧洲的痼疾，更强烈的竞争兴起了民族主义、国家主义。"这个国家观念便与经济的

---

① ［罗］F·马赫列尔著，陆象淦译：《青年问题和青年学》，社会科学文献出版社 1986 年版，第 30 页。

② 同上，第 33 页。

③ 同上，第 44 页。

原因联合起来，去造成一个新帝国主义的世界了。"① 这个时候也是欧洲人口迅速增长的时候，1750～1845 年，由 1.4 亿人猛增到 2.6 亿人，1900 年达到 4.6 亿人。迅速增加的人口中，青少年占有相当大的比例。享廷顿就曾指出："西方国家青年人口引人注目的扩大与 18 世纪最后几十年的'民主革命时代'在时间上相吻合，19 世纪成功的工业化和向外移民减轻了欧洲社会青年人口对政治的冲击。然而 20 世纪 20 年代年轻人的比例再度增长，为法西斯和其他极端主义运动提供了生力军。"② 日益壮大的青年影响力受到了高度重视，英国组织起"青年英国党运动"，德国成立了"青年德意志联盟"。紧跟时代前进的步伐，由家庭、学校和社会进行系统社会化替代一切成人仪式成了必然趋势，一批又一批教育家对学校教育进行了热烈的讨论与设计，经过世代的努力，欧洲的教育在政府与民间的共同努力下形成了从小学、中学到大学的教育体系，消除了教会对学校的直接影响，改进和丰富了教学内容，制订了禁止使用童工的法律，扩大了女子受教育的权利。教育的发展延长了向成年过渡的时间，经济发展又提供了可能延长的物质条件，因而出现了与已往不同的青春期。但是旧制度必然要对学校教育实施控制，"拿破仑采取如此严厉的措施重建法国教育，其目的并不难看出。他企图把法国的学校和学院变成像军队那样成为他本人和他的王朝的仆从"。③ "19 世纪时，在广义的社会本位主义中，产出国家主义的教育，此思想至 20 世纪时，成为更具体的更实际的形式，此即'国家公民教育'。……盖因国家至上主义往往蔑视个人方面，不惜加以压抑，而国家公民教育，一面固顺从国家社会，而他面仍承认人格之尊严，有发挥个性之必要者也。"④ 学校教育作为替代原始社会野蛮成人仪式的现代成人仪式，却出现国家主义教育，仍然具有父权制以暴力和战争获得资源创造财富享受物质的目的，青年被动员起来发生两次世界大战，成为人类的空前惨剧。

大战以后经济飞速发展，不能不投资扩展高等教育。20 世纪 60 年代美国总人口中青少年占有 36%，大学生人数高达 7852000 左右，接近全国人口总数的 1/4，超过农民人数，美国社会突然年轻化。法国 1958～1959 年大学生有 17 万

① 陈衡哲：《西洋史》，东方出版社 2007 年版，第 354 页。
② ［美］塞缪尔·享廷顿著，周琪、刘绯、张立平、王圆译：《文明的冲突与世界秩序的重建》，新华出版社 2002 年版，第 120 页。
③ ［英］博伊德、金合著，任宝祥、吴元训译：《西方教育史》，人民教育出版社 1985 年版，第 354 页。
④ 雷通群：《西洋教育通史》，东方出版社 2007 年版，第 395 页。

人，1968～1969 年学生猛增到 61.2 万人。"在人类的历史上，大概再找不到一个社会曾把那么多可能成为异己份子的人物集结在一个那么容易互相影响的环境里了。"① 前面提到享廷顿的论点，其中还有："青年人是反抗、不稳定、改革和革命的主角。历史上，存在着大批年轻人的时期往往与发生这类运动的时期重合。"在西方，就发生了 20 世纪 60 年代的青年运动。对这次运动的评价众说纷纭。有学者就认为，二次大战以后经济的飞速发展改变了人们的生活方式，无限度地追求物质享受和超前消费蔚然成风，以清教主义为本源的传统工业社会价值体系与消费社会现实的矛盾和冲突日益加剧，是导致社会动荡与变迁最根本的动因。② 再加上战争恐怖、环境破坏、种族差异、等级森严等，大学生在反思中奋起抗争，程巍这样描述 20 世纪 60 年代的非凡成就："它扩大了自由，促进了种族平等和性别平等，并通过搁置价值判断使任何一种此前被认为歪门邪道甚至大逆不道的文化或生活方式获得了合法性。一句话，它摧毁了一切专横的价值权威，在文化和生活方式上实现了早在政治和经济层面实现了的自由、民主和平等，但也正因为它摧毁了一切专横的价值权威，使任何政治激进主义失去了存在的根基。通过 20 世纪 60 年代，西方进入了后现代。"③ 对一切专横的价值权威的摧毁，就是对父权制专制的打击。紧接着，1970 年 4 月 22 日，由美国哈佛大学学生丹尼斯·海斯发起，有 1 万所中小学、2000 多所大学的学生参与的环境保护运动，促使联合国将 4 月 22 日命名为"地球日"。到 20 世纪 80 年代，青年中兴起了后物质主义价值观，并且以简朴的生活方式身体力行，形成了延续至今的静悄悄的革命。20 世纪 60 年代、70 年代、80 年代这 3 个年代是青年历史中非常重要的年代，青年接二连三的超前思想和先锋作为是青年们继承自轴心时代以来人类倡导人性反对兽性的文化加以创新，冲击以暴力和战争的父权制，是青年历史的最重要的新阶段。理安·艾斯勒认为：以更可持续、更平等、更和平的伙伴关系世界代替父权制需要有一个重要的文化转型，"目前人类面临的全球问题，诸如军备竞赛、战争威胁、恐怖主义、人口爆炸、资源短缺、环境污染等，都同这场新的文化转型尚未完成相关"。④ 从大规模的运动到静悄悄的革命，这段历史成为青年历史的新阶段，就是新生代青年们兴起的重要文化转型。以前的文化转型，主要是一批

① ［美］法拉克斯著，区纪勇译：《青年与社会变迁》，台湾巨流图书公司，第 58 页。
② 吕庆广：《60 年代美国学生运动》，江苏人民出版社 2005 年版，第 60 页。
③ 程巍：《中产阶级的孩子们——60 今年代与文化领导权》，三联书店 2006 年版，第 24 页。
④ ［美］理安·艾斯勒著，程志民译：《圣杯与剑：我们的历史，我们的未来》，社会科学文献出版社 2009 年版，第 9 页。

思想家的思想，经过作品传播到社会进行启蒙取得的社会进步，这次青年的文化转型不仅有思想的传播，而且身体力行将青年的品质渗透到成人社会的方方面面。什么叫社会的青年化："荷兰解剖学家 L·博尔库（1866 - 1930）在《人类形成的问题》（1926 年）中从人类学的角度对幼态延续的现象提出了论证。幼态延续是指人类将幼年的特征保留到成年期的现象，而且这种现象在人类的社会进化中表现的越来越突出，我们把这种社会现象称之为社会的青年化。"英国心理学家 H. H. 艾礼斯（1859 - 1939）也是一位幼态成熟论的支持者，他认为"我们人类种族的进步实际上就是在青年性上的进步"。① 当然，在上述 3 个年代青年启动的文化转型、将青年的品质渗透到成人社会只是社会青年化的开始，英格尔·哈特就曾希望这样的青年能成为社会的主要群体，到那个时代社会将可能完全青年化。人类诞生时期童年的情感青年的品质融入成年社会称为青春化，现在青年以思想和行动渗入成年社会，是经过几千年后社会青年化的开始，经过漫长的历史奋斗将迎来人类的第二次诞生。社会创造了青年，青年也创造了社会。

孩子社会

沙莲香教授在 2008 年第 6 期《当代青年研究》上发表"站在孩子社会看孩子"一文，她写道："大人对晚辈要给予理解，还'自由'与'信任'于他们的'天性'，这样反而有利于他们成熟，由此，我使用'孩子社会'概念。"孩子社会包括大学生与中学生，"正是大学生的这个'独立性'和'身份'对于中学生才有着吸引力，相互之间也才有可能形成一种共有共识共鸣而又区别于成人的生存世界；但我使用了'孩子社会'这个概念，以便与'大人社会'相对应"。沙教授提出了一个非常重要的课题。

中学生与大学生共识共鸣形成一个区别于成人世界的孩子世界，使人想起了学者余英时的"《红楼梦》的两个世界"一文，文中写道：对贾宝玉和他周围的女孩来说，大观园外的世界只代表肮脏，他们企求的是理想世界的永恒，精神生命的清澈。"桃花源"是中国文学史上最早的一个乌托邦，王安石说那里"但有父子无君臣"，也就是无政治仍有伦理。大观园里青年的秩序则只以情为主。《红楼梦》的两个世界是干净和肮脏的强烈对照。但是，干净既从肮脏而来，量后又无可奈何地要回到肮脏去。《红楼梦》是描写一个理想世界的兴起、发展及其最

---

① 吴端：《寂静的青春——儒学民众化与青年现象的消失》，中国发展出版社 2015 年版，第 179 页。

后的幻灭，也是曹雪芹所见到的人世间最大的悲剧。余英时在文章的开头就说："这两个世界，我想分别叫它们作乌托邦的世界和现实的世界。"① 旅日作者吴端在其所著《寂静的青春》一书中论述作为一种历史存在的"世代"时写道："被曼海姆称之为'乌托邦思维'或'乌托邦心态'的概念，应该是青年世代最重要的一种精神状态。""每一个世代这种带有乌托邦色彩的社会理想以及对这种社会理想的历史使命感，是世代现象最主要的特征。"② "孩子社会"和"大人社会"就是理想和现实的两个世界。在历史上青年一代的乌托邦心态演绎成了悲剧。进入工业革命和民主政治，现代化走向后现代，为青年一代的乌托邦心态敞开了大门，在现实社会中出现了一个孩子社会，成为创新历史实现人类理想的新力量。成人社会现在也在追求理想，不忘初心，力求干净排除肮脏，因此成人社会与孩子社会应该平等对话，形成一种共有共识共鸣的和谐伙伴关系社会。

以学校教育取代成人仪式，是人类文明发展到现代化所缔结的新成果，是人的主体性得到确认人的能力极大提高所提出的新要求，是人类社会遗产极大丰富因而出现的社会遗传的新形式，是人类的可贵成就。更可贵的是教育，是成年与青少年的对话。教育的发展体现了社会对青少年的重视，爱尔兰学者弗拉纳根就认为，从原始的教育萌芽演变成今天人们所熟知的教育横式的过程，凭任何一卷书都很难对此作出准确的描述。"它既是一个经济发展与科技进步相互交织的过程，也是政治自由与个体人权不断发展的过程，还是人类理解力不断提高的过程，以及人类对教学与学习所带来的社会效力、文化影响力和经济效益的鉴别能力逐步发展的过程。"③ 由于社会对教育的高度重视，人们对教育议论纷纷，教育学成了显学，究竟怎样的教育对儿童与青年、对整个人类来说才是理想的教育，我们这里引用两位著名哲学家对教育的议论作为本文的结束语。威尔·杜兰特和阿里尔·杜兰特在《历史的教训》中写道："教育是当代最好的成就，不应把教育仅仅当成事实、年代和帝王将相的资料堆积，也不能仅仅当作为了个人在社会立足的必要准备，而是应当作对我们精神、道德、技术和美学遗产等尽可能充分

---

① 吴端：《寂静的青春——儒学民众化与青年现象的消失》，中国发展出版社 2015 年版，第 194～195 页。

② 余英时："《红楼梦》的两个世界"，载《中国思想传统川现代诠释》，江苏人民出版社 1995 年版，第 323～339 页。

③ ［爱尔兰］弗兰克·M·弗拉纳根著，卢立涛、安传达译：《最伟大的教育家——从苏格拉底到杜威》，华南师范大学出版社 2009 年版，引言第 1 页。

地传承,其目的在于扩大人类的理解能力、控制能力、审美能力和享受生命的能力。"① 李泽厚在讨论美的本质时指出,在现代科技高度发展的社会,文化心理却愈来愈迫切而突出,不是经济上的贫困,而是精神上的贫乏、寂寞、孤独和无聊,将日益成为未来世界的严重课题。应该高瞻远瞩抓紧探究和理解文化心理问题。语言学是 20 世纪哲学的中心,教育学研究人的全面生长和发展、形成和塑造的科学,可能成为未来社会的最主要的中心学科。② 现在的中心学科是经济学,重物质轻精神,为了解决这个难题,一定要将教育学替代经济学成为中心学科。

---

① 〔美〕威尔·杜兰特、阿里尔·村兰特著,倪玉平、张闳译:《历史的教训》,四川人民出版社 2015 年版,第 181 页 。
② 李泽厚:《实用理性与乐感文化》,三联书店 2005 年版,第 217 页。

第四章
青春期研究的发展历程

　　对青春期的研究，是与青春期出现的同步现象。美国心理学教育学家 G·霍尔 1904 年发表《青春期——它的心理学及与生理学、人类学、社会学、性、犯罪、宗教和教育的关系》一书，被公认为青年研究领域的第一部专著，霍尔也因此被认为是青春研究的奠基者。霍尔曾任美国克拉克大学第一任校长，创办了美国第一个心理实验室，发起很有影响的研究儿童与青年的活动。《青春期》一书就是以他的调查测验材料为依据，从生物学的立场出发，阐述了个体的发展在复演种族发展的"复演说"，对推动青年心理学的发展起了很大作用。可事实上，他不是当时发表青年研究专著的唯一学者。瑞典学者埃仑·凯伊在 1900 年就发表了《儿童与青年》的专著。凯伊是男女平等主义者、作家，被誉为"瑞典的雅典娜"。该书与《青春期》一样，由第一、第二卷组成，内容包括青少年的义务教育、妇女儿童和青年的公民权利、青少年保护的立法、现代亲子关系等，在瑞典发行 3 版，德国发行 36 版，译成 13 种文字向世界发行。此外还有德国普莱尔在 1882 年发表的《儿童心理》一书。

　　对青年的论述从轴心时期开始，孔子、柏拉图到以后的卢梭、颜子推等，这些哲学家都曾对青年的成长与教育发表过重要论述，有的还很详尽，主要是哲理。到了 18 世纪中叶，众多新的社会问题成了客观研究的对象，沿用哲学的玄思就不够了，必须进入经验世界用收集得来的资料印证理论。学术研究的这种新趋势使心理学、社会学、人类学、经济学等从哲学中分离成为独立的学科。法国哲学家孔德 1838 年提出建立社会学。德国哲学家冯特 1879 年创建第一个心理学试验室，被誉为"心理学之父"。这时也正是青年成为社会力量的时候，青年的作用以及同时带来的社会问题是广泛受到关注的现实问题。霍尔前往德国师从冯特，回国后创办了美国的心理学试验室，从事对儿童和青年的研究。在第一次世界大战后的德国，针对战后社会的混乱，彪勒夫妇、斯普兰格等经过研究发表青年心理学专著，开启了青年心理学的兴盛期。在孔德创立社会学的时候他自己就重视家庭在青年教育中的作用，启动了青年社会学的研究。文化人类学对青年的研究也是 20 世纪初开始的。

　　社会科学对青年的研究历程，国内外青年研究的著作中都有介绍，其中以 F·马赫列尔的《青年问题和青年学》一书介绍得最为详细，该书写成于 20 世纪 80 年代，可见当时对青年的学术研究已经相当丰富。至今又过了 30 余年，其发展状况可想而知。上海社会科学院出版社 2007 年 5 月翻译出版了曾任美国心理学会青春期研究分会主席的劳伦斯·斯腾伯格教授所著的《青春期》一书，全美 47 个州 280 多所学校采用该书作为教材。书后附有参考书目，全书有 700 页，书目从第 617 页一直排列到 686 页，每页平均列出 45 本书，共计至少列有 3500 多本书，可见青年研究达到了空前的规模。相比之下，国内的青年研究就有很大差距，不要说与欧美相比，与日本的差距也不小。正因为如此，我们在介绍青年研究的发展历程时，由于信息不足存在很大的难度。《青春期》一书在介绍"关于青春期的理论观点"时，列出生物学理论、机体理论、学习理论、社会学理论、历史学和人类学方法等五个方面，每个方面也只提到几位最具影响的学者的论述。沈杰在论述"要对青年研究这个学科在整个人文社会科学体系中有一个基本的定位"时，曾指出"从青年的本质规定性及其有关学科发展逻辑来看，青年研究的主干主要涉及心理学、社会学、文化人类学这三个在当今人文社会科学中呈三足鼎立之势的学科"。① 因此我们这里也就简要地介绍这三个学科的学者对青年研究的发展历程。

心理学界对青年的论述

　　心理学形成独立的学科以后，由于研究对象与方法的不同形成了不同的学术派别，如机能心理学、行为主义、格式塔心理学、精神分析、认知心理等。随着工业社会的发展和科学技术的进步，特别是神经生理学和电子计算机等科学的发展，不同的学派互相吸收与融合，使人本主义心理学和认知心理学应运而生。用信息加工的观点和方法研究人的感知、记忆、思维的认知心理学成为重要取向。随着人的主体地位的提升，以研究人的本性、潜能、价值、创造力和自我实现的人本主义心理学也受到重视。各派心理学的人文精神也日益加强。随着心理学的这种发展，它成为对青年研究投入较多的一个学科。

---

　　① 沈杰："'青年研究'何去何从"，载《中国青年研究》2002 年第 1 期。

　　复演论·成熟论：被称为"青年研究第一人"的霍尔，受进化论的影响，提出了"个体的发展复演了种系的发生"的复演论，婴儿重演着动物发展的阶段，童年相应于人类古代的渔猎时代，青年期相当于浪漫主义时代，是一个"风雷激荡"的时期。他详细列举了青年时期种种对立的心理冲动，就仿佛是在荡着不同情绪的秋千：时而兴奋，时而无聊；今天无动于衷，明天又热情洋溢。他认为这是由遗传决定的，外界对此无能为力，因此他劝家长要宽容。受霍尔影响的格塞尔，用纵向追踪法、量表法研究儿童与青年，提出"加速发展绝不可能超越成熟"的成熟论，成熟就是通过基因指导发展过程的机制。他承认文化对发展的影响，但是这种影响不能改变成熟的顺序，不能产生出发展的阶段。他认为青年期前 5 年尤为重要，根据自己的观察详细描绘了 11 ~ 16 岁每个年龄的特点。

　　复演论有一定的理论价值。但是霍尔从生物因素出发将个体心理的发展史完全等同于动物和人类的心理发展史，受到了很多质疑。因为影响心理发展的主要是社会因素，不仅动物不能与之等同，与早期人类祖先也有一定差别。至于成熟论，也有一定道理。因为处在生理发育阶段的青少年，生理发育是心理发展的前提，不少学者根据年龄的发展提出很多发展阶段的学说，并认为不能超越。我们不能要求少年具有青年的认知水平，那种忽视生理发育超前的教育只能带来心理失调。但是，生理发育也仅仅是前提，它不是心理发展的基本动力，基因所携带的也只是人的潜能，完全离开了社会因素，在狼群中生活即使长大也只是狼孩。

　　因此决定成熟的是生物因素与社会因素的辩证关系。

　　第二次诞生·心理断乳：彪勒夫妇、汤姆利尔兹、斯普兰格都是 20 世纪 20 年代德国的心理学家，他们启动了青年心理学的兴盛期，其中以 1921 年彪勒夫妇的《青年的心灵生活》、1924 年斯普兰格的《青年的心理》最为有名。汤姆·利尔兹将青春期规定为"内部的获得时期"，与"儿童期的外界的获得时期"相对应。青年一旦将注意转向内心而又不能很弄明白，会引起心理的失衡与不安，不仅对外界而且对自己也会采取否定态度，被称为否定期。在经过一段迷惑与混乱之后，会渐渐了解到这个内心世界是一个充满魅力的美妙世界，希望保守秘密，独自生活，深入地去体验它的价值，回到现实，走向成人。彪勒夫人也论述了青年的否定期，或称反抗期、思春期。随着青年的不断成熟，一旦感受到了成长的能力，就会进入肯定期，产生精力充沛的满足感和对生命的跃动感。斯普兰格的第二次诞生论很有影响力。他认为青春期是个体自我意识蓬勃发展的时期。青年人格的发展就在于自我意识及其自我与社会文化历史的关系。正是人格的形成与发展使青春期被称为人的第二次诞生。第二次诞生的首要标志因此就是自我的发现，在各种相互矛盾的倾向中认识自己，思索人生，追求独立，开始具有了自己的目的。第二个标志是产生对生活的设想。第三个标志则是扩大生活的领域。

美国心理学家贺林渥斯将青春期的意义定为"心理上的断乳"。所谓心理上的断乳是指脱离父母的监护，成为独立的人的过程。出生以后，由于断乳，与母亲身体的联系被完全切断，但心理方面与父母仍然是一体。但是心理的独立是青年期发展的课题。尽管由于突然脱离父母的监护而会感到不安，是一次危机，也不能过于长期地依赖"母乳"。

自我同一性：美国心理学家埃里克森的自我同一性理论是在青年研究中被广泛引用的学说。他探索过美国现代社会中的青少年问题，以同一性混乱和自我同一性丧失来解释工业社会中一系列严重的社会问题。他认为自我同一性是自我整合的一种形式，使人形成一种自我认同感，即个人在过去经验中所形成的内在的一致性和连续性，使人受到鼓舞，充满信心。心理冲突不断增长是青春期到来的一种正常状态，解决得不好将造成同一性混乱，但是，如果不断地对种种冲突进行自我整合，将是青年自我意识形成与增强的基础。埃里克森因此提出了心理社会延缓期的理论，应给予青少年一段不承担过度责任与义务约束的"隔离时期"，允许和鼓励他们在探索的气氛中尝试不同的角色和身份，将自己儿童、少年时期的经验与社会的要求整合起来，努力评估自己拥有什么，欠缺什么，运用这些认识形成对自我和环境更为清晰的概念，明白人应该是什么样的，自己应该努力形成为什么样的。要是在这种探索与尝试中，在人生的基本方面做出了选择，并承担起了相应的责任，也就形成了一种自我认同感，同一性危机也就可能化解。埃里克森认为这样的青年会体验到一种幸福感，一种会知道应该自己往哪里去的"心归其位"的感觉。① 如果不能完成这种心理任务，就会形成"消极同一性"，是"同一性混乱"的极端状态。同一性混乱只是不能正确选择与承担一定的社会角色，消极同一性则是社会文化环境所不予认可的角色，也就是成为青少年社会问题中的角色。由此可见，埃里克森已将人的心理发展过程，从弗洛伊德的潜意识扩展到意识领域，从先天的本能欲望移到了现实关系之中，强调了自我与社会环境的相互作用，强调了自我的发展具有自我治疗和自我教育的作用，对自我具有深厚的信念与乐观主义精神。正因为如此，我们同意刘慧莹对自我同一性理论的解释。刘慧莹写道："自我同一性根本上是一个立足于个人主体性的问题，其有关的种种解释和界定其实都是万变不离其中，都是围绕个人主体性而展开，而

---

① ［美］劳伦斯·斯腾伯格：《青春期》，上海社会科学出版社 2007 年版，第 349 页。

自我恰恰是其最根本的核心问题。埃里克森最初是在自我的功能意义上提出自我同一性这一概念的，可以这样认为，'自我'是自我同一性概念得以诞生的母体，也是自我同一性得以形成的根基。基于这种理解，我认为从个人主体性角度出发，以自我为核心来探讨自我同一性概念，可将其定义为：自我同一性是自我在内外因素的共同影响和作用下，通过区分、校正、组织和监控个体与环境的关系，调整和平衡自身内外的矛盾，使自身达到完整、一致、和谐状态的一种自我特性。"①

精神分析学说及其发展： 弗洛伊德创始的精神分析学说在近代心理学中占有重要地位，内容丰富，主要有两个方面：一是早期的无意识理论。他认为人的最原始的基础决不是理性、意识，而是某种本能、无意识。无意识是人的未上升到意识水平的生物本能或生理驱力，是人格的动力基础。无意识与意识的对立在他的理论中是基本的方面。一是后期关于人格结构的理论。这是弗洛伊德对无意识理论的修正。"如今，弗洛伊德已不仅把心理过程区分为无意识、前意识和意识，而且从动力学角度把心理看作一个结构系统，区分为本我、自我和超我，就是说已从无意识学说进入到人格学说。"② 弗洛伊德的这些理论，使本来就存在的无意识得到更深刻又丰富的论述，拓宽了心理学的领域。同时又从主体方面加深了对意识与无意识的理解，详细分析了人的心理与外部世界的相互作用，如自我对外界现实的理智认识，超我道德意识的培养，对无意识盲目冲动的调节和压抑等。弗洛伊德的研究尽管在以后引起不少的争议，在当时是对那种认为凭着理性，人就能解决一切问题的理性主义思潮的反叛，也是对 20 世纪初战争与社会病态的反映，因此引起了学术界的重视，并在以后的学术活动中得到了发展。根据林方的论述，"这一发展过程大体可以划分为五个阶段：①弗洛伊德的对立观；②阿德勒和荣格的修正；③奥尔波特、默里和哥尔德斯理对意识的强调；④人本主义的统一观；⑤超个人心理学的意识层次论"。③ 下面我们简要介绍林方先生对这个发展所作的论述。

林方认为，这个发展可以看作是由意识和无意识的对立观到统一观的发展。弗洛伊德认为无意识冲动与社会规范之间的矛盾是不可调和的，意识与无意识基本上是对立的。阿德勒则承认无意识在人的生活中相当广泛的存在，人们对自己

---

① 刘慧莹："埃里克森自我同一性理论的文化解析"，载《社会科学辑刊》2002 年第 3 期。
② 杨恩寰、陶银骠、陆杰荣：《弗洛伊德——一个神秘的人物》，辽宁大学出版社 1980 年版，第 151 页。
③ 林方："无意识，意识和时代"，载潘菽主编：《意识——心理学的研究》，商务印书馆 1998 年版，第 403 页。

有什么目的与计划往往并不察觉，但是一旦理解到那种无意识的倾向时，就已经成为意识了，两者是彼此补充的。荣格的人格结构包括：个体无意识、集体无意识和作为心灵意识面的自我。后者指意识中的全部记忆、印象、思想和情感，是人格平衡发展的活跃因素。与弗洛伊德以生物本能解释无意识的动力来源不同，荣格以精神先定倾向来重建无意识理论。到第三发展阶段更强调意识的主导作用，重点由无意识转移到了意识。奥尔波特认为无意识只在解释神经患者的行为时有效，健康人则已上升到理性与意识的水平，他们既能意识到又具有控制行为的能力，其核心是有意识的目的追求。而默里则将人格定位于脑。无脑，无人格。脑区力量可以形成为一种需要，能组织起智力使不合意的情景按一定方向改变。这种有意识的目的追求在哥尔德斯坦的机体论中有进一步的论证。他认为机体潜能的实现是机体的自我实现，是机体的最高动机。它是无意识的作用，但要实现自己的本质又必须能够运用心理能力，它与一个人有怎样的生命价值的心理状态有关。以马斯洛、罗杰斯为代表的人本主义更强调意识与无意识的统一。马斯洛理论的核心是他的需要层次论，晚年他将人的动机归为三大类：低级、高级和超越性动机，低级和高级动机包括自我实现以外的生理、安全、爱和归属、尊重四种需要。超越性动机是在基本需要满足的情况下形成的，是对更高价值如真、善、美等的追求。马斯洛称之为存在价值，是通过沉思才能达到的体验，所以更依赖于意识的作用。但是，这三大类动机作为潜在的能量，又都是无意识的，不过人本论者认为的无意识包括了上述超越性动机的存在价值，从基础部分重建了弗洛伊德的体系，使理智和感情、认知和意动由互相对立变为相辅相成的统一力量。

超越性动机要求实现潜在的能力，希望自己越来越成为所期望的人物，不断地自我体认，成为有创造力的、具有存在价值的人。这就是自我实现。但是，马斯洛的研究表明，真正的自我实现者很少，他并提问"为什么富裕能解放某些人使他们追求成长而同时又使另一些人固结在'实利主义'水平"。① 因此从人本主义心理学中又派生出一个新派别称"超个人"心理学。超个人一词主要指意识的扩充能超越个人自我的范围与时空的限制而决定人的自我超越行为。超个人心理学不限于人本主义那样扩大无意识领域达到自我实现，而更着重于意识本身的扩充，通过意识的超越达到自我的超越，意识论是超个人心理学的基础理论。我

① 林方："无意识，意识和时代"，载潘菽主编：《意识——心理学的研究》，商务印书馆1998年版，第424页。

们繁琐的日常生活，会干扰我们的意识形成压缩状态而不能自拔，只有放松这种压缩才能进入理想的心境，解放意识的能量，达到对现实更深刻的理解，并通过超验沉思，进入到人和宇宙合二为一的心灵境界。林方认为，精神分析学说的这种发展说明，意识已经越来越成为当代科学研究注意的焦点。如果说弗洛伊德学说是对资本主义前期问题的一种解答，那么人本主义和超个人心理学涉及的则是发达资本主义社会提出的新问题。"一方面是科学文化的进步，在开拓外部空间中取得节节胜利；另一方面是人类至今对自身内部空间仍处于一种相对的无知和失控状态，以致道德价值观念反而在加速堕落；这种矛盾的现状，人本论者和超个人心理学家认为，仅仅靠外部环境的力量已证明是不能解决的，希望在于人类的自知和自救。东方古代奢侈的王宫生活不能填补精神生活的空虚，曾使净饭王子乔达摩厌弃尘世生活，开辟了一种出世的修身养性的途经；今天西方诊疗心理学意识观的新发展或深层意识研究可以看作是在物质生活一般不虞匮乏的时代条件下人类再度兴起的一种现世的价值追求，尽管这种解决问题的方式仅仅是一种尝试。"①

精神分析学说的研究不是专门针对青春期的，但是对青年的研究有重要的指导意义。我们将其中有密切关系的几个方面，先作一个简要的介绍：一是，关于人的成长的关键期。弗洛伊德的价值内化说是从婴儿期通过婴儿与父母的关系说起的，他强调婴幼期和童年期家庭教育的作用，将人类文明的希望寄托在早期的训练、约束和潜移默化的教育上。奥尔波特认为人格发展的关键期在青年。在两岁时自我意识开始萌芽，经过以后几个阶段与环境的相互作用增强了自我意识的功能，达到一生目标的确定，这是青春期的关键问题。荣格则认为青春期是意识心灵诞生的时期，中年期是意识成熟期，可能有对生命价值更深刻的思考，是心理发展的关键期。马斯洛则认为人一生的发展并不是由哪个时期所决定，而是由意识的成熟所决定。二是，关于成长中的主动性。弗洛伊德虽然认为无意识是人格的动力基础，但又认为这是盲目的生物本能冲动，不能不受外部力量的制约，因此人的生活仍然只能是被动的。所以阿德勒认为这只能是人对自己的目标、计划并不察觉的模糊状态。奥尔波特认为这只能解释神经患者的行为。人本主义是对这种关于人的被动性理解的一个突破。"由于人本论者强调人的社会情感和创造潜能，他们认为成熟的人和环境的关系不是被动的、被决定的或仅仅对刺激做

---

① 林方："无意识，意识和时代"，载潘菽主编：《意识——心理学的研究》，商务印书馆 1998 年版，第 430 页。

出反应，而是主动的、创造的、建设性的。遗传和环境只是提供一种框架和影响，个人自己的创造力才是关键的决定因素。"① 奥尔波特认为，健康人格的核心特征是有意识的目的追求。有没有长远的目标是区别人和动物、成人和儿童、健康和病态的主要标志。马斯洛也强调具有超越性动机才会使人具有归属感或充实感，做到"心理健康"，"有一种内部的压力，指向人格的统一和自发地表现，完全的个别化和同一性，指向探索真理的、成为有创造力的、成长美好的人"。② 三是，关于自我认识的重要性。弗洛伊德对无意识的研究告诉我们"一个人对自己的看法可能是，也可以说常常是和他的真实存在差异甚大，或者截然相反"。③ 这说明认识自己的难度。但是罗杰斯认为，一个人如何看待自己是预测他将如何行为的最重要因素，他提出"自我概念"一词，即对自己的理解作为他理论的重要内容。马斯洛提出的通过超越性动机达到自我实现，更是强调自我体会，返照自己，检测自己，痛感自身现状的欠缺而不断努力超越，以促进潜能的自由发展。正是这种顽强的追求才能使人体悟到自己的生命因日新月异的生长而得以成熟与完美。所以马斯洛强调"自我认识是自我完善的主要途径"。④ 超个人心理学更是强调通过自我认识达到自我超越。奥尔波特认为经过自我认识以确定一生目标是青春期的关键问题。荣格也认为青春期是意识心灵诞生的时期。如何在青春期培养和加强自我认识应引起青年研究高度的重视。四是，关于希望在于人类的自知与自救。超个人心理学已发展到将意识与无意识完全统一于意识。意识是一切经验的基础。对现实的认识和理解与意识的状态密不可分。对现实的理解的深度不同，体现了意识的不同层次。我们应该尽量提高意识的层次，以达到对现实更深刻的理解。超个人心理学提出的最高的意识谱是心灵层，即个人与宇宙合为一体。自从进入工业社会以来，西方文明的含义已经主要是人类通过科学技术改造和支配自然，其缺陷已日益显露。追求天人合一的东方文明将重新焕发活力。有学者认为人类目前正处于东西方文明的交替期。⑤ 超个人心理学寄希望于人类的自知与自救很有时代意义。现代的青年能否通过努力在主客体关系的基础上达到审美意识的天人合一境界，关系到人类的前途。这又从心理学回到了哲学，是青

---

① 林方："无意识，意识和时代"，载潘菽主编：《意识——心理学的研究》，商务印书馆 1998 年版，第 420 页。

② ［美］马斯洛等著，林方主编：《人的潜能和价值》，华夏出版社 1987 年版，第 75 页。

③ 陈君华："弗洛伊德"，载张汝伦主编：《十大思想家》，上海古籍出版社 2001 年版，第 15 页。

④ 林方："无意识，意识和时代"，载潘菽主编：《意识——心理学的研究》，商务印书馆 1998 年版，第 421 页。

⑤ 井上茂信："地球危机是新文明诞生过程中的阵痛"，载《参考消息》2008 年 1 月 26 日。

年研究必须面对的课题。

认知发展学说及其发展：由皮亚杰创始的认知发展在近代心理学中也占有重要地位。布鲁纳曾将皮亚杰作为"20世纪最伟大的两位心理学家之一"，另一位就是弗洛伊德。① 陈英和在其所著《认知发展心理学》中指出，认知"就是指主体获得知识和解决问题的能力随时间的推移而发生变化的过程和现象"。② 皮亚杰正是研究了儿童个体的智力在不同年龄阶段上的发生与发展，从认识的起源一直追踪到青少年时期科学思维的发展，不仅观察认识什么，同时探讨如何认识，从而了解智力的发展过程。皮亚杰将人类认知视为复杂有机体之于复杂环境的一种具体的生物适应形式，并且揭示了主体认知发展的内在机制。主体不仅仅是对所经历的事物作简单的复制，而是在主客体的相互作用中，创造了关于现实世界的认知结构（或称图式）。客体只有被认知结构加工改造以后才能被主体所认知，主体对客体的认识程度完全取决于主体的心理领域中具有什么样的认知结构。客体的刺激就像营养物被消化系统吸收一样纳入主体原有的结构之中，就是同化。同化不能改变或创新结构而只有量的增加。对于新的刺激，必须通过自我调节改变原有的结构以适应外界环境，这就是顺化。通过同化与顺化使结构适应新环境，达到了相对平衡；面对更新的刺激经过同化与顺化又达到一个较高水平的平衡。平衡继续不断的发展就是整个心理智力的发展过程。个体认知发展具有阶段性，这是皮亚杰理论中又一个重要论点。他将儿童认知发展划分为四个阶段：感知运动阶段、前运算阶段、具体运算阶段、形式运算阶段，从出生直到16岁。我们限于篇幅不能详细具体介绍每个阶段发展的情况，仅提出对青少年成长有影响的几个方面：一是皮亚杰指出："在这个从一岁到两岁的时期，发生了一种哥白尼式的革命，……就是说，活动不再以主体的身体为中心了。主体的身体开始被看作是处于一个空间中的诸多客体中的一个"；"消除中心化过程同符号功能的结合，将使表象或思维的出现成为可能。"③ 主客体的分化被称为哥白尼式的革命，但不是每个人直到青年都能完全解决的，它将深刻影响主体能否与客体建立正常的关系，甚至在客体面前会丧失主体性，值得引起高度的关注。二是在第四阶段即青少年的思维特点，皮亚杰写道："显然青少年的理论构造揭示出，一方面他已变得有能力进行反省思维，另一方面他的思维使他能够超脱当前具体的现实而

---

① ［瑞士］英海尔德等：《学习与认知发展》，上海华东师大出版社2001年版，第30页，李其维所写"译者序"。

② 陈英和：《认知发展心理学》，浙江人民出版社1996年版，第3页。

③ 皮亚杰：《发生认识论原理》，商务印书馆1996年版，第24~25页。

进入抽象和可能性的王国。"① 陈英和对此有进一步介绍：这时出现了所谓"对操作的操作"的能力，"我在思考我的未来；然后，我开始思考'我为什么要思考我的未来'；然而，我又思考'我为什么思考我为什么思考我的未来'"。青少年这时能主动监控、调整和反省自己的思维过程，是智力发展的重要进步。② 因此青少年能否具有这种"对操作的操作"能力也值得高度关注。三是皮亚杰指出，认知发展"不是一下子就完成的，而是一个缓慢而费力的分化过程的结果"③。新的认知能力不是凭空出现的，是从早期能力的基础上变化发展而来，一旦发展处在停滞状态，随着年龄的增长，使原有的认知结构与外界的新信息差距过大，以至于主体根本不可能对此作出任何反应时，主体将以忽略的方式回到原有结构，处于对新环境无知的状态而不能应付，挫折不断，很值得警惕。④ 以上对皮亚杰理论的简介可以看出，如果说精神分析学说讨论的是意识与无意识的关系，皮亚杰理论则是涉及到意识的核心，认识中思维如何发生发展的问题。

20 世纪 80 年代是皮亚杰学派的鼎盛时期，以后一直为许多学者继续推向前进。弗拉维尔等 3 位学者所著《认知发展》（第四版）指出从 20 世纪 80 年代到世纪末这 20 年间"该领域对皮亚杰理论的强调已不若从前，而信息加工理论（包括联结主义）、动力系统理论、社会文化理论、新皮亚杰主义、理论变化观、神经科学和制约理论等的影响日渐加强。"⑤ 该书在绪论中详细介绍了这些发展的理论的概况。正如该书所说："在极大程度上，这些理论并没有否定皮亚杰的理论，而是确认了发展的另外一些重要方面，或者说对皮亚杰眼中的变化提供了某种具体的解释。"⑥ 所以我们这里仅从这些理论中提出与青年研究有关的几个方面作简要的说明。一是信息加工观将人类心智设想为类似数字计算机一样的认知系统，更注重信息加工的细节，研究的精密程度往往成为衡量研究成果的重要标志，因此被认为是一种"缺乏思想"的发展研究。斯腾伯格是用信息加工观研究认知发展的重要人物，为此进一步提出了组成认知结构的三种成分：元成分、操作成分和知识获得成分，突出了元认知能力的作用及个体在认知发展中的主观能动性。认为认知能力的发展不是认知结构在本质上的飞跃性变化，而是认知结构

---

① 皮亚杰：《皮亚杰发生认识论文选》，华东师大出版社 1991 年版，第 190 页。
② 陈英和：《认知发展心理学》，浙江人民出版社 1996 年版，第 45 页。
③ 皮亚杰：《发生认识论原理》，商务印书馆 1996 年版，第 31 页。
④ 陈英和：《认知发展心理学》，浙江人民出版社 1996 年版，第 62 页。
⑤ 弗拉维尔等：《认知发展》，华东师大出版社 2007 年版，第 31 页。
⑥ 同上，第 11 页。

中上述各组成部分之间不断取得协调一致的渐进过程，因此与皮亚杰的理论有根本不同。① 二是《认知发展》作者之一弗拉维尔 1976 年提出元认知的概念以后，心理学家对此展开了大量研究。"元认知是认知主体对自身心理状态、能力、任务目标、认知策略等多方面因素的认知；它是以认知过程和认知结果为对象，以对认知活动的调节和监控为外在表现的认知。"② 元认知因此是更高一级的能力，因此要困难和复杂得多，其出现也较晚。实际上就是前面提到的"对操作的操作"能力。林崇德教授认为"其实质是人对认识或认知活动的自我意识和自我控制。在我们的研究中，把它和思维品质的'批判性'看作是同义语"。③ 三是社会文化观强调社会环境对认知发展的决定性影响，强调成人的指导是导致认知变化的关键因素。这一理论可以追溯到 20 世纪早期苏联心理学家维果茨基的研究。社会文化理论的共同点是坚信社会和认知两个领域是不可分割联在一起的。社会情景主要有两个水平。一个是远端的文化历史和当前的社会体制对儿童的影响，一个是与儿童最接近的父母、老师、同伴和其他重要人物之间的互动，成人是"认知发展的助推器"。当然，在这一互动中儿童不是被动的，当他们更具能力时，他们承担的部分越大，成人的部分就相对变小。④ 皮亚杰虽然强调主体与环境的相互作用，社会文化观则将环境放在了更重要的位置。此外，还有新皮亚杰学派包括其代表人物凯斯等的理论，就不都在这里一一列举了。

林方教授在其论文"无意识，意识和时代——评精神分析、人本主义和超个人心理学的意识观"的最后结尾写道："认知心理学强调意识研究是为了发扬人的认识能力和提高机器推理能力，促进知识飞跃和社会进化；而人本主义和超个人心理学的意识研究则是为了寻求人自身内部的成长规律，达到自身内在价值的觉知，提高人自身内在体验和精神生活的水平。"⑤ 精神分析学与认知心理学的内容都是极其丰富而又深刻的，与青年的成长有十分密切的关系，在介绍对青春期研究的发展历程时，我们这里只能做出简要的介绍。

我国心理学界对青年的研究始于 20 世纪 30 年代，主要是翻译外国的著作。新中国成立后又主要是放在儿童心理的范围。直到 80 年代对青年的研究才有了较

---

① 陈英和：《认知发展心理学》，浙江人民出版社 1996 年版，第 78（23）页。
② 同上，第 313 页。
③ 林崇德：《学习与发展》，北京师大出版社 2000 年版，第 25 页。
④ 弗拉维尔等：《认知发展》，华东师大出版社 2007 年版，第 30～32 页。
⑤ 林方："无意识，意识和时代"，载潘菽主编：《意识——心理学的研究》，商务印书馆 1998 年版，第 430～431 页。

快发展，朱智贤、张增杰教授等进行了开创性的工作。朱智贤教授是我国著名的发展心理学家，提出了深刻系统的儿童、青少年心理发展的理论。他在 1990 年主持国家重点科研项目"中国儿童青少年心理发展特点与教育"，取得了重要成果。张增杰教授在"文革"结束不久便率先大力开展对青年自我意识及大学生心理的研究。他认为自我意识制约着青年心理的各个方面，是青年心理发展的核心问题。他对自我意识的内涵，青春期间自我意识的发生发展及其特点，以及根据这些特点引导青年进行自我教育和对青年的教育都作了详细论述。他还对大学生心理提出了一整套见解，在当时产生了很大影响。

社会学界对青年的论述

社会学创立于 19 世纪上半叶，代表人物是孔德。在 20 世纪二次世界大战以后社会学更是迅速发展，出现不少理论流派。从孔德创立时起，社会学就开始了对青年的关注，超越心理学个体研究的局限，将青年视为一个社会群体，青年是同其他社会群体和整个社会有着特殊关系的社会范畴。平章起教授在他的论文"青年社会学与'中层理论'探索"中，简要介绍了孔德、迪尔凯姆、帕森斯、默顿几位社会学大师对青年研究的论述。孔德认为青年是社会变化的要素，青年具有"变化的天性"，将青年与进步相联系，又同时批评青年对社会基本秩序的破坏。[1] 孔德十分重视家庭这一社会变量在青年和青年教育中的作用。[2] 孔德在探索社会秩序的稳定与和谐时，认为家庭才是真正的社会单位，是传统的保护者与传递者，个人是从家庭中被引入社会的。"正是通过这一途经，人才摆脱了单纯的人格，学会以另一种人格去生活，同时又顺从自己最强大的本能。"[3]

埃米尔·迪尔凯姆是法国最有影响的社会学家，他继承孔德的核心观点，又超出孔德和斯宾塞，将社会学的研究对象界定为"社会事实"，而且身体力行，为社会学的经验研究奠定了基础。在青年研究方面，他认为"家庭在社会中的整合功能已经不是很重要"。他在《教育与社会学》中提出了教育是使一代青少年有系统地实现社会化的过程。迪尔凯姆认为社会整合的根本出路就是个体要抑制自己的过分要求，个体要与群体日益一致，因为个体是群体中的一员，所以应当

---

① 克洛斯科斯卡："关于青年的社会学研究"（方巍译），载《青年研究》1994 年第 8 期。
② 平章起："青年社会学与'中层理论'探索"，载《青年研究》2000 年第 1 期。
③ 周晓虹：《西方社会学历史与体系》，上海人民出版社 2002 年版，第 45 页。

充分恢复社会群体的稳定性，使其能强有力地影响个体，"那么，使个体确立新的生活意义的群体是什么呢？迪尔凯姆认为，决不是政党或国家，因为后者虽然是最高权力的体现者，但它与其说是促进社会团结，倒不如说是促进'社会分化'。宗教过去是能够实现社会团结和恢复个体价值的力量，但是今天它已经不能够做到这一点，因为为数众多的学校和现代思维已经不能使那种虔诚的自信心和宗教所代表的宁静得以复归。所以迪尔凯姆提示我们，对青年的社会化只有通过学校的正规教育，进行有系统的社会化来完成"。①

美国社会学家帕森斯是结构功能分析和社会行动论学派创始人之一。在建构社会行动的宏观理论的同时，他也对当时美国青年的社会心理和社会状况进行了考察。"帕森斯把青年的年龄和性别作为各种先定的状态和角色的决定因素，从有机体系统、人格系统、社会系统和文化系统中去分析青年同社会的主观关系和客观关系，分析作为一个社会群体在社会行动系统中自身的能量条件和社会信息控制机制之间的相互作用，进而揭示了青年在社会行动系统中的'边缘化'地位和社会'依附性'的本质；所谓'边缘化问题'是指青年的社会状态的模糊不清，他们既非成人亦非儿童。他们既不能分享成人的权力，又不能停留在青春期以前不负任何社会责任的状态，他们既不能受到成人真正严肃地对待，又不能为成人所忽视。""帕森斯发现处于依附状态的青年，在社会化的过程中除受到家庭、学校等传统因素的作用之外，青年同龄群体作为社会化的重要因素起着重要的作用。"②

默顿是帕森斯的学生，继承了帕森斯的理论，又认为像帕森斯那样建立巨型宏观理论的时机尚不成熟，提出了社会学研究"中层理论"的思想。默顿指出："社会系统的一般理论远离特定的社会行为、社会组织和社会变迁，已不能解释我们观察到的现象；而对于特定事实的详尽而系统的描述又缺乏整体的概括性，中层理论则介于两者之间。"③正是用中层理论的视角，默顿把青年的社会自立和社会行为看作是一个复杂的文化适应过程。在这一文化适应过程中，青年同时有两个序列：一是角色序列，一是状态序列。青年的某种行为状态一般都会先于角色而发生，为角色的最后确立做准备，而角色确立后的行为又会强化这一角色的行为。但是，会有许多"角色层次"不断出现在青年面前，这些未来的角色期待

---

①②　平章起："青年社会学与'中层理论'探索"，载《青年研究》2000年第1期。

③　谭建光："论青年学科中层理论的建构及价值"，载《青年研究》1994年第6期。

在人的现实行为面前必然会发生冲突，影响青年的社会文化适应。"默顿认为，为了使状态序列和角色序列的动态平衡，现实的行为状态能够适应未来角色行为的各种要求，青年人必须在状态行为中具有一个准备的过程，这就是预期社会化的问题。"①

平章起教授在介绍上述学者们对青年的论述以后写道："社会学家从家庭、学校到同龄群体等诸要素的分析，从个人社会化、有系统社会化到预期社会化这些中层理论的研究确实给青年社会学的研究注入了活力，在国内外青年问题研究的领域中我们到处可以看到这种理论模式给青年和青年教育的理论和实践所带来的帮助。"从这些论述中可以发掘出社会学界在青年研究中常用的两个关键词："角色"与"社会化"。

角色通常被认为是联结社会与个人的媒介，是在任何一种特定场合中，作为其中的文化构成部分提供给行为者的一组规范，因而是由文化塑造在互动过程中形成的。从童年向成人过渡的青春期，一方面是角色变化最多的时期，另一方面又是渴望获得新的角色最强的时期。这时的人生是多项角色的组合，因而既是青少年发展的动力所在，也是他们产生种种心理问题的根源，成为社会学关注的重点之一。陈映芳教授在"关于在青年社会学中导入角色理论的理论思考"一文中，并且用"角色类别"概念从历史背景与社会体制的相互关系中考察青年的角色。她主要的论述如下：角色类别是指社会期待的集合体，对于一个角色类别的形成，角色担当者的主观价值和来自社会的角色期待/奖惩双方都有重要意义，都是历史地形成、演变的。中国的"青年"在近代中国的社会变动中，不只是被动的受教育者，在当时的社会期待下同时也是社会的激进主义和对抗性文化运动的担当者。在战后，中国青年的这种政治的性格非但没有消失，反而更显突出一直持续到20世纪70年代末。自20世纪80年代初以来，随着社会的变革，以及"青年问题"的产生，虽然"青年"概念依然被使用，作为曾经由"五四青年""革命青年"来定义的角色类别的意义结构，事实上已经发生演变并趋于解体，逐渐被"青少年""现代青年"等概念所取代。"孩子"角色的变化也是如此。近代以前的中国，以血缘纽带为基盘的家族的承续与兴盛是"孩子"的角色使命，以孝行义务为核心的顺从的行为式样是"孩子"最为重要的角色。到了近代，对"只知有家不知有国"的传统"孩子"角色的否定，以及对传统家庭伦理

---

① 平章起："青年社会学与'中层理论'探索"，载《青年研究》2000年第1期。

的批判，成为"五四青年"成立的条件。1949 年以后，由于对国家的奉献、忠诚和服从为特征的"革命青年"角色的确立，"孩子"角色的正当性不再被承认。直到"文革"结束后"家庭"的价值被重新认识，在"望子成龙"的社会风气中，"孩子"角色又重新有所抬头。"学生"角色在中国也有变化的过程。陈映芳教授在该文的最后写道："关于这三种角色在当前中国社会中的意义结构，以及年轻人们的角色意识、角色表现，包括存在于他们内部的角色紧张、角色冲突等，有待进一步的理论的探索与实证性的调查研究来说明。"①

社会化是社会学中的一个重要概念。社会期待促使青年扮演各种社会角色，加深角色认识，进行角色体验，产生角色认同。角色形成的过程，也就是青年社会化的过程。"社会学所表述的社会化，是指个人通过学习群体文化，学习承担社会角色，来发展自己的社会性的过程。"② 个人的社会化，无论对个人成长和社会发展都是至关重要的，离开了社会，人甚至会成为狼孩。社会学因此对社会化的理论、类别、内容和途径作了广泛的论述。凤笑天教授对我国 20 多年来有关青年社会化的文献进行系统回顾后，写成"青少年社会化：理论探讨与经验研究述评"一文，归纳出社会化理论和特征及作用机制、不同社会化因素的作用、电视与网络对青少年社会化的影响、独生子女的社会化、社会化的经验研究等五个研究领域，他总的评价是：研究者过多的依赖于个人的观察与个别的事例，尚没有对经验事实经过系统概括上升到理论的高度。③

自我社会学界也从社会的角度探讨"自我"。查尔斯·霍顿·库利的"镜中自我"理论就是其中的代表之一，也是社会学中互动理论的重要支柱。"镜中自我"就是以其他人的看法为镜子而认识自己，库利有一句名言："人们彼此都是一面镜子，映照着对方。"他认为初级群体是人性的养育所，青少年是通过初级群体学习社会走向社会的。初级群体是指成员间有面对面的交往的群体，包括家庭、儿童的游戏群体、年长者们的邻里和社区。在初级群体中，未成年人逐渐理解别人的需要和愿望，适应社会生活，跳出个人的小圈子。④ 乔治·赫伯特·米德著有《心灵、自我与社会》一书，对自我与社会的关系作了详尽的论述。书中指出："自我是某种不断发展的东西；它不是与生俱来的东西，而是在社会经验

① 陈映芳："关于在青年社会学中导入角色理论的理论思考"，载《社会学研究》2000 年第 6 期。
② 吴增基等主编：《现代社会学》，上海人民出版社 2005 年版，第 120 页。
③ 凤笑天："青少年社会化：理论探讨与经验研究述评"，载《青年研究》2005 年第 3 期。
④ 宋林飞：《西方社会学理论》，南京大学出版社 1997 年版，第 249 页。

的过程和社会活动过程中出现的。"①

　　代际关系即"世代"的概念，是心理、人口、文化人类等学科关注的对象，也是社会学研究的对象，因为社会学视青年为一个受社会因素影响的社会群体，更是将世代作为研究的重点。早在 20 世纪 20 年代，作为知识社会学先驱的曼海姆就十分重视对世代的研究，他将代的形成过程与社会变革联系起来，将代视为出生在同一时期、经历同样的社会变革，形成独特的历史社会意识或集体认同，进而影响他们的态度和行为，使之与先前几代人相区别的一群人。在他的《世代/竞争》中写道："属于同一世代，属于相同的'出生年次'，据此，每个人在发生于社会的历史河流中会被予以类似的状态。"② 在当时的资本主义世界发生了严重的经济危机与文化危机，曼海姆看到了这种文化危机在青年身上表现得最为敏感，他指出"青年一代是有能力以新的方式走向文明，是向新的价值开放的。青年人不仅能够在自己的人格中体现这些新的价值，而且能够在社会中提倡它们。"③ 到了 20 世纪 60 年代，社会变革的速度加快，特别是在欧美及日本等地都发生了青年运动，代际冲突或与社会体制的矛盾，正如米德所说，显示出"整个世界处于一个前所未有的局面之中，年轻人和老年人——青少年和所有的比他们年长的人——隔着一条深沟在互相望着"④。（对于人类学家米德关于代沟的理论我们将在以后详细介绍）世代论从此成为重要的研究领域，"XX——代"等名词不断出现。法兰克福学派中最有影响的赫伯特·马尔库塞因此特别重视大学生的作用，他要求人们不应将大学生仅看成"只"是知识分子，他们应该是"那些献出了生命的人和那些反对现存政权的示威游行中准备献身的人"。⑤ 美国激进社会学家查尔斯·赖特·米尔斯通过对当时各国学潮的分析，希望对当代人类社会结构的变革作出新的解释，认为"今后对社会进行根本变革的动力是青年"。萨特、马尔库塞也持同样的观点。⑥ 当然，对于代际冲突与代沟形成的原因也存在不同的观点。有学者甚至否认有代沟，学生运动反对的是当时的某种制度、政策，而不是代际之间的矛盾。对于学生运动也有不同的评价。

　　将青少年问题当做社会问题，是青春期出现以后的突出现象，引起了社会的

---

① ［美］乔治·赫伯特·米德：《心灵、自我与社会》，华夏出版社 1999 年版，第 146 页。

② 陈映芳：《角色与非角色之间——中国的青年文化》，江苏人民出版社 2002 年版，第 34 页。

③ 平章起："青年社会学与'中层理论'探索"，载《青年研究》2000 年第 1 期。

④ ［美］玛格丽特·米德：《代沟》，光明日报出版社 1988 年版，第 6 页。

⑤ 宋林飞：《西方社会学理论》，南京大学出版社 1997 年版，第 420 页。

⑥ 同上，第 448 页。

广泛关注和学术界的研究。从 19 世纪末到 20 世纪初，从美国开始设立少年法庭，很快从欧洲传到印度、日本都设立少年法庭。20 世纪初，美国芝加哥学派就开始研究青少年犯罪问题。接着出现不少这方面的理论研究。涂尔干最早提出社会整合思想，认为社会问题的产生与社会整合程度的高低有密切关系。奥格本的文化失调理论则认为，现代许多社会问题都是由于道德观念不能与当前的技术发展相适应而引起的。此外还有托马斯提出的社会解体理论、冲突学派提出的价值冲突理论等。实证研究更是活跃。美国社会学家威廉·F·怀特和纳米比亚社会学家 P·穆福恩对"街角青年"的研究就很有名。他们对浪迹在街头社会的青年帮伙的生活状况、其内部结构与活动方式、与周围社会的关系进行了长期的实地调查，形成为一种越轨社会学和青年亚文化理论的研究。学者李燕平在《青年研究》（2005 年第 5 期）上介绍了当前这方面的一个热点：恢复力（resilience）研究。过去有关青少年问题的研究是遵循一种回溯式的范式，从以往的成长经历中寻找导致问题产生的因素。到 20 世纪 80 年代，一些西方学者开始注意到，逆境经历对儿童的不利影响不是普遍而无差异的，一些儿童没有受到影响，少数甚至因此变得更为坚强。学者们因此提出了"恢复力"的概念，有学者认为其核心就是一个人"回弹"的能力。有学者进行了长期的追踪研究，探讨个体想弹回初始状态的各种可能性。有学者认为恢复力是一种相对稳定的能力，是个体在经受压力后，回复到先前那种适应的、胜任的行为模式的能力。对恢复力形成的种种因素也进行了大量的研究。这些研究当然有十分积极的方面，为青少年工作带来新的思维，可以激发更多有创意的干预策略，而不是简单地去寻找导致青少年问题失败的陷阱。李燕平详细地介绍了恢复力的概念及研究概况，很值得注意。

"充权"是 2004 年海外青年研究的一个热门问题，这是苏颂兴在 2005 年第 1 期《青年研究》发表的"青年'充权'理论与自我实现"一文中介绍的话题。在以往将近百多年的对青年的社会工作中，是更加突出社会工作者在服务他人时的主导的"权力"地位，无形中剥夺了接受帮助的弱势群体的"权力"。因此，"充权"作为近年来社会工作的一个核心理念，其内涵是要协助弱势群体或个人排除各种主观的和客观的障碍来感受本身的力量，通过其自身的正面经验来激发内在的动力，并且尽可能地在集体的参与中来改变或掌握自己的生活。到 20 世纪 90 年代，"充权"概念已经在社会工作、社会心理和行政组织中从学术、政治和专业层面被广泛地运用。苏颂兴认为，"充权"作为青年研究基础和应用理论中一个新领域，与"自我实现"的理论可以互补，"充权"和"自我实现"都强调个体发展摸式的自主性、发展动力的内在性、发展过程中的自信心、发展方向的社会责任感和社会参与性。将"充权"理论引入青年工作，目的在于使青少年在社会化的过程中进一步强化其主体意识，发挥其主体能动性，达到"自我实现"的境界，成为"能够自己做出决定"的一代新人。自我实现是以自我意识为基础的，因此"充权"理论与心理学中的自我意识又有共同之处。

社会学对青年的论述是丰富的，但是平章起在他的论文中指出："我们还是应当承认，青年社会学是社会学最不发达的领域之一。在青年社会学过去的研究中，理论与经验材料的结合研究仍很薄弱，传统的调查方法仍占主导地位，侧重研究青年的过去，热衷青年状态的描述，缺乏对未来发展的预测。"平章起教授认为，青年社会学正处在一个大有作为的阶段，应当在 21 世纪重新策划它的理论框架。

文化人类学界对青年的论述

人类学是一门年轻而又古老的科学，它是以研究整个人类的发展进化以及人所创造的文化为其根本的目的。这门学科的历史，可以追溯到古希腊罗马时期，甚至古代中国、印度等东方文化。到中世纪，意大利的旅行家马可·波罗、阿拉伯的旅行家伊本·拔图塔的游记著作记录了宝贵的人类学素材。文艺复兴使西方人类学有了开创性的进展，"新大陆"的探险家留下了许多原居民的宝贵资料和人类学著作。到 18 世纪后期，人类学开始趋向体系化和科学化。1877 年在美国首先出版的路易斯·享利·摩尔根的《古代社会》更是经典之作。但是，人类学界对青年的论述应该说 19 世纪初才开始。这是因为这时才正式命名了青春期，在这以前的人类学著作中，主要是围绕成人仪式的描述，没有展开对青年的种种更多的论述。

1908 年，人类学家阿尔诺尔德·万·普出版《过渡仪式》一书，就是论述年龄过渡的著作。他在对人类学材料进行概括的基础上指出，存在着"从一个年龄向另一个年龄、从一种职业向另一种职业的一系列过渡"，这种过渡规定了诞生、青春期、结婚、生子等依次出现的不同阶段。这些阶段都伴随有各种仪式，以标志生命的不同时期，标志个人被相继接纳入不同的状态群体。在原始社会更是如此。拉德克利夫·布朗也提出年龄具有一种"社会组织"的作用。B·马林诺夫斯基也论证了青年在不同社会共同体中的地位，强调青年的过渡性，将青年视为文化适应过程，视为将成人社会的价值规范内化的过程。青年是从童年完全依附的角色过渡到承认为成人而有了相对自律的阶段。①

以研究人类文化为使命的人类学，从它一开始投入青年研究领域，就发现了文化对青年成长的决定作用，向颇为流行的生物决定论和儿童、青少年成长的分阶段论提出了挑战。玛格丽特·米德在 1925～1926 年到萨摩亚进行了 9 个月的考察，"我试图回答那促成了我的萨摩亚之行的问题：即，使我们青少年骚动不宁的青春期危机究竟归咎于青春期本身的特性，还是归咎于我们西方的文明？在不同的条件下，青春期的到来是否会呈现完全不同的景象"？②在她所著的《萨摩亚人的成年——为西方文明所作的原始人类的青年心理研究》中回答了这个问题。在萨摩亚，"宁静淡泊的生活态度，没有深刻的感情，没有嫉妒和压力，不会为前途的选择所困扰；较单一的生活方式，使个体与自己、与他人、与社会之间较少有冲突出现。米德……证实了青春期并非必然是一个危机四伏的紧张时期，任何心理紧张都来自于文化条件，原先我们归诸于人类本性的东西，绝大多数不过是我们对于生活于其中的文明施加给我们的种种限制的某种反应"。③在书中米德比较了美国和萨摩亚文明的不同特点以及因此而产生的对青少年的教育问题。1929 年米德又研究了新几内亚境内 3 个毗邻的原始部落——阿拉佩什人、蒙杜古马人和德倡布利人的性别角色差异，3 个部落相隔不远却差异较大，因此米德认为所谓男性和女性的特征并不依赖于生物学的规定，相反是特定社会的文化条件的反应，更加印证了她的文化决定论理论。

米德发现，萨摩亚的儿童进入成人角色的过程是渐进而连续的，他们要照料弟妹负担其社会化的责任，参与种植和收割，被传授编织、捕鱼、建房等基本生活技能，为准备担当成人角色已经获得很好的训练，而在美国这样的现代工业社会，延长了的青春期其成长的过程则是非连续的。与米德同时代同样著名的女人类学家鲁思·本尼迪克特进一步发展了米德的观点，在其所著《社会条件的连续性和不连续性》一书中，她从文化的三个方面的对比来说明原始社会青少年成长的连续性与西方社会的非连续性。①性别角色。原始社会将与性有关的问题看为平常事情，青少年被允许提前的性行为。而现代社会则禁忌较多。②责任。原始

---

① 马赫列尔：《青年问题与青年学》，社会科学文献出版社 1986 年版，第 68 页。
② ［美］玛格丽特·米德：《萨摩亚人的成年》，浙江人民出版社 1988 年版，第 9 页。
③ 冯江平、安莉娟主编：《青年心理学导论》，高等教育出版社 2006 年版，第 28 页。

社会要求从儿童时就必须承担一些力所能及的事情，为向成人过渡提供了连续的文化条件。而在现代社会儿童没有任何责任，青少年的责任也是不完备的。③权威性。现代社会希望青少年完全顺从长者，一旦他们结婚生育，又希望他们处于支配者的地位。原始社会中，七八岁的孩子就像保姆一样监管弟妹，当然他们也要受到年长同胞的监管。本尼迪克特指出，在青春期中个体感受到的压力，与他在向成人过渡中体验到的连续性程度相关，过渡中越不连续，压力可能就越大。因此青春期时的骚动与环境的关系更为密切。本尼迪克特在其名著《文化模式》中也对青春期的形成进行了深刻的文化比较研究。

随着 20 世纪 60 年代在全世界范围内出现了青年运动的现象，米德在 1977 年出版了《文化与承诺：一项有关代沟的研究》一书，上篇"六十年代概览"，下篇"七十年代概览"。书中米德提出了著名的后象征文化、互象征文化和前象征文化的概念。后象征文化是晚辈向长辈学习，互象征文化是晚辈与长辈相互学习，而前象征文化则是长辈向晚辈学习。米德认为，二十世纪的六七十年代正处于一个时代的转换过程之中，正处在一种发展新文化的边缘，就是"我称这种新类型为前象征文化，因为在这种文化中代表未来的是孩子，而不是父母或祖父母"。① 米德的这个论述很有影响，被广泛引用。我国也有学者注意到了前象征文化在现在中国的表现，周晓虹 1988 年撰文论证了在当前中国文化疾速变迁过程中，长辈从晚辈身上吸取文化的现象具有普遍性，他称之为文化反哺。②

对于米德在萨摩亚的研究，澳大利亚人类学家弗瑞曼提出了不同看法。他在 20 世纪 40 年代和 60 年代到萨摩亚岛西部（米德在东部）先后作了观察研究，认为萨摩亚岛上的情形并非那么平静，米德过于强调了文化的作用而忽视了生物因素对青少年的影响。这种情况也许是存在的，但是，在传统社会，由于文化比较单纯，代沟也不是很明显，青年向成人的过渡不存在一个长时间的青年期，青少年向成人角色的转化是连续的，则是不可否认的事实。米德关于文化在青春期中的作用的理论，与社会学的角色和社会化的理论、心理学的个体心理发展的理论，相互补充，共同构成了关于青春期研究的比较系统的体系。

---

① 玛格丽特·米德：《代沟》，光明日报出版社 1988 年版，第 84 页。
② 周晓虹："试论当代中国青年文化的反哺意义"，载《青年界》1988 年第 1 期。

　　心理学、社会学与文化人类学对青年的论述是很丰富的，这里不可能完全一一作出介绍。这些理论或者侧重在青春期的某个方面，或者提出了某种值得注意的问题，有些理论被后来的学者所超越，这是学术发展的正常现象，我们在这里对青春期研究的发展历程做一个简要的介绍，不仅是因为他们能帮助我们深化对青春期本质的理解，而且对我国青年研究的发展也有促进的作用。

中篇

中国青年的历史

第一章
中国历史中的青年

"我们首先会遇到这样一个问题：在清末中国社会中，事实上并不存在一个作为独立的年龄群体的青年阶层。"这是陈映芳教授的论述，她接着引用日本学者横山宏章的文章进一步说明："中国尽管有数千年的历史，那其中却见不到热血沸腾的年轻人，这说起来有点不可思议吧！"① 这里提出了在中国历史上青年是否存在的问题，中国是一个文明古国，在中国的历史中，青年究竟是一个怎样的状态，确是值得探索的课题。

对"青年"概念的理解

为了讨论上述课题，我们先引用吴端的精彩论述："在中国的传统社会，一直存在着青年与少年这两个并存的概念，是同一存在体的两个不同方面的表示。'少年'概念是指作为社会现实的青年，作为社会问题的青年，作为边缘化的、成长阶段的青年，需要与成人同一化的青年，是作为客体的、社会问题、经济基础的青年。而'青年'的概念则是指作为人的理想形象的青年，作为实现社会目标的青年，具有解体、解构、非同一化作用的青年，作为主体的、形而上学、上层建筑的青年。这种二元构造的青年理念的构造是青年研究首先会遇到的问题。"②

青年作为人的理想形态的出现，可以说源远流长。法国思想家埃德加·莫兰推论从原人向智人进化的过程中存在族类的青春化。由于脑的进化需要延长从童年到成人的成熟期，并在这个时候形成可塑性与创造力。莫兰认为从直立行走到使用工具，从点燃火到发明语言，都是在这个成熟期开始的，而且这时的纯洁情

---

① 陈映芳：《"青年"与中国的社会变迁》，社会科学文献出版社 2007 年版，第 2 页。
② 吴端："青年的虚像与实像"，载《寂静的青春——儒学民众化与青年现象的消失》，中国发展出版社 2015 年版，第 39 页。

感与优良品质也对成人社会产生了影响。因此称为族类的青春化，是原人进化的关键问题。① 在向原始社会的进化中，人类创造出相关的神与神话中就有青年的形象。希腊神话中的阿波罗就充分体现了青春的活力、强健的体魄、创造的精神以及对人类未来的希望。中国的神话故事，尽管没有直接说他们就是青年，正如刘再复所说："其英雄女娲、精卫、夸父、刑天等，都极单纯，她（他）们均是失败的英雄，但又是知其不可为而为之的英雄。她（他）们天生不知功利、不知算计、不知功名利禄，只知探险、只知开天辟地、只知造福人类，她（他）们是一些无私的、孤独的、建设性的英雄。她（他）们代表着中华民族最原始的精神气质，她们的所作所为，说明中华民族有一个健康的童年，所做的大梦也是单纯的、美好的、健康的大梦。"② 在神话中的精神气质，应该是中国历史上理想青年形态的最初出现。

"青年"的概念起于对"青春"的认识。在中国，"青春"一词至少在春秋战国时就有了，屈原的楚辞中就有"青春受谢，白日昭只，春气奋发，万物遽只"。汉代文学家刘向解释为春季来临。汉代王逸对此的解释是"青，东方，春位其色青也"。唐朝王维则将青春演绎成青年的代称，在《洛阳女儿行》一诗中："狂夫富贵在青春，意气骄奢剧季伦。"《诗经》里就有"青青子衿，悠悠我心""青青子佩，悠悠我思"，青衿是学子们的服装，诗句不仅赞美了青年学子，对青春期的心理也有了相当的认识。

魏晋时期是在先秦百家争鸣之后中国的又一次思想文化高峰，包括玄学的兴起、佛教的输入、道教的勃兴。李泽厚说过，"人的觉醒，生活的追恋，时间性的珍惜，这才是魏晋时代的主要审美心理"。③ 吴端在东晋葛洪所著的《抱朴子》《神仙传》等当时的大量文献研究后得出"'青年'概念源于道教的假说"的结论。在《抱朴子·内外篇》中就提出了"青人"这一接近"青年"的概念。民间对"青童"的崇拜也是促使"青年"概念产生的重要原因，在《搜神记·卷11》中就有青衣童子投药于病人然后化作青鸟飞翔而去的故事。在上清派道教中有对"方诸青童君"的崇拜，方诸是镜子的意思，青年现象在镜中的虚像与在现实中的实像并列，作为思想的、理想的青年出现了。吴端写道："对道教来说，更重要的'青'色代表着一种旺盛的生命力，因此对青色

① ［法］埃德加·莫兰著，陈一壮译：《迷失的范式：人性研究》，北京大学出版社 1999 年版，第二章。
② 刘再复："原形文化与伪形文化"，载《读书》2009 年 12 期。
③ 刘再复：《李泽厚美学概论》，三联书店 2009 年版，第 13 页。

的崇拜就默示对生命本质理解","在魏晋时期的道教的体系中,青年是作为一种理想的人而出现的。是超越现实生活、超越自然、超越主宰的一种自由意识和思想,一种对自由的主体性的追求"。① 将道家的自然补充儒家的名教,是魏晋文化中的重要思潮。从代表东方、春天的"青"字演进到对生命最旺盛时期的青年的崇拜,正是对没有任何矫揉造作只知面向未来进行探险造福的精神气质的赞美。道家这种对青年概念的形而上学的理解,是中国神话中原形文化的延续,具有美学意义和宗教性质。以上是中国文献中对理想青年的形而上学的论述。

吴端在另一篇文章中介绍了在历史文献中对现实社会中的"青年"的记录。唐代文献中虽有"青年"一词但不多见。到了宋代,使用的频率大幅增加,到元代更是频频出现。元代文献中多有"青年敏学""青年俊气""青年如画""青年尚奇伟"等句。元代诗人谢应芳的诗集《龟巢集》中常有青年的话题,如"爱尔青年二十余,无心富贵独耽书""青年去了,青衫破了"等。另外,如"王客女,春花面璞,玉躯青年"描写女青年的文字也多了起来。更值得注意的是,"青年概念出现了诸如理想、爱国、希望、志向、学习、爱情等近现代社会理念的萌芽"。如《宋元诗会》中的"爱尔青年气独豪"。《玉笥集》中的"青年忧国泪,白发奉亲心"。《桂隐诗集》中的"云霄横骛正青年"。《至正集》中的"青年无可畏""青年肯与世浮沈"。元代这些描述是对现实社会中的青年概念认识的大跃进。明朝对青年现象的认识基本上继承元代。到了清代,由于青年人口的增加,青年一词也被广泛运用,特别是在许多地方志里面,出现了包括女青年在内的"青年守节""青年矢志""青年励志"等词。"立志"是儒家的核心理念之一,在明清时代已深入民间,"指出青年与立志的相关性,说明了清代中叶以后的中国社会已经开始潜意识地认识到青年的主体性,以及这种自觉的主体性将影响到中国社会的发展方向"。② 以上对青年的描述大多存在于文人的诗词、文章之中,限于一句一词没有展开,不像希腊的柏拉图、亚里士多德那样对青年现象有较详细的论述。

以孔子的《论语》为例,有大量以孝悌为内容的父子关系的论述,有如何学习、如何修养的论述,也有"后生可畏,焉知来者之不如今也?""少者怀之"。

---

① 吴端:"青年的虚像与实像",载《寂静的青春——儒学民众化与青年现象的消失》,中国发展出版社 2015 年版,第 45~46 页。
② 吴端:"'青年'与'少年'——从古代文献的分析到当代研究的展望",载《寂静的青春——儒学民众化与青年现象的消失》,中国发展出版社 2015 年版,第 27 页。

这些赞美和关怀青年的论点，仍然很分散，而且其重点也在于青年必须学习接受教育的方面。对青年甚至采取否定的、不信任的态度，实际上也是中国历史上一般学者更多持有的观点。

中国历史上对青年的认识不能与西方相比，但也有它的特点，像道家那样从抽象的理想和信念出发，超越自然与社会的约束而提出哲学上、宗教性的对理想青年的崇拜，在古代是不多见的。而对现实社会中的青年的认识变化又存在一个渐进的过程。随着文明的进步，从对英俊的青春的赞美发展到对面向未来的心理的探索，从对青年富于理想和豪情到对立志形成主体性的认同，可以说有了一脉相传的认识。问题是直到19世纪，这种认识尚没有像西方那样进入到人文科学的领域。至于对青年的未成熟性、不确定性的认识更是可以理解，因此提出了三纲五常约束青年，这将在下文继续讨论。

在历史上的作用

日本学者横山宏章说在中国数千年的历史上见不到热血沸腾的年轻人，未免有点过分。事实上，在中国历史久远的茫茫夜空中，灿若群星的一些政治家、军事家、文学家都是在青年时就开始发亮：春秋之际，27岁的孔子投身于文化教育事业。汉武之初，18岁的霍去病说出"匈奴未灭，何以家为"的豪言壮语，带领800骠骑第一次出征就直达匈奴腹地。盛唐开元，25岁的李白"仗剑出国，辞亲远游"，如画的江山从此融入那些浪漫又豪放的诗篇。北宋至和，24岁的沈括就开始了人生第一份科研工作，官微职小却兢兢业业，一代科学巨匠的工作就在琐碎的公务中点点累积。明代永乐，34岁的郑和在南京龙江港启程远航，开始了中国人的航海时代和一个民族丈量世界的雄心壮志。至于青年群体，在中国历史上登上政治舞台的就有有两种类型：一是发起和参与平民起义的青年，古代文献中称为少年；一是在当时最高学府的太学，有学生议政甚至发起学生运动反对政治腐败。我们不能不说这些灿烂明星和拼搏群体就是热血沸腾的年轻人。

中国古代文献用"少年"一词来表达青年，早在《韩非子》中就有记载。公元6世纪隋代巢元方的《巢氏诸病源·总论卷45》就有对此的珍贵记载："经说年六岁已上为小儿，十八已上为少年，二十已上为壮年，五十已上为老年也。"所谓"少年"，大约是20岁以下的未婚男子。吴端在"'青年'与'少年'"一文中有专门一章介绍历史上的少年。李玉琦在"中国历史上青春的印记"一文中也例举了一些政治家、军事家和文学家都是在 20 岁左右就开始发迹。① 中国秦汉史研究会副会长、北京师范大学历史学系教授王子今对秦汉时期的少年有大量的研究。他们都例举了《史记》中对少年群体发起平民起义的大量记载。王子今有一篇专门介绍秦汉时期少年的文章"说秦汉'少年'与'恶少年'"。② 文中指出"秦末社会大动乱中,所谓'少年',曾经发挥相当突出的历史作用"。《史记·高祖本记》:刘邦举事,"于是少年豪吏如萧、曹、樊哙等皆为收沛子弟二三千人,攻胡陵、方与,还守丰";西楚霸王项羽,24 岁随年轻的叔父项梁起兵反秦。项羽带领 8000 人向西进军时,听说陈婴占领了东阳,与之会合西进,所向披靡。王子今引用《史记》的资料后认为各地少年在起义中并非一般性转入,而是发挥出主导性的效能。东汉末年,天下大乱,少年又成为各地豪杰战伐争夺的武装力量的基干。所以王子今写道:"秦汉时期所谓'少年'与'恶少年',是城市中往往背离正统,与政府持不合作态度的社会力量。他们的活动,对社会的'治'与'安'表现出显著的消极影响。在政局动荡时,他们又往往率先成为反政府力量的中坚。"吴端在上文中也认为:司马迁所注意到的"少年"(青年群体)在历史变革中的积极作用,即主流社会士农工商等传统阶层以外"少年"(青年群体)的重要性,是后世许多历史学家所不具备的。在惜字如金的古代能够有意识的大量使用"少年"的概念叙述史实,认识到青年在社会政治变革中的先锋作用,司马迁应该是第一人。《史记》以后,在历代史书中都有许多对少年的论述,大多也是聚众起义或投入战争。《三国志》就有大量记录。又如《新唐书·卷 110》中"郭孝恪,许州阳翟人。少有奇节,不治资产,父兄以为无赖。隋乱,率少年数百,附李密"。

王子今引用《史记·淮阴候列传》中对韩信少时情况的说明:"贫无行,不得推择为吏,又不能治生商贾,常从人寄食饮,人多厌之者。"这较为典型地说明了当时相当大的一部分少年是没有明确职业的所谓"浮游无事"之徒。这些无业浮游的少年往往成为扰乱正常社会秩序的祸由。因此史书中常常将少年形容为"恶少年"。正是这些恶少年成为当时游侠集团的基本力量。史籍中可以看到大量关于少年任侠的记载。张衡《西京赋·文选卷 2》中描写游侠形成"轻死重生,结党连群,寔蓄有徒,其从如云"的声势,说明从附游侠形成的集团,不仅有较

---

① 李玉琦:"中国历史上青春的印记",载《中国青运史辑刊》2008 年第 2 期。
② 王子今:"说秦汉'少年'与'恶少年'""两汉的少年吏",载《秦汉社会史论考》,商务印书馆 2006 年版,第 19~40 页。

强的能动性，而且有较强的凝聚力。一旦他们作恶必然遭到残酷镇压。但是下层社会则对他们的侠义精神表示了同情之心。确如班固所说"郡国豪杰处处各有"，"亦古常道"。王子今认为，这种理解与同情是以当时富有时代特色的社会风习为背景的，一旦世风变迁，纵有刻意仿效者，也不免"片心惆怅"。王子今在"说秦汉'少年'与'恶少年'"一文的最后写道："看来，不仅这一社会力量'背公死党'的倾向值得重视，这些社会群体的内部结构及对后世秘密会党组织形态的重要影响，也是社会史学者应当探讨的课题。"恶少年社会集团那凶猛凶暴的一面，实际上就是杜亚泉、王学泰所说的游民。中国三千多年都是宗法社会，宗法共同体对其所属成员有保护和控制的双重作用，人们长期生活在宗法网络之中。一旦政治昏庸，赋税沉重，加上自然灾害，农民求生无望，流离失所，时间长了就成为脱离宗法网络的游民。为了索取生存的财富必然联合起来形成有组织的力量。王学泰归纳游民意识："①强烈的反社会性。②在社会斗争中最有主动进击精神。③注重拉帮结派，注重团体利益不重是非。④失去了宗法网络中的地位的游民同时在社会中也没有了角色位置，丧失角色位置的人们当然也就没有了角色意识。"王学泰认为"游民意识往往表现出中国传统思想意识中最黑暗、最野蛮的一面"。① 受这种游民意识的影响，为了改变社会地位而聚众反抗的少年也被纳入了游民群体，没有了角色意识，必然会被主流社会的文人称为"恶少年"。王学泰论证游民在中国历史上形成了一个隐性社会，李慎之认为这是发现了另一个中国。其中的少年起了怎样的作用，有许多议论，至少他们是在要求改变自身的社会地位，引起社会的变化。

　　恶少年在受到镇压的同时，统治者对他们还有两手策略，一是将他们收入军队从事远征，在远离故乡的异地发挥他们的英雄气质；另是尽力将其中一部分可以利用的力量纳入正统的政治体制中，使其成为专制主义国家机器的部件。王子今又写了"两汉的少年吏"的论文。② 一开始他就写道：秦史中"甘罗十二为上卿"的故事人所熟知，《史记·樗里子甘茂列传》和《战国策·秦策五》都有记载。秦始皇时一代名相李斯，也有"年少时，为郡小吏"的经历。刘邦集团的人物萧何、曹参等，也曾经被司马迁称作"少年豪吏"。接着他叙述了少年石奋、少年赵尧在刘邦身边任小吏，后来逐步升迁当了大官的故事。他认为汉代许多官

---

① 王学泰：《游民文化与中国社会》，学苑出版社1999年版，第618页。
② 王子今："说秦汉'少年'与'恶少年'""两汉的少年吏"，载《秦汉社会史论考》，商务印书馆2006年版，第42~69页。

僚都曾经有"少为郎"的故事，他从《汉书》《后汉书》中收集到其中较为著名的19个人物排列出来。除了高门贵族子弟少时出任朝廷官吏以外，他认为更应重视下级官吏和平民出身的少年在地方官府中任职的事实，他又例举了40多个这样的人物。有关少年军吏的资料也值得注意，他列举了5位。这些少年出任时大多数在18~20岁，也有少数在12~13岁就出任的。这些少年求仕有不同的途径。除了因特殊的政治地位或关系经快捷方式上任以外，因学识而成为官吏的可以说史不绝书。譬如《后汉书·独行列传·谯玄》："谯玄字君黄，巴郡阆中人也，少好学，能说《易》《春秋》，仕于州即。"他们在当官以后仍然用功继续学习。并且王子今认为东汉是"学习型社会"。少年官吏因其特殊的资质，在汉代政治生活中曾经发挥过特殊的作用。其中的许多人思想敏锐、谈吐锋利、行为果敢，具有积极进取的气质，英勇尚武的精神，在行政实践中往往有激进的作风，更突出地表现在对黑暗政治势力的勇敢抗争。《汉书·朱云传》说："时中书今石显用事，与充宗为党，百僚畏之。唯御史中丞陈咸年少抗节，不附显等，而与云相结。"陈咸等人"年少抗节"，不附从于用事权贵，在专制制度下这种精神难能可贵。而具有这种勇于向黑暗势力抗争的少年吏还有不少，汉末名臣王允也有身为少年吏时与黑暗政治勇敢斗争的事迹。王子今在该文的最后一节写道："少年为吏，是汉代政治生活中的一种特殊现象。通过对这一现象的分析，可以由汉代少年所承担的社会责任和所发挥的社会作用，察知当时人的精神风貌，认识当时社会的时代精神，同时，也可以深化对当时吏治之基础的理解，而中国传统政治形势以及中国传统社会结构的有关特征，也可以得到更为真切、更为生动的说明。"此外，我们还可以举出富于进取与开拓性的少年登上皇帝大显身手的事例。汉武帝16岁即位，任用儒生，以儒家为主构架规划汉文化的建设。李世民18岁发动玄武门之变，得为太子，两个月后受李渊传位为帝。

另一种在历史上登上政治舞台的青年是太学生，他们发起了干预朝政的太学生运动。中国正式的学校产生于夏，春秋战国时期有教无类的私学代替了为少数贵族子弟设立的学校。从汉到清，逐步建立和完善了官学制度，私学受到鼓励，还兴起了书院。汉武帝接受公孙弘、董仲舒的建议创立太学，是官学制度确立的标志。太学的老师称博士，太学教授由中央政府的太常（九卿之一）为总领导。学生来源主要有两个方面：一是由太常直接挑选18岁以上容貌端正的青年，入学称太学生；一是由郡国县官选拔"好文学，敬长上，肃政教，顺乡里，出入不悖"的人，入学后类似特别生。设置太学的目的是"养士储材"，即培养官吏，但不以贵族子弟为限，因为贵族子弟可以直接为官，因此招生似有平民化色彩。

太学初设置时只有学生 50 人，成帝末增至 3000 人，东汉质帝时达 3 万余人。通过考试按成绩授予相应的官职。成绩很差则取消当籍。通过考试选材反映了"学而优则仕"的制度，比较"任人唯亲"要略胜一筹。东汉后期，由于政治腐败，朝野之间形成了以品评人物为基本形式的批评政治的风气，当时称为"清议"。太学成为清议的中心。当时的士风还表现为重气节，儒生们不愿同流合污。一旦遇上典型的腐败与不公的事件，广泛的舆论就形成为针对黑暗势力的抗争运动。王子今教授出版的著作《秦汉社会意识研究》一书的最后一节"西汉长安的太学生运动"对从西汉开始就有的太学生学生运动有详细的论述，西汉至东汉就有多次。桓帝永兴元年（公元 153 年），名臣朱穆任冀州刺史，举劾权贵，惩处贪污的郡县长官，打击横行州郡的宦官势力。朱穆反而因此被治罪，罚往左校服劳役。太学生刘陶等数千人到宫门前请愿，联名上书，声势浩大，慷慨激昂痛斥宦官罪恶，表示愿意代替朱穆服刑。在压力下桓帝答应了学生的要求。到延熹五年，一向"恶绝宦官，不与交通"的皇甫规拒绝贿赂当权宦官，受到诬陷，也获严刑治罪。太学生张凤等 300 多人随同若干高级官僚一起请愿，又使皇甫规得到赦免。翦伯赞对这两次运动作出高度评价："当时的太学，便变成了政治活动的中心。"他还写道："知识青年，往往出现为革命的先锋，这在中国史上，也是屡见不鲜的。而中国的知识青年第一次出现于政治斗争前线的，便是东汉末的太学生。"[1]

其实，早在西汉就发生过太学生的请愿运动。在汉哀帝时，鲍宣因冒犯丞相，丞相派人到鲍宣府上逮捕其随从官员，鲍宣紧闭大门拒绝。鲍宣因阻止皇帝使者的罪名投入监狱。太学生王咸高举幡旗，趸营救者在幡旗下集合，一时积聚 1000 多太学生，拦截丞相的车辆，同时在皇宫门口集会上书。哀帝不得不减刑。"举幡"成了标志性的动作，是在公共行为中举起富有号召性的旗帜。之后就有模仿的故事，到魏晋三国时，名士嵇康因不满司马氏集团把持曹魏政权而入狱，在即将押赴刑场时有 3000 余太学生请愿未果。到宋代又有几次，最著名的是宋钦宗时太学生聚众为主战的名臣李纲的沉浮举幡事件。晚明时又有东林书院事件，其中就有大批青年士大夫。还有明崇祯年间的复社。与对"恶少年"贬意不同，对于年轻士大夫评议朝政、褒贬人物的慷慨悲壮的活动，主流文人一直大为赞扬，一直到清朝都有学者给予好评，产生了深刻的历史影响，认为中国有学生问政的历史传统。

---

① 翦伯赞：《秦汉史》，北京大学出版社 1983 年版，第 407～408 页。

明末清初的思想家黄宗羲更是对太学生运动作了历史评价。明末清初政权分裂有60年之久减少了对思想的控制，为文人学者们显山露水提供了机会，使这个时期形成了中国第三次文化高潮。与前两次不同的是，著名史学家许倬云称这次文化高潮类似欧洲的启蒙运动。[①] 许倬云分析这次运动的重要基础：国际贸易带动了城市工商业的发展，近300年的经济繁荣任何国家都比不上，雄厚的经济基础使人们生活无虞，有了余暇去思考问题，刺激了自由精神。当时的文学、艺术与宗教中都有一个要解放自己、要自己做主、要求自由的共同取向。与资本主义萌芽同时存在的，还有民族危机，生活在其间的目光敏锐的思想家对现实不断反思，涌现出一大批如王夫之、顾炎武、黄宗羲、方以智、傅山、朱舜水、唐甄、李时珍、徐霞客、宋应星等文化史上的伟人。[②] 王夫之、顾炎武、黄宗羲被称为明末清初三大儒。黄宗羲青年时就是勤奋好学、血气方刚的奇男子。他把藏书读了一遍后，又去借书、抄写。他的父亲黄尊素是东林党人，多次上书揭露魏忠贤的罪行，成了阉党的眼中钉，与其他六位一起蒙难，史称"七君子"。这对黄宗羲产生强烈刺激，祖父在他出入的墙壁上写道"尔忘句践杀尔父乎"。黄宗羲一边苦读一边练功夫准备报仇。天启七年励精图治的明思宗登基先拿阉党开刀，黄宗羲乘机入京复仇，秋天扶父亲灵柩南归。接着他加入被称为"小东林"的复社，投入抗清斗争，其手下士卒最多时达3000多人。在形势无可挽回后开始著书讲学。《明夷待访录》是他所有著作中影响最大的一本，赞扬汉宋的学生运动。广开言路是东林党人的重要思想，黄宗羲继承这个思想明确指出："盖使朝廷之上，闾阎之细，渐摩濡染，莫不有诗书宽大之气，天子之所是未必是，天子之所非未必非，天子亦遂不敢自为非是，而公其非是于学校。"黄宗羲在《明夷待访录·原君》中写道："为天下之大害者，'君'而已矣！"他还认为皇室世袭是不对的。地方官吏也不该由皇帝说换就换。而县以下应该由百姓中有知识有品德有地位的人联合管理。许倬云认为这是地方自主，类似联邦制度。梁启超也将黄宗羲的《明夷待访录》与卢梭的《社会契约论》对比，认为其思想与西方的民主思想有相似之处。[③] 在三大儒中王夫之著有《读通鉴论》，其中有"天下非一姓之私也！"顾炎武著有《日知录》，条条都是在驳斥从古以来的制度不对：收税、征兵、取士、任官制度都不合理。当时的东林书院和复社还可以集合几百上千人在

---

① 朱义禄：《黄宗羲与中国文化》，贵州人民出版社2001年版，第4页。

② 梁启超：《中国近三百年学术史》，上海中华书局有限公司1936年版，第46页。

③ 石元康："《明夷待访录》所揭示的政治理念——儒家与民主"，载《从中国文化到现代性：典范转移?》，三联书店2000年版。

广场上举行会议批评时政。可惜清朝的大一统使这次文化运动夭折了。

　　一方面是民间青年的造反，一方面是贵族子弟的议政，这两个方面的作用在中国历史上都有延续性，而且彼此相关。在统治者日益昏庸腐败只顾自己的权力而百姓无法生存的时候，必然要官逼民反，青年既是发起者又是主力军。但是以游民为中坚的造反运动缺少理性的自觉多少带有盲目性，起步的时候多以图生存为目的。只是当自己的力量日益壮大的时候，在具有雄心壮志的英雄们的指挥下，才从"朴刀杆棒"走向"发迹变泰"，希望跃居社会高层，从万人之下变为万人之上。而一旦成为新的统治者，形成新的贵族集团，其子弟为了接受教训要求改善朝政，从议论政治到敢于慷慨悲歌采取集体行动的只有青年。但是没有监督的家族统治者不可能长治久安，又要官逼民反，由新的游民取代。这样，游民中的少年与贵族中的子弟都在不同的位置上循环地扮演了与君权斗争促进社会变化的相同角色。贵族子弟的士大夫意识当然是中华文化的可贵精神，但游民意识是中国隐性社会中的劣质文化，只能导致"帝王革命"的循环。在中国几千年的历史上，除了"王朝循环"，还存在一个"分裂·统一循环"。① 秦王朝以后，王朝循环之间都有一个或长或短的分裂割据时期，在政权分散的时候，恰好是文化繁荣的时候。而文化繁荣的时候，其中就有与专制对立的对人的价值的歌颂。春秋战国时期的百家争鸣就不用说了。魏晋南北朝时期，"从哲学上看，魏晋玄学在本体论以及天人关系方面都比以往丰富和深入，至于人生问题上之追求放达也有一种人性的解放意义，而对社会弊病之抨击则在客观上也刺激了人们对礼教制度的反思"。② 至于明末清初，就有史学家许倬云所说的启蒙运动，应该是接近质变的一个高峰阶段。不幸的是清军入关使其最终夭折。中国历史中的青年不是没有创造性，但是几千年的王朝使青年的创造力受到了压制，这是研究青年的历史存在时需要面对的一个重要命题。

在三纲网络之中

　　上面所说的民间造反的青年和太学生，在整个国家的人口中只是少数。因为入学资格和招生人数都有严格规定，历史上学生人数不算很多。明永乐二十年国子监生曾达9900余人，超过各代，但入学依然有等级限制。清朝规定八旗子弟入

----

① 詹石窗主编：《中国哲学史》，中国书店2002年版，第277页。
② 毛礼锐编：《中国教育史简编》，教育科学出版社1984年版。

监，更是特权扩大的表现。何况战乱时期官学时兴时废，甚至名存实亡。到隋唐时还设立和完善了科举制，可是真正被录取的也并不多。唐代 200 年间登进士科的才 3000 多人，竞争激烈，有人一辈子都在应考，说明科举制与广大平民青年关系并不密切。① 那么，一个个分散在家庭中的青年又是怎样的呢？

即使在一个简单的家庭也是有等级的。费孝通指出"孩子的出世才完成了正常的夫妇关系，稳定和充实了他们全面合作的生活。这个完成了的三角在人类学和社会学的术语里称作家庭"。接着他用社会学和心理学论证了父子必然要在家中发生冲突。② 许倬云也用费孝通的"差序格局"一词来解释人与人之间的距离有不同的等级。③ 中国从西周开始，就实行了以亲缘关系为基础的宗法制统治结构，周的分封制是与血缘关系交织在一起的。天子与姬姓诸侯的关系，既是君臣关系，又有父兄叔伯子侄关系，宗法统治影响到国家机构和社会生活的各个方面。许倬云在《中国古代文化的特质》中指出：亲缘关系是所有关系里的基因，是中国古文化的特色，是两河流域、埃及、印度三个古文明所没有的。④ 为维护这种亲缘关系，先秦儒学认为亲情是人最基本的感情。基于孔子的仁学，将孝视为"天之经""地之义""人之行"。"孝弟也者，其为人之本与！"亲情不仅是维系家族的基础，而且"推己及人"成为维系整个社会的基础。

季乃礼对"君统"与"宗统"关系变化的历史作了论述。到春秋战国时代，诸侯纷争，天子已成为摆设，宗法制已没有实际作用，用人的原则由原来的"亲亲"为主变为"尚贤尚能"。异国异族的君臣关系逐渐代替同国同族的君臣关系，所谓"忠"不得不与"孝"分离。"宗统"对"君统"而言是否还有价值？儒墨两家是赞成的，特别是儒家。秦朝以法治国，法家弃"宗统"，短命而亡。汉朝袭用秦政显然不行。如何调整君、臣、民的关系呢？汉章帝采用儒家思想，班固将学者讨论的结果编成《白虎通》，将"三纲六纪"确定为调整和规范人伦所确立的礼制，即君为臣纲，父为子纲，夫为妇纲。六纪即诸父、兄弟、族人、诸舅、师长、朋友。其实先秦儒学并没讲三纲，《白虎通》才将三纲法典化，作为维护皇权专制的工具，将君民关系饰成父子关系，天子是民的父母，使森严的等级关系蒙上一层温情脉脉的面纱。季乃礼在书中将它定义为拟宗法化加强了皇权专制：中国古代社会家庭即是生活单位又是生产单位，家族具有很强的凝聚力和基

---

① 刘再复：《李泽厚美学概论》，三联书店 2009 年版，第 5 页。

② 费孝通：《生育制度》，商务印书馆 2009 年版，第 111 页。

③ 许倬云：《观世变》，广西师范大学出版社 2008 年版，第 138 页。

④ 许倬云：《中国古代文化的特质》，新星出版社 2006 年版，第 17 页。

层势力，单纯依靠法治势力仅落在县、乡一级，无法渗透到家族中去。拟宗法化就使无论公还是私的生活包括家庭伦理的孝皆走向政治化，君既能统治官吏，又能统治庶民，是一种垂直式的统治关系。"普天之下，莫非王土；率土之滨，莫非王臣。"这和欧洲中世纪的封建统治形成鲜明对比。他们的国王与贵族之间是领主和附庸的契约关系，民众也只对贵族而不对国王效忠。"生活在拟宗法化时代的民众，都是君主的子民，理论上都是长不大的孩子，他们没有思考的权力，没有防卫的权力，只有靠君主来思维，君主来保护。"①

　　是汉朝启动了"以孝治天下"的历史。孝，在古代政治道德中就已是一种基本的规范。刘邦接受建议提倡兴教化、倡德治、轻徭役，使万民归心。汉文帝即位遵循父志明确号令"汉以孝治天下"，所有皇帝的溢号都加上"孝"字，同时实行以孝选官，又在基层设置孝悌乡官负责宣传提倡孝道。汉文帝首先在中央立"孝经博士"，研究、讲解《孝经》。按照儒家伦理和孝道原则，不应以伤害身体来行孝，那样会影响宗族的传承。但是，当时在社会上开始赞扬和推崇那些不惜身家性命以行孝的行为，可以称为愚孝。流传郭巨埋儿的故事，14岁孝女曹娥在父亲溺死江中后投江而死的故事，可见当时宣扬孝道到了多么愚昧的程度。

　　汉朝的这些典章制度，特别是三纲六纪，在以后历代王朝都得到坚持。臧知非所著《人伦本原——〈孝经〉与中国文化》（河南大学出版社2005年版）一书，其中一章"《孝经》的传播和孝道伦理的历史变迁"，从汉开始，介绍了历代王朝在这方面的情况。魏晋南北朝时代继承了两汉以孝治天下的基本国策，对《孝经》的传播较之两汉有过之而无不及。隋唐一统天下后对孝道也大力提倡。因为唐朝皇帝自身就缺少孝行，自律比较起来不如汉代。到了宋代大力提倡忠孝之道。《宋史·孝义传》记载的都是惊天地泣鬼神的愚孝故事。司马光撰《涑水家仪》，将《礼记》中所有侍奉父母的礼仪条理化，对晚辈的一举一动都作了十分具体的规定。元朝蒙古族对伤害青年的最高孝行一律禁止。但是，汉族为表明华夏正统，依然奉行孝道。郭居敬将毁灭青春与生命以尽孝道的畸形故事编成《二十四孝》在社会上流传。明朝朱元璋出身贫寒，深知孝道在民间流传的盛况与巨大作用，成为提倡以孝治天下最为积极的帝王。他命人绘《孝行图》传示子孙朝夕观摩。他将《孟子》中的"君视臣为草芥，臣视君如仇寇"等句子删掉，甚至说如孟子在世，一定诛之。清朝入关以异族统治中原，为避免民族情绪不便

　　① 季乃礼青：《三纲六纪与社会整合——由〈白虎通〉看汉代社会人伦关系》，人民大学出版社2004年版，第62页。

直接以忠君教化百姓，更希望通过孝道达到忠君的目的。顺治皇帝亲自注释《孝经》。康熙刊行满汉合璧的《孝经》。李毓秀等又对朱熹的《蒙童须知》补充为《弟子规》，十分流行。从宋代开始，向少年儿童灌输孝道的通俗蒙学教材，到明朝至清这些教材达到鼎盛。仿照《二十四孝》，编出《后二十四孝》《女二十四孝》《百孝图说》《二百四十孝》《劝孝诗》《劝孝格言》等。

陈寅恪在《王观堂先生挽词·序》中指出："吾中国文化之定义具于《白虎通》三纲六纪之说，其意义为抽象理想最高之境，犹希腊柏拉图所谓 Idea（指主意）者。若以君臣之纲言之，君为李煜，亦期之以刘秀；以朋友之纪言之，友为郦寄，亦待之以鲍叔。"梁漱溟也说："说中国文化是孝的文化，自是没错。此不惟中国人的孝道世界闻名，色彩最显，抑且从下列各条看出它原为此一文化的根核所在：①中国文化自家族生活衍来，而非衍自集团。亲子关系为家族生活核心，一'孝'字正为其文化所尚之扼要点出。……②另一方面说，中国文化有与西洋近代之个人本位自我中心者相反，伦理处处是一种尚情无我的精神，而此精神却自然必以孝悌为核心而辐射以出。③中国社会秩序靠礼俗，不像西洋靠法律……道德以礼俗为本，而一切道德又莫不可以从孝引申发挥，如《孝经》所说那样。"①

将中国文化概括为"孝"的文化，至少说明了孝道是决定中国国民性格的最重要的文化基因，按照李慎之的分析，这实际是将中国的专制主义人情化。"三纲六纪本来就是从家人父子的亲情出发的。所谓'孝弟其仁之本欤'，再转到忠君上，所谓'迩之事父，远之事君'，'求忠臣必于孝子之门'；再转到天的头上，所谓'王道之三纲，可求之于天'，'天不变，道亦下变'。这样就构成了一个循环纠结怎么样也无所逃于天地之间的网，而最后落实到皇帝的绝对专制上。"② 三国时的孔融，曾经以让梨出名，就是因为批判纲常而被曹操杀死。再看《红楼梦》的故事：贾宝玉听说父亲要传唤他，"不觉打了个急雷一般"。"贾政一走，他就如同开了锁的猴子一般"。对三纲有说服力的还有清代"儒学名臣"曾国藩的一封家书："罗婿性情可虑，然此亦无可如何之事。尔当淳嘱三妹，柔顺恭谨，不可有片语违忤三纲之道。君为臣纲，父为子纲，夫为妻纲，是地维之所赖以立，天柱之所赖以尊。……君虽不仁，臣不可以不忠；父虽不慈，子不可以不孝；夫虽不贤，妻不可以不顺。……尔当谆劝诸妹以能耐劳忍气为要。吾服官多年，

① 梁漱溟：《中国文化要义》，学林出版社1987年版，第307～308页。
② 李慎之："中国文化传统与现代化——兼论中国的专制主义"，载《战略与管理》2000年第4期。

亦常在耐劳忍气四字上做功夫。"（见《曾文正公全集·家训卷下·同治二年正月二十四月》）至于青年女子的命运更是悲惨。她们要缠足，要顺从，要守节，十七八岁的少女都要为未婚夫殉节，为她们树立贞节牌坊。扬适教授在谈到宗法人伦罗网时指出："这是一个窒息着几乎一切人自主发展的社会文化形态。其异化是细致深刻的。"他同时描述道："这'孝敬'不只是一般的言行，要表现在脸色上，那是极细腻的，要察言观色以便有相应的爱敬容颜；要表现在随时关心父母的身体健康与否和年事，充满喜忧交织的爱心；要表现在当父母有不对处时劝说必须十分委婉，父母不乐意听取还得尊敬服从，任劳任怨；甚至在父母死后，至少三年要无改于父之道。"① 著名学者汤一介也说："鲁迅对三纲的批判是严酷的，但却一针见血，这种绝对的无理的统治与服从关系，不知在历史上曾造成了多少悲剧。"②

不可否认，在历代统治集团中也有具备亲情甚至高尚人格的官员。但是在权与利的诱惑下，一旦掌握了权力，有的人自己就违背三纲六纪，其倡导的规范只是为了巩固自己的权力说给别人听的。从胡亥用阴谋除掉他的哥哥扶苏，这种故事史不绝书，如王莽杀长子逼死次子，隋炀帝弑父夺母杀兄，李世民杀兄杀弟杀侄儿等，皇权继承人的选择大多经历流血。至于杀功臣、腐败、腐化那就更为常见。各级官僚也是如此。这些极端的专制与腐败以及社会风气的衰微，压倒了古代文化中的人文精神，导致了劣质文化的膨胀，又反过来形成更严重的政治腐败与社会衰败。但是仍然要臣与民表示"忠"心，因此对于臣民来说，"忠"就成了一种压抑人性的心理枷锁，甘心服从，守护旧业，长期封锁着希望在政治形态方面有所改革创新的民族智慧。戊戌变法的主角之一的谭嗣同就曾怒斥中国只有臣、民、子、妻的道德，没有君、官、父、夫的道德，温情脉脉的三纲六纪变得异常惨酷。有压迫就会有反抗，问题是个体的反抗只能是悲剧。青年追求理想，成人面对现实。理想引导现实，现实异化理想，年轻一代是改革现实的地下火种，一旦形成为集体，也立即能显示出力量。

父权与君权的关系历来受到学术界的重视，洛克在他的重要著作《政治论》中对父权君权有大量的论述，他在批判君权神授的基础上指出，父母的权力是由他们的义务产生的，父母怀有对儿女的天生慈爱，"由此可见，父权固然是一种

---

① 杨适：《中西人论的冲突》，中国人民大学出版社1997年版，第48页。
② 汤一介：《瞩望新轴心时代——在新世纪的哲学思考》，中央编译出版社2014年版，第196页。

自然的统治，但决不能扩展到政治方面的目的和管辖范围"。① 因此必须使父权从君权中解放出来，恢复父慈子孝、父子平等的人文精神。在儒家的原籍中本来也有这方面的教导，一旦青年形成为新的阶层，只要有了新的启蒙，就有可能促进文化与制度的进步，在现代社会，我们再也看不到那种被纳入君权的父权了。这对我们理解和认识历史上青年的本质和两代人之间的代际关系，提供了历史的证据。

---

① ［英］洛克：《政府论》下篇，商务印书馆 2009 年版，第 108～110 页。

第二章

"五四运动" 与中国青年

前面论述了中国历史上关于少年、青年的记载，有少年聚众参加平民起义的群体事件和多次太学生运动，不过在整个历史上，由于三纲六纪的严格控制，分散在家庭中的青年确实没有成为一个阶层。学校固然是促使青年成为群体的地方，但是公学人数不多，私学十分分散，并没有成为群体。那么，青年作为一个群体登上中国历史的舞台是在什么时候？这是我们接着要讨论的问题。

在青年崇拜中诞生

历史学家黄仁宇认为中国近百年来经过了人类历史上规模最大的革命，从一个闭关自守中世纪的国家蜕变而为一个现代国家，不容许用寻常尺度来衡量，因此他提出"中国大历史"的概念。① 正是在这段大历史中，鸦片战争引发自强运动，甲午败绩之辱激起了百日维新，随着光绪皇帝与慈禧太后的同时去世，辛亥革命使历时2132年的帝制到此终结，民国成立。可是又发生了袁世凯和张勋的复辟，复辟失败又进入军阀割据阶段。第一次世界大战结束，中国已站在战胜国一边，可是"凡尔赛和约"却将德国在山东所享特权划归日本，日本并公布了中国军阀政府与日本所作的同样认可的文件。奇耻大辱引发了中国历史上又一次3000名学生集结的示威抗议，史称"五四运动"，影响到全中国。在历史上缺席了几千年的青年阶层，这时以非常鲜明的角色登上了历史舞台。

"五四运动"促成了青年崇拜。鸦片战争前夕，龚自珍就作诗渴望出现人才："九洲生气恃风雷，万马齐暗究可哀。我劝天公重抖擞，不拘一格降人才。"自强运动是希望借西方之科技以充实军事力量，人才因此显得紧迫。日本人就曾嘲笑：中国即使能买到好武器也没有人会使用。维新变法，人才问题更加突出。

① 黄仁宇：《中国大历史》，三联书店1997年版，第7页

"湖南素称守旧，但当维新运动兴起后，人思自奋，家议维新，风气之开，为各省之冠，其功应归于时务学堂、南学会的创办。"① 变事不变法，只是小变，变法不变人，等于不变。戊戌变法失败，梁启超逃亡日本，对旧式的官僚、士大夫倍感失望，创办《请议报》希望中国新的一代，如初生之日，光芒万丈。他发表《少年中国说》："吾心目中有一个少年中国在。"文中他列举了老年与少年性格的不同之处……文章最后写道："故今日之责任，不在他人，而全在我少年。少年智则国智，少年富则国富，少年强则国强，少年独立则国独立，少年自由则国自由，少年进步则国进步，少年胜于欧洲，则国胜于欧洲，少年雄于地球，则国雄于地球。"这些言论至今还常为人们所引用。

1915 年辛亥革命失败后不久，发生袁世凯与张勋复辟，接着又是军阀割据，正如黄仁宇说的："中国的首要问题仍是新旧之间不能衔接。"② 当年 9 月 15 日陈独秀创办《青年杂志》，与政党仍然专注于上层政治活动和军事行动不同，陈独秀以及李大钊等思想家首先关注的是思想启蒙。但这是一个缓慢的过程，他们要找到社会变革的新力量，首先选择了青年作为启蒙的对象。《青年杂志》（第二期改为《新青年》）创刊号的"社告"中就指出："国势陵夷，道衰学弊。后来责任，端在青年。"以后李大钊又发表《青春》一文写道："凡以冲决历史之桎梏，涤荡历史之积秽，新造民族之生命，挽回民族之青春者，固莫不惟其青年是望矣。"

研究"五四"的学者们都注意到当时的青年崇拜。陈映芳写道："在 20 世纪的世界各国，对年轻人的崇拜曾是普遍的现象。在青年群体初步形成、'人才论'兴盛的 20 世纪初的中国社会，'年轻人崇拜'由受到西方文化影响的知识分子提出来，并不是不可思议的事。"③ 美国著名女汉学家薇拉·舒衡哲在《中国的启蒙运动》一书中，称"五四知识分子"为新一代，有对前辈的超越。老一辈对年轻同盟者的寻求最终发展成了对青年的名副其实的崇拜。④ 在这段中国的大历史中，带头掀起变革与思想启蒙的领军人物都是从青年就开始行动，他们本身就有青春朝气，都是理想主义者。特别是五四新文化运动，领军人物陈独秀 17 岁考取秀才，18 岁入新式学校，22～26 岁期 4 次东渡日本，26 岁创办《新青年》。李大钊16 岁入新式学校，24 岁赴日本留学，29 岁归国任北京大学教授。胡适 4～12 岁

---

① 黄珅："梁启超与《新民说》"，载梁启超著，黄珅评注：《新民说》，中州古籍出版社 1998 年版，第2 页。

② 黄仁宇：《中国大历史》，三联书店 1997 年版，第 269 页

③ 陈映芳：《"青年"与中国社会变迁》，社会科学文献出版社 2007 年版，第 41 页。

④ ［美］舒衡哲著，刘京建译：《中国启蒙运动》，新星出版社 2007 年版，第 71～73 页。

读私塾，13 岁入新式学校，19 岁赴美留学，留学期间就投稿并参与《新青年》的编辑工作。这些年轻知识分子作为青年导师群体的出现，是"青年"作为社会角色形成的一个重要契机。舒衡哲接着写道："这些老师论及青年时，情感之深，超过了历史上任何对新力量的描绘。"

正好从满清末年因教育发展开始形成了新式的青年群体。中山大学桑兵教授《晚清学堂学生与社会变迁》一书详尽地重现了晚清学生群体的形成过程，以及这个群体在中国近代社会变迁中的重要角色与功能。他特别说明在"五四"以前中国就有了学生运动。鸦片战争后 20 年清政府设立京师同文馆，1872 年开始派留学生，是近代教育在中国的发端。1905 年废除科举制，中国教育开始进入新阶段。辛亥革命时国内学生在 300 万人左右，是 1905 年的 12 倍。到 1916 年，学生数已近 400 多万人。"五四"前夕，北京已有中高等以上学生 25000 人。[①]"五四"前最有影响的学生运动是自立军运动和拒俄义勇队运动。戊戌政变失败后参加政变的民间力量——湖南长沙时务学堂的学生没有退却，由谭嗣同的挚友唐才常率领发动自立军运动遭到残酷镇压上千人被杀，幸存者赴日留学，投身于孙中山，以后成为两湖起义的重要力量。1903 年，针对沙俄侵略东北的无理要求，留日学生组织"拒俄义勇队"，各地学生纷纷集会声讨，同样遭到镇压。学生于是由爱国而革命，使 1903 年成为革命思潮代替改良主义的开端。桑兵在书中写道："从1861 年京师同文馆设立到 1905 年，将近半个世纪过去，中国学生群体才艰难曲折地走完从孕育到成形的历程，而且只是在 1901 年以后，新式学堂教育才最终得到正式肯定和大力发展。由于内忧外患的逼迫，新生的学生群体还在筚路蓝缕之际，就不得不以稚嫩的身躯，担负起救亡革新的重任。"

《新青年》的创刊如一声惊雷奏响了时代对青年的强烈期待。陈映芳认为，《新青年》的发刊可以视为中国社会中"青年"这一角色类别形成的象征。为了担负起使命，《新青年》提出了作为青年角色必须具备的能力：自主的而非奴隶的，进步的而非保守的，进取的而非退隐的，世界的而非锁国的，实利的而非虚文的，科学的而非想象的。这种期待与中国三纲的传统文化发生了冲突，造成了青年的角色紧张。《新青年》以雷霆万钧之势陆续发表了一批留学归国的先进知识分子的论述，尖锐抨击三纲六纪的文化传统，提倡自由、平等、独立的人格。为了唤醒多数国民的自觉与自动，陈独秀提出"伦理之觉悟为最后觉悟之觉悟"，它那光芒四射的批判精神与奔腾不已的创造活力，改变了老大帝国几千年的沉闷

---

① 桑兵：《晚清学堂学生与社会变迁》，广西师范大学出版社 2007 年版。

气氛，呈现出一股朝气蓬勃的局面，成为中国文化史上划时代的事件，在新式学校的学生中产生了极大的影响，被称为"青年界之明星"。青年读者给《新青年》的来信中可以看出该刊与青年的密切关系和影响的深度。1906 年 9 月 1 日该刊一读者写道："未几大志出版，仆已望眼欲穿，急购而读之，不禁喜悦如得至宝。"又说："今已不能须臾缓也。迨展读数页，觉悟语深入我心，神经感奋。深恨不能化百千万身，为大志介绍。"

陈映芳在分析青年这一社会角色担当者的主体性及角色行动的同时，也着眼于他们被置于其中的社会状况及这种状况的变动。1916 年蔡元培正式出任北京大学校长，对该校实行的重大改革对青年角色的形成提供了理想的社会环境，与《新青年》的创办有同等重要的意义。蔡元培以前清翰林的资格，率先出国留学，沟通中西文化，又呕心沥血献身教育享有崇高的声誉。他面临的北京大学不仅留有科举时代的劣根性，更像富家子的俱乐部，教授多半由官僚组成，被称为"大人"，学生也多是纨绔子弟，被称为"老爷"，混文凭只想当官发财，还常聚赌或嫖妓。蔡元培任校长后永垂青史的教育改革开始了。蔡元培改革的根本主张就是"教育独立"，从政治与宗教的依附中解脱出来。针对当时的科举传统，他感到"第一要改革的是学生的观念"。大学教育的宗旨在于培养人才，学生的志趣应以钻研学术为指向，主张师生平等，思想自由。为培养校内的学术空气，又主张兼容并蓄，学术自由，聘请学有专长者来校任教。陈独秀、胡适、李大钊、鲁迅、辜鸿铭等持不同观点的大批知名学者来校教学，使北大成为新思想的生长地和西方思潮的主要输入者。当时校外势力雄厚的守旧派对新思潮极度恐慌，一再向蔡校长施压，蔡校长针锋相对回击："现在天津、北京的军人，受了要人的指使，乱打爱国青年，岂不明明是猛兽的派头么？"人们因此称蔡先生是新文化运动的保护人。他又设立由教授组成的类似校内"立法机构"的评议会，教授治校的教授会。在他的倡导下，由老师指导在学生中成立了五花八门的研究会和各种社团。1918 年冬，傅斯年、罗家伦等一批学生在陈独秀、胡适等老师的支持下创办《新潮》月刊，指点江山，自由讨论，激发起研究学问、关心时事的热情。为改变学生的结构，在他任校长的当年暑期，连续三次招生，及格就录取，没有名额限制。"来自全国各地旧家庭的青年们，多少是受过老封建的压迫的，特别是在婚姻问题上。他们在蔡先生所倡导的自由学风下，在学校接触新思想，更重要的是，像春雷初动一般，《新青年》杂志惊醒了整个时代的青年。"[1] 在这样特殊的

---

[1] 杨振声："回忆五四"，载《五四运动回忆录》，中国社科出版社 1979 年版，第 260 页。

环境与导师的引导下，作为社会角色担当者的主体性形成了。

1919年5月，当中国在巴黎和会失败的消息传来，终于引发了具有历史意义的五四运动。"那时，北京的学生界，三五成群，课余饭后，在教室，操场、公寓里，凡是大家游散聚坐的地方，无不争论着国事与报纸刊物上的文章。一股新的力量正在蕴蓄、滋长中，到处遍布，到处散发，而中国在巴黎和会的失败消息连续传来，像给这股怒发的力量泼上了火油，立即燃烧。"① 学生自动召开各种会议，有的写下遗书准备牺牲，有的写下血书表示决心，举行了声势浩大的、持续不断的、抗争到底的游行示威，直到火烧赵家楼，后遭到镇压，但是得到了全国各地学生与工商界的响应，全国22个省的150多个城市举行罢工罢市提出声援，运动最后取得了内阁倒台、拒签和约的胜利，并且唤醒了民众，扩大了新文化运动的影响，为以后蓬勃发展的政治、社会等运动起到了"酵母作用"。五四运动中的青年没有辜负时代对青年的崇拜，以自由的信仰，自主的性格，叛逆的豪情，勇于进取，敢于牺牲，去追求理想，完美地体现了沉睡已久的民族精神气质。五四运动造就了一代新人。

鲜明的"五四"特色

在青年崇拜声中登上历史舞台的五四青年学生，虽然已经形成群体，但数目并不大。参加五四集会游行的北京学生，周策纵（美）在《五四运动》一书中认为较准确的是3000人左右②。就是这人数不大的学生群体，一旦登上历史舞台，就扩大了他们的影响，扮演了非同寻常的特别角色。

中国有学生参与政治的传统，如东汉太学生的议政运动，北宋学生的上书请求抗金，清末学生的鼓吹变法。五四学生运动则是一个划时代的运动，学生运动的力量扩展到了全国，深入到了民间，又进一步推动了以后一连串的学生运动，而且运动日益政治化。在长达半世纪的中国，学生都是一支重要的政治力量，当时的新闻界就认为，学生运动各国都有，但是在中国这样一个在政治上尚没有上轨道的国家，除了学生的集体行动以外，很难有其他的力量能出来纠正执政者。首先看运动的规模，台湾学者吕芳上在所著《从学生运动到运动学生》中，对

① 王统照："回忆北京学生五四爱国运动"，载《五四运动回忆录》，中国社科出版社1979年版，第245页。

② 周策纵：《五四运动》，江苏人民出版社1999年版，第389页。

"五四"到1928年期间的全国学潮作出初步统计，共有248起事件，既有游行运动，也有校内的学潮。"五卅以后的学运、学潮，明显的变成了革命潮流的一部分：风潮的目标是反军阀、反帝国主义；风潮的内容是反官僚、反政客；风潮的背景是国民革命势力。"① 从那以后学生运动仍然接连不断，有"五卅惨案"，又有"三·一八惨案""一二·九"运动。到国共内战时期学生反内战、反国民党专制统治的运动更是频繁，被称为共产党的第二条战线。学生在近半个世纪的长时期扮演了主要角色，这在世界历史上都是罕见的。在欧洲由中世纪向近现代演进的过程中，青年确有显著的作用，但不仅仅是学生。以马志尼的意大利青年运动为例，从其人员构成来看，青年意大利党主要是中小资产阶级及其知识分子，也有城市手工业者、工人和贫民。中国的学生运动维持如此长的时期，不能不说是中国学生运动独有的特色。

五四青年学生不仅带动了半个世纪中国的学生运动，在当时新文化运动的影响下，还形成了自己的重要特色。

首先，他们是用实际行动成为中国向三纲文化传统冲击的首批义勇军。五四学生运动是新文化运动思想启蒙的结果，学生运动又推动了思想文化的发展。五四新文化运动大力宣扬个性解放，"这种有悖于'忠孝节义'等封建传统伦理观念的个我的独立自主意识，是五四启蒙者对'人的真理'的重大发现。正如郁达夫所说的，'五四运动的最大成功，第一要算'个人'的发现。从前的人，是为君而存在，为道而存在，为父母而存在的，现在的人才晓得为自我而存在了'"。② 而推动和扩大当时启蒙思想影响的则是学生，学生将启蒙思想从大城市扩展到了边远的山乡。在历史上，青年要求解放的行动仅仅发生在家庭之中，以悲剧告终的个人行为并不引人注意。现在这种追求所引起的代际冲突已经成为广泛的社会现象。郭沫若在《少年时代》一书中写道：他出生于四川西南偏僻山乡的中等地主之家，少年时像许多同龄人一样对于在"大成至圣先师"牌位下遭受残酷体罚有着本能的对抗心理。他的大哥、五哥也到成都上学，他们使"外部世界的变动开始冲击山乡，打破了往日的宁静，出洋留学，女人读书、放足等外洋新事物纷至沓来，文明与野蛮的撞击终于在并不怎样顽固的父亲和变革急先锋的大哥之间迸出点点火星。旧日家庭和谐平静的生活开始动荡"。陈映芳引用一些调查结果后指出："年轻人对父母、家庭的权威及压制的反抗，在有关年轻人的婚姻、教

① 吕芳上：《从学生运动到运动学生》，台湾中央研究院近代史研究所出版发行1994年版，第4页。
② 洪峻峰：《思想启蒙与文化复兴》，人民出版社2006年版，第83页。

育、出路、生活方式等各种问题中都有反映，其中以围绕婚姻决定权的冲突最引人注目。"① 为婚姻自主自杀抗婚的惨剧更是成为热门话题。1919 年 11 月，湖南省的赵五贞女士因父母之命被迫结婚，在花轿中自杀，引起了激烈的争论。有人认为是消极的办法，有人则认为这是环境与社会之罪，年轻人没有逃避之处，不自由，毋宁死，自杀保全了人格。另一位茅女士，在抗拒包办婚姻逃亡之后，被抓回去受尽了殴打、污辱。在社会上广泛争论的影响下，当时甚至出现了对父亲权威的不当行为敢于公开的、理直气壮的抗议，最有代表性的是 1919 年 11 月浙江第一师范学校学生施存统在《浙江新潮》上发表题为"非孝"的文章：他父亲拒不给生病的母亲治疗和护理，无法违抗父亲权威的儿子只能等待母亲的死亡。他辗转反侧对"孝"思考再三，咽下眼泪写了这篇文章。文章受到保守派的非难，但受到陈独秀的推荐与鼓励，在青年中广为传播。这种对传统三纲的冲击，体现了青年人的尊严与希望独立的心理。人的尊严是平等思想的核心。英国卢克斯认为抽象的个人观代表着巨大的伦理进步。"它对于击败传统的特权和等级制度，瓦解不适当的社会秩序，以合法权利的形式建立普遍人权，都是一个重要的武器。"② 在中国历史上，个性解放的追求以个人的悲剧告终，既说明个性解放的要求始终存在，又说明三纲的最大罪过就在于压制个体。"五四"时期，这种追求已经从个人的抗争发展成为遍及城乡的群体行动，可以说是中国的历史变迁，是一次重大的革命。

其次，他们为中国青年文化的产生奠定了最现实的基础，出现了最初的青年文学。这种青年文化既是文学的，也是政治的，革命的，具有革命思潮的特征，从中可以了解到当时青年在文学艺术和社会政治文化生活实践中所表现的独特的精神气质和价值取向。文学研究会和创造社是当时两个影响最大的青年文学社团。文学研究会创立时，12 名发起人除 2 人年龄在 40 岁左右外，其余 10 人都在 21 ~ 28 岁之间。郭沫若 29 岁时创办创造社，其主要成员当时的年龄多在 20 岁出头。由青年人发起成立的文学社团对中国现代文学的发展具有里程碑意义。中国现代文学史上的许多作家、文学流派以及他们的文学观念、创作主张等都或多或少与文学研究会与创造社以及它们后来的发展演变有这样那样的联系，标志着中国现代青年文化的开端。创造社的作品就在青年中广为流传，郭沫若的《女神》以及他译的歌德的《少年维特之烦恼》，还有张资平、郁达夫等青年的作品吸引

① 陈映芳：《"青年"与中国社会变迁》，社会科学文献出版社 2007 年版，第 118 页。
② ［英］卢克斯：《个人主义：分析与批判》，中国广播电视出版社 1993 年版，第 157 页。

了众多青年。创造社的一个成员曾说："五四之后，浪漫主义盛行于全国青年之间。'狂飙运动'也变成青年人的口号，新生的文艺组织当时多少都具有这种倾向，其中以创造社最突出。"①

再次，五四青年学生又是当时追求、学习和宣传新思想的主力军。陈独秀曾认为戊戌、辛亥只是少数政党的行动，没有国民的参与。到了"五四"时期，当时的青年们在教室里，座谈会上，社交场合，到处讨论着知识、文化、家庭、社会关系和政治制度等问题。蔡元培所在的北大，激活了因辛亥失败的挫伤感，使整个北京甚至全国的文化界充满了激情。周策纵写道："在这种形势下，新知识分子的活动大大增加了。他们的活动主要沿两个方向发展：一方面增加'新思潮'出版物的数量并随之扩大新思想的传播，另一方面成立社会组织和社会服务机构。"② 周策纵在列举了《新潮》《国民》等比较著名的新杂志以后，其他影响较小的还有 300 种，刊名就显示了时代特色，甚至有小学生办的《小学生》杂志。学生创办的《新潮》人人争阅多次加印，继承《新青年》文学与伦理革命的旗号，两个杂志成为推动新思潮的重要阵地。罗家伦面对这两个杂志兴奋地指出："这股伟大的思潮，在许多方面很像是 18 世纪后期由法国开始，以后弥漫全欧的'启明运动'（Enlightenment，中文的通用译名为启蒙运动）。"③ 周策纵接着写道："这些杂志最大的价值在于它们把中国年轻的知识分子介绍给人民大众，并为青年知识分子提供了一条交流的渠道，他们在后来的几十年中成为中国著名的社会、政治、文学方面的领导人物。实际上，'五四'事件后几个月中出现的'杂志热'，不论在中国舆论的发展方面，还是在中国新知识分子的形成方面，都是划时代的。"当时在中国的杜威对此作出很高的评价："似乎世界上没有一个国家的学生像中国学生这样，对现代的新的思想，特别是社会经济方面的思想，怀有这样一致和热烈的兴趣。"④ 杜威对中国学生作了横向比较，从纵向比较来看，中国历史上还没有青年群体成为宣传新思想的主力军。所以五四青年具有古今中外独有的特征。他们不仅思想自由，而且有言论自由。自由构成现代性的根本价值，而中国历史上缺少的就是思想言论自由。五四青年与先进知识分子的长辈一道共同揭开了中国从中世纪走向现代的序幕。

最后，五四青年学生又是身体力行的理想主义者。思想自由使种种新思潮如

---

① 周策纵：《五四运动》，江苏人民出版社 1999 年版，第 290 页。
② 同上，第 181 页。
③ 叶曙明：《重返五四现场》，中国友谊出版公司 2009 年版，第 141 页。
④ 周策纵：《五四运动》，第 187 页。

怀疑主义、浪漫主义、自由主义、社会主义、无政府主义等蜂拥而至。当时正值资本主义列强各国充分暴露了本身的社会异化,社会主义、无政府主义描述的理想社会深深吸引了青年。李维汉回忆道:"对于书中描绘的社会主义和共产主义的美妙远景,对于那种没有人剥削人、人压迫人、人人劳动、人人读书、平等自由的境界,觉得非常新鲜美好,觉得这就应该是我们奋斗的目标。"① 五四青年的特点不只是对现实的批判,而是组织起来用行动去实践理想。"五四"前夕,毛泽东组织"新民学会","五四"后学生团体在各地风起云涌,如北京的"少年中国学会"、天津的"觉悟社"等。这些团体的行动模式大致有三种类型:一是组织起来各尽所能各取所需。如1919年冬蔡元培、陈独秀、胡适等支持,由王光祈、傅斯年等在京、津、沪等地组织工读互助团,轰动一时。成员从事学习,每天又要至少劳动4小时,收入归公,而学费、药费、穿衣等费用则由互助组提供。有的甚至将衣服集中放置,每人可以自由穿用。他们要求打破劳心劳力的界限,各尽所能,各取所需作为运动的起点。不过这些天真的追求由于难以维持只有数月就散伙了。二是志同道合齐心协力参与政治。毛泽东、蔡和森等早就有意"集合同志,创造新环境,为共同活动"成立组织,"新民学会"成立后规定宗旨为"革新学术,砥砺品行,改良人心风俗",过两年又改为"改造中国与世界"。几年内参与了长沙的多次社会革命运动。以后由于成员之间分歧严重而导致学会解散,留下少数人成立共产主义小组,为中国共产党的建立作了准备。天津的觉悟社、山东的十人团都有类似经历。三是共同走向民间从事宣传与教育,做脚踏实地的工作,成为与国民相结合的第一批学生。"五四"时北大学生邓中夏、罗家伦、许德珩、张国焘、王光祈等于1919年3月成立的"平民教育讲演团",在城市和农村作了无数次讲演,受到警察干涉也不动摇,一直活动到1923年。许多学校学生还为工人和穷人的孩子开办了夜校,仅上海就有15所。学生们开展的社会服务活动还有其他形式。还有一些学生与商人合作办起免费学校,据说这种学校曾遍及全国。

五四新文化运动至今90余年间,对它的成就与不足,接连不断、争论不休的评论已经不可胜数。这90多年的历史就是充满了对它争鸣的历史,其规模超过了对戊戌政变、辛亥革命的评论,显示五四新文化运动具有的历史意义。五四青年以鲜明的特色在运动中扮演重要角色,如果没有学生的参与,新文化运动不至于会产生如此重大的影响,因此对五四学生的评价也极其丰富。余世存在为《重返

---

① 李维汉:"回忆新民学会",载《五四运动回忆录》,中国社会科学出版社1979年版,第109页。

五四现场》一书写的序言中写道："在百年中国数代年轻人的运动中，在革命、改革、改良、动乱、造反的社会状态里，只有五四是青春的，是酣畅淋漓的，是激荡的，是纯洁的；只有五四是老大中国的一次少年张狂，是衰败文明的一次青春救赎；只有五四空前绝后地打量着传统文明。青春五四跟我们数代年轻人的血脉相通。"①

政治环境与启蒙演变

林贤治对五四新文化运动形成高潮的政治环境做过分析："五四一代知识分子的最大幸运，在于没有一个独裁而强硬的政府。辛亥以后，北京政权先后换过好几批人物，然而都因为立足未稳，而无暇或无力顾及知识分子的存在。这样，他们仿佛生来就拥有言论、出版和结社的自由——人类最重要也是最基本的权利。这些权利有没有写到宪法上并不重要——在一个专制国度里，'法治'往往更糟，因为其立法的精神永远是敌视而不是确保自由的生存——重要的是实践的可能性；由于权力松弛，也就给思想的传播造就了千载难逢的有利机会。"② 权力的松弛促进了文化的发展，恰好证明了尼采关于权力与文化之间关系的经典认定："文化和国家——在这一点上不要欺骗自己——是敌对的：'文化国家'纯属现代观念。两者互相分离，靠牺牲对方而生长。一切伟大的文化时代都是政治颓败的时代：在文化意义上伟大的事物都是非政治的，甚至是反政治的。"③ 春秋战国时期，世袭社会解体，列国争战不息，因而带来了百家争鸣。魏晋南北朝又有一次文化的兴起。"'五四'时期，民国创建后的政党政治、议会政治尝试已遭严重破坏，政党、国会和玩弄政治的军阀、政客名声很臭，地缘性的业界组织或民意团体，以及诸如国民外交协会类型的社会团体，都无力从事大规模社会动员工作。'学生无政治的臭味、无党派的作用、无权利思想，纯以爱国为前提也'……学生运动被推到了政治斗争的前列。"④ 胡适对此也说道："在变态的社会国家里面，政府太卑鄙腐败了，国民又没有正式的纠正机关（如代表民意的国会之类），那时候干预政治的运动，一定是从青年的学生界发生的。"⑤ 对于五

---

① 叶曙明：《重返五四现场》，中国友谊出版公司 2009 年版，第 7 页。
② 林贤治：《五四之魂》，广西师范大学出版社 2008 年版，第 9 页。
③ 《尼采全集》（第 8 卷），湖南人民出版社 1987 年版，第 111 页。
④ 刘一皋："'五四'运动中的学生群体行为分析"，载《开放时代》2009 年第 10 期。
⑤ 胡适："为学生运动进一言"，载《独立评论》第 182 号，第 4 页。

四学生运动的精神，学生领袖傅斯年的解释是："我对这五四运动所以重视的，为它的出发点是直接行动，是唤起公众责任心的运动。"罗家伦的概括是："学生的牺牲精神""社会制裁的精神""民众自决的精神"。他没有将"五四"称为爱国运动，而是称为"民众自决运动"。① 社会制裁、民众自决、唤起公众责任心，青年学生将启蒙思想贯穿到革命的行动之中，担当起了主要的作用。从此以后，国民党的领袖孙中山先生，后来国民党改组，都充分地吸收青年知识分子。这之后组成的共产党，也吸引20世纪年青人。从"五四"到20世纪20年代学生运动与政党的关系，周策纵分为三个阶段：最初阶段学生与政党很少发生联系。1920年后的头两年开始与政党联系但不很密切。1923年开始为第三阶段，学生运动有了复兴，1924年国民党改组吸收学生入党成为高潮，共产党员当时也以个人身份大量加入国民党。学生联合会也被正式列为政治派别。② "五四"期间的学生在各种主义中最热衷无政府主义，在兴办工读互助团等措施行不通以后，"十月革命一声炮响"，被认为是科学社会主义的革命，是解决资本主义社会弊端的新方案。陈独秀、李大钊等1920年就开始组建中国共产党。以后孙中山联俄联共，改组国民党，两党合作，很多学生怀着理想加入了国民党和共产党。这不能视为运动学生，而是学生与政党的互动。毛泽东就认为五四运动为第一次大革命准备了思想和干部。

蒋介石在孙中山逝世以后取得国民党的最高领导地位，北伐的胜利形成了中国实现分久必合的趋势，使军阀"大离散"的局面逐渐向"大一统"发展。蒋介石提出"一个主义、一个政党、一个领袖"的口号，国民党不断发布出版法、取缔令，封闭刊物和书店，逮捕和杀害文人，同时开展新生活运动，宣扬"为国家尽大忠，为民族尽大孝"来维护专制统治，决心消除一切反对力量。政党本是近代民主政治的产物，蒋介石的作为则是专制传统的继续。1927年蒋介石认为时机已到，以极其残酷的暴力大规模镇压共产党，白色恐怖笼罩全国，李大钊在北平被张作霖杀害，陈独秀成了共产国际错误决策的替罪羊。"五四"的知识群体对白色恐怖深为震惊与困惑，学生运动也进入低潮。

陈独秀、李大钊等从提倡民主自由到崇拜无政府主义转而信仰马克思主义，力求取得一切问题的根本解决，从文化运动又回到了政治革命，发起组建了中国共产党。陈独秀当时说："你谈政治也罢，不谈政治也罢，除非逃到深山人迹绝

---

① 叶曙明：《重返五四现场》，中国友谊出版公司2009年版，第302页。
② 周策纵：《五四运动》，江苏人民出版社1999年版，第269页。

对找不到的地方，政治总会寻着你的。"① 学者邓晓芒认为："'五四'一代启蒙思想家骨子里都有一种士大夫情结，他们的思想活动本质上是一种政治关怀，这正是他们后来走上从政道路的思想根源。"至于当年的青年如蔡和森、毛泽东、周恩来等也是全心身投身于政治，成为共产党的核心。在蒋介石的围剿下，他们在极其艰难困苦的环境中不屈不挠，表现出超凡的英雄气概和自我牺牲精神，不愧是英雄的一代。当他们在井冈山、遵义以及长征路上的时候，对于下一代青年的影响还不充分。1935 年在北平发生的内惩国贼、外抗强权的一二·九学生运动，得到全国响应，是五四运动的继续。这次运动开始也是学生自发行动的，共产党员只有少数参与其中。在西安事变以后，共产党的影响扩大到了全国，与国民党成为中国的两大政党。与国民党的专制、腐败和对外软弱相比，共产党的理想与当时对民主的呼唤更能吸引青年。韦君宜回忆："我明白了，我要爱国，必须从此全身心跟着共产党。我觉得共产党这么不顾一切苦干，看来是真的能够为人民、为祖国而牺牲一切，这是值得我一生永远跟随的。"② 她放弃了留学的机会加入了共产党。韦君宜的经历很有代表性。放弃个人的一切投奔革命是当时很多青年的共同经历。

第二代青年仍是理想主义者，和五四青年一样。但是他们对待个性解放的要求上，与五四青年有一定的差别。由于新文化运动批判三纲六纪，五四青年成为用实际行动走出家庭向三纲传统冲击的首批义勇军。"陈独秀以个人主义代替家族主义的启蒙命题，揭示了中西文化比较和中国伦理变革的核心主题。高张个体价值的个人主义，是五四最深刻的启蒙命题，其意义决不在'民主'和'科学'之下。"高力克同时指出："现代中国个人主义的观念史虽为一部西方个人主义的接受史，但个人主义在其东方之旅中亦染上了浓厚的中国色彩。……我们看到，渗透于西方现代性的个体本位的个人主义精神，并没有被中国启蒙者全盘接受。"③ 高力克在"中国式个人主义：在个体与社群之间"的标题下，收集了从严复、梁启超到陈独秀、胡适、鲁迅一直到青年时的傅斯年、毛泽东的论述，都体现了个体与社群并重的价值取向，说明"五四"的个人主义思潮是中西文化激荡和融合的产物，其群己平衡的个人观，既彰显了现代性的个体价值，又保留了中国文化群体的价值传统。个人主义代表了西方启蒙之"个人的发展"的宗旨，而

---

① 陈独秀："谈政治"，载《新青年》第 8 卷第 1 号。
② 韦君宜：《思痛录》，北京十月文艺出版社 1998 年版，第 3 页。
③ 高力克：《五四的思想世界》，学林出版社 2003 年版，第 18～23 页。

中国启蒙则是民族复兴运动的组成部分。以市民社会的个人自由发展为基础的西方个人主义现代化模式，显然难以移植于农业中国，中国最终选择了另一种非市民革命的群体性社会动员模式。高力克称群己平衡的个人主义是一种有限的个人主义。这就难怪"五四"以后的第二代青年可以为理想而献出自己的一切，何况他们已决心投身革命。

理想体现了人类特有的追求真善美的本性，而青年正是怀有强烈理想的时期。在青年崇拜的强烈期待中，五四青年成为中国历史上最富有理想主义的一代。问题是，正如周策纵在对"五四"功过的再评价时所说的："凡是他们认为正确的和好的东西都可以在一个短时期内在中国实现。他们在处理许多困难和复杂的问题时表现出的特点是缺乏耐心和特久性。……企图在几年时间里取得西方国家经过几百年的努力而仍没有完全实现的事情当然是一种幻想。"[1] 救亡压倒了启蒙，这是李泽厚的著名理论。"所有这些，都表现救亡的局势、国家的利益、人民的饥饿痛苦，压倒了一切，压倒了知识者或知识群对自由平等民主民权和各种美妙理想的追求和需要，压倒了对个体尊严、个人权利的注视和尊重。"[2] 对李泽厚的论点赞成或认为值得商榷的都有，启蒙在当时被中断了则是实事，其中断的根本原因则不一定是由于救亡。中国的启蒙吸收了西方启蒙运动的精神，但是两者产生的背景却有区别。西方启蒙运动表达的是市民社会那种个性解放和主体自由的价值诉求，又来源于文艺复兴对古希腊罗马思想的继承和超越，有深厚的一脉相承的思想资源。而中国的启蒙是由西方激活的外源性启蒙，不仅面对的是农业社会，是政府对社会的控制，缺少欧美市民社会的土壤，而且与中国本土文化传统有深刻的价值断裂。传统对中国外源性启蒙的抗拒与冲突，在西方内源性启蒙中固然也存在，但冲突没有如此深刻，权力的分散使启蒙获得了成功。中国的改良与革命的确给予专制传统以极大打击，社会也发生了很多变化，但是并没有中断专制统治的惯性力量。中国的专制体制及为它服务的专制文化，它们所形成的强烈思维惯性，才是启蒙在中国特别艰难的关键性因素。中国的启蒙任重道远。

民族危机的历史创造了五四青年，在青年崇拜中诞生的五四青年又创造了光辉的五四历史。青年崇拜是一种文化现象，对青年作出期待是理所当然的。但是青年在现实社会中的作用，随着历史条件的变化会有不同的表现。我们可以从中

---

① 周策纵：《五四运动》，江苏人民出版社 1999 年版，第 369 页。
② 李泽厚：《中国现代思想史论》，安徽文艺出版社 1994 年版，第 36 页。

西方青年发生发展的比较中得到启示。西方青年在中世纪后开始发挥重要作用。经过文艺复兴、启蒙运动、科技发展、产业革命，青年成了有影响的群体。不断扩大的国民教育规模延长了青春期，作为社会创造物被全社会认可的青年阶级出现了。可以说，西方青年的发展面向政治、经济、文化各方面的需要经过了几个世纪，与社会的发展同步。中国青年登上历史舞台是 19 世纪后期有了学生群体开始的，以后成为政治力量作出重要贡献。与西方比较，可以看出：①中国青年的发生只由少数学生开始，多数仍然从事体力劳动或失业，社会的活力明显不如西方；②中国学生的作用主要在政治方面，而西方青年对政治、经济、文化、科技等各方面都有贡献；③不像西方那样有一个长期发展的过程，中国学生登上舞台呼唤政治变革，但社会基础却依然故我，社会发展与青年发展并不同步。在新与旧的较量下，成年社会很难革新，却要青年在那里反复呼唤变革，这意味着什么，值得深思！青年崇拜与权力对青年的压制成了鲜明对比。由于国民党的专制腐败，反对它的学运则接二连三。这里尽管也有政党的作用，对广大参与者来说，主要还是出于"五四"以来一贯追求民主与自由的愿望。这一点和西方青年又是一致的。追求民主与自由，这是中西方青年在不同条件下都有的共性，也是人类的共性。

第三章
特殊历史中的特殊世代

　　从中华人民共和国成立到"文革"结束这30年，也是一段非常特殊的历史。在这段历史中，火红的青春演变成青春的红火，从青春万岁最后到青春无悔，青年人扮演了极其特殊的角色。在这段特殊历史中的青年也有了特殊的称谓。用得最多的是"老三届"，指1966年、1967年、1968年的初、高中毕业生。大学生按照正常计划将先后在1966～1970的5年间毕业，故被称为大学"老五届"学生。与"老五届"或者"老三届"学生年龄相当的社会青年，以及年龄稍长或稍幼的一些青年人，也是当时思想活跃的参与者。在这些青年亚群体中，"老三届"是始终最活跃的亚群体。金大陆教授写道："'老三届'人是中国那个特殊时代的原告、被告和证人，这在历史上怎能不独特呢。"[1]

火红的青春

　　"对于中国的年轻人来说，20世纪50年代是一个具有某种象征意义的历史时期。在当时出现的青年文化作品中，以及在那些于20世纪50年代经历了青年期的人们的回忆文章中，我们都可以看到，20世纪50年代被许多人描述成了一个象征着'火红的青春'的年代。"这是陈映芳教授的描述，她对当时的青年文化定义为"领袖的孩子们：'无主体角色'型青年文化"。[2]

　　中华人民共和国的成立，结束了救亡图存的历史。全国的统一与人民的团结，政治协商的民主气氛，国民经济的恢复与发展，国际地位的提高，振奋了全球华人。这本身就是中华民族的新生，是青春的象征。而青年对共和国的成立又作出了重要贡献。正是五四运动孕育了中国共产党的诞生。以后在与国民党的艰苦抗争中，大量知识青年投奔延安。国统区的学生运动又被当作第二条战线。而

---

　　① 金大陆编：《苦难与风流》，上海社会科学院出版社2008年版，第1页，引子。
　　② 陈映芳：《在角色与非角色之间——中国的青年文化》，江苏人民出版社2002年版，第63页。

新中国的成立又为青年的成长创造了新条件。成立后的第二年颁布《新婚姻法》，使青年获得婚姻自主的权利。毛泽东主席又提出身体好、学习好、工作好的"三好"政策，他并且强调指出："你们年轻人，朝气蓬勃，正在兴旺时期，好像早晨八九点钟的太阳，希望寄托在你们身上。"实现社会主义、共产主义也成为青年的理想，使青年感受到还有新的伟大的历史使命。国家被认为是由青年创造又给青年展现了美好前景的新国家，从"五四"以来青年角色的神圣性被进一步强化，给了年轻人崭新的空间，获得了极大的价值满足。"他们在获得新的社会地位的同时，积极地认同'青年'角色，努力地寻找并展示他们对于新的社会、新的国家所具有的意义。发生在他们身上的，可以说是一种社会变动周期（新政权的诞生、新体制的创立）与一个年龄群体的生命周期（处于青春期的年龄层）的共振。这样的时代，成了一代年轻人的'青春的时代'。"①

新中国成立以后，党和政府对青年提出了新要求，共青团的总任务明确规定为促进青年的革命化，要求青年"永远做坚定的革命派"，所以被称为"革命青年"。从清末到五四青年阶层形成时起，青年的角色使命就一直是应该对国家承担起特殊的义务。但是与五四青年相比，"革命青年"社会化的途径，即其使命感形成过程的社会结构则有所不同。五四青年是民族危机中由民间的文化运动所促成而且是自发的，当时青年与长辈的断裂、与传统文化的对抗也十分明显。"革命青年"的社会化，特别是红卫兵的育成，则无疑是由政府主导的政治社会化的结果。不同的社会结构会形成不同的社会角色，考察角色的重要方法就是将它置于当时社会结构的脉络之中。陈映芳根据《中国青年》1999 年第 19 期《中国青年：50 年代的人生追问》列出一个"《中国青年》杂志组织的问题讨论"表。从 1949 年 7 月到 1966 年 1 月，共组织有关青年人生问题的讨论 28 次。"我们可以看到，对个人主义、自由主义等'资产阶级思想'的批判和清除，是该栏目的主要出发点。……通过一次次的问题讨论，有关'青年'的定义，包括'革命青年'的角色使命、角色规范，以及作为一个'青年'应该具备的价值观、幸福观、生活目标等都被作了明确而严格的规定。"② 这样，青年的角色意义发生了变化：新中国成立前曾经是站在时代潮流前列，在拯救民族危机、与反动政府斗争中的主要政治力量，民众的启蒙者的知识青年，如今成了接受教育与指导的受教育者、党和国家事业的奉献者、阶级斗争的捍卫者、等候接班的接班人。

---

① 陈映芳：《在角色与非角色之间——中国的青年文化》，江苏人民出版社 2002 年版，第 66 页。
② 同上，第 71 页。

青年们是怎样认同这种角色变化的呢？埃里克森的同一性理论主要关注的是个体的自我界定与承诺，而群体的身份确定则属于文化认同。"青年的文化认同即对某种文化的接受与拒斥、选择与放弃、持守与创新，是在给定的文化条件下自觉或不自觉地进行。"① 文化条件不仅是政治教育，更重要的是政治、经济形势及其主流意识形态。新中国成立初期国民经济的恢复，医治好了战争创伤，面貌一新。"恢复国民经济的伟大胜利，使人们滋长了浮夸冒进和高估自己能力的思想。""三年超英、十年超美"的大跃进反而形成了"冷冷清清、凄凄惨惨"的局面。② 而在政治领域，否定了八大关于"我们国内的主要矛盾已经是人民对于建立先进的工业国的要求同落后的农业国的现实之间的矛盾"的决议，重新制定无产阶级和资产阶级两个阶级、社会主义和资本主义两条道路的矛盾仍是主要矛盾。创造性地提出政治思想战线上的革命，按政治思想划分阶级认定敌人。苏联则作为修正主义也成为敌对的力量。③ 帝国主义、修正主义、反动派的军事进攻与和平演变，被设想为极其紧张与严峻的国际国内形势，对青年提出了保卫社会主义祖国，进而解放全人类的期待。何况还有第一代英雄人物不怕牺牲、不畏强权、艰苦卓绝为理想进行英勇斗争的榜样，随时作为偶像为青年所崇拜。青年们也强烈期待着，一旦危机来临，他们也将不怕牺牲，勇往直前地进行斗争，从而自己也将成为英雄。

革命接班人

与当时大学生不同的是在"文化大革命"中的初高中毕业生，被称为"老三届"。金大陆认为"总体上来说，这一辈人是苦难、牺牲的一代。用一句惯常的话就是：这代人长身体的时候遭遇到了自然灾害；学知识的时候遭遇到了文化'大革命'；成家立业的时候遭遇到了上山下乡"。④ 对这一代的评语已经很多，我们倒是重视丁东的说法：他们"是中国从传统社会向现代社会转型前被牺牲的最后一代青年"。⑤ 这个说法提供了一个历史视野。金大陆在《苦难与风流》（2008年版）一书的"修订版后记：走向历史的深处"中写道："关于'老三届'人的

① 陆玉林：《当代中国青年文化研究》，人民出版社2009年版，第238页。
② 吴敬琏："反思六十年，迎接新挑战"，载《读书》2009年第12期。
③ 汪澍白："两类矛盾学说的演变"，载《炎黄春秋》2003年第2期。
④ 金大陆编：《苦难与风流》引子，上海社会科学院出版社2008年版，第425页。
⑤ 李辉编著：《残缺的窗栏板——历史中的红卫兵》，海天出版社1998年版。

命运研究，既然已从社会学的框架进入了历史学的视野，它在时间上的追溯将更深远；它在空间上的拓展将更开阔，以及所要面对的史实和问题将更复杂。"①

在中国出现"红卫兵"运动的 20 世纪 60 年代，正是在全球范围内出现青年运动的时代。"20 世纪 60 年代运动的一个奇特之处，是它不仅发生在西方世界，也发生在第三世界，可以说是青年知识分子的第一次，或许也是最后一次全球意义上的左派运动（伊曼努尔·沃勒斯坦从世界体系角度，认为 1968 年运动是对旧的世界体系的愤怒，但随即被旧的世界体系的支持者压制下去②），是从旧制度的政治和经济结构或传统的文化和生活方式中摆脱出来的解放运动，以此宣布青年对世界、对未来的领导地位。然而，这些运动各自的历史传统、政治理念、阶级构成、精神面貌、运动形式、终极目标和最终成就并不相同。"程巍接着就指出了"红卫兵"与巴黎拉丁区造反者的差别。③

并不是完全没有相似之处，"20 世纪 60 年代，萨特的存在主义以及马克思主义理论在西方世界和日本流行一时，被青年人用做批判社会的武器。其时中国人所熟稔的《毛主席语录》也在各国广为流传"。在陈映芳的书中还刊载了法国电影《中国女性》中一位法国女红卫兵的图片。④ 但是，程巍指出："现象与本质脱钩，造成了一种社会主义革命的假象。"程巍还勾勒出西方学生运动的政治地层图："新左派大学生"反叛资产阶级体制（阶级冲突）只是最表层。第二层是中产阶级孩子反叛中产阶级父亲（代际冲突）；第三层是 20 世纪 60 年代反叛 20 世纪 50 年代（时代冲突）；第四层是东西部沿海大城市的发达资本主义时代的文化和生活方式反叛中西部与南部小城镇的前资本主义时代的文化和生活方式；第五层是资产阶级清除自身人格构成中的非资产阶级因素的革命（心理冲突）；最深层才是资产阶级夺回旁落于贵族和左派之手长达一个半世纪之久的文化领导权。这就是说，资产阶级在完成了政治和经济方面的革命以后，或迟或早必定还要为自己的政治和经济体制创造一种属于自己的文化和生活方式，并使其合法化，不仅解除长久以来的压抑，而且扩大资本主义的政治和经济发展空间。资本主义由此进入后现代与全球化时代。⑤

---

① 金大陆编：《苦难与风流》引子，上海社会科学院出版社 2008 年版，第 464 页。
② ［美］伊曼努尔·华勒斯坦著，郝民纬译："有托之乡"，载《自由主义的终结》，社会科学文献出版社 2002 年版。
③ 程巍：《中产阶级的孩子们——60 年代与文化领导权》，三联书店 2006 年版，第 16 页。
④ 陈映芳：《存角色与非角色之间——中国的青年文化》，江苏人民出版社 2002 年版，第 74 ~ 75 页。
⑤ 程巍：《中产阶级的孩子们——60 年代与文化领导权》，三联书店 2006 年版，第 398 ~ 399 页。

西方这场青年运动的另一重要特征是，"规模如此之大、持续时间如此之长的一场革命取得如此深刻的成就，堪与资产阶级的前两次革命（工业革命和政治革命）相提并论，却只付出了非常有限的成本，以成本最小化达到了收益的最大化；没有出现革命通常会有的那种血腥、残酷和苦难，有的只是放长假或狂欢节般的气氛，似乎革命的成就完全是通过静坐和游行取得的——也的确如此"。①

西方学生运动又完全是由青年自己发动的运动。面对美国在二战后出现的种种弊端，15 岁的香农·迪克森用随笔表达了年轻一代的感情，在指出人与人、国与国之间的争夺与不宁后写道："我们对每一个人的巨大的爱，我们需要人与人的普遍理解，我们需要思考自身，表达我们的感情，可是这一切都不存在。"他最后写道："答案就在某个地方。我们需要去寻找。"② 这个寻找答案的任务立即由大学生承担起来了，1960 年 1 月，"学生争取民主社会组织"（简称 SDS）成立，发表宣言，一场完全不同于古典意义上的激进革命运动由青年人自己发动与组织起来了。他们受到社会主义思潮与民族解放运动的影响，打着红旗走上街头希望实现人人直接参与民主制的新社会的理想，随着形势的发展，不断调整实现理想的手段，最后以自己特殊的风格实现了文化与生活方式的革命，充分表现了青年的主体角色，谱写了青年历史存在的新篇章。

在西方的学生运动中，社会主义批判资本主义的革命只是最表层，在"红卫兵"运动中则是核心。"红卫兵"运动是从中学生起步的，这一代人的精神素质具有鲜明的时代特征。新中国重新强调"以阶级斗争为纲"以后，一系列政治教育活动和政治运动对他们产生了深刻影响。当时阶级斗争的形势从反对帝国主义的和平演变，发展到要集中防止国内的资本主义复辟。1967 年 5 月 18 日《红旗》与《人民日报》发表"伟大的历史文化"一文指出："党内一小撮走资本主义道路当权派，同广大工农兵、革命干部、革命知识分子的矛盾，是主要矛盾，是对抗性的矛盾。"于是，以"红卫兵"为主要的力量，一场以揭露和批判走资派永保社会主义江山的运动在全国铺开了。

程巍在论述 20 世纪 60 年代西方学生运动的书中，认为运动的形成有一种"历史精神"，仿佛存在某种"原初推动力"，这种推动力不归为神的意志，而是人的想象力。单个人的想象力能塑造他个人的命运，一个群体共同拥有的想象力则能创造历史。因此不能对这场伟大的运动有简单的、非历史化倾向的解释。程

① 程巍：《中产阶级的孩子们——60 年代与文化领导权》，三联书店 2006 年版，第 451 页。
② ［美］玛格丽特·米德著，曾胡译：《代沟》，光明日报出版社 1988 年版，第 76 页。

巍列举心理学家埃里克·埃里克森就有这种倾向的解释，埃里克森1968年出版《认同——青年与危机》，将学生运动解释为青年固有的"对大规模运动的热爱"，认为这种运动的狂热根源于青年骚动不安的血液或被延缓甚至被压抑的力比多满足，而"历史"所虚构的英雄神话或角色期待也为这种旨在发泄压抑的运动提供了合法性："为了有坚实的价值，他必须把它绝对化；为了有风格，他必须相信自己是宇宙的主宰。"这种狂热既隐含建设性也隐含破坏性，作为心理学家，埃里克森更担心1968年学生运动似乎印证了这种破坏性："然而，青年作为一种中间状态，他们所具有的品质如忠诚、勇敢和智慧都可能被蛊惑者所利用，而青年意识中所持有的理想主义成分在历史现实发生变革时就仅仅成了托辞。"程巍当然不同意"把这场大规模运动归因于几个'蛊惑者'的兴风作浪，似乎是在回避更深刻的社会历史原因。"① 但是，埃里克森的论点为我们解释"红卫兵"提供了参考。

程巍所提到的"原初推动力""人的想象力"，也可能就是埃里克森所说的"青年意识中所持有的理想主义"。西方20世纪60年代学生运动的原初推动力也就是"理想主义"。那么，"红卫兵"们有没有理想主义？史料证明红卫兵是带有理想主义参加"文革"的。1966年5月底，清华大学附中一批学生，由于干部家庭的政治氛围和灵通的上层信息来源，怀着革命接班人的神圣使命感，聚集在圆明园公园组成第一支"红卫兵"，1966年6月2日第一次署名"红卫兵"贴出大字报，以气势磅礴的革命词藻批判当时的教育方针。北京四中的张育海在"文革"中写"论出身"一文助阵遇罗克的"出身论"，后来又投身于"解放全人类的革命战争"，做"援缅革命的志愿者"参加全缅共东北军。他在给同学的信中说："至于我这条路，我是这样考虑的：的确，我这条路是迷人的。马克思说过：'让死人去痛哭和埋葬自己的尸体吧！那些首先朝气蓬勃投入新生活的人，他们的命运是值得羡慕的'……"不久他牺牲在革命的战场上。张育海的同学唐晓峰在回忆中写道："张育海的选择太理想、太奇勇、太渴望机会了。"② 那么，同样持有理想主义，为什么结果完全相反？

理想是对现实的超越，对理想的诠释涉及到对未来的期待、极终关怀、乌托邦等，这里不能详细论述。学者林毓生在"中国知识分子与政治"一文中指出，百年来中国的历史命运都与知识分子的爱国运动分不开，但始料未及的是，为何

---

① 程巍：《中产阶级的孩子们——60年代与文化领导权》，三联书店2006年版，第54~55页。
② 唐晓峰："难忘的1971"，载北岛、李陀主编：《七十年代》，三联书店2009年版，第265~266页。

其后果与目的适得其反？他举出康有为的失败、李大钊的被害为例，如何化解这个吊诡，林毓生引用了韦伯关于责任伦理和意图伦理两个概念。韦伯认为，责任伦理的政治家必须深思熟虑其政治目标可预见的后果并对之负责，因此目的与手段之间处于"紧张"状态，在决策之前就要详尽考虑使用什么手段才能达到目的。而奉行意图伦理以为只要心志纯真，就不必考虑后果，甚至以为目标越伟大，越可不择手段。林毓生认为这是乌托邦主义的异化："主义"越伟大、越激进，便越能成为动员群众的工具，而领导人也越有声望与权力，可以为所欲为，失败了只能怪群众的愚昧无能。① 谈到"文化大革命"的背景，胡乔木说道："中国发生了对于共产主义理想的狂热。1958 年出现的把工农商学兵、政治经济社会结合在一种组织内的农村人民公社，企图把乡村乌托邦化。"② 王禄林的论述指出，《五·七指示》提出了一个建设"新世界"的纲领，"只要把《指示》同《五·一六通知》联系起来思考，就会发现，这两者是互相映照的姊妹篇。一个主旨在'破'，一个主旨在'立'，一个是'砸烂旧世界'的纲领，一个是'建设新世界'的蓝图"。③ 这个"新世界"当然是"社会主义的新世界"，这也就是林毓生所说的乌托邦主义的异化。但西方运动中的大学生具有成熟的自我意识，他们不断调整实现理想的手段取得了成就。而中国"红卫兵"的主体则是中学生，只是十几岁的青少年。心理学家埃里克森根据现代社会的复杂性，提出心理社会缓冲期的理论，也就是青春期中应有一段不会受到过度的责任和义务约束的"隔离时期"，允许和鼓励他们在探索的氛围中尝试不同的角色和身份，追求自我的发展，这是建立和谐的同一感的重要前提。否则，既可能由他们对自己加以限制，又可能由他人对他们加以限制——确是一件可悲的事情。④ 唐晓峰的回忆证明了在少年时由他人加以限制的可悲："从上世纪六十年代开始，'阶级''革命'这样的观念在脑子里越涨越大，把其他观念挤开，地位独尊，压得人喘不过气来。它们是凌驾一片、遮蔽一切的时代观念，谁都在这些观念下吃饭穿衣睡觉。"这些没有主体意识的青少年，正如埃里克森所说的，骚动不安的血液或对力比多的满足，使青年有"对大规模运动的热爱"。而建立一个全新世界的英雄神话和

---

① 林毓生："中国知识分子与政治"，载《五四新论》，台湾联经出版事业股份有限公司 2005 年版。

② 胡乔木："中国为什么犯二十年的'左'倾错误"，载《回首"文革"——中国十年"文革"分析与反思》，中共党史出版社 2007 年版，第 7 页。

③ 王禄林：《五·七指示》初探"，载《回首"文革——中国十年"文革"分析与反思》，中共党史出版社 200 年版，第 155 页。

④ ［美］劳伦斯·斯滕伯格著，戴俊毅译：《青春期》，上海社会科学出版社 2007 年版，第 348~349页。

角色期待正好使他们相信自己是宇宙的主宰。这种狂热使理想主义仅仅成了托辞。沉浸在英雄的神话中的青少年，为实现"替天行道"的崇高目的，完全忽视现实的种种约束，只能在革命接班人的期待中，用"该出手时就出手"的手段响应号召。《水浒传》中"造反有理"和暴力横行的历史，再一次得到重现。

也并不是当时所有的青年都没有主体意识。"文化大革命"初期，就有王容芬、遇罗克、王申酉等对这场革命提出了质疑与批判。还有象杨小凯那样经过串联与读书形成了自己的思想。但是，作为一代人的反思，还是"红卫兵"退出舞台，上山下乡以后的事。

反思与超越

金大陆的《苦难与风流》一书再三肯定上山下乡知青的"苦难与风流"："中国的许多难题，相比而言这代人心中也最有认识。因为在中国当代史上，只有这代既有文化又有教训的青年人，向中国的农村也即向中国传统文化伸展的根部，作了一次1600万人次大迁徙，客观上不也就对中国的国情作了一次大调查、大体验、大感悟吗?"所以他说："我想得到一个结论：经历过'文革'动乱和上山下乡的第三代人是从烈火中飞翔出来的凤凰。"①

由北岛与李陀主编在三联书店2009年出版的《七十年代》一书，收集了这一群人写的回忆录，以丰富的史料集中反映了这群人的反思。李陀在序言中指出："回顾历史，世界上一代又一代人都经历过自己的成长和成熟，但是如本书里的人物那样，从懵懵懂懂的少年时期就一步跨入一个罕有的历史夹缝当中，并且在如此沉重的历史挤压里倔强生长和成熟起来的人，大概是少之又少。"正因为如此，他们的反思主要是由社会现实的变态推动的。唐晓峰写道："1971年的冬天，虽然整人政治还压在上面，但社会内里已经涌出叛逆激昂的人文新潮。"不论在城市或农村，都有知识青年组织起来读书和讨论，针对当前的形势形成自己的思想。朱学勤自己选择到河南省兰考县插队落户，就是因为当时已经有9个上海重点中学的高中生自愿组成了一个集体户，在那里开辟了一个边劳动边读书边思考的生活格局。青年们称这种自发的集体为"民间思想村落"，他们读的书甚至包括当时不公开发行只在高级干部中流传的西方书籍，讨论的问题主要是围

---

① 金大陆："烈火中飞翔出来的凤凰"，载郭坦主编：《三代人对话录》，中国青年出版社1993年版，第95页。

绕"中国向何处去"。1968~1973年，是上山下乡知青思想探索相当活跃的时期，也是青年思潮的方向发生转变，独立的批判思维发生和发展的时期。他们探索和表明的思想范围，包括针砭时弊反思"文革"、对社会制度和阶级关系的分析、对经济体制与政策的批判性思考、民主与自由等。江西女青年李九莲在私人信件和日记中，有对"文化大革命"的一些主要问题提出了质疑和批判被打成反革命，竟在1977年惨遭杀害，后在胡耀邦推动下得到彻底昭雪。张木生不仅在农村组织了几十个人参与的学习班，自己还阅读了大批经典理论和文学著作，写出了3万多字关于农业生产的文章，反对人民公社，肯定包产到户，后来受到了中央领导同志的重视。还有关于反对特权、争取民主与法制的思考等。除了"民间思想村落"，还有北岛等组成的白洋淀诗歌村落，诗歌、绘画和小说都已在地下流行。唐晓峰写道："后来发生的一切变化，其实都是从人性的突破开始，而所有做出奋争、启蒙贡献的人，无不具有人格的独立精神。革命幻想在觉醒的人性面前，越来越淡。这是我记忆中的七十年代的主题。"在当时只能有一种声音的环境中，知识青年的反思与独立思想探索格外难能可贵，弥补了社会思想上的空白，具有突出的地位，开启了20世纪80年代思想解放运动的先河。如果说"红卫兵"当时曾扮演过与历史倒退的角色，在形势变化与农村艰辛环境中进行思想探索取得了承上启下的成果，则转变成了创造历史的角色。问题是，作为一种地下的青年文化，尽管其中的姣姣者有的在改革开放之初已被纳入政府上层发挥了作用，但这个群体丰富而又深刻的思想内容至今不是被封存就是处在分散状态。从懵懵懂懂的少年在如此沉重的历史挤压里由人性突破开始倔强成长的过程，与他们针对专制政治提出的种种问题，完全值得进行专题的研究。

广州、贵州各地的"民间思想村落"最后集中到北京的西单民主墙，笔者曾对其中的《北京之春》《四五论坛》《沃土》《今天》等4个刊物作调查后写出题为《一批关心国家大事爱思考的年轻人》报告，并附有其中主要人的小传，发表在1979年8月刚创办的团中央内部刊物《青年研究》上，引起很大反响，甚至受到领导层的支持。上述报告指出"他们探索的领域是很广阔的，包括：马克思主义的国家学说问题，科学社会主义概念问题，从资本主义到社会主义过渡时期的经济理论，社会主义社会的阶级斗争理论，民主与法制的健全，个人在历史上的作用，封建主义传统对我国现实政治、经济、文化的影响，党的优良传统的继承和发扬，现实主义文艺理论，等"。在西单墙被禁以后又有北京大学等校学生的竞选活动，他们发表了非常鲜明的政治见解。他们没有沉默，也很有勇气。

社会已开始转型，历史上的负面因素不能再集中爆发，但仍然需要反思，而且要超越。需要反思的有两个方面。一方面是对青年学生的激进思潮要进行反思与疏导，一方面是对权力的制约。现在正是知青进入社会主体的时候，他们的反思为我们提供了宝贵的思想资源。李陀在序言中指出这代人中有的成了学者、文化人，或者成了作家、艺术家。特殊经历使他们的态度、作风、思想都有一种不受秩序拘束，不愿依附权力的品质。因此他们发挥了其他知识群体不可替代的作用——如果没有他们，无论"思想解放"或是"新启蒙"，都不可能在 20 世纪 80 年代发生。这代人中特别是红卫兵的代表人物也开始了反思与忏悔。知青作家张抗抗在 1975 年出版反映上山下乡生活的长篇处女作《分界线》，她摈弃了"苦难诉说"，"忏悔意识"已是她作品中不可回避的话题。《羊城晚报》2009 年 12 月 11 日发表"张抗抗：忏悔非宗教专利，对每个人都极为沉重极其必要"一文，张抗抗说："我无法否认一个令人痛苦的事实即每一个曾经服从与迎合了那个时代思潮的个体，其实都是那个旧体制不自觉、不同程度的合作者和共谋者——这恰是'文革'得以发生并延续的土壤和原因。在这个意义上，'忏悔'不再是宗教的'专利'，它对于我们每个人都极为沉重极其必要。"在以后的忏悔中，影响最大的是陈小鲁和宋彬彬的公开道歉。陈小鲁是陈毅元帅的儿子，"文革"时是重点中学北京八中的革命委员会主任。2013 年 10 月 7 日，67 岁的陈小鲁与当时的校友同学经过长期的筹备，在八中对面一间茶社的会议室，邀请当时的老师举行公开的道歉会。他在给同学的邮件里写道："我的正式道歉太迟了，但是为了灵魂的净化，为了社会的进步，为了民族的未来，必须做这样道歉，没有反思，谈何进步。"他们的道歉引起了国内外舆论的强烈关注。但是，也不必要他们个个都来反思，也不要只停留在对种种不良动机的忏悔上，应该运用历史学的视野，进行深入的学术研究。总的来看，我们现在的思想文化离现代化的要求还有距离，我国领导人关于要使人民活得尊严的呼吁如此曲高和寡就是证明。也许不仅是第三代人，还要有第四代、第五代人的共同反思与超越。"希望寄托在你们身上"，我们对未来充满了希望！

第四章
改革开放与青年的成长

　　改革开放给中国带来了翻天覆地的变化，历史学家黄仁宇在《中国大历史》中文版自序中提出"为什么称为'中国大历史'?"："中国过去150年内经过人类历史上规模最大的一次革命，从一个闭关自守中世纪的国家蜕变而为一个现代国家，影响到10亿人口的思想信仰、婚姻教育与衣食住行，其情形不容许我们用寻常尺度衡量。"① 他又认为，要从农业管制的方式向公平而自由交换的市场经济转变，实现由数目字上管理，"说来容易，要进入这样的境界，等于是脱胎换骨。"② 对中国来说，实行改革开放以发展经济为主，正处在脱胎换骨之中，变革之大，有目共睹。现在让我们考察在改革开放中青年从强烈呼吁个性解放、发展经济到推动社会进步的成长与演变的过程。

历史蜕变与个性解放

　　作为时代晴雨表与时代性格的青年，对改革开放引发的社会转型作出了最敏感的反应。大学生在反思的基础上要求民主的活动此起彼伏；知青返城的就业问题成了社会的难点；青少年犯罪比20世纪60年代增加了10倍，占到整个犯罪数的60%以上。青年们思想观念的变化被称为信仰危机，以喇叭裤、披肩发、迪斯科等生活方式的变化被扣上了资产阶级的帽子。另一方面，大学生提出了"从我做起，从现在做起"的口号，发出了"团结起来，振兴中华"的强音，中国女排荣获五连冠引发了强烈的国家自豪感，张明敏《我的中国心》得到青年火爆的共鸣。青年们的种种反应引起了全社会对如何评估青年的激烈争论，不同评价针锋相对，针对"迷惘一代"，提出"思考一代"，你说"奋斗一代"，他却认为是"垮掉一代"。社会上各团体直到党中央都对青年的现状进行了调查分析。对青年

---

① 黄仁宇：《中国大历史》，三联书店1997年版，第7页。
② 黄仁宇：《关系千万重》，三联书店2001年版，第52页。

变化的不同评价反映了对社会变革的不同态度。改革开放就是在激烈的争论中艰难推进的，包括对青年转变的激烈争论。

在对青年的激烈争论中青年发出了自己的声音。1980年第5期《中国青年》发起了"潘晓讨论"，"人生的路啊，怎么越走越窄……"这封信用沉重、幽怨、郁闷、诚挚、激愤的笔触写出了人生的痛苦与创伤。在讨论中青年们用"内心自白"的方式将历史的挫折和自身人生的挫折突出地连接起来，使"真正的自我"公开地浮现在社会上，打动了一代人，整个讨论收到6万多件来信，发表了110位读者来稿，在全国引起了巨大的反响。正如柳松在讨论中所说的，"当代青年，已不满足于消极被动地做人，不甘心被简单地当做劳动力来看待，他们要求作为一个完整的人而受到尊重，作为名副其实的社会主人而发挥自己的作用"。① 赵林在当年第8期的《中国青年》讨论中写道："被发掘了的自我就是一座宏大精深的宇宙，人们将在里面发现无数的宝藏。快去发现自己吧，快去让个体的能量全部释放出来吧。"对"潘晓讨论"的意义已有很多评价，早在2010年第7期的《开放时代》上，学者贺照田就发表了长篇论文《从"潘晓讨论"看当代中国大陆虚无主义的历史与观念构造》认为，"潘晓讨论"还没有对深层的生命意义和理想主义的内核继续展开分析。但是支持改革开放是20世纪80年代参与大历史的主要形式，使20世纪80年代青年们的理想主义找到了时代形式，特别是青年知识分子成为平衡虚无主义、自我中心的个人主义的重要力量。

潘晓信中隐含的理想主义激情、对价值和意义的高度企望，实际已经表现在当时的青年中。这代青年被称为第四代。《第四代人的精神》一书的作者回忆了他们的童年："而我们的童年剩下了什么呢？我们既没有被革命所吞噬，也未曾有过'大江歌罢掉头东'式的少年慷慨，唉，唉，我们甚至有点不伦不类，只剩下'乘滑轮车远去'的飘摇感，连和平时代儿童们的起码爱心启迪都没有！"但是作者继续写道："至少有一点我们是做到了，即我们仍然保留了探索历史价值的热忱。……因此我们庆幸着：能够伴随人性的复苏进入我们的青春时代。"② 这一代是我国当时人口年龄结构中人数最多的一代。当他们进入大学的时候，带有浓厚政治色彩知青的高年级同学掀起了竞选运动开启了他们认识社会的理智，培养了第四代人的怀疑精神。这批大学生甚至想超越大哥大姐，企图找到一个观察

① 徐勇："'潘晓来信'与青年的主体性问题"，载《青年研究》2013年第5期。
② 宋强、乔边、才旺瑙乳、夏吉林、刘辉：《第四代人的精神——现代中国人的救世情怀》，甘肃文化出版社1997年版，第29～32页。

历史与现实的新眼光，确定新的参照系。当时的思想理论界展开对"异化""人道主义"的讨论，又出版了好几种介绍西方学术思想的丛书，各种各样的主义纷纷粉墨登场，大学生将讨论这些问题看作自己成熟的标志。《第四代人》一书写道："今天，西方文化在大学生们身上起了作用，并通过大学生们对社会起了作用。特别是当这种精神变成一种政治意识的时候，对社会的作用就更大。几年以来，由他们创作和导演的几出政治运动戏，已经很好地说明了这一点。"①

在大学生们进行思想探索的同时，文学与音乐率先成为青年文化最初突破主流思想禁忌和藩篱的载体。如文学领域的"朦胧诗""伤痕文学""寻根文学"，美术领域的"星星画展""无名画展""十二人画尾""新春画展"等。在音乐领域，除了有国外的民歌，还有港台转入如邓丽君的《甜蜜蜜》，又有内地歌手如成方圆的《童年》等，以崔健为首的"摇滚乐"的横空出世，则展现了20世纪80年代的时代精神，"一无所有"成了当时的一句流行语。哲学家周国平与这位摇滚歌手进行了长时间的对话，将对话录整理并出版了《自由风格》一书。② 周国平写道："从歌词的内容看，《一无所有》在当时之所以能够收振聋发聩之效，是因为它触及了解放的更本质方面。……'一无所有'的含义是丰富的。它使人想到遭遇体制转变的一代青年的处境：没有了意识形态所规定好的现成的人生目标和理想，也已经或即将失去体制所安排好的现成的谋生手段和饭碗。……在崔健的心目中，'一无所有'更是一种新的人格理想：真正的男子汉恰恰不愿意也不需要别人给他准备好现成的一切，他因此而有了自己的追求和自由。"

青年作家王朔的小说，与崔健的摇滚乐在20世纪80年代末到20世纪90年代初的中国达到了鼎盛时期。王朔的小说以另一种非正面的、调侃和反讽的方式呈现对主流话语和正统意识形态的反叛。正统社会对这些作品有激烈的批判，但是在社会上特别在青年中引起了广泛的轰动效应。1984年第1期《十月》发表张承志的小说《北方的河》，主人公"我"以黄河为背景，经过苦闷的迷惘和痛苦的反省后，以奋斗者的姿态不顾一切向生活挑战，向新的人生目标冲刺，深深感动了一代青年。贺照田认为在"潘晓讨论"中尚不够深入研究的精神身心问题，在《一无所有》《北方的河》《沉重们翅膀》《冬天里的春天》等繁荣的文学和音乐作品中有了对生命意义的追问。20世纪80年代可以说是充满人文精神的年代。

陈映芳指出，有学者认为20世纪80年代中国有两种类型的青年文化：一种

---

① 张永杰、程远忠：《第四代人》，东方出版社1988年版，第122页。
② 崔健、周国平：《自由风格》，广西师范大学出版社2001年版。

是官方的或者说是正统的、被理想化的青年文化，另一种是现实的青年文化。陈映芳据此对 20 世纪 80 年代中国的"青年"角色类别细分为"革命青年""现代青年"和"自由青年"。"革命青年"成为学校教育和媒体宣传的中心，角色意义依然以权威主义的性格和团体本位为特征。"现代青年"的出现是社会的角色期待与年轻人的主体性相互作用的结果。青年主体意识的逐渐苏醒成为回应角色期待、扮演提出异议的新角色的基本要素，他们发起的各种政治、文化活动和学生运动一直没有中止，而且得到了某种程度的理解。"自由青年"被认为是青年角色与社会发生种种矛盾、冲突的一个源泉。相对于原来的"社会本位"，他们主张"个人本位"的正当性，公开对政治社会化进行反驳。这三种青年群体常常混合重叠在一起，从中还可以看到年轻人从"革命青年"转到"现代青年"，进而逃离角色规范制约成为"自由青年"的一种变化趋向。陈映芳将这种变化趋向称为"青年"的解体，这当然是社会整体的非意识形态化所产生的结果。青年价值观的变化，实际上也是社会结构和经济结构的变迁必然会带来的变化。①

　　青年角色向"个体本位"变化的趋向，是青年追求个性解放的过程。个性解放，就是思想的解放，人本身的解放。个性解放在于摆脱各种束缚，确立人的自主性，调动人的积极性，发挥人的创造性，使人得到自由而全面的发展。在父权体制下，为了扩充权力进行战争，是将青年作为工具、作为手段。康德提出"人是目的"，是他全部哲学中的最高点。哲学家杨适曾对此作过解释："康德认为，只是作为手段的人，是他人或自己内外自然的奴隶，没有真正意义上的自主和自由，也就不会有根本意义上的主体能动性。世上没有任何人会心甘情愿地做他人和自然的奴隶，这就证明了人终究是以人本身作为目的的，他决不会放弃这一本质。自觉理解到这一点的人就有了自我意识，才是按人的本性思想和行动的人，才成为人。"② 20 世纪 80 年代的青年特别是大学生，正是不再心甘情愿做他人的工具，理解到了要以人本身为目的，要按人的本性来思想和行动，才有了自我意识，是成熟的标志。更可贵的是，他们并没有将自我意识仅仅停留在观念形态。《第四代人》中有这样的记录：不少人都认为这代大学生对"与读书无关的事情"关心太多。这正说明他们有着突破校园时空的冲动，这种冲动来自于对参与社会活动的愿望和尽快实现自己的愿望。"他们关心的范围越来越广，从过去

---

　　① 陈映芳：《"青年"与中国的社会变迁》，社会科学文献出版社 2007 年版，第四编"青年"的解体。
　　② 杨适：《中西人论的冲突——文化比较的一种新探求》，中国人民大学出版让 1991 年版，第 134 ~ 135 页。

关心'思潮'而发展到关心具体问题，从关心政治民主化到关心物价，从以议论的形式关心到以行动的形式关心。"①

"我一直认为 20 世纪 80 年代是当代中国历史上一个短暂、脆弱却颇具特质、令人心动的浪漫年代。"查建英在访问北岛、崔健、陈丹青、陈平原等 11 位 80 年代的人以后，编辑出版《八十年代：访谈录》一书，这是她在书中"写在前面"的第一句话。"写在前面"里还有一段话："最后想说几句的是，这本书虽然记录了许多珍贵的往事，却并不是一个怀旧项目。一位美国朋友曾问我为什么要花时间编这么一本书，我当时信口说：因为 80 年代是中国的浪漫时代啊！我们的 80 年代有点像你们的 60 年代嘛。他听后有一副恍然大悟的表情。20 世纪 60 年代在美国无疑是一个有特殊标记的浪漫年代，它意味着理想主义、激进的自我批判，以及向东方思想取经。而中国 80 年代的文化主调也是理想主义、激进的自我批判，以及向西方思想取经。"这个对比有充分的理由，美国的 60 年代以学生运动为主，中国 80 年代的"大历史"是全方位的，但是学生与青年知识分子在其中的确扮演了重要角色，这是两者最相似之处，是值得历史学家如此论述的。当然，正如查建英继续写的："但是，我深知这些只是轮廓上的相似，如此比较其实极不准确，因为中美这两代人的文化营养与政治诉求，这两段历史发生的背景、过程和最终的结果都存在着巨大而深刻的差异。"②

创新与守旧的对立

部分上山下乡知青由于努力学习勇于探索组成民间思想村落提出了不少对未来中国的建议。"在官方改革正式开始之前，以社科院研究生院为中心的一批年轻学子及一小批方方面面的年轻思想家就已经开始讨论起中国的方向和未来了。"这是著名学者和企业家黄江南在接受访问时回答的第一句话。这篇访谈的题目是"黄江南：历史成就未来"，作为首篇载入《三十年三十人之指点江山》（经济改革卷）③，全书共访问了樊纲、冯仑等 15 人。黄江南回答了社科院第一批研究生纵谈国事的情景和经历，他和朱嘉明、王小强、王小鲁、李银河、林春，还另有几个年轻人常常相聚讨论各种学术问题，以后受翁永曦邀请又召开了约 50 余人的

---

① 张永杰、程远忠：《第四代人》，东方出版社 1988 年版，第 215 页。
② 查建英主编：《八十年代：访谈录》，三联书店 2006 年第 1 版 "写在前面"。
③ 喻建欢、汤铎铎主编：《三十年三十人之指点江山》（经济改革卷），中信出版股份有限公司 2008 年版。

"青年经济问题讨论"的聚会。第三次会议约千人左右挤满了礼堂。1979 年，中央提出"大干快上、大跃进"，黄江南和在社科院当助理研究员的王岐山，加上翁永曦、朱嘉明 4 人写出不应该提出大跃进而要对危机采取对策的报告，由王岐山交给国务院领导，领导叫他们去汇报与讨论了一个下午，国务院负责经济工作的领导都参加了会议，见面一开始对青年说，这是新中国成立以来第一次在这里听 30 岁以下的年轻人汇报工作。以后黄江南、王岐山、翁永曦、朱嘉明经常共同研究，写了关于生态、农业、经济体制改革等方面的文章，被人称为"四君子"有了更大的影响力。为了吸收全国各地青年知识分子参与研究，在《中国青年报》等单位的资助下在杭州莫干山召开理论讨论会，为全国各地年轻人提供了人生最大的一次机遇。会后 7 个专业组写成 7 篇政策报告，送到中央。不久中央领导邀请一些与会者共商国事。第二次"老青对话"使中央坚定了这批年轻人是改革可以依靠的有生力量，不少人被吸收到国务院的有关机构从事调研，并曾受到广东、河南省委的邀请从事调研和行政工作，"青年经济学家"这个团体登上了历史舞台，打开了青年人进入改革决策核心的大门。

　　体制的变革为青年人进入社会创造了条件，青年择业的自主性达到了前所未有的程度。1978 年 12 月在农村实行联产承包制，青年农民成了家庭经济的当家人，接着兴办乡镇企业、开始跨地区流动，启动了神州大地上千万人的民工潮。1979 年深圳等沿海城市定名为"出口特区"，青年们带着摆脱束缚的勇气和实现自我价值的梦想奔上特区和大城市从事商业活动，成了第一代的弄潮儿。在各个城市，青年们开个体饭馆、发廊、摆书摊、服装地摊，在饮食、服务、修理、运输等与人民生活关系密切的行业创业并站住脚赚了钱，"万元户"成了流行语。

　　第一代弄潮儿的创业却遇到了思想上的刁难。改革开放初期是计划经济的原有体制与观念当然存在，对青年们的创业说三道四，甚至压制，反映了新旧体制之间的冲突。安徽芜湖的傻子瓜子个体户就是在最高层表态支持才得坚持。正像改革开放之初青年们受到了新旧观念的不同评价一样，对率先投身于创业的青年也引起了广泛的争议。的确，就是在"文化大革命"以前，政治工作不仅对不同意见加以限制，对生活小事也斤斤计较上纲上线打小报告，说你"表现不好"已经习以为常，影响对你的使用，人与人之间的关系比较紧张。强大的历史惯性是对自主性和创造力有形无形的束缚，必须改变传统的价值观念，力求形成和谐的社会。"如果说，在中国，崭新价值观的生长更多地有赖于开拓者的创造，而现代价值观体系的形成更多地有待于理论家的探索的话，那么，中国青年则无疑是这种崭新价值观和现代价值体系的最早的预知者、倡导者和践行者。"[1] 沈杰在所著《青年对社会变迁的反应》书中写道：进入 20 世纪 80 年代以后，中国社会心理开始发生了急剧的变化。在价值观念上，从重理想向重现实、从重义务向重利益、以重集体向重个体的取向转变。个体自我意识的觉醒，使追求生活方式的人本化、个性化、自主化，成为当今社会成员的必然选择。在社会心态上，从封闭化走向开放化，从情感化走向理性化，从单一化走向多元化。在这种背景下，与前几代人相比，青年出现了许多崭新的特质。在价值观念和社会心态层面，青年的理性精神、利益意识、个体取向逐渐增强，由此在实际行动和日常生活领域则表现为，青年的自主倾向、现实定位、多样选择日益凸显。[2]

　　青年中兴起的、适应市场经济需要的崭新价值观念与社会心态，与政治挂帅计划经济为基础的思想政治工作形成了尖锐的冲突，在"蛇口风波"中得到了集中的、突出的体现，轰动了全国。李燕杰，首都师范大学教授，有很多兼职，是教育艺术演讲家，被誉为青年的良师益友。1988 年 1 月 13 日，李燕杰、曲啸（中宣部调研员）、彭清一（舞蹈演员）作为中国青年思想教育研究中心的报告员，到深圳市蛇口与青年举行座谈会，有近 70 名青年参加。开始 3 位报告员以他们习惯的优美修辞，表达了对蛇口及青年的良好印象。但接下来专家们的一些观点与套路受到了青年们的挑战。这么一件非常平凡的事情，想不到李燕杰认为个别青年在会上的言论有严重错误，写了《"蛇口座谈会"始末》上报中央和有关单位要求处理。由此引发了蛇口方面以及《蛇口通讯报》《羊城晚报》《青年研究》《人民日报》的关注与评论。1988 年 8 月 6 日《人民日报》头版发表 7000 字的《"蛇口风波"答问录》。座谈会中出现的争论问题有：专家在会上说，来深圳的既有建设者，也有为了赚钱的淘金者，这个动机很危险，应该把国家放在第一位。青年人则认为创业和淘金是交织在一起的，为什么不能赚钱？没有触犯法律也为建设出了力。个体户为赚钱开餐馆，上交税金，方便群众，有什么不好？在激烈的争论中，恼羞成怒的专家对一位青年说："敢不敢把名字告诉我？"李云忠送上了自己的名片。有位青年说美国西部就是靠淘金者的活动发展起来的。彭清一则认为，美国姓资，搞的是资本主义，我们是建设社会主义的特区，不能用资本主义开发西部的办法来建设特区。当时的争论还包括：曲啸等认为很多个体户

---

　　[1]　沈杰：《青年对社会变迁的反应——现代化进程中青年社会心理的变迁》，天津社会科学院出版社 2012 年版，第 108 页。

　　[2]　同上，第 20 页。

把收入的部分献给了国家办公益事业是为了掩盖剥削阶级思想,在我们国土上跑着那么多外国汽车是落后的表现,还有关于爱国的方式、党风、社会风气等。《"蛇口风波"答问录》一文的最后部分是访问有关人员包括李燕杰对座谈会如何评价。蛇口招商局董事长袁庚等认为应该捍卫发表不同意见的权利。民主意识使青年要求平等对话,思想政治工作必须适应这种形式才能与青年沟通。李燕杰给的回答则说:"蛇口那几个人的做法可以概括为五不对:立场不对,观点不对,事实内容不对,路子不对,手段不对。"在《人民日报》发表《"蛇口风波"答问录》以后8月27日他们再次写报告报送中央领导,报告中甚至提问:蛇口还要不要走社会主义道路。报告写道,有人包括新闻界对此事有不正确认识完全可以谅解。但,有少数人歪曲事实,制造混乱,必须予以揭露。对于一场普通座谈会的争论,对于发展市场经济所需求的崭新价值观念的言论如此上纲上线,报告中央要求惩处,这不是教育,而是阶级斗争的继续,正因为如此,在由阶级斗争转向经济建设的的关键时刻发生的这场风波必然轰动了全国。马立诚2010年8月在《南方都市报》发表"蛇口风波再回首"一文①,认为蛇口青年在发言中表达了个人权力的扩展,私人财产权利的扩展和市场权利的扩展。这三条正是宪政民主的基础。蛇口风波在改革开放的精神史上具有重要地位,蕴含了未来中国发展的重大主题和基本线索。但是对这场辩论蕴含的历史要求一直未能进行充分的思考与解读。马立诚1988年在《人民日报》评论部工作,是组织撰写《"蛇口风波"答问录》和《人民日报》组织"关于蛇口风波的讨论"专栏的主持人,他认为中国长期以来缺乏以个人为本、独立思考、坚持真理、自由平等、民主宽容的健全个人,总之个人无足轻重。这种意识形态与计划经济相辅相成,市场经济的基本价值理念是自由竞争,注重效率,崇尚个性。因此应该进行与此相关的制度设计与法律条款,同时教育领域也应该重视发展青少年的个性。

创业高潮与社会分层

1992年邓小平的南巡谈话破除强大阻力再次开动了市场经济的新长征,全国上下掀起狂热的下海经商热潮。在自由经济发展的同时,社会的活力与空间也日益增加。既然可以凭个人的能力发财致富,对追求个性解放的青年来说就更是如虎添翼。在下海经商的热潮中,青年们凭借体力智力的优势极具闯劲,奔向沿海

---

① 马立诚:"蛇口风波再回首",载2010年8月《南方都市报》见2015年1月22日《共识网》。

地区、特区和各种开发区，青年人口的迁移率是中老年的两三倍。他们没有多少上层关系，就走上了服务业、修理业、饮食业、加工业、手工业等社会普遍需要的职业。大学校园内也出现了学生创办公司、从事第二职业等现象。至于有专利和强项的海归派和高新技术人才，更是用风险资金办起了各种各样的高科技企业。在信息技术、股票证券、金融保险、影视娱乐、营销广告等高回报的行业也都以青年人为主体。农村青年在 20 世纪 90 年代的流动更是形成了高潮，比起 20 世纪 80 年代增加了 7 ~ 8 倍，形成数千万人的持久的民工潮。第五次全国人口普查数据表明农村流动人口的平均年龄为 26. 89 岁。这巨大的劳动群体与国内外的资本相结合，为经济发展作出了巨大贡献。陆学艺主编的《当代中国社会流动》一书指出：原有的阶级出身、单位制等阻碍社会流动的体制正在式微，个人能力和业绩已经成为获得社会地位的主要因素，表明中国在逐步从国家垄断一切的封闭体制走向开放性的社会。① 这里说的是逐步，个人能力和业绩也才开始成为获得社会地位的主要因素，那种家庭背景、人际关系等对它的影响仍然存在，有待进一步解决。

个人的能力是否自然而然就会形成业绩获得社会地位？《青年研究》编辑部就这个问题访问经济学家樊纲。樊纲认为，每个青年都有自己的一份"资源"，即时间、精力、能力甚至财力。青年只有把自己的能力配置到最能满足社会需要的领域中，才能最大限度地实现自己的社会价值，寻找到社会需求因此十分重要。② 22 岁的王海成为中国打假第一人，证明了个人能力与市场需求相结合取得成功的故事，他根据自己的能力选择在小家电产品中打假作为生存与求利的手段，一举成功走上了职业打假之路。接着在北京、广州、长春、重庆等地不断寻假、打假、索赔，获得了很高的知名度和较丰富的经济回报，获得"消费者打假奖"。1997 年 1 月王海创办"大海商务顾问责任有限公司"。打假成了王海的职业，也是政府有关部门的任务。许多青年，不论学历如何都以自己的创造性、自主性将个人能力与市场需求相结合，日益丰富的商品推动了中国经济的发展。1982 年，31 岁的四川成都人刘永好和 3 位兄长辞去在政府部门、教育机构和国有企业的公职，变卖手表、自行车等家产筹集 1000 元到新津县从种植、养殖起步，经过 6 年积累上千万元资金，在 20 世纪 80 年末期转向饲料生产。进入 20 世纪 90 年代创造出中国最大的本土饲料企业集团——希望集团，他任董事长。1993 年，

---

① 陆学艺：《当代中国社会流动》，社会科学文献出版社 2004 年版，第 13 页。
② "市场经济与个人选择——青年经济学家樊纲访谈录"，载《青年研究》1994 年第 1 期。

刘永好联合 9 位民营企业家提出倡议，动员民营企业家到西部投资办厂，培训人才，参与扶贫，先后有 3800 家民营企业响应，为繁荣地方经济改善群众生活起到了很大作用。

"20 世纪 90 年代中期，是中国社会结构演变的一个重要转折点，这就是自改革开放以来就不断分化、演变、调整的社会结构开始逐步定型化下来。这个定型化过程，对整个经济社会生活有着多方面而深远的影响。"① 对中国社会分层已经有大量研究，孙立平教授是其中的代表之一，他在所著《博弈》一书中表明：改革开放早期，首要的问题是要市场经济还是计划经济，提出"不争论"表明推进者已有明确方案。对当时世界的了解形成理性判断的知识精英，和对旧体制弊端有切身感受的政治精英共同启动和推进改革，起了重要作用，是一个充满"理想和热情"的纯净时代。在当时，阶层不仅没有成形，而且不稳定。进入 20 世纪 90 年代特别是中后期，情况发生了根本性变化。特别是 1992 年再次高强度的发动市场经济改革，目标相对单一地要创造一个以效率为基本准则的新经济秩序，推崇的首先是利润、财富和经济的竞争力，人们争相下海形成高潮。其结果，在提高经济发展的同时，提高了阶层分化的速度，扩大了贫富差距，在许多地方特别是大城市，已经形成了明显的富人区，以审美、高消费等特定生活方式形成同质性的社交圈子，出现了不同的阶层。在剧烈的社会变迁时代阶层结构肯定还要变化，但现有的结构可能要相对稳定相当长的时间，孙立平称为中国社会结构的定型化。这种定型化的社会分层现象还浸透到最不讲究身份的大学校园之中，有人将大学生概括为五大部族：大富之家、小康子弟、工薪阶层、困难生、特困生。实际上是家庭的分层在大学校园也有体现，可见阶层之间的边界已相当清晰。另外，20 世纪 80 年代到 90 年代初，阶层之间的流动相当频繁，如刘永好那样只要很小的资本就可进入一个经营领域，中下层社会成员都有机会向上流动。到 20 世纪 90 年代中后期，社会地位流动的门槛加高了，譬如大学文凭和技术也是门槛。教育是否促进流动有不同见解，关键在于教育本身是否公平。20 世纪 80 年代，各级教育都不收费，高校新生中农村生源就占到 30% 多。到 20 世纪 90 年代教育收费直线上升，困难家庭的子女又早期辍学，农村生源只占 17.7%②，他们已不可能通过上学来改变身份了。不同的阶层代表不同的利益，阶层的分化引来了利益的博弈。新崛起的"权力——资本"日甚一日地占领社会财富，使越来越多的

---

① 孙立平：《博弈——断裂社会的利益冲突与和谐》，社会科学文献出版社 2006 年，第 24 页。
② 同上，第 31 页。

平民百姓沦为弱势群体。1996 年武汉进行的调查表明，在中国，大多数人不像西方那样将职业作为社会分层的最主要标准，而是将财富与权力作为首要标准。公众的注意力也开始明显向改变社会经济、甚至仅仅向改善个人物质生活的方向倾斜。理想与热情的褪色，那种视个人物质生活的改善为人生最大目标的功利意识，在社会上顺理成章地蔓延开来。

在西方，从中世纪开始有了个人的商务活动，经过漫长的历史，到中世纪末才有了新的富庶的中等社会。而中国的改革开放，在十余年的时间里就骤然形成一个富庶阶层，这确是中国的特色。另一个中国特色是由政治启动并参与经济。在西方，据香港中文大学教授石元康的论证："我认为现代社会具有下列各项特征：非政治化的经济，非伦理化的政治，非宗教化的伦理的出现。……现代社会的兴起，使得经济从政治中分离出来，成为一个独立的领域。政府的功能只是制定一些人们以私人的身份从事经济活动时所必须遵守的规则，而它本身不再参与任何经济活动（这个现象到了近期资本主义又渐渐有所改变）。自由主义的国家理论把政府的职责限于守夜人的工作，所表现的正是非政治化的经济这种思想。"① 而在改革开放的中国，一个重要的现象是政府直接参与了经济。"一些地方的政府和一些政府部门或是用明顶暗扛，或是用暧昧的态度暗示，直接参加了利益的博弈。在一些地方，地方政府甚至充当起某个利益联盟的整合者的角色。"② 在当时的经济活动中，一方面物质财富成了单一的追求，缺乏 20 世纪 80 年代那种理想主义的精神，一方面法治不健全，缺少以立法形式实现的规范化，腐败开始蔓延。道德与法律的缺失，恰恰为既得利益集团以改革为名获取不正当利益提供了机会，从 20 世纪 80 年代的"理想与热情"的纯净阶段，进入了一种冷酷的"利益博弈"阶段。在短短的十余年时间就骤然形成了阶层分化，扩大了贫富差距，人们在惊奇经济高速发展的同时，又叹息人文精神失落的危机，对这种高速发展的变化感到困惑和不解，不能不在青年中得到反应。

"新人类"——超前的价值观

就在这种社会结构骤然变化令人困惑的时刻，青年群体中出现了被媒体一度广为传播的"新人类"。1994 年深秋，一个小伙子打电话给当时在深圳一家杂志

---

① 石元康：《从中国文化到现代性：典范转移?》，三联书店 2000 年版，第 167 ~ 168 页。
② 孙立平：《博弈——断裂社会的利益冲突与和谐》，社会科学文献出版社 2006 年，第 16 页。

社工作的苗凡卒，苗凡卒应约接待了几位20岁以下的年轻人，其中最小的才上初二，打电话约他的是高中刚毕业的郭耀昆。他们都戴着棒球帽，每人拥有当时价值5000多元从美国进口的"花式单车"，交谈了很久，"他们的每一点对我而言都显得很新鲜"。他们的打扮看似随便，色彩与款式的搭配体现着良好的审美感，透着帅气；他们玩的"花式单车"在国外是用来开展像滑板一样流行的自行车运动。深圳的富裕不仅使他们拥有昂贵的玩具，更让他们拥有发达的资讯和开阔的视野；他们的谈吐十分成人化，与中学生不在一个层次。可能是电视文化带给他们极强的语言能力；他们的举止相当得体，充斥着造型感，让人感觉十分舒服。半天的接触使苗凡卒为之一振，使他想起了日本和中国香港学者写的关于日本"新人类"的著作①。苗凡卒关于中国出现"新人类"的新闻立即引起各地媒体的注意，开始对"新人类"广为宣传，沿海大都市的青年也相继声称他们那里也是"新人类"云集之地。对新人类的论述一时间不乏其文。针对消费，称他们为"零储蓄一族"；因为他们爱学习又称之为"充电一代"。广州共青团省委出版的《黄金时代》，1999年第5期发表"新人类宣言"："我们在改革开放中学步，在商品社会的浪潮中长大，没有太多的传统文化的记忆，没有刻骨铭心的政治、历史的负累，我们在转型中造型。……自费上学，自主择业，自我设计，自我调整，自由发挥。"从第6期开始，《黄金时代》在封面标明该刊为"新人类先锋期刊"，每期都有多篇相关的文章。年底由邱华栋等将这批文章编著成《酷的一代》出版。接着出版了好几部关于中国新人类的著作，苗凡卒的《新人类》也在2002年出版。

"新人类"一词最早出现在20世纪70年代的日本，整个社会对当时青年一代的表现感到与日本的民族传统完全相反，十分惊讶而称之为"外星人""新人类"。经济高速发展以后，战场上传统的武士道精神转换为商场上忠义职员的现代传统，公司职员实行终身雇佣制，加班加点出现不少过劳死。著名学者中根千枝写道："早在日本实行现代化之初，评论家就曾指出，日本如不承认个人的人身自由，它就没有资格宣布它已经现代化了。有趣的是，后来人们看到，渗透到集团组织中的传统体制，既推动了日本的高度工业化，又限制了个人的人身自由。"② 没有经历战争、受到正常教育又享受富裕生活的青年开始对它有了强烈反应。20世纪60年代的学运没有改变日本的现状，青年们转而热衷于旅游、体育

---

① 苗凡卒："'新人类'观察"，载邱华栋等编著：《酷的一代》，中国戏剧出版社1999年版，第13页。
② ［日］中根千枝著，许真、宋峻岭译《日本社会》，天津人民出版社1982年版，第110页。

以脱离政治。20世纪70年代因石油危机将忠诚的职工当垃圾处理,青年对此进行反思转向自我。接着经济继续高速发展,青年出现了"感觉派""玩乐派",不仅"自我"一词,"即时满足"已是青年中流行的概念。从20世纪80年代开始,每逢星期天,成千上万的男女青年从四面八方齐聚在东京都原宿大街上,各自成群结队,音乐、舞蹈、戏剧……多种多样的表演万紫千红,十分投入。笔者1985年在东京亲眼看到这种宏大的场面,深感全世界都少有。成人社会对"新人类"则另眼相看。日本青少年研究所所长千石保因此出版《"认真"的崩溃》一书,接着如《学力崩溃》《学级崩溃》《高校崩溃》等纷纷出版,成年人已经将青年视为与日本人不同的"外星人"。中根千枝不是感叹日本的传统社会结构很难改变吗,也许"新人类"的涌现将成为改变的契机。东京大学教授佐藤学夫对此解释说:"这是年轻人成长的必经之路,他们想要结束一个古老的传统。"①

回到中国的"新人类"。日本的"新人类"是由长辈命名登场,中国的"新人类"则是自己要求登场的。在中国没有哪一个城市比深圳更贴近世界了。深圳青年不只接受学校的单一教育,更是在香港电视、媒体、书籍等文化氛围中成长的。国际化的环境为他们的成长加入了丰富的资源,特别是互联网的发展,信息资讯在"新人类"的生活中占有重要地位,紧跟时代正是他们异于父兄的精神优势。郭耀昆在读初二时从香港电视上看到花式单车表演,从香港购来一辆练习了几年。他们对紧跟时尚潮流深感自豪,自我意识使他们觉得应该公开自己的独特之处,于是主动联系记者,中国"新人类"由此登场。据苗凡卒、邱华栋等所著关于中国"新人类"的书籍以及报纸杂志的报导,他们的时代特征首先是消费。在西方,消费主义有很早的源头,20世纪50年代开始发现青少年市场,20世纪70年代达到高潮,青年亚文化使年轻人将消费作为张扬个性的手段,市场上充满了针对青少年的产品,促进了经济繁荣。在中国,20世纪90年代经济的发展正好兴起了消费文化,"新人类"的成长与流行于中国香港和内地大城市中的商业广告同步。但是他们的消费并不是纸醉金迷的荒唐行为,他们有关于消费的足够知识与思考,钱不是很多,会耐心搜索将每一个铜板用在自以为最有品味和质量的消费上,像西方青年那样追求新潮服装、化妆用品、唱片、电脑等等时尚产品,将消费作为张扬个性获得心理满足的手段。中国市场也开始发现青少年市场,媒体带着强大商业动机大肆炒作"新人类",企业也四面八方登广告吸引他们,并且通过某个"新人类"为代言人促销产品,消费主义日新月异。

---

① 引自龚海华:"日本新人类能否结束一个古老的传统",载《中国青年》1999年第10期。

"新人类"另一个主要特征就是"玩"。对他们来说,玩绝对不是可有可无的小事,"玩是他们标定自身社会坐标的一个重要内容"。① 他们要玩出新鲜的感觉和专业水准,譬如流连夜店、电脑游戏、娱乐和体育活动、玩具等,"新人类"从玩中感受到幸福的降临。其实,在原始社会,工作、休息、游戏也都是一种快乐。《酷》一书的作者何炜针对批评"新人类"玩物丧志时写道:"但追求自由与解放,快乐与乐趣始终是人类的最大梦想,在追求的过程中,人们往往在工具性的手段中忘记了目的,成为工具的奴隶。以自由和乐趣为目的的生活开始在一些另类身上形成明智的生活态度和生活样态,并正逐渐影响着世界的面貌。"②

中国"新人类"的出现,从宏观环境来看,既有国际影响的背景,又由于经济特区处在中国经济急剧增长的中心;从具体生存境遇来看,上大学正遇上并轨、自费,毕业时要自谋职业,找到工作又遇上分流下岗,该结婚时不再福利分房……与先前任何一代都有明显的不同。而在价值观上,原有的已经失效,新的尚未形成。在种种不确定的状态中,那些特别敏感的青少年选择与众不同的表现引人注目。他们不像父辈那样有强烈的进入社会主流的欲望,也不追求传统意义上的成功,在玩酷扮靓追逐时尚的同时不断追问活着的意义,挣脱由别人替自己进行的人生设计,细心寻找属于自己的感受,最关心的是"这件事自己是否喜欢",自称是"自我价值实现的一派"。他们没有历史的负担,不关心国家大事不忧国忧民,但是对社会的看法十分积极,也没有想到什么权力欲,也不在乎能赚多少钱。在深圳有一些"新人类"开设趣味小店、办一人公司以及各种各样的工作室,不一定赚到多少钱,都极其投入。

"新人类"在中国出现以后引起了很大的争议。成人社会说他们没有理想,玩物丧志,不务正业等。甚至有人炒作将体育明星、空中小姐、青年作家、时装人等十几种青年时尚角色都称为"新人类"。2001 年 4 月 5 日的《北京日报》发表蒋泥的杂感:文中说他听不懂"新人类"是什么意思,"当我们还都人不像人,现代还不像现代时,你就忙着跳到'新新''后后'里去,那是干嘛呢?"青年研究的学者沈杰也指出,"新人类"所以引起较大程度的关注,说明它是当今人们尚未经历和遇见过的现象,借用一个外来词来形容它,说明在理解这个新现象时的困惑,值得进行反思。沈杰认为"新人类"现象可以引发两个重要问题。第一,怎样对待工作与娱乐、收入与消费之间的关系。社会提倡通过艰苦奋斗和创

---

① 苗凡卒:"'新人类'观察",载邱华栋等著:《酷的一代》,中国戏剧出版社1999 年版,第26 页。
② 何炜:《酷——生活是一次嚣张,我要使之分外精彩》,吉林摄影出版社2000 年版,第5 页。

业去实现现代化。但是在现代化中，人本身也同样极其重要。充分满足人的需要，使人获得应有的满足感幸福感是社会发展的人本目标。在市场经济中怎样避免人变成"经济动物"？技术的开发和运用怎样更加人性化？在消费主义浪潮中，怎样保证人的反思能力不被作为商品消费掉？这些都是社会发展的终极目标问题。第二，现代化中存在着另一个悖论：科技越发达，物质越富裕，人的个性、自由越会受到"物"的某种束缚和压抑。根据发达国家的经验，当工具理性特别凸显压过了价值理性的时候，就会发生"合理性的失衡"状态，人变成了"经济动物"，变成了机器仆人。"新人类"虽然没有从理论上直接提出这些问题，但的确引起了我们从现实的新角度去思考。"'新人类'不能说积极地、有意识地但却是潜在地、超前地提出了中国现代化可能出现的某些问题性——可预知的'陷阱'。"①

中国"新人类"与日本的最大不同之处是，它出现在有中国特色的短时间内骤然形成一个富裕阶层的经济发展的起步阶段，经济发展是实现现代化的基础，问题是怎样避免人变成"经济动物"。中国"新人类"不像日本"新人类"那样是对旧社会传统的反叛，而是在成人社会埋头追逐金钱的社会背景下，涌现出以感官享受为满足、不重视金钱而追求自由的"新人类"，"他们是嬉皮士和朋克之后的智者，又是常规社会中童心未泯的孩子，乐趣是他们的旗帜，自然本身是其内在精神，富于创造与前卫是其外化形式，快乐是其生活方式的硕果"。② 这些没有进入成人社会童心未泯的孩子，没有在理论上只是潜在地、超前地提出了中国现代化的问题，正好是青年特征的表现。"青年的特征就是这些年龄阶段的人还没有进入或者完全进入到劳动契约的社会关系中去，还暂时保持了追求人的全面发展的希望与行动的自由。青年是现在的内容受到了未来化的意图所推动。这种意图超越了现在进入了未来的世界，超越了现实的合理性接触了未来的偶然性。"③

应该承认，当时的"新人类"确是少数，主要是 20 世纪 70 年代末出身在沿海城市富裕家庭的孩子。有人称他们为第四代的末班小群体，也有人称为第五代的第一批，不能代表整个青年一代。1999 年底零点公司对沿海 6 个城市的中学生进行文化调查，"不怕失败，不怕吃苦敢于克服困难，失败了能够坚强地站起来"

---

① 沈杰：《青年对社会变迁的反应——现代化进程中青年社会心理的变迁》，天津社会科学院出版社2012年版，第60~61页。

② 何炜：《酷——生活是一次嚣张，我要使之分外精彩》，吉林摄影出版社2000年版，第5页。

③ 吴端：《寂静的青春——儒学民众化与青年现象的消失》，中国发展出版社2015年版，第93页。

被学生列为第一位，说明多数青年还是以经济发展为主。但是，正如沈杰所说的，在科技与物质日益发达的时候，人的个性、自由越会受到"物"的束缚和压抑，如何避免人变成"经济动物"，使人获得应有的幸福感，更加人性化，是我们强调经济发展时应该思考的重要问题。"新人类"虽然没有从理论上直接提出这些问题，但却潜在地、超前地将这些问题以生活方式表现出来。西方的历史表明，青年都是以生活方式所表现的青年文化来推动社会的进步，而这种青年文化孕育了政治、经济和文化的精英进入成人社会。正是由于在 20 世纪 90 年代中期，在青年中出现了超前的代表了未来的价值观念，逐渐与成年人形成了代沟，进入 21 世纪甚至形成了激烈的代际冲突。

第五章

青年农民创业与流动的经历

20世纪80年代以来，伴随着中国改革的不断深化，汹涌澎湃的人口和劳动力流动逐渐成为人类历史上最为壮观的人口移动潮流。流动的主体主要是农民流入城市务工，被称为民工潮，其中青年占绝大多数。从农业革命走向工业革命，从农村人口走向城市人口，是实现现代化的必经之路，而中国是长时期的农业社会，直到改革开放农民才开始向城市流动具有其鲜明的特点，因此探讨我国青年农民如何发展生产与流向城市的历程，是研究中国实现现代化的重要命题，对于探讨改革开放中青年的历史，更是青年研究必须关注的重要课题。正好，《青年研究》创刊于1979年，就有关于青年农民的调查与论文，这方面的资料没有中断过。将该刊这方面的资料作一个历史的回顾，可以令人清晰地看到他们作出了巨大的贡献，成为创业的世代。同时，描述青年农民发展生产与流动的过程，又使人看到了青年与社会互动的壮观图景，如何形成为公平的社会，成为重要的命题。

发展农业生产的先锋

1978年，安徽省凤阳县的农民，用手指血印签订实行农业生产包产到户的协议。随着家庭联产承包制的实行，人民公社制度也完全解体。实行这种家庭承包制两年左右，1982年10月《青年研究》收到甘肃省委赴武威县调查组"生产责任制为农村团的工作展示了新前景"的文章，为我们传来了喜讯。"责任制把青年的劳动报酬和经济效果紧密地联系在一起，青年当家作主的思想增强了。为了获得更大的经济效益，他们渴望学习农业科学技术。……各级团组织举办的农业技术学习班、专题讲座等青年们踊跃参加，农业科技方面的书籍供不应求。""青年从过去那种大呼隆的劳动形式和只抓粮食生产的单一经营中解放出来，农林牧副一齐上，在责任田里、家庭副业中明争暗斗，争先冒尖。""使青年们的经济状况发生了变化，生活有了较大的改善，大部分农村青年吃的好了，穿的好了，盖新房的多了，办喜事的多了。"共青团山西省沁源县委 1983 年送来"农村青年是开拓生产新门路的先锋"的文章。地处山西太岳山腹心，山岭起伏、流水淙淙、牧坡广阔、资源丰富的沁源县，生产长期徘徊不前。落实责任制以后，青年们自费拜师学艺力求掌握新技术，农业生产因此很快发生了变化，分工也越来越细。农业上有粮食户、山药蛋户、良种户等，林业上有良苗、植树、管树、承包花果园等，养殖业分为猪、羊、鸡、兔、貂、蜂、大牲畜等，副业有采煤、烧砖、铁、木以及采集、加工等。全县有 2738 户青年专业户、重点户，占全县两户总数的 32%。有一些行业甚至以青年为主体，如运输业中青年专业户占 70%。随着农村生产的迅速发展，在农村青年中出现了学习新技术的高潮。吉林团省委和吉林省社会学会发来了"职业教育——开发农村青年智力资源的战略措施"的报告。将创造的职业教育形式分为 8 类，认为这只是刚刚点燃的星星之火，提出了发展农村职业教育的建议。

1984 年，是《青年研究》刊载农村青年题材论文猛增的一年，共 13 篇。有安徽团省委的"青年农民在农业科技高潮中"、广西团省委的"现代农业与农村青年的文化科学水平"、中央团校的"农村青年在历史转变中的地位与作用"、湖南团省委的"变化、生力军、呼唤"等论文与调查报告。河北省大厂回族自治县团委专门对农村青年求知愿望的变化作了考查：从以往的消极放弃阶段，经恢复高考与实行责任制后的徘徊探索阶段，发展到责任制收到明显效果、农村开始发展商品生产与流通的求实创新阶段。江苏省南汇县团委的报告将青年们的强烈求知欲称为"历史性的要求"，呼吁社会创造条件让它燃烧起来。

紧接着，出现了青年在家庭的生产活动中发挥主导作用的报告。山西省怀仁县团委发来"农村家庭关系的新变革"，随着农村经济的蓬勃发展，不仅改变了怀仁"雁门关外野人家"的荒凉贫困面貌，还改变了"父为子纲""子随父愿"那种礼教束缚的家庭关系。被省政府树为"百业王"的清泉村"养兔状元"刘沛，经过两年的潜心研究写成 10 万字的"养兔经验集"，改变了父亲传给的技术，饲养家兔 5180 只，出售 4100 只，成为第一批万元户。女青年的地位也得到改变。刘晏庄村女青年王玉兰自费学到食用菌栽培技术，办起了家庭食用菌厂，并将技术传给 40 多个青年。很多父辈们不得不为晚辈的不凡才能所折服，使家庭关系由论资排辈变为选贤任能。1987 年，吴晓水在湖南省常德地区农村调查后发来"青年当家：农村改革的又一道曙光"的文章，首先指出，据 1986 年底统计，全区已有 4617 个农户的家长退居二线，把当家权交给有文化有能力的儿女或郎婿手中，家庭经济很快有了明显转机。农村中广泛流传"家有高中生，不愁富无门"的顺口溜。1988 年《青年研究》第 1 期发表郑应发的论文"农村青年自主性的表现",认为农村青年许多新的特征中自主性是其中较为典型的特征。

到了 20 世纪 90 年代中期,外出打工的农村青年回到农村发展大规模、高效益、工业化的三高农业。广东青年干部学院的李学铭的调查报告指出,三高农业是在国际市场、港澳市场需求的牵动下,在珠江三角洲发达地区兴起的。广东省清远县山区青年黎庆伟在外打工受到农副产品市场的启发回乡试种反季节蔬菜成功,很快走上致富道路,成为青年科技星火带头人。各县乡青年纷纷起来选择自己的项目,一批优质塘鱼基地、美国牛蛙基地、名优水果基地、蔬菜基地相继涌现。经几年开发,出现一批富有地方特色的粮食、林木、笋竹、水果、板栗、茶叶、蚕桑、甘蔗、药材、反季节蔬菜、水产、生猪等商品生产基地,使山区农业走上了现代化道路。青年们不仅自己发展项目,而且积极配合政府部门多渠道引进外资。到 1994 年底,清远市从中国的香港、台湾,马来西亚等地引进外资985.43 美元,兴办三高农业项目 41 个。

在农业生产大发展的巨变中,青年以自己的实际行动赢得了"开拓生产新门路的先锋"的美称。他们因追求富裕、追求发展而产生的强烈求知欲被概括为"历史性的要求"。他们也因此成为家庭经济的"当家人"。这一切说明了,"青年是智力机能高度发展,参与意向强烈而社会化正趋于完成的具有统计意义的群体"。① 由他们以较高智力与胆识参与的农业生产大发展,为原来的自然经济向商品经济转变提供了动力,为中国市场经济的建设起到了开路作用,从而激发起变革农村产业结构、变革国家政策的更高要求,促进改革向更加深入地发展。

乡镇企业的主力

恰恰是在这个时候,1984 年国家宣布人民公社解体,取消农产品统购统销,允许农民自带口粮进城务工经商。也在 1984 年,中共中央和国务院颁布 4 号文件,将社队企业改名为乡镇企业,肯定它在国民经济中的作用,要求开创更新的局面,为农村青年社会角色的改变提供了条件,成为农村青年又一个大有作为的新舞台。

1984 年,湖北省应山县团委敏感地发来"农村青年剩余劳动力的去向"的报告,归纳出青年剩余劳动力的五个去向:进入运销和经销的流通领域;进入食品

---

① 崔建中:"论青年的本质特征",载《青年研究》1987 年第 5 期。

加工、建筑等乡村工业；从事林业、采矿等开发性生产；从事服务行业；投入各种专业学习；并对如何开发和利用青年剩余劳动力提出了建议。江苏省苏州市团委顾王坤和张建美的"农村青年与乡镇企业的相互促进"的报告指出，苏州是乡镇企业发展较早的地区之一。费孝通的《江村经济》就记载有农村经营蚕丝工业的传统。20 世纪 80 年代初他又到苏州等地作过调查，参加当时举行的"江苏省小城镇研究讨论会"，他在发言中说："在我看来，（苏南地区）现在所谓离土不离乡遍地开花的社队小工业，就植根于农工相辅的历史传统。"① 既有历史传统，到 1983 年苏州全市很快就拥有 8000 多个乡镇企业，总产值达 37 亿元，占农副工业总产值的 70% 以上，前来务工的农民有 70 多万人。新工人实际是初中毕业生，身份的变化提升了青年的素质，昔日那种悠闲单调的生活方式受到冲击，生活节奏加快，增强了时间和效益的观念。更激发了青年的求知欲，吴县黄桥乡张庄村 20 名青年坚持每周两次骑自行车一个半小时到城里学习技术。其中的佼佼者甚至跑到苏州、上海甚至首都，成为城乡之间信息交流的中介开拓了农村青年的视野。山东省团校的惠东波 1985 年对临沂市罗庄镇乡镇企业的调查，提供了同样的信息。乡镇企业的工人，80% 是青年，20 岁以下的占 24%，20～25 岁的占 56%，26 岁以上的占 20%。他们努力改变在农村养成的生活习惯以适应工业的要求。而且企业的管理和技术人员主要也是青年。更奇怪的是，他们很少有被雇用与依赖思想。对该镇 150 名青年工人的书面调查结果，对取消"大锅饭"实行承包责任制，欢迎的占 80%，对厂长拥有解雇权有危机感的只占 9%，持欢迎态度的则有 82%。企业的发展也是青年自身发展的需要，主人翁的感觉表现出高涨的劳动热情和对企业的主动关怀，出现许多献计献策促进企业发展的事例。

农村青年开拓新生产领域的创举受到了高度重视。中央领导曾称赞过江苏省扬州市亦工亦农的建筑队伍。毛奇先生赴扬州调查后，以"走遍全国的青年农民建筑队伍"为题发来了报告。扬州市的江都、泰县、泰兴等县都有近 20 万的剩余劳动力，他们组织建筑队伍走遍全国 20 多个省市，有任务背包外去，无任务回乡种田，使 10 万人有了生财之道。1983 年他们参加了大庆油田、克拉玛伊油田、葛洲坝工程、大雁烘矿算重点工程和深圳特区建设。在大庆建造的住宅楼造价比国家标准低 10%，全优率达 72%。1985 年广东团省委的陆华生送来南海县的调查报告：近 5 年来南海县的经济形成了以粮食生产为主体，乡镇企业和多种经营为两翼的鸟型经济结构。一股引人注目的新潮流是，作为集体经济的重要补充，

---

① 费孝通："小城镇大问题"，载《社会学通讯》1983 年第 4 期。

由青年创办的家庭企业和工业联合体相继涌现，1983 年全县达到 424 户，总收入达 621 万元。一方面青年们有了提高自身收入的途径，不必远走他乡到处漂泊；一方面男女青年分工分业，纺织、制衣、玩具等乡镇企业吸收女青年，男青年则集中在铸造、机械、电器等企业，形成一个个的青年群体。与此同时，青年有了自己的收入，导致消费、兴趣与生活习惯的改变，出现与城市同化的倾向。穿着已经时尚，婚礼也讲排场，娱乐更是兴起，桌球、交谊舞、轻音乐具有吸引力。全县有"威利""蓝盾"等 10 多个乐队，演出 100 多场，前往捧场的均为 25 岁以下的青年。

1988 年陈训秋对湖北省农村青年专业户的发展趋势作了调查，列出了 8 种趋势：自觉性不断增强、第一产业比例上升、规模效益激增、专业集团异军突起等等，值得注意的是低龄户大量涌现。过去，中学生回村以后总要经过一个思想调整期，对留在农村是否有作为反复思考，有一个从灰心到静心，再到安心，下决心成家立业的过程。随着农村多种经济的兴旺发展，以及各种技术培训组织的展开，他们毕业后就直接奔向致富之路，有的在学校就做好了思想准备，给有志小龄青年插上了腾飞的翅膀，使从事专业生产的"精锐"部队不断壮大。

随着农村经济向商品经济转变，农村青年不满足于个体经营，为了扩大经营规模，他们寻求协作伙伴，建立起青年股份合作体的企业。黑龙江团省委的宋恩华在该省望奎县的乡镇对此作了调查，认为这种股份合作体的形成，不仅是青年有共同发展的愿望，更是要求以追求更大经济效益为前提，进行资金、劳力、设备、技术、信息等生产要素的合理配置，使传统农业朝着产业化、企业化的方向发展。他们眼界开放，通过多种形式跨地域组建新的青年股份合作体。先锋乡电子电讯厂青年股份合作体就是与北京几个大学生进行联合开发出了新的项目。从 1993~1994 年 1 年多时间，全县青年股份合作体由最初的 10 余个，发展到 3896 个，吸纳股金 3600 万元，1993 年实现产值 5100 万元，获纯收入 1960 万元。

随着乡镇企业的发展，出现了农村青年专业协会。1987 年金振吉发来了"农村青年专业协会的旺盛生命力"的文章。"这种农村青年专业协会，把农村中的'科技致富能手''青年专业户'和'能工巧匠'组织起来，形成行业技术优势，上与县以上的专门学会、科研单位、高等院校挂钩衔接，下与青年农户息息相通，通过试验、示范和技术培训，使农村中的'人才团'越滚越大，推动各项新成果、新技术，尽快转化为生产力。同时，根据生产活动的不同需求，为青年农民开展单项的或系列配套的技术、信息、销售服务。"协会具有专业性、可靠性、松散性和开放性。河北省宝县八里店的青年生产了从法国引进的"羊角椒"种子，这个信息经青年农副产品协会传播后，大江南北 17 个省市求购种子。种子每斤 85 元，不少青年因经营此项目致富。金先生写道："随着联合规模的扩大，相当多的农村青年专业协会成为产、供、销一条龙服务的技术经济实体。……孕育着一些新型合作经济的萌芽。"青岛农业大学合作社学院的王勇发表"青年成长与我国农民合作社的可持续发展"的文章。据农业部统计，截至 2011 年底全国农民专业合作社已经超过 52 万家。文章最后的结论写道："青年作为时代'急先锋'有能力担当促进社会发展的角色。合作社作为弱势群体的集合也需要肯奉献的青年的广泛参与。实践证明，青年参与合作社事业是一个'共赢'的过程。"

1985 年收到两篇对乡镇企业青年厂长的调查，说明农村青年中有一大批佼佼者以崭新的战斗风貌登上了乡镇企业的管理舞台。湖北团省委和黄冈团地委的邓务贵和陈训秋发来"乡镇企业青年厂长求胜特点分析"的文章。黄冈等地的青年厂长（经理）已占企业中厂长（经理）总数的 30% 左右，包括副厂长（经理），比例则高还 60% 以上。还有一大批厂长预备队即将脱颖而出，乡镇企业的领导大权将被青年所掌握。他们的特点是：不甘平庸，敢于在政治上崭露头角；不拒风险，敢于在逆境中兴家立业；不畏强手，敢于和同行展开竞争；不囿于农家生活格局，敢于同城市人比阔绰；不安于当外行厂长，敢于向技术权威挑战；不唯命是从，敢于冒犯顶头上司的'天威'；不避闲言闲语，敢于在企业管理中称雄；不拘三礼四节，敢于充当家庭成员的'首脑'。1984 年元月，一位 24 岁的女青年经过几番施政演说击败对手，冲破重重阻力，揭榜承包风雨飘摇多年的布鞋厂。短短 6 个月使该厂焕发青春，产值增长 56%，利润增长 4 倍。《人民日报》以"雏凤展英姿，改革潮头立"为题报道了她的事迹。

乡镇企业迅速发展对我国经济作出了历史性的贡献。2005 年末，乡镇企业的职工达到 14180 万人，年均增加 272.8 万人。农民人均从乡镇企业获得的工资性收入 2000 年为 700 元，2006 年达 1100 元。乡镇企业是我国县域经济的主体力量和县乡财政收入的主要来源。在很多县市区，乡镇企业创造的增加值和上缴的税金已占到县城经济的 75% 以上。2007 年，全国乡镇企业用于农村基础设施建设和公益事业的各种支农补农资金突破 200 亿元。充分展现出乡镇企业所承担的社会责任和历史使命。① 而对于青年来说，不仅在于收入的增加，更是一种身份的变动，不再是单一的农业生产者，出现了多样性，有的认为已分化为 8 种阶层，有

---

① 曹宗平：《中国城镇化之路》，人民出版社 2009 年版，第 118～120 页。

的认为 5 种，即农民、工人、工商业者、技术员、管理人员等。但是，由于二元社会结构没有改变，这还是一种尚未定型的过渡性身份体系。1993 年，郑州大学的方卫华发来"当前农村青年的社会角色困境"的文章，指出乡镇企业中青年的户口、房产、家庭仍在农村，"亦工亦农"的处境，使他们在时间与精力方面如何兼顾，工人的收入与农业的投资之间也有冲突。"农村青年的双重角色及其冲突是一个深刻的结构问题，也是中国农民特有的现象，如何合理地协调，对农村的发展来说是至关重要的。这种双重角色的前途和命运与中国农业的命运是一致的。"但是，也正是乡镇企业的发展带来的角色矛盾，成为推动农村发展甚至社会结构变化的动力。乡镇企业的发展本身就是社会变革的成果，它为农民提供了以前无法比拟的选择机会，每个成员选择机会的多少，也是衡量社会发展程度的重要社会指标。更重要的是，乡镇企业的出现是中国农村社会结构新变革的开始，李培林和王春光在他们《新社会结构的生长点》一书中写道："乡镇企业作为一种新型法人行动者的出现和迅速发展，改变了传统农村以自然人和家庭为构建社会结构最重要因素的状况，逐渐地建立起一种以社会化、法律化契约关系为基础的社会新结构。"[①] 书的最后还写道："中国农村因改革而发生巨大变化，中国数亿农民通过'乡镇企业'这种特殊形式改变自己的职业身份和社会身份，这大概是 20 世纪人类最伟大的事件之一。"

带头流动与反乡创业

1995 年中国青少年研究中心邵涿阳发来了"中国青年人口：基本状况和特点"的文章，特点之一是农村青年人口比重高。1990 年全国 15～34 岁青年人口总数为 4.3 亿人，农村青年占 71.82%。1990 年我国乡村人口占总人口的 73.77%，我国农业劳动力占总劳动力的比例为 77.47%，而 15～34 岁农村青年人口占我国农业劳动力的比重则高达 62.31%。因此，从年龄结构上看，当前我国农村中存在的劳动力过剩现象就是青年劳动人口的过剩。乡镇企业的兴起吸引了过剩的青年劳动力，但是也不是没有局限，1988 年罗玉玲在"试论农村青年的社会流动性"中指出：上海宝山县 1983～1990 年社队企业职工人数每年只能增加 1%～2%，因为从 1983 年开始，社队企业开始整顿，实行定员定额，加上产品销售有了困难，因此向乡镇企业的流动将是比较缓慢的。在 20 世纪 80 年代末 90 年

---

① 李培林、王春光：《新社会结构的生长点》，山东人民出版社 1993 年版，第 255 页。

代初曾经有大范围对乡镇企业的整顿。更主要的是，人口的迅速增长，即使乡镇企业再发展也吸收不了农村所有的青年剩余劳动力。青年是农村中文化程度较高的一部分，他们最有能力也最渴望向城镇转移。1991年进入广东省的外来人口90%以上是青少年。

城市经济的快速发展，大量外资的引进，正好需要大量劳动力。1980年6月设立深圳经济特区。1984年5月4日中共中央、国务院批转《沿海部分城市座谈会纪要》，纪要的内容有以下部分："加快利用外资、引进先进技术的步伐""进一步开放沿海港口城市""把经济特区办得更快些更好些""搞好海南岛的开发建设""疏通利用外资企业产品的内销渠道""加强领导，培训干部抓好社会主义精神文明建设"等。会议建议进一步开放天津、上海、大连、青岛等14个沿海港口城市。国营企业、私营企业、中外合资企业、外国独资企业、个体户，各种所有制的企业在沿海港口城市，特别是在深圳特区和海南岛风起云涌。被计划经济所束缚的活力与创造力顿时得到了释放。党政机关的干部、知识分子掀起了奔赴沿海城市的"下海潮"，不少大学生也离校创业，当然也少不了农村青年流向城市掀起了巨大的"民工潮"。

综合《青年研究》的调查报告，农村青年跨地区流动最早始于20世纪70年代末。安徽师范大学团委的张士军认为，农村剩余劳动力最早向城市转移不是发生在内陆省份，而是出现在农业耕作水平较高、人均占有耕地较少的沿海沿江省份，如浙江的温州、台州，安徽的无为县。1987年以来温州市输出100万人，多数为青年，职业都是层次较低的服务性工作。正是这批沿海沿江的流动青年在城市致富的信息广泛传播，导致了内陆省份数百万农民工全国范围的转移。陕西省宝鸡县阳平乡的大压村，1984年有3名青年到甘肃省办水泥厂，到1987年外出去到甘肃、宁夏、青海、新疆的已有200多人，80%是青年。河南省罗山县一个近3000人的村，1980年有30人左右外出打工，10年后增到200人。河南省沁阳市西向镇外出青年1987年达3000多人，是1979年的7倍。一个由农村青年带头上亿的"民工潮"在中国的大地上开涌现了。

深圳市的宝安县，1992年底改为深圳市的宝安区和龙岗区。广东青年干部学院的谭建光对宝安县青年劳动力的流入作了调查。1979年宝安县工业产值仅占30.83%。当深圳建为特区时，宝安县作为农村受其管辖但划分在特区边界线之外，本地青年还向港澳和蛇口等地外流。但是当地领导敢想敢干，1979年1月利用250平方米的旧仓库与香港曾氏毛巾厂签订合同办起布吉毛巾厂，是全县第一个"三来一补"企业。各镇纷纷效仿，吸引了外地青年流入。正是大批从外地为谋生而来的劳动力为宝安积累了原始资金,全县"三来一补"结汇,从 1978 年的零起步,到 1987 年达到 7059 万美元,工业总产值增长了 28 倍。从 1988 年开始,鼓励各村要兴办"三来一补"企业,形成吸引外来劳动力的第二个高潮。1992 年底宝安县成为深圳的宝安区后,区政府提出了"实现宝安城市化、工业化、现代化"的发展战略,制订了到 2010 年赶上中等发达国家水平的实施计划。与宝安区雄伟的工业革命同时发生的是,常住人口的素质结构也在发生变化,首先是对青年提出了更高的要求,一方面是培训已有的打工青年,同时又积极引进人才。据统计,引进大学生 1200 多名,硕士、博士 200 多名,高级工程师、工程师 1300 多名。截至 1994 年底,宝安区总人口 106.6 万人中,暂住人口 84.2 万人,占 79%,其中外来青年劳动力 83 万人,占暂住人口的 98%。谭建光指出:"中国的改革开放实践就是一个培养农民的现代性因素、造就现代化青年的大学校,从外来劳动力的素质变化过程更能看出这种效应。"

"青春作伴好还乡",这是湖南省攸县团县委的陈峥嵘写文称赞他们县农村青年结伴外出打工返回家乡作出贡献时用的题目。到 1994 年外出打工的青年已突破 60 万人,青年外出的途径也有不同,他们经历勇闯世界的酸甜苦辣以后,不再是以前那样安于现状,有了穷则思变要振兴家乡的愿望。针对青年们的这种愿望,政府制订了优惠政策。1994 年 1 月到 4 月底,就有 500 多名外出青年或引资回乡或投资办厂,创办企业 125 家,总投资 365 万元。即使不回乡办厂,平时他们寄回家乡的资金也极为可观。据统计 10 万外出青年 1993 年寄回的资金达 2 亿元之多,占当年全县乡镇企业总产值 12.9 亿元的 1/6 强。较为突出的是皇图岭镇荫泉村,全村 1993 年总收入为 40 万元,青年寄回的钱达 18 万元,占 45%。在"青春作伴好回乡"文中,介绍了几个青年自己回乡办厂或引外资回乡的精彩故事,该文最后写道:"诸如此类的事例举不胜举,无数的事实说明,青年外出打工及其回流不仅有助于青年自我价值的实现,培养新一代敢闯敢试、勇于开拓的青年,而且有利于促进当地经济的发展。"前面提到的安徽师范大学团委的张士军也对青年回流现象作了分析,认为回流促进了中国乡村的社会发展进程。首先是促进了乡村文化的变革。几千年的皇权统治,造就了静寂恒久的乡村文化,成为人们议论的国民性的原型。青年外出后,吃苦耐劳的天性与市场经济的竞争平等原则一拍即合,经过城市文化的洗礼,重返黄土地时成为播撒文明种子的播种机。广西一位在广东的打工妹毅然捐资 20 万元为本村小学建教学楼。他们以全新的观念,广阔的视野,一面革除乡村落后文化的痼弊,一面张扬着时代的旋律,成为社会总体推进的内驱力。

城市里的农村人

据 2014 年 2 月 21 日《中国青年报》报道，2014 年 2 月 20 日国务院新闻办举行的新闻发布会，会上介绍 2013 年全国农民工总量为 2.69 亿人，"80 后""90 后"农民工占总数的 70% 以上，也就是要接近 2 亿人，是我国十分宝贵的人力资源。与老一代农民工相比，他们在诉求上主要有 3 个变化：由过去进城挣钱回乡向现在进城就业融入城市发展；由过去追求足额工资向现在要求参加社会保险转变；由过去要求改善劳动条件向现在要求分享企业和城市发展成果转变。新生代农民工有融入城市的强烈愿望。从 2000 年开始，《青年研究》每年都有学者发来的关于农民工的论文，主要是集中在新生代农民工的社会认同与城市融入问题。

北京大学社会学系吴麟在 2013 年发来的文章中，引用了中华全国总工会新生代农民工课题组 2010 年对新生代农民工的界定："出生于 20 世纪 80 年代以后，年龄在 16 岁以上，在异地以非农就业为主的农业户籍人口。"新生代农民工的数量已超过 1 亿人，不仅成为农民工群体的主体，而且在我国职工群体中也占据半壁江山。这一群体具有"时代性、发展性、双重性和边缘性"四大特征。时代性和发展性，我们可以理解为他们流入城市为改革开放作出的重要贡献，而双重性和边缘性则是学者们最关注的社会认同与城市融入问题。中国人民大学和天津社科院的杨菊华等在 2013 年发来"北京市青年流动人口行为适应比较研究"指出，对流入城市的青年农民来说，学习城市的生活方式和进行广泛的社会交往是融入流入地的关键环节，从人际交往、社区参与、休闲活动 3 个方面调查的结果表明，流动人口的行为适应程度很低。他们更多集中在声望较低、社会流动空间较小的职业中，行为适应处于双重弱势。2014 年华中农业大学的张陆在武汉和天津的调查结果表明，"他们的自我概念中'农村人'比'城市人'更加重要，而且他们喜欢与农村人交往而不太愿意与城市人交往。……在城市这个新环境中，'农村人'——更确切说是'城市中的农村人'——认同能够给城市移民带来更多自我概念的确切性，使他们知道自己是谁，而能够预测自己和他人的行为；此外，城市移民往往会遇到种种城市人的歧视，这又使得他们需要通过提高群体认同来对应与歧视有关的伤害"。他们处于一种身份模糊的自我迷失状态，是一种最不健康的社会认同模式。2013 年辽宁工程技术大学李荣彬等发来文章指出，农民工市民化是指农民工克服各种制度阻碍和身份限制最终实现市民化的过程和现象，它不仅要求在身份上，而且也表现在价值观念、情感融入、身份认同、政治参与等方面以及与城市市民在生产、生活方式逐渐趋同的过程。作者们选取经济生活、居住条件、社会关系、政治参与、心理认同 5 个维度来构建新生代农民工市民化指标体系，研究结果表明，我国新生代农民工只达到"半"市民化水平。值得注意的是，作为平等参与政治生活的主体，新生代农民工不能参与城市政治生活，沦落为城市的"二等公民"，这才是市民化水平较低的根本原因。清华大学的孙湛宁对北京某高校食堂的农民工作了实地调查发来文章指出，"进入城市完全是进入另一种社会和文化，甚至是进入另一个时代。""但年轻的个人并不会放弃对城市化、对融入另一个世界的追求。尽管他们仍从事最底层和最辛苦的工作，尽管他们可能是在拿一生中最宝贵的青春做筹码，尽管他们还要面临未来的漫漫长路，尽管他们的背后可能是一个心酸的家庭，但这些相对于他们融入另一个世界的梦想都显得微不足道，于是非理性的透支着青春、金钱、情感和精力成为这类农民工的显著特征，而这些透支难免会对他们未来的人生留下遗憾，甚至更加无法把握自己的命运，成为'浪迹的根'。他们也由此成为断裂的时代中最迷惘的一代人，既无法回到农村，又无法融入城市。"

吴麟的文章讨论新生代农民工的媒介话语权，研究表明他们是一个沉默的、失声的、被剥夺的、被边缘化的阶层。媒体对新生代农民工的报道以政策议题为主导，消息来源也以党政机构及其人员为主，以致"维权抗争""政治参与"等远离其视野，遮蔽了他们作为人的主体性。新生代农民工自己是否有自主、能动地表达其利益、意见和思想的强烈愿望吗？上海大学的吴玉彬在 2013 发来的文章指出："笔者发现中国新生代农民工的阶级意识是以个体的形式表现出来。"吴玉彬在富士康公司平均年龄 21.2 岁、农村户籍占 86.3% 的新生代农民工中收集了1582 份问卷。结果发现丰富的消费品为他们排遣工作中的怨气提供了渠道。他们的最终目的是"赚钱""开店"，改变现在的状况提高自己的生活与品位。值得提到的是，富士康"17 连环跳"造成 14 死 3 伤的悲剧性事件，在国内引起了轰动，但并没有像在韩国那样因个人自焚引起全国范围的工人抗议事件。相反在访谈中他们大多对此表示不理解，"干不了可以走嘛，何必跳楼"。这种态度并非违心的说法。经过比较他们觉得富士康的工资与环境还是好的。消费主义浪潮并没有驱使他们进行争取加薪的斗争，而是转换为回家炫耀的资本。这种建立在个人利益上的逻辑是消费社会的必然结果。对于受到剥削，访谈中他们确是对工作条件、工资等不很满意，但大都对罢工、斗争等持不屑态度。他们说："现在有骨气的全都死了。……全国各地都一样，资本家和官员都一个鼻子出气，凭个人的力量那是以卵击石。"结论是"在消费因素的影响下，富士康员工并非以阶级的观念来审视整个宏观的社会结构，而是关注个体的、微观的日常生活。在这个过程中，工人主体性的抗争被肢解了，难以形成大规模的抗争"。

农民工的公民权问题

青年农民工问题，是中国极其特殊的国情在实现现代化过程中将长期存在的问题，以上的介绍与论述已经给我们提供了大体轮廓。最后我们要介绍的是对农民工平等公民权问题的讨论。

宁波大学法学院、华中师范大学的操家齐2012年发来"合力赋权：富士康后危机时代农民工权益保障动力来源的一个解释框架"一文，第一句话就是"本文认为，农民工问题的实质其实就是一个权利问题，就是他们不能取得平等的公民权利，他们现状的贫困其实就是一种权利的贫困"。接着写道：赋权（Empowerment），英文词可以理解为"充能"或"使之有能力或权利"，而不是给予权利。农民工平等的公民权利是宪法和法律所规定的，而不是任何一级政府或组织所能够给予的。恰恰相反，正是过去一段时间政府确立的一些不合理的制度框架限制或者剥削了农民工相应的权利，现在该做的是"还权"，而不是摆出一副高高在上的态度"给农民工"以权利。从这个意义上说，将"赋权"理解为"使之有能力争取、满足自身的基本权利"并进而实现自己应得的权利，无疑意义更准确。

该文认为农民工赋权是一个异常复杂的过程，需要各方面努力形成合力。形成合力的因素主要有：宪政赋权、外力赋权、行政赋权、市场赋权、媒体赋权、自力赋权几个方面。文中对这六个方面作了详细论述，现摘其精华介绍如下。①宪政赋权：宪法第一章"总纲"第一条："中华人民共和国是工人阶级领导的、以工农联盟为基础的人民民主专政的社会主义国家。"农民工在身份上精辟地体现了工农联盟这一概念。宪政赋权，是实现农民工公民权的一个根本问题。②外力赋权：改革开放使中国成了"世界工厂"。富士康跳楼事件后西方社会的民众通过媒体、网络给苹果公司、惠普公司以巨大的压力改善工人的工作条件。③行政赋权：农民工权利的变迁现在取决于政府策略的选择，只有中央政府更有能力牵头统筹解决农民工问题。我国城市化的进展水平不是快而是慢了。④市场赋权：2013年以后我国人口红利时机将要结束，而经济仍然在发展，这就增强了农民工的议价能力，在十多年工资持平之后始出现工资上涨的趋势。⑤社会赋权：所谓社会赋权是指一些民间组织、媒体、社区等出于维护社会公平正义，以公益的方式帮助农民工维护其合法权利。据估计全国为农民工服务的民间组织不足百家确实太少了。⑥自力赋权：自力赋权指的是农民工这个权利主体通过自己的贡献获得争取公民权的实力，通过抗争去维护个人权益，通过提高个人素质和能力去展现运用权利的能力。农民工的贡献主要体现在劳动上，这正是中国在国际产业分工中的最大优势所在，至于维权抗争也越来越得到社会各界的理解与宽容。

文章最后提出了建议：当今中国政府有能力、有实力也有责任在农民工的公民权问题上采取主动，关键是是否认识到其必要性紧迫性。2015 年 5 月 6 日《参考消息》以头条新闻转载了英国《金融时报》网站 2015 年 5 月 5 日报道中国人口老龄化和独生子女政策的效应已经开始影响到劳动力的数量。中国的劳动力队伍正在萎缩，驱动工业腾飞的"农民工奇迹"几近结束。《参考消息》以"中国'农民工时代'走向终结"为题转载了《金融时报》对此的大量报导，提醒我们不仅要重视户籍制度的改革，重视农民的民生问题，而且包括了整个经济与政治的改革。

2014 年 7 月 30 日，国务院《关于进一步推进户籍制度改革的意见》正式印发（以下简称《意见》），提出了 3 个方面 11 条具体措施，决定取消农业户口与非农业户口性质区分，建立城乡统一的户口登记制度。这标志着实行了半个世纪们"农业"和"非农业"二元户籍管理模式将退出历史舞台，是一个具有划时代意义的改革举措。公安部副部长在答记者问时，也坦承户籍改革的难点之一，就是"许多公共服务和社会福利政策长期与户籍直接挂钩，难以剥离"。正是在这种背景下，更显现了取消农业户口的改革的勇气和价值。2016 年 9 月 20 日新华网报道，北京市等 30 个省市区宣布取消农业户口，拉开了"平等权利时代"的序幕，也是我国实现现代化迈开了关键的一步。我们期待着一个新时代的来临。

第六章
现代化进程中的中国青年

进入 21 世纪，中国的现代化迎来了经济的高速发展，成为世界第二大经济体。西方实现现代化经过了漫长的历史，中国经过 30 多年就迅速崛起实现了工业化，几代人的梦想与追求开始成为现实，是历史的奇观。当然，中国的现代化还有很长的路，还要从工业时代向知识时代、工业经济向知识经济、工业社会向知识社会、工业文明向知识文明转变，包括可持续发展的生态现代化、全民精神文明建设的现代化。中国迅速实现现代化具有中国的特色，在向现代化转型的环境中成长的青年也具有自己的特征。美国《时代》周刊 2007 年 11 月 5 日发表西蒙·埃勒根特的文章说："20 多岁的年轻人是中国现在的经济发展的推动者和首要受益者。"在实现现代化中的中国青年不仅在国内，而且受到了国际上的重视。当时 20 多岁的年轻人称为"80 后"，这些在 21 世纪中国进入市场经济的环境中成长的"80 后""90 后"，在实现现代化中扮演了重要角色。

代际之间的冲突

进入 21 世纪，中国经济的迅速发展，社会结构的急骤转型，在"80 后"的生命历程中留下了深刻的独特烙印，最引人注意的是，从"80 后"出生开始，就遇到了空前绝后的代际冲突。

中国政府的独生子女政策，使独生子女被称为在蜜罐里长大的"小皇帝"，被描述为娇生惯养的孩子。待他们上小学和中学的时候，媒体和教育家认为他们生活太优越，没有责任感，称他们为"垮掉的一代"。接着负面评价越来越多："最叛逆的一代""最娇生惯养的一代"，是"喝可乐、吃汉堡"长大的"享乐的一代"等。2006 年 7 月，《北京青年报》以"80 后：迷失的一代还是阳光的一代"为主题进行了两个星期的讨论。学者王芳对包括《人民日报》在内的 14 种主流媒体对"80 后"的报道内容进行了分析：2003 年开始有 2 篇中性报道；2004

年开始有 1 篇负面报道，2005 年 1 篇，2006 年 16 篇，到 2007 年就有 45 篇；2008 年开始转变有正面报导 79 篇，仍有负面报道 40 篇。王芳的文中认为成人社会的负面评论大多不符合事实，表现了成年人一种简化、类型化甚至抱有成见的刻板印象的认知方式。① 实际上，"小皇帝"一词出现后，在文学刊物、各种杂志以及电视媒体上就开始有种种对他们表示担心的文章。在网络和日常生活中的议论就更多了。"在中国历史上，或许从未出现过这样一个代际群体，如"80 后"般受到过如此大量、长期的关注与争议。对这代人的讨论从他们伴随着改革开放和独生子女政策这两个重大历史事件的出生开始，历经 30 年至今仍方兴未艾。"②

　　作为代际关系，"80 后"的长辈是"50 后"，是与新中国同时成长的一代，也是特殊历史中的特殊的一代。经过对"文革"的反思他们曾经要求民主，并提出了改革的思想参与了变革，富有理想主义并作出了贡献。但是，当他们进入成人社会以后，却以自己所接受的教育与经历要求后一代。英国历史学家汤因比与日本社会活动家池田大作的对话中提出了代沟问题。池田大作说："他们年轻时，权力也是握在上一代人的手里，在上一代人的手下，他们尝够了苦头。而现在，当他们终于掌握了权力时，他们下一代年轻人却不承认体制的权威了，……问题主要是体制领导人的特权意识。"汤因比同意这个看法并且提出一个前世报应的论点："无论哪一代人，一旦轮到他们自己掌权时，行动的自由就会受到前世报应的束缚。"根据他们的谈话，前世报应是对人们经验中的"历史条件"和"文化传统"的概括，左右着当事人的言行，迫使他们服从报应的规律，是一种令人无能为力的命运。③ "50 后"进入成年成为权威以后，以一种在历史条件下形成的无法控制的习惯，将上一代对自己的态度又转向自己的下一代，特别是那些进入官场、当上企业家、掌握媒体的"50 后"，更是要求下一代要服从于、服务于权威。恰好与此同时，官方对青年的教育与要求仍然保留了"革命青年"的角色期待。这种脱离实际的对青年的指责确是带有成年人的成见，是一种刻板印象，中国正在实现现代化，老一代的思想则仍然受到前世报应的束缚。

　　① 王芳："主流媒体上的'80 后'形象研究——对中国 14 种主要报纸的内容分析"，载《青年研究》2009 年第 3 期。
　　② 李春玲主编：《境遇、态度与社会转型——80 后青年的社会学研究》，社会科学文献出版社 2013 年版，第 428 页。
　　③ ［英］A. J. 汤因比、［日］池田大作著，荀春生、朱继征、陈国梁译：《展望二十一世纪——汤因比与池田大作对话录》，国际文化出版公司 1987 年版，第五章第五节。

　　"80后"则是改革开放的第一代，完整地见证了改革开放的渐进过程。他们在市场经济艰难启动、计划经济仍然存在的环境中度过童年，进入青年时正好遇上了改革开放的成熟阶段，他们成为需要依靠自己的努力来立足的一代。改革开放初期青年要求个性解放的呼声，在"80后"身上有了具体的表现。沈杰在议论"80后"时写道："如果说，在改革开放之初，青年世代对于中国社会变迁的影响更多地表现为观念层面上的超前意识的话，那么，今天青年世代对于中国社会变迁的影响更多地表现为社会人格或日常行动层面上的具体担当或微观变革。"①这正是"80后"与以前的青年世代最大的不同之处，对于成人社会的种种批评当然会坚决拒绝。"80后"开始在网络上反击对自己的种种指责，并挑战文化权威和精英名流，出现了几次著名的争议。青年胡戈自制恶搞短片《一个馒头引发的血案》，对大导演陈凯歌的大片《无极》极尽调侃，引发了广泛议论，胡戈顿时红遍全国。"80后"作家韩寒发出"文坛算个屁！"一文，反击文学评论家白烨对他们的评价，引发了双方的笔战。争论的结果都以长者的失败告终，新生代成为网民中的新权威。另一个代际冲突发生在家庭之中。2008年1月，豆瓣网上出现一个取名为《父母皆祸害》的网络讨论小组，一帮"小白菜"（即倾诉、反思父母造成伤害的组员）聚集在一起探讨处理代际关系的技巧。创建者在宣言中说："我们不是不敬孝道，我们只想生活得更好。在孝敬的前提下，抵御腐朽、无知、无理取闹父母的束缚和戕害。这一点需要技巧，我们共同探讨。"小组经媒体报道后引起巨大轰动，组员迅速扩大好几倍。《南方周末》以"代沟"来解释这种冲突。腾讯网则将目光聚集在"50后"和"80后"截然不同的成长背景，他们列举了"80后"对父母的三大指控："他们很专制""他们很虚伪""他们很主旋律"，"50后"与"80后"的冲突"是两个时代的冲突，更可以说是两个社会的对峙"。②

　　2008年青年在重大事件中表现出高度的奉献精神，对"80后"的评价开始逆转。当年5月发生汶川大地震，震惊了全世界。为巨大的灾难所震撼，全国各地不计其数的青年最早络绎不绝赶赴灾区，与青年士兵共同担当重任，表现出沉着且毫不畏惧的英雄主义。数百名大学生整夜排队献血，捐献物品支援灾区。青年们发表大量发自内心哀挽生命的、感人肺腑的文章、诗歌悼念死难者：

---

　　① 沈杰：《青年对社会变迁的反应——现代化进程中青年社会心理的变迁》，天津社会科学出版社2012年版，第67页。

　　② 参见"是什么炼就了'父母皆祸害'？"载《腾讯评论》2010年8月7日，http://view.news.qq.com/zt2010/fmjhh/index.htm。

握紧妈妈的手

去天堂的路

太黑了

妈妈怕你碰了头

快

抓紧妈妈的手

让妈妈陪你走

　　面对"80后"出乎意料的高素质，成人社会在惊讶之余开始了对"80后"的反思。在当年6月7日的《中国青年报》，陈季冰发表了题为"是'80后'觉醒了还是我们应该觉醒"的文章，写道："一旦到了像汶川大地震这样的关键时间节点，这种个人觉醒就散发出前所未有的人性光辉。更准确地说，我们这些'50''60'人应当自问：究竟是'80后'身上沉睡的'人文精神'在大灾难来临时觉醒了，还是大地震使我们从对他们的成见中觉醒？""我们以及我们上一代人身上残余的计划经济时代养成的浓厚的特权意识或特权崇拜，到了我们下一代，再下一代身上，逐渐转变为人人平等的权利意识之时，大概也就是人文精神在中国社会有可能重振之日。"在汶川地震后，紧跟着在奥运会上青年又有了突出表现。被韩国媒体称为"鸟巢的一代"得到国际的认可，呼吁要给他们掌声。

　　代际之间发生如此强烈的冲突，在中国确实是空前的。由于青年的实际表现和成年人的反思终于缓解了，但是它的发生应该引起重视。汤因比和池田大作一致认为两代人之间的斗争会加剧现存社会的危险，首先必须寻找出一个共同点，让有隔阂的两代人互相谅解。青年一代也应该深刻思考这个问题。当然，这决不是一件容易的事，只能靠发自人们内心的精神变革。米德也一再强调两代人对话的重要性，她写道："代沟对孤独的老一代是个悲剧，对那些无榜样可循的年轻人来说是可怕的。然而，我却认为它给了我们一次以新方式面对变化的独一无二的机会。"在回答怎样建立跨越代沟的交流方式时，她首先建议按人类学的训练去倾听人类前进的脚步声，接着建议："应当把孩子当作能够直接作出贡献的人，而不应当仅仅当作不起眼的学习者。"① 这些学者的论述说明两代人都应该有发自内心的精神变革，特别是长辈，要对青年有正确的认识，不能继续认为他们只是服从、复制的单纯的学习者。青年也要认真对待社会遗产，在继承中创新。两代

---

① ［美］玛格丽特·米德著，曾胡译：《代沟》，光明日报出版社1988年版，第101～102页。

人应该互相尊重，平等对话，通过双方自由的讨论，才能入脑入心，达成共识。

到了"90后"，代际关系有了变化。零点研究咨询集团董事长兼总裁袁岳与《中国青年报》记者讨论时指出："'90后'与'80后'不一样。'90后'是独生子女的第二代，他们的父母是'60后'，而'60后'是改革开放受益最多的一代，是知识信息都比较开放的一代。他们看了'80后'的成长过程，对独生子女有很多见识和经验，和孩子的沟通能力大大提高。这样，对'90后'来说，虽然同样缺少小伙伴，但和父母沟通多，从小变得比较大人。"[①] 许多对"90后"的评价都认为，"80后"对代际标签有反感，但"90后"似乎毫不在意社会如何看待他们，习惯于在世界面前展露自己，而且也未曾像"80后"那样遭受巨大质疑。"80后"一代所发生的空前的代际冲突，有可能也是绝后的了。

年轻人能为世界做什么？安徽卫视节目《超级演说家》2014年8月6日第二季冠军、北京大学法学院研究生一年级学生刘媛媛作了4分44秒的演讲，对此作了精彩论述，代表了"90后"的精神，震撼了在场所有的人。这里摘录如下："在现实生活中那些尊重规则的老实人，往往一辈子都默默无闻，反倒是那些弄虚作假的人，到最后名利双收。于是乎像我这样的年轻人，就经常有那些看着很有经验的前辈过来拍拍你的肩膀跟你说：'年轻人你还不懂。'我想问的是，我们年轻人，你能为这个世界做什么？总有一天，银行行长会是'90后'，企业家会是'90后'，甚至国家主席都会是'90后'，当全社会都被'90后'占领的时候，我想问你们'90后'，大家想把这个社会变成什么样？"她接着谈到每个年轻人不过是升斗小民，忙着生存而没有梦想，哪有精力去为社会做什么？"还是有一件事情，你跟我都可以做到。这件事情就是，我们这一代人在我们老去的路上，一定一定不要变坏，不要变成你年轻的时候最痛恨、最厌恶的那种成年人。""我更希望我们所有的'90后'们，你们都能成为那种难能可贵的年轻人，一辈子都嫉恶如仇，你绝不随波逐流，你绝不趋炎附势，你绝不摧眉折腰，你绝不放弃自己的原则，你绝不绝不绝不绝不失望于人性。"最后她说，如果再有人说年轻人不要看不惯、要适应这个社会时，亲爱的"90后"们就要告诉他："我跟你不一样，我不是来适应社会的，我是来改变社会的。"刘媛媛的演说被媒体和网络广为流传，极其称赞。刘媛媛超过了林黛玉，林黛玉要求与成人社会保持距离，刘媛媛则要求改变成人社会。要在两代人之间形成一个共同点，汤因比说这

---

① "80后90后谁将更多影响中国未来——访零点研究咨询集团董事长兼总裁袁岳"，载《中国青年报》2008年12月18日。

决不是容易的事，要靠发自内心的精神变革。刘媛媛希望"90 后"一代人都要为此努力，"90 后"如果像刘媛媛希望的那样关注自己的精神修养，又能将青春的人文品质带往成人社会，一代又一代坚持不懈，这种发自内心的精神变革将开拓人类的新历史时期。

市场竞争中的奋斗者

在"80 后"进入市场经济要求实现自我管理的时候，开放型社会又使他们面临着市场竞争的压力。由于户籍制度、企业性质、家庭背景、教育程度等的影响，20 世纪 90 年代以来造成了青年在劳动力市场中就业机会与职业区隔的不平等，即便是大学生，就业也成为他们的第一位烦恼。清华大学胡鞍钢教授把中国面临的就业局势描述为"世界上最大的就业战争"。在不同类别的青年中，大学生凭借学历和年龄优势驰骋人才市场，成为市场竞争中的奋斗者，一批精英人物在文化领域、体育领域、新兴产业和高科技产业中以惊人的速度崛起，如企业家李想、钢琴家郎朗、文学作者韩寒、体育明星姚明、超级女声李宇春等。北京团市委等单位根据调查写成的《北京青年发展报告——北京青年指数 2005 - 2006 年版》一书记载：北京中关村科技人才中，20 ~ 24 岁的青年占 35%，25 ~ 29 岁的占 29%，30 ~ 34 岁的占 20%，而 35 ~ 39 岁和 40 ~ 45 岁的只有 8.0%，可以说绝大部分是青年。在北京的私营企业主中，20 ~ 24 岁的占 18%，25 ~ 29 岁的达31.9%。[①] 当代经济已经确认为知识经济，许多高科技的跨国公司都在中国开办研发机构，社会力量越快越多地体现在知识领域，而青年是掌握新知识最快的群体，出现了一批"80 后"创造上亿财富的人物。25 岁的戴志康担任康盛世纪首席执行官，63888 翻唱网首席执行官郑立只有 24 岁，PCPOP 首席执行官李想 25岁，MaJoy 总裁茅侃侃 23 岁。又一位更年轻的"毛头小伙"刷新了他们的纪录。2007 年 8 月 28 日《中国青年报》报导了北京少年张伯宏的故事：他 15 岁留学美国，17 岁辍学归来，用在美国学到的唱法创作《北京土著》一歌，"整首歌连说带唱，歌词有老北京土著随时能感觉到的一些民俗画面，还有外国人看北京城的一种陌生感，演唱也有点像外国人唱中国歌，或者是中国人唱外国歌"。他在网上评为榜首。上海天实网络科技公司董事长江宇大胆决定聘请张伯宏为公司的

---

① 共青团北京市委员会等：《北京青年发展报告——北京青年指数 2005 - 2006 年版》，人民出版社2007 年版，第 461 页。

CEO。江宇认为张伯宏对于网络以及经营网络的理解独到而深刻，要使网络的发展给生活带来翻天覆地的变化，就需要最时尚、前卫、活力的头脑来实现。这样18岁的张伯宏以100万元年薪出任CEO。对他出任的报导和评论3天内达到400万条网络页面，张伯宏成为又一位商界的明星。2009年，20岁的张伯宏拒绝天实公司的再三挽留，辞去CEO的职务。两年的商界经历给了他弥足珍贵的人生感悟，他对记者说，将退出职场，专心从事音乐创作，如有机会可能到新能源、环保等领域发展。张伯宏的故事表明，进入现代化的中国青年，不仅完全拒绝了单位意识，而且不看重金钱与地位，主要是考虑自己的发展前景、发挥自己的潜能、实现自己的价值观和理想。青年们不仅考虑自己的发展前景，而且以广阔的视野为国家的经济发展提出建议。几位新锐"80后"的工程师，包括同济大学道桥工程师任冲昊、几位长期参与国际贸易的理工科毕业生等在2012年发表《大目标》一书，详细分析了西方工业社会不断升级换代的进程，迎来了新的产业革命，他们由此重新定义人的概念，超越自身、超越地球，由"地球人"变身为"宇宙人"，创办诸多新兴产业，为中国经济的升级与崛起寻找路径，力求为中国在当前世界新的产业革命的激烈竞争中能获得金牌。[1]

这是一群大学毕业生中的天之骄子。大学毕业生也有不同的群体，与那些天之骄子不同的是，在城市特别是大城市出现了高校毕业生低收入聚居群体，廉思教授认为该群体与蚂蚁兢兢业业、永不放弃的特征有很多相似之处，称他们为"蚁族"，初步统计2010年全国人数将在300万以上。他们的年龄在22～29岁，大多数从事简单的技术类和服务类工作，绝大部分是在民营企业或个体经营，少数在外资企业和国有企业，月均收入略高于农民工。他们以低租金在城中村，更多的是在郊区的棚户区，住在简陋狭窄的租房中，呈现聚居的生活状态。他们的户口所在地、家庭和学校的背景是形成"蚁族"的原因。根据廉思教授的数据，"蚁族"的外地农村户口占62.3%，外地城镇户口24.2%。在普通高校毕业的占52.3%，专科职业院校18.8%，重点高校的只有28.9%。农村青年好不容易上了大学甚至重点高校，由于没有社会关系和社会资源很难找到一份有良好回报的职业，成为"蚁族"。廉恩教授称他们为底层青年，首先是在住房上处于弱势。[2] 社会阶层的断裂使"蚁族"有了焦虑和不安全感，但是他们最看重的是收入待遇和

---

① 众石："为中国经济寻找'大目标'"，载《中国青年报》2012年8月13日。
② 李春玲主编：《境遇、态度与社会转型——80后青年的社会学研究》，社会科学文献出版社2013年版，第202～208页。

个人发展，不论工作强度和压力多大，社会地位较低，他们始终没有放弃自我实现的梦想，也可以称为"弱小的强者"。步入 2010 年，"80 后"迈入"三十而立"的年龄，面临结婚生子、房子、车子、养老等生存困境，他们感到"三十难立"。2010 年，由伏建全编著的《80 后集体奔三——80 后生存文化和生活现状写实》一书在中国言实出版社出版，在书的第十章"80 后开始突围"中写道：在残酷的现实面前，"80 后"重新评价不同城市给自己的发展带来的不同机遇，出现了"坚守""后退""返乡"几种类型。坚守是仍然留在大城市。后退是离开一线城市到二、三线城市立足扎根，事业和生活都有新的转变，很快成为当地的香饽饽。返回家乡，不论是当村官，还是做教师，或者创业，都能够有所作为。伏建全在书的最后写道："80 后每个人的追求不同，最终的梦想也不一样，但有一点可以肯定的就是，奔三之后的他们已经不再稚嫩，不再迷茫，正在属于自己的人生之路上昂首前行！"

与"80 后"的代际传承不同的是，"90 后"的父母是"60 后"，往往有较强的经济能力和丰富的社会阅历和人脉，可以支持"90 后"大胆创业。互联网降低了创业门槛和成本，他们又善于挖掘尘封已久的社会需求，将互联网与传统行业相结合寻求创业的机遇，中国第一次出现了"可以干自己想干的事情"的一代人，形成了一股"90 后"的创业热潮。2012 年中关村新创办的企业数量就突破 4480 家。这些年轻人正处在最有梦想和冲动的年纪，他们喷薄而出的创新力，将帮助中国进入一个极具创新力的年代。腾讯互联网与社会研究院经过调查收集资料，于 2015 年元旦出版《我是 90 后，我是创业家》一书，首先记录了 17 位"90 后"创业家的创业历程，和他们自己对创业的思考。17 人中有北大法学硕士、24 岁的张天一，成立传统湖南常德米粉店 3 个月卖出 15301 碗米粉。这一群还是孩子的小伙伴不仅创业，而且做得风生水起，使成年人感到惊讶。新一代创业者身上具有更强烈的自我价值实现的愿望，他们选择创业更多是为了梦想，赚钱也在其次，属于一种较高的层次。为了实现中国梦，李克强总理在政府工作报告中提出推动大众创业、万众创新，让千千万万市场细胞活跃起来，汇聚成发展的巨大动能，使中国经济始终充满勃勃生机。"90 后"为了实现梦想形成的创业热潮，正好是推动大众创业，为实现完全现代化的中国梦的重要组成部分。

青年文化的新趋势

在中国，青年文化的发生与发展有一个历史过程。田杰教授提出了中国新型青年文化诞生的时代背景。改革开放以来的社会转型步入了后革命和前消费时代，两者的叠合构成非常富有中国特色的一个特殊时期。在革命与消费的双重作用下，中国将诞生一种新型的青年文化。当革命遭遇消费会出现两种情况，革命的激情受消费欲望所支配，消费的欲望为革命的激情所燃烧。两种情况互为表里，相得益彰，其结果或是造成"革命"的变异，如摇滚歌手恶搞红色经典歌曲；或是"消费"的滥情和滥性，情感、身体、性都可以作为消费对象。后革命时代是一个过渡时代，它的未来不可能是过去革命时代的回归，必然是在全球化过程中寻找自己的现代化认同，是一个转型与再生的过程。前消费时代同样是一个过渡时代，它的未来则是消费将越来越具有一种左右社会生活的魔力，越来越成为强势和主宰的力量，在改变整个世界物质面貌的同时，也在塑造人的灵魂。苏州大学凤凰传媒学院教授、苏州大学新媒介与青年文化研究中心主任马中红则认为，青年亚文化的发展是突飞猛进的科学技术对青年日常生活的渗透和全球化的必然结果。由她主编2012年在苏州大学出版社出版了《新媒介与青年亚文化》丛书，第一辑共7本分别论述了青年亚文化的7个方面：网游、御宅、黑客、恶搞、迷族、拍客、COSPLAY。她在丛书的总序中写道："进入21世纪的今天，青年亚文化的发展则在很大程度上有赖于以互联网为标志的信息技术革命，是突飞猛进的科学技术对青年日常生活的渗透和全球化的必然结果。如今，20世纪80年代形成的第一波青年亚文化族群/类型已成为追忆中的昔日辉煌，而新媒介支持下的今日青年亚文化才刚刚拉开序幕。但令人震撼的是，新媒介对当今青年亚文化的影响，无论是在力度上还是在广度上都已远远超出了媒介技术的层面，进而关涉到当代中国青年亚文化特质的变异及其走向，故而特别引人瞩目。"根据田杰教授提到的时代背景，和马中红教授对互联网新媒介的巨大作用，这里对21世纪的中国青年文化作出扼要的介绍。

中国的青年文化诞生于"五四"时期具有革命性色彩的青年文化。接着有解放战争时期青年运动中反独裁要自由的青年文化。直到红卫兵运动中其反叛性由主流意识形态所引导，革命与浪漫相结合的青年文化以悲剧告终。这些青年文化都与主流意识形态的引导有密切关系。伴随着改革开放和与世界文化的接轨，在短短的30多年时间里，中国青年的亚文化发生了巨大的变化，青年发出了自己的声音，出现了与世界普遍性青年文化相类似的青年亚文化。

21世纪市场转型时代的青年文化，与改革开放初期的20世纪80年代的青年文化又有不同的特征。改革开放初期，由于思想解放和与世界文化接轨，青年亚文化从"文革"时期思想村落的地下活动转向了地表，以与众不同的生活方式和离经版道的新文学和新音乐实现自己对主流文化的拒绝。青年们留长发、穿大喇叭裤、跳迪斯科、听邓丽君歌曲，追求时尚的生活方式。当时的"朦胧诗"就是一个类似"五四"时期"创造社"的青年文学团体，其创办人北岛就说过："如果说有什么共同倾向的话，那就是对一统天下的主流话语的反抗，摆脱意识形态的限制，恢复诗歌的尊严。"①"朦胧诗"饱含了政治隐喻和批判精神，保留了浓厚的革命激情。到 20 世纪 80 年代后期，由于反资产阶级自由化运动，思想界理论界的精英文化受到限制，带有理想主义色彩的反主流意识形态的青年亚文化，开始转变为以通俗和大众的形式出现，其中最典型的代表就是崔健的摇滚乐和王朔的小说。1989 年崔健的专辑《新长征路上的摇滚》发行，唱出了青年那种特立独行的心情。王朔的小说则以另一种非正面的、调侃和反讽的方式表达对主流话语和正统意识形态的对立。崔健的摇滚乐和王朔的小说迎合了当时青年们对社会角色和责任的拒绝情绪，在 20 世纪 80 年代末和 90 年代初达到了鼎盛状态，意味着青年文化从精英文化向大众文化转移。到了 20 世纪 90 年代中后期情况又有了变化，在市场经济和消费主义的文化环境下，青年群体也不再是当初那种富于理想主义的"愤怒而彷徨的青年"，崔健和王朔作品的影响力开始走向衰退。"20世纪 90 年代的青年文化从跟主流文化对抗，转变成了与市场文化联姻，日益走向通俗化和大众化。这一时期青年文化的一个显著特点是，从文学、影视、流行音乐到服装服饰等，都被港台流行文化占领了至高地。"②香港影星周星驰主演的电影《大话西游》在内地走红，延伸为"大话文化"热，开创了内地青年话语中一个新的分支——无厘头文化的流行。无厘头是广东方言，指说话无头无尾、莫名其妙。无厘头文化属于后现代文化，指的是用讽刺、调侃、自嘲的方式，以达到解构正统、破坏秩序的目的。

进入 21 世纪，在新媒介的支持下，青年亚文化揭开了新的序幕，正如马中红教授指出的，青年亚文化的特质发生了特别引人瞩目的变导与走向。"80 后"和"90 后"成长于互联网在中国迅猛发展的时代，被称为互联网一代。截至 2010 年底，中国青少年网民规模达 2.12 亿人，占网民总数的 46.3%，中国青少年互联网使用普及率达到 60.1%（CNNIC，2011b）③一项由美国互联网公司 IAC（Inter Active Corp）和智威汤逊（J. Waler Thompson）广告公司合作，用双语进行调查发

---

① 查建英主编：《八十年代访谈录》，三联书店 2006 年版，第 74 页。
② 李春玲主编：《境遇、态度与社会转型——80 后青年的社会学研究》，社会科学文献出版社 2013 年版，第 76 页。
③ ［美］英格尔斯著，殷陆君编译：《人的现代化》，四川人民出版社 1985 年版，第 6 ~ 7 页。

现，与美国青年相比较，中国青年更依赖于数字技术，有 80% 的中国青年认为数字技术是自己生活中的必要组成部分，美国只有 68%。① 新媒介工具的普及以及信息资费的低廉化趋势，冲破了青年使用新媒介的经济壁垒，不仅是城市青年、知识青年，包括打工族，几乎所有的青年群体都成为亚文化的创造者，是青年文化创造力的一次解放，极大地拓展了青年们的公众话语空间。表达自我本身就是青年应有的权利，现在播上了自由的翅膀，不再忌惮来自成人世界的监视与压抑，可以充分自由地表达自我。青年所处的环境又是一个多元的文化世界，本土文化与外来文化、主流文化与非主流文化、传统文化与现代文化后现代文化并存，二元对立和某一主流文化始终居高临下的观念已被取代。面对这个色彩斑斓的文化世界，青年们带着青春期特有的激情，投入到那些最适合他们生理、心理和精神需求的网络青年亚文化中，不仅出现在亚文化的文学和音乐中，也频繁出现在听觉和视觉技术如电影、影像、电视、数码、广告、流行文化中，勾勒出"万花筒"般的青年亚文化面貌。青年们不再是公然抵抗和反对权威，而是采用拼贴、戏仿、挪揄、反讽的手段对其尽情调侃和讥讽，同时获取自我愉悦和狂欢，在新媒介语境下将抵抗的意义稀释于娱乐化的表达之中，表现出明显的娱乐化、草根化和平民化特色。

正是表达的权利、成功的欲望、快乐的需求、大众的热情、商家的策划、媒体的推动使 2005 年湖南卫视的"超级女生"成为最有人气的节目。互联网使这个节目打破了以往制造明星的机制，用短信拉票投票使粉丝第一次被赋予生杀予夺的权利，一场娱乐风暴席卷全国，有 15 万人参赛，54 万人投票，2 亿多观众，改变了大陆音乐市场被港台歌手占据主要地位的局面。21 岁的四川音乐学院大三学生李宇春成为首位民选偶像，超女不仅成功地改变了自己，也改变了周围人对成功的理解。粉丝已从配角跻身于主角的行列，被媒体称为"庶民的胜利"，认为是在青年中进行的民主活动的一次大演习。青年们从中得到了包括权利、快乐、成长等需求的满足，形成了偶像崇拜和粉丝文化。

一直受到压抑的性问题，也在网络刚刚普及的 21 世纪初再次出现。以身体或者言行的出位通过互联网博取网民的关注，经过炒作而成为网络名人，广为传播形成为另一种青年亚文化。2003 年初，起名"木子美"的女孩在网上公布了取名《遗情书》的性爱日记，包括当事者的真实姓名和性爱过程的细节语出惊人而成为网络名人。接着，2005 年"芙蓉姐姐"的名字很快盖过木子美。她以自己经典

① 马中红："总序"，载《新媒介与青年亚文化》丛书，苏州大学出版社 2012 年版。

的 S 造型照片以及夸张自恋的文字火爆于清华北大的 BBS 校园论坛，所引起的争论也不亚于木子美。类似的网络女名人还有凤姐等。上述这些以性爱在网上蹿红的故事，使人想起 20 世纪 90 年代卫慧、棉棉等新新人类女作家的异军突起。同样，她们的作品受到的指责和讽刺，与受到的追捧和崇拜一样多。莫兰在论述大众文化中的色情部分时指出："它以关于性的禁忌和侵蚀这些禁忌的放纵之间的某种平衡关系为前提。""它激起了所有的消费，尤其是关于爱情的消费。它是爱情世界、提升妇女价值的世界和消费世界之间的公分母。"① 美国著名文化人类学家、现代文艺复兴的代表人物理安·艾斯勒为此写了一本厚厚的专著《神圣的欢爱——性、神话与女性肉体的政治学》。她写道：《神圣的欢爱》这个标题甚至会令人想到亵渎神灵，因此她解释自己所说的神圣不是中世纪基督教那种"神赋的"欢爱，而是伙伴关系中关于圣洁观念相符合的另一种神圣，这种神圣是此生的，它来自于对生命的敬重，因此它并不鄙视肉体，而是视之为最基本或最完美意义上的圣洁所不可缺少的组成部分。② 性的问题是学术界的一个重要命题，对于 21 世纪青年亚文化中出现的性问题理应进行更深入的探索。

"网络恶搞"又是另一种盛行的青年亚文化。恶搞这种文化很早就有。20 世纪初一些先锋艺术家就曾恶搞，达芬奇名作《蒙娜丽莎》被加上胡子。在城市的街道和墙壁上常有带恶搞性质的涂鸦文化。在网络时代，恶搞文化才遍地开花，每个普通网民都可能是网络上的恶搞者。2006 年是中国恶搞史上一个重要的年份，青年胡戈针对陈凯歌的《无极》，制作了《一个馒头引发的血案》视频，引起了广泛关注，相继出现多种类似作品，掀起了恶搞文化的高潮。这是一场文化领域中处在边缘的青年群体与主流的精英阶层之间的文化冲突。除这种对经典作品的恶搞外还有另一种恶搞，作为网络日志的博客和可以随时随地分享信息的微博的兴起，为另一种新的恶搞提供了更加便利的条件。博客给所有人都提供了平等的表达机会，给予青年人发表自由言论的一定空间和话语权，但是使用博客要有相当的书写能力。而微博的首要特点则是短，写几十个字甚至一个字也行得通，这就为个人直接介入社会提供了更便利的条件，以搞笑为名字和主题的微博大量流行，如"笑话大世界""瞬间乐翻你""诙谐冷笑话"等。恶搞文化的又一种类型是找乐。在 21 世纪，青年既生活在日益丰富的物质消费环境中，同时也

---

① ［法］埃德加·莫兰著，陈一壮译：《时代精神》，北京大学出版社 2011 年版，第 133～134 页。

② ［美］理安·艾斯勒著，黄觉、黄棣光译：《神圣的欢爱——性、神话与女性肉体的政治学》，社会科学文献出版社 2009 年版，第 171～172 页。

感受到现实生活的压力，为了从工业化以来刻板、严肃的生活中解放出来，快乐日益成为青年关注的话题。即便是具有强烈颠覆色彩的作者大多也是为了欢乐所开的玩笑。胡戈就说过："恶搞是一种新型的开玩笑方式。……是为了追求乐趣，博大家一笑，就像说相声，让大家高兴就好。咱们中国人笑得太少了。"① 现代社会高密度的竞争压力和紧张生活对放松娱乐产生了巨大需求，具有讽刺和调侃的网络恶搞，成为大众消费文化尤其是青年亚文化的一种新时尚。

在网络恶搞的同时，另一种网络热点事件不断出现，可以称为新公民的青年亚文化。社会上一些偶发事件，由于网民爆料、网民关注、网民发表意见促使相关政府部门采取行动升级为群体性事件获得社会的广泛关注。青年网民以一种与官方网络话语、传统现实话语不同的民间话语模式，对发生的事件加以描述和评论，影响到话语权力的分配和最终意义的形成，由原来的"看客"与被动接受者变成了言说和行动的主体。奚冬梅和隋学深在 2014 年第 4 期《青年研究》发表"网络热点事件的民间话语模式构建"一文，筛选的 12 个热点事件中就有 7 个首发来源于网络和微博，如衡阳儿童大米试验、贵州毕节 5 儿童垃圾箱内闷死、四川什邡事件等。网民们通过不断地追问和论证事实的真相、成因、危害，同时在伦理、法律等方面进行分析影响公共决策的走向。网络没有中心，是由一个个节点、个体连接起来的散沙，但是，在群体事件中，网民们的同情、赞美、愤怒、忧虑种种感情力量在微博中得到了充分表达，正是感情力量使越来越多的网民聚集起来动员起来，与官方、权威、霸权相抗争。对于一起事件，全民调侃的力量往往远大于严肃的专业化叙述的力量，促进事件最终得到了妥善处理。这正是现代公民具有的宽容、协商、民主的品质。

大学生的成长与全球化、数字化时代同步，是流行文化最敏感、最前沿的实践者。中国社会科学院社会学所对"90 后"大学生的消费文化与互联网行为的新趋势与新特点作了调查，大学生的流行文化中呈现出一种"全球化的口味"，进而影响他们的思维方式、行为准则、身份认同以及对世界的理解。看电视剧和听音乐是校园文化中两种最主要的文化生活，美剧、英剧、韩剧、日剧、中国港台剧和国产剧都看，听音乐也同样涉及到这些国家和地区。但是在选择上存在区别，有38.0%的大学生看美剧，看韩剧只有7.0%，看日剧只有2.9%，看国产剧的有13.5%。音乐上，欧美音乐受欢迎程度也超过日韩和中国港台流行音乐。在中国年轻一代身上明显者地体现出全球化时代各类文化角逐较量的复杂格局，他

---

① 李径宇、胡戈："我的内心充满搞笑的念头"，载《中国新闻周刊》2006 年 3 月 6 日。

们欣赏和消费欧美作品，一方面满足工具性需求，如提高外语水平、扩展国际文化视野，另一方面也在满足精神性需求，他们在消费这些文化时，"娱乐和调节心情"的比例是40%，而"感悟和思考人生"则是52%。"所以文化消费不只是娱乐方式和信息来源，也是一种社会化过程，将会深入改变青年一代所理解和实践的社会生活。"① 因此调查希望促进本土文化生产的繁荣，焕发中华优秀传统文化的独特魅力和重要优势。

　　研究大众文化的周志强教授将21世纪的青年亚文化称为"青春文化"，他在2015年1月12日《人民日报》发表题为"是'青春文化'，不是'青年文化'"的文章，指出是特殊的历史使命造就了"青年"这个概念，百年来中国青年创造的青年文化是整个社会追求进步与发展的文化的一部分，是鼓励创造新的未来的文化。与之相对，今天的青春文化某种程度上是在"青年消失"后崛起的文化：一方面，年轻人依旧激扬青春风采，充满了表达的冲动；另一方面，这种青春风采的表现却限于"宅文化""幻文化"和"私文化"，不再像此前的青年文化那样是一种外向、反思和批判的文化，而是一种内向和消费的文化。两种文化具有深刻差别。简言之，青年文化的关键词是"理想"，青春文化的关键词是"欲望"。陈映芳教授也有类似的观点，她认为改革开放以来的青年类型，有从革命青年到现代青年，进而逃离角色规范制约、成为自由青年这样一种变化趋向。所谓自由青年，是指从原来为国家的现代化和民主化发挥作用的角色结构的约束中脱离出来，追求自由、自我的新生活的年轻人，她称之为"青年"的解体②。陈映芳在她另一本著作《在角色与非角色之间》中，将20世纪80年代后期开始出现的、与"新理想主义"一代不同的、以讽刺嘲笑颠覆主流意识的青年称为"游戏的一代"。③ 从青年文化转变为青春文化，角色类型从革命青年转变为现代青年又转变为自由青年，是对青年文化发展趋势的概括性论述。问题是，那种内向的消费的文化，那种以讽刺嘲笑的游戏方式颠覆主流意识，追求自由、自我的生活，与社会的发展有什么关系。周志强在他的文章中最后写道："两种文化是否还会对话和碰撞？理想主义的热情如何在消费主义背景下的青春文化中绽放？这是摆在我们面前的新课题。"

---

　　① 孟雷、宋作标："'90后'大学生流行文化的中外较量"，载《青年研究》2014年第6期。

　　② ［美］理安·艾斯勒著，程志民译：《圣杯与剑：我们的历史，我们的未来》，社会科学文献出版社2009年版，第1页。

　　③ 陈映芳：《在角色与非角色之间——中国的青年文化》，江苏人民出版社2002年版，第93页。

人的现代化

从二十世纪五六十年代开始，陆续有学者探讨现代社会制度对人的影响。英格尔斯《人的现代化》是其中的代表作，20 世纪 80 年代作为《走向未来》丛书之一在中国出版。他认为如果人民缺乏现代心理基础，没有实行向现代化的转变，现代化不可避免会以悲剧结局。他主持了著名的"经济发展的社会和文化因素研究计划"，目的就是要实行"从传统主义到个人现代化的转变"，个人现代化就是"要冲破这个牢固的束缚，就必须要求人们在精神上变得现代化起来，形成现代的态度、价值观、思想和行为方式，并把这些熔铸在他们的基本人格之中"。[①] 英克尔斯探讨了制度环境对个人特征变迁的影响，他描述了现代人应有的 11 个特征，包括乐于吸收新经验、减少对传统权威的依赖、相信科学与医学、守时、热心公共事务、对信息紧抓不放等。接着他指出："一个国家的人民能积极'参与'社会政治生活，常常被看作是现代化的一种特色。"根据这个特色，我们重点介绍在中国实现现代化进程中青年政治参与的状态。

"80 后"是在改革开放成熟阶段中成长的一代，市场竞争需要他们依靠自己的努力成家立业，20 世纪 80 年代初期要求个性解放的呼声在他们身上有了体现，表现在日常行动层面上的具体担当。他们见证了中国社会急剧转型带来的各方面的影响，希望通过参与政治生活促进自身成长、发展，乃至推动社会的公平与正义。对青年的政治参与已经有了大量研究，并且有了专著。陈晓运和周如南在他们的论文中将青年政治参与分为公益型、启蒙型、维权型和抗争型 4 种类型。公益型主要是参加志愿活动，在汶川地震和奥运会上青年志愿者大规模亮相以后，越来越多的青年针对种种问题提供社会服务，截至 2015 年，全国已有 1000 万注册志愿者覆盖全国，绝大部分是青年。他们以"为人民服务""友爱奉献""助人自助""公平正义"的理念从事多种多样的志愿服务。"拜客·广州"是由年轻人发起注册的民办组织，多年来倡导用自行车低碳出行活动。在启蒙型中，青年不仅捍卫自己推崇的价值理念，而且挺身而出传播自我的认同，他们不再是被教育的对象，而是自我启蒙的个体，并且对政府的社会治理提出了新要求。譬如广州市青年倡仪政府搁置"光亮工程"事件，各地抗议李阳"家暴"的系列行动。维权型政治参与的主要目的是为了保障青年自身的权益。作者引用了发表在《羊城

---

① ［美］英格尔斯著，殷陆君编译：《人的现代化》，四川人民出版社 1985 年版，第 6~7 页。

晚报》上一份省级共青团发布的青少年权益调研报告，有六成青少年的权益遭遇受损，超过六成以上的投诉没有得到及时有效的处理。这种维权在青年工人中较为常见。抗议型参与的目的和维权型类似，不同的是采用体制外的方式如游行、静坐来进行伸张。近年来的土地维权事件中，青年抗争型参与较为常见，一个较为知名的案例是"乌坎事件"，青年们通过网络社交工具组织起来进行抗议。不可忽视的是这种类型存在风险容易走向极端。陈晓运和周如南最后写道："在推进治理体系和治理能力现代化的总体框架下，如何按照扩大公民有序政治参与的要求，进一步将青年政治参与纳入政治发展、社会稳定和经济成长的制度轨道，是各级党委、政府与群团组织必须回应的新课题。"

　　在这4种政治参与的类型中，抗争型的数量上最少，但在逐渐增加，公益型的志愿服务活动则是全国范围持久的现象。据2013年12月2日《中国青年网》报道，当时国内有2000多所高校成立了青年志愿组织，有4000多万青年在网络志愿社区进行了注册。青年志愿服务活动已经成了常态，有不同的类型，一种是大型社会治动和体育赛事如世博会、大运会等的志愿服务，通过招募、培训程序，活动比较集中。另一种是按常规参与环保、社区、教育、扶贫、暑期下乡等分散的志愿活动。经常的是参与校园内的志愿话动。2005年全国在岗服务的大学生志愿者总数超过2万名，2012年是第10批西部计划志愿者选派之年，截至当年5月31日，全国有1000多所高校61516名应届高校毕业生踊跃报名参加2012大学生西部志愿服务计划。[①] 王蕾对青年为什么会持续性地参与志愿活动的原因作了分析："这种参与者希望在自我的磨练和实践中使自我的价值观得到升华。"家庭和互联网的相互影响也有关系。较长时期坚持志愿活动，对年轻人成为现代人、成为公民有积极的作用。王蕾认为我国对于公民教育培育还处于较为薄弱的阶段。"本研究中青年志愿者很少是由于'公民意识'先入为主地投身到志愿服务中去的，但是长期坚守在公益领域的具体实践，使他们从心底萌生了对于'公民'更为贴近实际的认识，可能他们不会单单构想什么是'公民'、什么是'公民参与'，但会通过长久地参与实践，自我提炼来打磨出对于'公民'的认知和看法。"[②]

　　随着电脑、手机和互联网在青年特别是大学生群体中的普及，互联网已经充

---

　　① 董小苹："1992～2012：中国青少年的社会参与"，载《青年研究》2013年第6期。
　　② 王蕾："'Y世代'青年志愿者社会参与持续性的原因分析——基于12名青年志愿者的访谈"，载《青年探索》2015年第5期。

当着青年政治参与的工具和平台。有人认为互联网的蓬勃发展使得公民媒体（civic media）应运而生，对中国公民社会的形成和发展有着不可估量的作用。在本文前面介绍青年文化时，介绍了青年在互联网中进行网络恶搞和热点事件参与政治的事例，而大学生的参与行为则反映了作为聚合群体的特征。信息是行为的核心，拥有更多信息的人越有可能拥有参与政治的能力。媒介成为大学生认识、了解世界的信息源，关注媒体将目光从个人生活牵引到广阔的社会空间，使他们关注社会与他人。这种认知和情感使获得信息的个体聚合成集体的公共参与。大学生就社会公共事务在互联网向公众发表或转发言论或信息比较常见，"尤其在高校BBS、人人网、微博等社交网站，聚集了相当多的大学生，'人气'相当高，一个热门话题，或者一个具有实质意义的原创性帖子非常容易引来围观，引发讨论和争论，形成'网络舆论场'。大学生的这种'公民记者'式的参与使他成为网络舆论场中的活跃分子"。①

由于经济发展带来的环境污染日益严重，"环境维权"也是当前我国青年政治参与的主要动机之一。"近年来，在国内由环境议题引发的群体性事件中，也活跃着青年人的身影，他们甚至经常成为影响事件发展的关键力量。目前国内环保组织大多是依托青年人来开展环境保护行动的，这在一些组织的名称上就得到明显体现——如'中国绿色青年环保公益组织''青年应对气候变化行动网络'等。"②

中国经济已进入新常态，GDP已不是唯一的目标，党和政治采取简政放权、加大反腐力度、强化生态保护等多种政策解决经济发展中带来的精神危机、环境破坏、贫富差距等问题的同时，又提出了社会主义核心价值观。著名政治学学者俞可平写道："'富强、民主、文明、和谐、自由、平等、公正、法治、爱国、敬业、诚信、友善'——这12个词是社会主义核心价值观的基本内容，继承和发场了'仁义礼智信'的传统文化，借鉴和吸收了人类社会的普遍价值，凝聚了中华民族的时代精神，对外是国家形象和国家软实力的依托，对内是民族振兴和社会进步的源泉。这12个核心价值观不是美丽的词藻而是民族的精神支柱。它们既关系到国家和民族的命运，又关系到每个公民的幸福快乐。"③ 富强、民主、文明、和谐是国家层面的价值目标，自由、平等、公正、法治是社会层面的价值取

---

① 钟智锦、李艳红、曾繁旭："网络环境下大学生的公民参与行为"，载《青年研究》2013年第2期。

② 洪大用、范叶起、邓霞秋、曲天词："中国公众环境关心的年龄差异分析"，载《青年研究》2015年第1期。

③ 俞可平："核心价值观要当真"，载《共识网》2015年2月28日。

向、爱国、敬业、诚信、友善是公民层面的价值要求。核心价值观关系到我们要建设什么样的国家、形成什么样的社会、培育什么样的公民的命题。核心价值观的每一个词的含义既是理论探讨和学术研究的课题,对它的科学解释可以促进国家认同、社会凝聚以及个人的道德修养,更重要的又是对每个公民的行动与实践提出了要求。践行核心价值观的任何进步,都将有助于社会的进步与民族的兴旺,为我们过一种有深度、有高度和有意义的生活带来了希望。因此核心价值观既是青年应该追求的理想,又是他们日常行为的指南,为青年将生活与理想的结合创造了条件。

对实现核心价值观,我们现在既有令人振奋的成就,也存在令人痛心的差距。彭国胜在对青年大学生对社会主义核心价值体系的社会认同研究中指出:"随着中国社会开放程度的显著提高,各种新兴事物和社会思潮不断涌现,社会的核心价值观在某种意义上被'去中心化'。""社会功利主义的逐渐膨胀与社会信任的日渐式微,是当前整个社会个体性道德泛化的重要原因。"[1] 在这种情况下,出现了"把物质拥有和财富获得放在生活的核心地位;相信通过物质拥有和财富获得能获得最大快乐;物质和财富拥有的数量和质量是衡量成功的标准(Richins & Dawson,1992:303~316)的物质主义价值观。"李原对在职青年的调查表明,"80后"比"70后"有更高水平的物质主义价值观。但是高物质主义者的生活满意度更低,在个人生活中不但体验到较低的幸福感,还很难与他人建立良好关系。他们视别人为完成个人目标的工具,伤害了人际信任的质量。他们把钱更多用于自身消费,不愿与人分享,很少参与慈善行为。[2](中国的富豪也大多如此)李洁和石彤对大学生的调查表明,在回答何为成功的标准时,男性应答者更多地强调了物质维度和竞争性指标,女性则强调社会联系和生命意义的维度,认为有知心朋友和受人尊敬是评价成功的重要标准。在文章的结论中,他们引用了中世纪的凯尔特神话中帕西法尔寻找圣杯的故事。帕西法尔是年轻勇武的骑士,他的任务是寻找象征生命终极价值的圣杯。当他遇到了象征女性气质的布兰奇·福勒尔时,他生命中温情、天真和可爱的一面被激发出来,让他认识到了自己的终极价值。但当他在继续游历中忘记和福勒尔相逢的意义时——亦即女性气质在他身上激发出的价值观离他而去时,他的内在自我就变得冷酷、追求战争带

---

① 彭国胜:"青年大学生对社会主义核心价值体系的社会认同研究——基于福建、湖南和贵州三省高校的调查",载《青年研究》2012年第3期。

② 李原:"青年在职者的物质主义价值观及其影响",载《青年研究》2014年第6期。

来的嘉奖和权执，忘记了自己生命的原本目标。① 李洁和石彤的论述和他们引用的神话故事，使我们联想到 2008 年被评为 20 世纪人类最有影响力的 20 位思想家之一的理安·艾斯勒，她在所著《圣杯与剑——我们的历史，我们的未来》中文版的"权—性—钱三部曲总序"中写道：这本书"介绍了伙伴关系模式和统治关系模式两种可能的基本社会模式。剑代表生杀大权，统治的权力，毁灭的权力。圣杯则代表一种完全不同的权力，给予的权力，养育的权力与启迪的权力"。"我和其他很多人的研究都证明，现代科技和统治关系的社会系统相结合，就会把人类进化带向死亡的深渊。但同时也证明，我们可以走向一个更可持续、更平等、更和平的伙伴关系的世界。"②

在人类的历史上，由于超过生存需要的极端的物质追求，是造成人与人之间的种种纠纷以及民族、国家之间的战争的根本原因，令人欣慰的是，随着物质生活的改善，一种后物质主义价值观在 20 世纪 80 年代首先在西方青年群体中兴起，并被称为静悄悄的革命。李春玲在 2015 年第 3 期《河北学刊》发表论文论述了后物质主义已经在中国青年中出现，尽管在个人生活中仍保留较强的物质主义倾向，最新调查表明"90 后"对物欲的追求在逐步弱化，主要表现在赞成环境保护应优先于经济发展，有较强的参与公共事务的民主意识。她论文的题目就是《静悄悄的革命是否临近——从 80 后和 90 后的价值观转变看年轻一代的先行性》。这场在全球青年中漫延的静悄悄革命，是对现代化的超越，是人文精神的复兴，是人性的升华，必定会导致人与人、人与自然和谐的世界，这将是以精神享受为主的人类新历史阶段的起步。这场后物质主义价值观在中国的兴起，正好体现了社会主义核心价值观对当前国家、社会和个人的要求。青年代表未来，如何将核心价值观入脑入心，并且坚持不懈，对中国的未来也有决定的作用。个人层面的价值实践，更是核心价值观落地生根的前提，每个人都应在公共社会中成为文明的使者，接下核心价值的接力棒，为国家与社会作出贡献。经过几代人的共同努力，一个富强民主文明和谐的国家，一个自由平等公正法治的社会，亿万爱国敬业诚信友善的公民，一定能够逐步实现，迎来中华民族的伟大复兴，走向人与人、人与自然和谐的世界。

---

① 李洁、石彤："物质主义、社会联系与生命意义的权衡——大学生价值观标准的社会性别差异"，载《青年研究》2012 年第 3 期。

② ［美］理安·艾斯勒著，程志民译：《圣杯与剑：我们的历史，我们的未来》，社会科学文献出版社 2009 年版，第 1 页。

下篇

西方青年的历史

第一章
古希腊青年是最早的公民

　　研究西方历史中的青年，应该从哪里开始？那就要看西方的文明是从那里起步的。考古学家在丹麦和瑞士曾发现约 1 万年前欧洲祖先的遗迹，能狩猎，还有石器和陶器，建在湖上的木屋，最大的建筑是酋长们的坟墓。那时欧洲人还不知道用金属，用文字和帆船，这些都是后来亚洲和非洲送给欧洲的礼物。"五四"时期著名女学者陈衡哲继续写道：上古的三大文明都是地中海东部的产物——埃及在地中海的东南，两河流域在它的正东，爱琴在它的东北。"但自此以后，文化的中心点又渐渐的向地中海的西北岸移去了。那移路进行中的第一站，就是欧洲第一文明国希腊。"① 古希腊成了欧洲的第一个文明国，希腊文化是西方文明的源头，探讨西方历史中的青年，理所当然应从古希腊的青年入手。正好古希腊的民主制度使青年们有了自己的特点，古希腊青年是历史上最早的公民。

思想和观念——青年的赏心乐事

　　我们首先看看雅典作为上古时代唯一的民治之邦的政治制度所形成的青年的新特点。马赫列尔在《青年问题和青年学》中，将希腊和罗马古典文明时代称为"对青年认识的教育学——哲学阶段"，认为随着城市贵族的出现第一次为青年得到社会承认创造了前提，但是青年作为社会实体，主要是包括统治阶级的代表们，其权利只能与承认统治阶级的权威联在一起。马赫列尔引用了柏拉图的一些论点作为证明："柏拉图认为，未来的公民和人的整个培养过程，就是青年适应长者的楷模和智慧，服从长者的毋庸置疑的直接权威。"② 古希腊已有奴隶，青年作为社会实体主要是统治阶级的，但是必须服从长者毋庸置疑的直接权威，在当

---

① 陈衡哲：《西洋史》，东方出版社 2007 年版，第 54 页。
② ［罗］F·马赫列尔著，陆象淦译：《青年问题和青年学》，社会科学文献出版社 1986 年版，第 22 页。

时的斯巴达确实存在，青年要绝对服从甚至要学习少说话。在谈到斯巴达在征服者和被征服者两方面都建立了史上罕见的严峻秩序后，顾准写道："它的公民的那种不怕个人牺牲的高度集体主义精神，它的蔑视财富，放弃艺术与文化，它的平等主义的公餐制度等，博得许多古希腊思想家的赞美，柏拉图的《理想国》中理想的政治和社会制度就以斯巴达为其原型。"① 在希腊城邦中斯巴达与雅典的区别十分明显。斯巴达在半岛中心是贵族专制和尚武的国家，极其封闭，而雅典因为临海有工商业，很早就产生了中等社会代表平民向贵族争取政权，人民的意志渐渐上升使雅典成为上古唯一的民治之邦。在民治中，青年则不是像斯巴达那样只知服从，而是享受到了自由："'思想和观念，头脑美丽永生的孩童'，希腊作家如此来称呼它们，这对他们来说称得上是一件赏心乐事。即使在文艺复兴运动最为辉煌的年代，学识也从来没有像它在伟大的雅典的年轻人心目中那样光彩四射。"②

与绝对服从完全不同，思想和观念成了古希腊青年的赏心乐事，这来自于雅典的民治。探讨自由主义思想在西方兴起的缘由的法国哲学家菲利普·尼摩就认为，西方文化形态的生成有它的复杂性，但仍可以把它的构成建立在五个最重要的事件上，第一个就是古希腊人创立城邦，创造了法治自由、科学和学校。他写道："既然公民被要求遵守的只是一条对人人平等的不具名的一般规则，而不是来自国王、家族尊长、在广大社会范围内等级地位更高的一个有自由决定权的人的个人指令，而且，既然这个规则是公开的、事先已了解的、明确和稳定的，公民始终会事先知道自己如何作为才不会屈从于任何人的强制。"③ 古希腊的公民不包括奴隶、妇女和外国侨民。奴隶与妇女的地位以前就是如此。希腊的民主政体就是建立在奴隶制上的，但是希腊的自由民则确是历史上最早出现的公民。既然不必遵守国王族长的指令，自己知道如何作为，两代人之间的代际当然也是平等的，青年也享受到了公民待遇，导致思想和观念成为青年的赏心乐事。这是从原始社会实行成人仪式对青年进行控制以来，青年在心理上的历史性变化，这种变化导致了青年形象的历史性飞跃。

雅典的民治和青年特征的形成有其特殊的历史背景。歌咏特洛伊战后希腊英雄故事的荷马史诗形成的时代，从公元前 12 ~ 前 9 世纪，称为"荷马时代"。在

---

① 顾准：《顾准文稿》，中国青年出版社 2002 年版，第 546 页。

② ［美］依迪丝·汉密尔顿著，葛海滨译：《希腊精神》，辽宁教育出版社 2003 年版，第 22 ~ 23 页。

③ ［法］菲利普·尼摩著，阎雪梅译：《什么是西方》，广西师范大学出版社 2009 年版，引言，第 9 页。

这之前，在克里特岛和迈锡尼的爱琴世界就已经有了高度的文化，多利安人南下毁灭了爱琴文化，但是与爱琴人通婚产生了一种新的民族即希腊人，成为文化火炬的接力者。公元前 8～前 6 世纪是希腊史上城邦形成和海外大移民的时代，希腊人在爱琴海、黑海和地中海沿岸以及海上岛屿所建的城市国家以数百计，其中以雅典和斯巴达的势力最大。在这个过程中，许多英雄故事通过一代又一代口头流传下来，就像荷马将民间创作提炼为荷马史诗一样，这些故事也被诗人们描绘为神话故事，形成了希腊的多神教。在多神之中青年神更是多数，马赫列尔就将阿波罗列为希腊神话中最能代表那个时代的青年形象。"在古希腊的青年人身上所体现的审美和社会理想，对后来世代的人们——借马克思评价古希腊艺术的一句话来说，即简直成了'一种规范和高不可及的范本'。那些少男少女们何以一时间能成为一种具有崇高意义和价值的文化形象？这其中既有青年与成年和老年相比在天性、自然方面占有优势的因素的作用，但更主要的还是社会本身——城市和商业的发展以及城邦民主制度。"①

自由与独立——青年崭露头角

陈衡哲称希腊是欧洲的第一个先进国，其历史的重要时期约有 1000 年。她将希腊史分为三大期。第一朝是公元前 1000～前 700 年，是文化初创时代也是王政时代。② 那时正是北方的多利安人南下毁灭了克里特和迈锡尼文明，没有再现雄伟的建筑和精美的艺术被称为黑暗时代。但是陈衡哲说它是文化初创与模仿时代。顾准也说其实并不黑暗，没有建立豪华奢侈的王朝设施，人民反而在休养生息积蓄力量，特别是推进了海外移民。早在多利安人南下的时候本地人就曾不断向小亚细亚沿岸移动。到公元前 8 世纪以后，以公社的分化，失地人数的增加，手工业和商业的发展以及由此而加剧的阶级斗争，甚至发生了移民运动。早期的移民带有农业性质，以后就与海外的商业有关。正是海外移民使希腊人在本土及爱琴海、地中海等地建立了数百个面积小的独立主权国家的城邦。顾准在《希腊城邦制度》中对希腊民主政体做了深入独到的研究，认为"主权在民"的理念最初就是在跨海移民中形成的。他采纳了汤因比的理论："跨海迁移的第一个显著特点是不同种族体系的大混合，因为必须抛弃的第一个社会组织是原始社会里的

---

① 田杰：《文化与思维》，海天出版社 2000 年版，第 78 页。
② 陈衡哲：《西洋史》，东方出版社 2007 年版，第 55 页。

血族关系。"① 原始社会制度的萎缩必定会使新的城邦采取不同于血族的部族王制度，按汤因比的说法："这种新的政治不是以血族为基础，而是以契约为基础的。……他们在海洋上的'同舟共济'的合作关系，在他们登陆以后好不容易占据了一块地方要对付大陆上的敌人的时候，他们一定还和在船上的时候一样把那种关系保存下来。……同伙的感情会超过血族的感情，而选择一个可靠领袖的办法也会代替习惯传统。"② 汤因比的论点可能有卢梭社会契约论的影响，顾准也说不可以把古史现代化，不过当时的移民的确已将血族成员从氏族的脐带上分化为独立的个人，与作为氏族或家族附属物的成员大不相同的私有者。青年虽然仍有长者的权威，更多的是宗教上的意义，不影响自己独立创业。个体私有制的出现是产生古希腊文明的一个重要原因。而在移民中间虽然有不同年龄的人，但青年则是多数甚至是主体。莫里斯·梅洛在其《希腊人》中写道："那些无计可施，必须在贫困与远居他乡之间进行选择的人以及冒险家们只好出走。很多冒险家是贵族家庭中在其长兄（氏族首领）的专权下注定要默默无闻地生活的兄弟。"③ 在移民中开始有了个性、有了独立自主的青年们，在"主权在民"意识的引导下，在新的天地里将创造怎样美好的未来，非常值得重视。

航海移民在当时的技术条件下是风险极大的冒险行为。赫西俄德就曾建议他的兄弟应尽量避免航海，"我将告诉你波涛汹涌的大海的节律以免航海时遭遇不测"，"不要在风暴来临时出海"。④ 但是《欧洲史》在介绍海外移民时，称这种"推进"也是一种激情，对这个擅长航海和喜欢冒险的民族来说，投身于英雄的业绩是很自然的。"《奥德赛》反映了殖民时期的生活条件，也勾画出最初的'欧洲人'的肖像：好奇心盛，敢闯敢干，坚决果断，不屈不挠，不相信未知事物的障碍，也能即时想出办法对付任何挑战。"⑤ 这恰恰是青春气质，希腊青年不仅因此珍惜个人权利，同时培育了对城邦的献身精神和探寻未知事物的好奇心。《奥德赛》是荷马史诗之一，荷马史诗是西方第一部重要的文学作品，以汪洋大海为背景描写祖先的英雄业绩。史诗通过英雄的结局隐含了对战争的谴责，歌颂了人的尊严与价值以及追求成就的力量；又是一种人神同形的自由神学，减少了精神世界中的神秘因素。希腊人是多神论者，信奉众多神灵。宙斯是世界的主宰和公

① ［英］汤因比：《历史研究》（上册），上海人民出版社1959年版，第129页。
② 同上，第132页。
③ ［法］莫里斯·梅洛著，华宝译：《希腊人》，浙江教育出版社1999年版，第26页。
④ ［英］J. C. 斯托巴特著，史国荣译：《光荣属于希腊》，上海三联书店2011年版，第72～73页。
⑤ ［法］德尼兹·加亚尔等著，蔡鸿滨、桂裕芳译：《欧洲史》，海南出版社2002年版，第62页。

正的担保人，居住在奥林匹斯山之巅。在希腊人的想象中，他载着王冠，周围簇拥着最主要的神。诸神的诞生，以及他们之间的关系和各自的历史故事，构成了"神话学"。其中宙斯、雅典娜、阿波罗在奥林匹斯神话中，构成了某种统一体。雅典娜是铁神赫菲斯托斯劈开宙斯的脑袋中诞生的。她好战又温和，既是战斗女神又是智慧女神。阿波罗则是光源与力量的本身，他精力充沛，聪明伶俐，是天地间第一美男子，血气方刚的年轻人，是永生的神，青春的象征。希腊人将这些半人半神的人物做成雕像，崇拜英雄充实自己的生活，并且在数百年间都将荷马史诗作为教育青年的"圣经"，启发青年的心智，鼓舞青年的斗志，为同舟共济的集体利益勇于献身。史诗内容丰富，如此长期作为对青年的教材在古代教育史上是罕见的。而英雄崇拜正是青年的心理，加上宗教因素，希腊青年因为有英雄的祖先而自豪，要继承和发扬祖先的英雄主义。这种英雄精神哺育了新的伦理精神，即使因个人的发展导致相互有了对立，也要以维护城邦整体的生存繁荣为奋斗目标。

陈衡哲曾指出在城邦开始形成时是平等自由的，还没有奴隶制。公元前800年后少数人以欺诈或强迫手段成为贵族（也有的人靠勤俭和商务）取代王权压迫贫苦农民，并有了奴隶。贵族内部虽然不是由一两个统治者的人治，而是实行合议制，还是与平民形成了尖锐的矛盾，促成更大规模的移民，又引发对抗贵族的运动。因而出现了依靠农奴和平民的力量篡权的僭主，有的僭主如庇西特拉图还作出了相当贡献。但是"希腊古代王权传统已被航海、贸易、神人同形的宗教、人文主义的文化所摧毁"[①]，所以僭主统治在雅典不能持久并过渡到了民主政体。青年在民主政体形成中的重要作用也不能忽视，至少有两个方面：一是精英阶层中青年领军人物的作用；一是平民青年的推动。公元前630年出生的梭伦是最早的改革政治家。年轻时经商，但写诗"作恶的人每每致富，而好人往往受穷"，抨击贵族的贪婪，坚信道德胜于财富。他在30岁左右被任命为执政官实行废除农民债务、制约贵族权力等改革，为民主政治奠定了基础。而最后在雅典完成民主政体的政治家伯里克利也是从青年起步的。他是在波希战争中成长、继承指挥官父亲的遗念、受教于几位哲学家、也是30岁登上政治舞台，差不多做了30年的雅典无冕之王，推行各种政策成了激进民主主义的头号人物，雅典的民主在他手下完全成熟。至于普通青年中，作为个体参政的机会不多，也有当助手、参谋角色的记载，但群体的作用则很明显。在骑士队伍之后出现了重装步兵，由18岁以

---

① 顾准：《顾准文稿》，中国青年出版社2002年版，第598页。

上的青年组成。亚里斯多德说过："当城邦渐渐扩大，步兵（甲士）的力量也跟着增强，于是许多步兵也能加入公民团体。在当初就因'扩大名籍，增多了公民'而被称为平民政体。"① 这些士兵都要求保护本阶级的利益，"因此重武装步兵方阵的出现为后来的民主政府形式，即 polis（城邦）开辟了道路"。② 另一事例在公元前461年，当阿瑞奥珀戈斯会议过分干预民主运作的时候，"战后的一代认为它不啻是成功的民主体制之下唯一的反常现象"。③ 这是指在萨拉米战胜波斯的战后一代。而被召到舰队里充当划桨手的都属于最底层的青年人。萨拉米之役使雅典的贫穷人们士气大振，正是平民青年的力量促使厄菲阿尔特限制了该议会的权利。相对于精英阶层的青年，这是底层青年推进民主政治的突出事例。更重要的是，希腊青年通过社会实践和史诗教育懂得既要维护个人权利，又要对集体利益勇于献身，做到权利与责任、个人与社会、私与公的平衡。希腊的道德观念承认潜存于人类共性中的那种持中的美德，限制放纵，规避无节制的冲动，服从和谐与平衡的内在法则。梭伦在处理贵族与平民的关系时就说过："我始终站在他们中间，用有力的盾牌遮挡着两边，不让任何一方不公正地压倒另一方。"④ 正如德尔斐神谕"任何事都不要做过头"所说的，在自我确定的限度内把握自己，自觉维护自由共处的公共生活。所以当时在雅典即使存在矛盾也没有尖锐化，更没有引起暴力，以和平的方式实现了民主。正如汉密尔顿写的"西方世界找到了从自由走向秩序的路径，这应归功于希腊人的发现。希腊人宣扬自由，同时也稳妥地界定了自由的边线"。⑤

艺术与知识——青少年的无限乐趣

依迪丝·汉密尔顿在所著《希腊精神》中，对比古埃及普通百姓因为生活悲惨之极，在此世中看不到任何希望，于是本能地寄幸福于死后的冥世，而在群山中大海里艰难环境中奋斗的人却充满欢乐地面对现世的生活。"快乐地生活，认识到世界的美好和生于其中的无限乐趣，是希腊迥然不同于以前所有的社会的一

---

① 亚里士多德著，吴寿彭译：《政治学》，商务印书馆2009年版，第217页。
② ［英］德尼兹·加亚尔等著，蔡鸿滨、桂裕芳译：《欧洲史》，海南出版社2002年版，第63页。
③ ［英］约翰·索利著，王琼叔译：《雅典的民主》，上海译文出版社2001年版，第63页。
④ ［英］德尼兹·加亚尔等著：《欧洲史》，第66页。
⑤ ［美］依迪丝·汉密尔顿著，曹博译：《希腊的回声》，华夏出版社2008年版，第1页。

个特点。这个特点至关重要。"① 为什么至关重要？自从父权制发生以后，战争与掠夺、剥削与压迫、贪婪与欺诈不止，人们在痛苦中企求快乐的生活是一种历史的追求。理安·艾斯勒写道："我甚至开始认识到，痛苦和快乐在文化的进化中，甚至在生命的进化中，发挥着核心的然而奇怪地被忽视的作用。"② 作为迥然不同于以前所有社会的希腊的快乐生活，既是将宗教从天堂带到了现实世界，又是自由平等的公民社会的成果。

古希腊青年因此享有了当时全世界最快乐的生活。希腊将音乐、诗歌、戏剧和体育作为教育青年的组成部分。其实这些本来就是青年的本性爱好，而且这些项目当时有很多就是由青年创新的。在公元前 600 年著名抒情女诗人萨福从父亲那里学会写诗，是第一个描述爱情的无可匹敌的诗人，青年时因政治逐出故乡，20 多岁返回故乡就设女子学堂教少女写诗。品达被称为"抒情诗之父"，诗中的韵律使人深感他诗中的音乐，他为许多在运动会获胜的青年写颂歌，"皮托竞技胜利者颂"第十首就是他 20 岁时写的。埃斯库罗斯 25 岁参加雅典诗人比赛，正是这位青年出主意在合唱表演中引入第二个演员相互交谈表演使合唱开始成为戏剧。索福克勒斯也是 27 岁就参加悲剧比赛。经他和欧里庇得斯剧作家的努力，歌舞逐渐演变为表达强烈感情的戏剧。合唱琴歌、抒情诗和戏剧是希腊文学最辉煌的三大遗产。雅典每年有 3 个戏剧节，每逢节日由国家出钱上演组织集体观看，成为公民教育的重要方式。此外还有各具特色的节日，雅典一年有 144 个。譬如泛雅典娜节就每四年举行一次。在节日中有大规模的游行、隆重的献祭仪式、精彩纷呈的诗歌音乐和舞蹈等。③ 在帕台农神庙的空间长达 524 英尺的中楣上，有伟大雕塑家菲迪亚斯设计雕塑的游行场面："我们首先看到一个青年男子走在最前列，他引领献祭的牛羊及手持托盘和水罐的随从，随后是吹笛手和竖琴师，最后是武士、驷马战车、头戴胜利花环的男子和手持矛盾的重装步兵。然后，最显著的是那些年轻骑士，……再往后，我们还可以看到游行队伍整装待发的场景，年轻骑士们骑在马背上，仆人们牵着马缰。"④ 菲迪亚斯是伯里克利的挚友与艺术顾问，作品丰富，也是在 20 多岁就大显身手，接收各城邦的订件。希腊人还极重视体育，既与神的宗教祭祀有关，也因为希腊人将万物视为有机的整体，美的灵

---

① ［美］依迪丝·汉密尔顿著，葛海滨译：《希腊精神》，辽宁教育出版社 2003 年版，第 13 页。
② ［美］理安·艾斯勒著，黄觉、黄棣光译：《神圣的欢爱》，社会科学文献出版社 2009 年版，第 3 页。
③ 吴晓群：《希腊思想与文化》，上海社科院出版社 2009 年版，第 86 页。
④ ［英］J. C. 斯托巴特著，史国荣译：《光荣属于希腊》，上海三联书店 2011 年版，第 192 页。

魂寓于身体之中，智力与体育得到了很好的结合。所以身体锻炼就是对整个人的锻炼，有些城邦甚至将参加运动作为保持公民权的一个条件。希腊有奥林匹亚等4种运动会，运动员主要是青年。获得冠军（没有设亚军）后，戴上有神圣象征的桂冠，受到英雄凯旋式的欢迎，成为诗人赞美的对象，并被塑像作为纪念，已造出掷铁饼者、马车手、摔跤手等优美动人的青年形体。"希腊语中'Kou-ros'是'青年男子'。自公元前7世纪末起，这类作为祭品放置在庙宇中或竖立在坟墓上的雕像多了起来。"① 的确，包括《少年维克多》半身像，青年的雕塑像在希腊雕像中占有大部分，对阿波罗的雕像也有多处。青年是音乐、诗歌、戏剧和体育的创新者又是积极参与者、受用者。丰富多彩的教育使青年们在快乐的生活中走向发展受到了社会的重视，"对希腊人来说青年是生命中惟一的真正有意义的时光"。②

正是在希腊民主政治兴起的时间里，同时产生了极其灿烂的文化。其产生也有其特殊的背景：勇敢的北方游牧民入侵南下与迈锡尼、克里特的原居民融合使希腊人成为具有文化基因的新民族，加上小亚细亚的伊奥尼亚与埃及和巴比伦邻近融合其文化成为希腊文化的起点，而城邦民主中的思想自由更是在召唤文化，对知识创新起到了主要的促进作用。被称为'哲学之父'的泰勒斯就出身在小亚细亚。"早期的希腊物理学家，即以泰勒斯、阿那克西曼德和阿那克西米尼为代表的米利都学派很可能自发地把希腊公民用于社会的方案应用于自然。"③ 接着在意大利西西里等希腊城邦出现大批哲学家，超越了埃及和巴比伦。还有史学家希罗多德、修昔底德，加上诗歌、戏剧的文学作品，形成了文化高峰。文化的发展增强了传承给青年人的要求，学校的概念就始于希腊。阿伦·布洛克在所著《西方人文主义传统》一书第一章"文艺复兴时期"一开始就指出，古希腊人除创造了哲学、史学、戏剧以外，还创造了教育。布洛克接着指出当时希腊教育的4个特点：它在7门文科学科中对人类的知识作了统一的有系统的记述。这7门学科是语法、修辞、逻辑（即论辩）、算术、几何、天文、音乐。它提供了在一个没有书本的世界中进行教授和论辩的技巧，以语言的掌握、思想的精确、论辩的熟练为基础。它奠定了西方文明的一个伟大的假设，即可以用教育来塑造人的个性

---

① ［法］莫里斯·梅洛著，华宝译：《希腊人》，浙江教育出版社1999年版，第32页。
② ［法］菲利普·尼摩著，阎雪梅译：《什么是西方》，广西师范大学出版社2009年版，引言，第12页。
③ ［瑞士］雅各布·布克哈特著，王大庆译：《希腊人和希腊文明》，上海人民出版社2012年版，第164页。

的发展。最后，人的优越性是它要发展的一个概念，其中包括能言善辩和领袖群伦这些要在公共事务中扮演活跃角色所必备的品质。① 在当时装饰画中可以看到青年上学的情景。在雅典人人要上学。孩子 7 岁以前待在家中，7 岁后就要上学。学校是收费的，即使穷人的孩子也不拒之门外。13 岁以后家境平常的孩子离开学校。富裕家庭的青少年在 13～18 岁期间继续上学。满 18 岁后，属于骑士阶级和重甲步兵阶级的青年要服两年兵役进入军事学校。② 教育的发达最先出现了哲人，意为智者，也指老师，古希腊没有印刷的书籍和报纸，公共事务都是在议会和法院中面对面进行的，因此掌握精通的演讲术是获得权势的工具。这不仅指说话的能力，更是指提出或批驳论点的思维能力。因此要接受文科学科的全面教育。这些智者老师们到处游走向青年传播学问，为期百年，哲人之多难以数计，被称为哲人运动。哲人普罗太哥拉斯提出"人是万物的尺度"的名言，随从他游走求学的青年上千人。

而终身以教授为生并且不收学费的苏格拉底更受到年轻人的欢迎。只要苏格拉底走进竞技场，人们就忘记了锻炼、比赛，一群年轻人就围着他，热烈地喊道："告诉我们这个，教给我们那个吧。"可见雅典青年对知识的强烈追求。而苏格拉底对求知有自己的见解，既然一切自然的知识是不可穷尽的，与其求之于外而莫衷一是不如求诸内而归于自我，要学生认真研究"认识你自己"这句铭文。布洛克曾指出："古希腊思想最吸引人的地方之一是，它是以人为中心，而不是以上帝为中心的。苏格拉底之所以受到特别尊敬，正如西塞罗所说，是因为他把哲学从天上带到地上。人文主义者不断反复要求的就是，哲学要成为人生的学校，致力于解决人类的共同问题。"③ 苏格拉底反对智者将增进能力等的技术称为知识，有真知有美德的人才能从政，引导人们对灵魂、对善进行沉思，对自己的认识才有价值和意义。他从不强行灌输，总用提问和对话的方式引导青年自己沉思去探寻知识。到了伯里克利时代，经过哲人与知名学者的指引，加上初等学校，以及以前就有的军营、剧场、体育场、法庭等的教育，获得了知识的雅典青年享有了荣耀与使命感。

这里要特别指出的是，将教育作为终身职业的苏格拉底开始，经柏拉图到亚里士多德，这三代人都是青年时就向前辈勤奋学习，追求真知与美德，成年后又

---

① ［英］阿伦·布洛克著，董乐山译：《西方人文主义传统》，三联书店 1997 年版，第 3～4 页。
② ［法］莫里斯·梅洛克，华宝译：《希腊人》，浙江教育出版社 1999 年版，第 58～59 页。
③ ［英］阿伦·布洛克著，董乐山译：《西方人文主义传统》，三联书店 1997 年版，第 14 页。

全心全意投入对青年的教育。"苏格拉底或许接受了当时雅典青年所受的教育：他想必学习了音乐、体育和语法，即靠注疏文献学习语言。除苏格拉底从他老师那里接受的教育外，还应加上公元前5世纪初那个辉煌时代所能给予的教育。"①柏拉图生于雅典，美貌且喜好美术诗歌，由于好学20岁投奔苏格拉底，一直在老师身旁达8年之久。柏拉图与朋友们一直跟随苏格拉底度过了老师最后的时光。"柏拉图则为苏格拉底所激励，苏格拉底给他带来了一种贯穿他整个人生的内心感动，正是透过这一内心的感动，柏拉图才揭示给我们真实的苏格拉底及其真理。"② 以后他将苏格拉底的思想发展成为系统的学说。苏格拉底就义后柏拉图与友人周游四方远至埃及与意大利，也曾从政彻底失败，因此决心著书讲学，40岁时在雅典郊区创办雅典学园。"他当下的目标就是通过正规的教育来开发学生的才能，从中遴选具备领袖禀赋的青年人。他寄希望于雅典学园来拯救雅典。"③ 亚里士多德生于雅典以北约200里的马其顿的斯塔伊拉小城，在雅典学园成立20年时，17岁风华正茂的少年走进学园，这位天才的悄然登场，使雅典学园为一个至高无上的哲学家日后上演伟大戏剧搭设了舞台。"在柏拉图生命的最后20年里，亚里士多德一直在追随他。正如苏格拉底点燃了柏拉图心中的火种一样，柏拉图也同样照亮了亚里士多德。"④ "柏拉图至死对这位弟子宠爱有加。""柏拉图年近80岁时，30岁的亚里士多德已不再稚嫩。在耳鬓厮磨的交往中，一位老人与一位如日中天的青年在彼此浸染。"⑤ 亚里士多德在雅典学园求学达20年，直到柏拉图去世才离开。亚里士多德有句名言："吾爱吾师，吾尤爱真理。"以后他又建立了自己的吕刻昂学园。三位大师在近一个世纪中一直有如此亲密的交往，学生直到老师去世才离开，是历史上罕见因而是可以名垂青史的师生故事，也是代际关系最融洽最和谐互相又有自主的典型范例，他们对希腊文化的传承与创新发挥了重要作用，也是青年为希腊文明做出贡献的最有力的历史证明。

　　雅典文化最灿烂的时期是陈衡哲说的希腊史的第二时期。她认为雅典文化是希腊最高的，欧洲上古时最优美的文化。"他开花开得极其灿烂，又极其迅速，统计他所占的时期，不过一世纪罢了——纪元前第5世纪。在这样短促的时间中，

---

① ［法］让·布伦著，傅勇强译：《苏格拉底》，商务印书馆1997年版，第18页。
② ［德］卡尔·雅斯贝尔斯著，李雪涛主译：《大哲学家》，社科文献出版社2005年版，第79页。
③ ［美］依迪丝·汉密尔顿著，曹博译：《希腊的回声》，华夏出版社2008年版，第58页。
④ 同上，第67页。
⑤ 同上，第77页。

能产生出那样一个空前绝后的文化，在世界上是不曾有过第二次的。"① 这对希腊文化的评价已经很高了。这个时期也就是雅斯贝斯所称的轴心期，同时出现的还有中国和印度文明，都是独立发展形成自己的繁荣，首次涌现许多伟大哲学家，表现了人类意识的觉醒。就中国来说，在周朝时在大地上也是大小国家林立，特别是在世袭社会解体进入战国时代，社会结构的变化促进社会流动的增强，大量出身卑微的青年也可以通过学习提高能力晋升到权力高层，人才辈出，并且有了大批哲学家带来了百家争鸣的繁荣。"在早期文明的历史中，文明的创始和繁荣大都起于林立小邦的局面下的某些邦之中。"② 在这一点上中国与希腊是相似的，但是不同之处也很明显。著名史学家许倬云说中国仍是专制权力："在战国开始时，一种新型的国家出现了。在这个国家里面，国君掌握专制权力，大臣可以自由任免；同时，这种官僚制度选任和提拔有才干者，淘汰不合格者。"③ 何怀宏更是指出了与西方不同之处："相对于直接的政治权力而言，法律亦退居于不甚重要的地位。重政治权力、重官职这一特点看来特别反映出中国春秋战国前后两个时代的粘连，说明中国即便在大变动的时代，其断裂也不像西方那样彻底和明显。"④ 与重政治权力重官职不同，菲利普·尼摩在论述雅典社会的"公民平等和法治自由"时，指出雅典公民可以自己负责自己的生活，他们所发明的公民这一表达方式创造了个人自由。这种思想影响深远。"当英国政治哲学家们构思法治而非人治的政府和法律至上原则的表达方式时，他们只是以自己的语言重新表述了希腊公民的古老理想。"⑤ 这说明，不只是哲学方面，包括希腊的政治文化空前绝后也有一定道理，因此，完全可以肯定，希腊自由民成为公民包括青年公民在内，是历史上最早的公民。

公民精神的衰落与传承

青年作为一种年龄特征所具有的生命力、想象力、创造力在人类诞生的原始社会中就得到了充分的表现。自从男性开始垄断了令妇女和孩子望而生畏的祭祀

① 陈衡哲：《西洋史》，东方出版社 2007 年版，第 68 页。
② 顾准：《顾准文稿》，中国青年出版社 2002 年版，第 303 页。
③ 许倬云：《中国古代社会史论》，广西师范大学出版社 2006 年版，第 127 页。
④ 何怀宏：《世袭社会及其解体》，三联书店 1996 年版，第 171 页。
⑤ ［法］菲利普·尼摩著，阎雪梅译：《什么是西方》，广西师范大学出版社 2009 年版，引言，第 10 页。

事业，就有了控制青年的仪式改变了青年的社会存在。希腊青年公民的出现，是经过漫长的历史长河以后，在全球范围内青年最早出场的伟大历史变革。它不仅仅是原始社会那种伙伴式的代际平等关系的再现，而是更富于人性、理性，以精神为原动力超越了父权制对权力和财富的追求，谱写了人文精神的新篇章，得到了社会的承认。伊索克拉底回忆当时青年对雅典的热诚：一旦"接受了教育，他们的青年人就会变得勤劳节俭"，"从小养成一种习尚：决不会把公职当作谋取私利的机会。""他们会把民众疾苦视同他们自己的耻辱。""自身幸福的标准不是看谁能出人头地，而是看他能否过节制的生活和使一切人摆脱贫困。"伊索克拉底把这称其为脱离世俗气的唯一标准。① 没有了父权制的控制，不必服从长者毋庸置疑的直接权威，青年不再是被动消极地等待命运降临的奴才，与成年人共同参与公共生活，追求知识建构思想，享受快乐的生活，显现了人的价值，从青年中涌现了成批的精英人才。这就有力地说明：一旦父权不再是专横霸道，而是建立代际平等的环境，青春的生命力必定得到释放，以其自然的本性接受人文精神的哺育，为推动历史进程做出应有的贡献。这也使人们看到，成人社会中的权力所具有的性质，是形成何种代际关系的最重要原因，值得更深入的探索。

雅典城邦的民主政体只是在面积小人口少的城邦中的直接民主，而且限于贵族及自由民的小范围内。也只有在这种地理和社会环境中才可能有直接民主，被称为独一无二的例外。也因此仅维持了170多年的时间，先后被斯巴达、马其顿和罗马帝国统治。布克哈特在《希腊人和希腊文明》中对此写道："古代只是人之戏剧的第一幕，实际上在我们看来，其本身完全是一部悲剧，一部关于成功、超越和受难的悲剧。"② 造成悲剧的原因，学界议论纷纷，既有内部的原因也有外部环境的因素。城邦形成后，移民因为有了奴隶制成为脱离劳动的自由民。但是经济发展也使自由民开始分化，梭伦的改革就在于推行民主调解贵族与平民之间的矛盾。波希战争为雅典带来了新的繁荣，但是盟国不愿继续提供贡赋，本土的农业规模又很小，经济资源并不发达，经济问题的挑战日益严重。企图扩大资源也是雅典公民要与斯巴达开战的原因之一。但是战争失败、瘟疫流行使相当一部分公民更加贫困化，破产农民转而投身城市一贫如洗，于是贫民和失业者成了公民大会的多数。"公民大会变成在智者学派教育、影响下各个政治家鼓唇舞舌的

———————
　　① ［美］依迪丝·汉密尔顿著，曹博译：《希腊的回声》，华夏出版社2008年版，第52页。
　　② ［瑞士］雅各布·布克哈特著，王大庆译：《希腊人和希腊文明》，上海人民出版社2012年版，第452页。

俱乐部，其结果则是往往被一些图谋私利的蛊惑家所操纵。"① 民主制度开始腐化，做出了许多愚蠢的案例。这时的雅典青年不仅不能反抗腐化，反而被腐化为只追求个人利益，"青年人不再以学有所长、吃苦耐劳为荣，而是追求安逸，虚度青春"。"无法无天的行径被当作自由，放纵被视为幸福。"② 面对民主制度的衰落，"苏格拉底强调政府要掌握在少数有知识、有德行的人手中，而不能掌握在被蛊惑家所操纵的一盘散沙的公民手中"。③ 但是苏格拉底的理想没有实现，再没有出现梭伦、伯里克利那样的政治家挽救那一盘散沙的民主，尽管也有知名人士做过努力也无济于事。贪婪与权欲的流行也改变了以前的公民社会。按照经济基础决定上层建筑的理论，雅典严重的经济挑战就要相应改变其政治体制。这就是为什么苏格拉底、柏拉图等都曾向往斯巴达的集体主义、英雄主义。也许当时作为奴隶主的雅典公民中有的已经感觉到必须有强化的集权力量，才能迫使占大多数人口的奴隶从事艰苦劳动，自己也才能维持好的生活。但是被蛊惑家操纵的公民大会仍然以多数票决定，借口反对神和腐蚀青年两个罪名将苏格拉底判了死刑。根据阮炜的分析，当时的哲学家和智术师都在宣扬新潮哲学和"科学"思想，不敬神的指控并不冤枉，问题是不敬神的哲学家和智术师比比皆是，为何单独把苏格拉底揪出来，这个罪名可能不具有杀伤力，倒是腐蚀青年这个不大合适的罪名，是置苏格拉底于死地的真正起因。雅典是在伯罗奔尼撒战败后 5 年审判苏格拉底，当时激进民主派与贵族寡头派的冲突主导着希腊。刚战败时斯巴达在寡头派中指定一个 30 人委员会为战后雅典制定法律法规，首脑人物是克里提亚，他们组成小集团大搞恐怖政治，把民主派赶尽杀绝。流亡的民主派强烈反弹，在城郊与寡头派激战获得胜利。斯巴达见寡头派不得人心，默许雅典恢复民主制，民主派得以复辟，复仇火焰远未熄灭。寡头派中的克里提亚、亚西比德等在镇压民主派时造成的伤害实在太大。民主派又不敢将真实的复仇动机抖搂出来，既然克里提亚、卡尔米德、亚西比德等一大批贵族青年都曾追随苏格拉底，为什么不能说他腐蚀青年？这的确是有点牵强。而苏格拉底不惜老命决心与民主派斗下去，民主派的政治报复才是苏格拉底被判死的真正原因。④ 其结果既没有挽救雅典的民主，更没有免除雅典被占领被统治的命运，这确是苏格拉底个人的悲剧，也是布克哈特所说的一部关于希腊成功、超越和受难的悲剧。

---

① 叶秀山：《苏格拉底及其哲学思想》，人民出版社 1997 年版，第 28 页。
② ［美］依迪丝·汉密尔顿著：《希腊的回声》，第 53 页。
③ 叶秀山：《苏格拉底及其哲学思想》，人民出版社 1997 年版，第 40 页。
④ 阮炜："苏格拉底因何牺牲"，载《读书》2015 年第 2 期。

　　希腊的民主政治制度虽然只是昙花一现，但是在如此短暂的时间内创造的希腊文化包括其中的政治思想却并没有消失。亚力山大帝国占领了希腊，并将希腊文化带到了东方。接着是罗马帝国统治了希腊，也将希腊文化带到了西方，形成了古希腊罗马文化。正是因为有古希腊罗马文化的存在，一部欧洲史也就有了迥异于东方的特点。罗马帝国大一统的时间并没有维持长久，以后又经过分散的封建制度再演变为各个列国并立，战争频繁，几经反复，历史的不断转型是长期不变的大一统的东方不可比拟的。在文化上，欧洲由个人主义替代了帝国的一尊观念，由个性复活替代了宗教的出世观念。在政治制度上，权力由集中于专制帝王一人逐渐分散于更多的封建主，然后又对各个列国统治者的权力进行监督，明确权力来源于人民。在欧洲历史不断转型，成人社会中的权力由集中到分散由专制到民主发生变化的时候，青年的存在状况也有变化。在中世纪，从日耳曼人那里发展起来的，保持一种蛮勇、侠义、忠诚、尊重妇女的精神，就有青年亚文化的因素。十字军东征中青年的作用更为明显。从中世纪向近代转变时期，青年在人文主义传统中扮演了重要角色。从此以后青年运动汹涌澎湃。这说明，欧洲的青年史是西方进化史和文明史的重要组成部分。而它最早的源头，则是在原始社会的青春化之后，经过漫长的历史在希腊形成新型代际关系时所展现的最早的青年公民。我们应该沿着这个线索对于代际关系的历史做出分析，它既可以看到东方和西方在代际关系上、青年的社会存在上的差别，又可以探讨如何创造文化的、经济的、制度的、教育的种种条件，走向未来的理想的代际关系，为青年的成长与社会作用、并为人类的文明与进化作出贡献。

第二章
古罗马的青年英雄及其演变

当希腊人在亚平宁半岛建立雅典城邦的时候，古意大利人也在半岛上的拉丁平原建立了罗马城，开始了古罗马的历史，从公元前8世纪延续到公元476年，约有1000多年。罗马鼎盛时期征服了埃及，又扩大在欧洲的版图，其国界西至大西洋，南到撒哈拉沙漠，东起幼发垃底河，北至多瑙河与莱茵河，甚至到达不列颠，领土超过上古任何一个帝国。古罗马文化受到古希腊文化的影响，又建立了一个在它之前的古代文明里没有任何可与之相提并论的法律体系，希腊罗马文化共同成为西方文化的种子。公元476年西罗马结束，上古史到这时终止进入中世纪。在讨论青年的历史存在时，不能不对古罗马的青年作出单独的论述。

建国的青年英雄

古罗马为什么会这么神奇！著有《罗马人的故事》15卷的女作家盐野七生在谈起古罗马人是怎样的人时写道："其智力不及希腊人，其体力不及凯尔特（高卢）人和日耳曼人，其技术不及伊特鲁里亚人，其经济不及迦太基人。"之所以罗马能超越这些民族，作者同意曾在古罗马居住的三位希腊史学家的见解："狄俄尼索斯的宗教见解说、波私比乌斯提出的政治体系说以及普鲁塔的同化其他民族的做法说，都反映了那个时代无疑是特例的罗马人的开放性格。"① 在《罗马人的故事》作者简介中写道："盐野七生认为，每个人的心中都埋藏着一个英雄梦，而唯有昔日罗马能让人一圆凤梦。"为了探索古罗马的青年，就不能不从她所说的英雄入手，她的书中就描写了一个又一个青年英雄。其他古罗马史的著作也有同样的论述。是青年英雄参与创造了古罗马的历史。

当时在意大利争雄的许多民族中，据说从小亚细亚来的埃特鲁斯坎人是很强

---

① ［日］盐野七生著，计丽屏译：《罗马人的故事》（第1卷），中信出版社2011年版，第216页。

的一族，他们的文化都含有希腊文化的意味。在这个民族中，盐野七生著作中被描写为半人半神的罗穆路斯，在公元前 753 年的 4 月 21 日举行非常隆重的仪式为诸神献祭品。这天从此成了罗马的建国纪念日。"这一年，罗穆路斯 18 岁。通过这位年轻人和追随他的 3000 名拉丁人的努力，罗马建立了国家。"① 罗穆路斯作为第一代国王，并没有独揽大权，在国王之外设立了元老院和市民大会共同治理国家。以后经过 7 位国王有长达 250 年的王政时期。最后的国王"傲慢者塔克文"被大臣路奇乌斯·尤尼乌斯·布鲁特斯逐出罗马，建立共和制度，每年由市民大会选举两位执政官取代国王成为国家最高权力者。罗马进入了共和政体时代。对于推翻王政心怀不满策划复辟的年轻人被逮捕镇压，塔克文说服伊特鲁里亚各城市支持他夺回王位，丘西国王著名武将波塞纳亲自率兵攻打罗马，罗马陷于一片恐慌。当时有个叫穆奇乌斯的罗马年轻人混入波塞纳阵营要杀死波塞纳，不料杀死的是他身旁的秘书。穆奇乌斯被制伏遭到严刑拷打时，在波塞纳面前挺起胸膛高声说："只有胆小鬼才会顾惜自己的肉体！"他用左手抓住燃烧的火把摁在右手上，人肉烧焦的气味充满周围。波塞纳不要任何条件放走了他，对年轻人说："我很欣赏你的勇气。在我的人民中，如果有你这样的年轻人就好了。"穆奇乌斯从此落了个"左撇子穆奇乌斯"的外号。"罗马时代的孩子是两眼放着光、听着这样的故事长大的。那时的他们需要学习的历史还很有限，有充分的时间聆听英雄的故事。"②

　　共和时代也是罗马对外扩张的时代。罗马人能由一个小城的居民一跃而为意大利全境的主人翁，实行农兵制度是一个大原因。上古时期的国家对"外邦人"向来不肯平等相待接纳为自己的市民。罗马的法制却规定可以接纳，但须以服役军事为交换条件，受到了外邦人欢迎。这些新市民住在郊区，平时耕田为农，需要时争先当兵，为对外扩张创造了武力条件。"即这一件事，就可知道罗马人在政治上及组织上的天才和那天才所获的效果了。"③ 罗马从建国起就没有离开战争，罗穆路斯建国后长达 37 年的统治期间大半时间都在与邻近部族作战。接替的国王也都依靠战争打下建国的基础。军队的主力当然是青年。第六代国王塞尔维乌斯·图里乌斯为了战争首先在罗马进行人口普查。在古罗马早期，父亲有很大权威确定儿子是否成熟以及他在家庭和社会中的地位，有的甚至 14 岁就被送往战

① ［日］盐野七生著，计丽屏译：《罗马人的故事》（第 1 卷），中信出版社 2011 年版，第 29 页。
② 同上，第 76 页。
③ 陈衡哲：《西洋史》东方出版社 2007 年版，第 83 页。

场。"罗马共和国早期，国家政权自然要衡量各个群体对于国家的作用，并且使青年成为社会中最重要的人群，因为年轻人最好动、最热情而且富有进取心。"①青年群体不仅是听着英雄故事长大的，而有一种爱国主义的宗教信仰。对希腊罗马宗教、法律及制度进行研究的古朗士在论述早期爱国主义时指出，"国家"（country）这个词在古语中意为父辈的土地，"祖先的土地"（terra patria）一词即为"祖国"之意。由此可知古人的爱国主义——这是一种强有力的情感，是最高的道德，人最爱的莫过于国家。罗马建国以后，"仍然会为祖国献出鲜血和生命，但不再是为了保卫城中的神灵以及祖先的炉火，而是为他们所喜爱的制度，为了城市所给予他们的种种利益"。②从对神和祖先的崇拜，转向为现实制度以及制度带来的利益而奋斗，是罗马青年价值取向的重要转变。

在对外扩张中，青年英雄更是担任了重要角色。到公元前275年，罗马战胜诸部落及希腊人成为全意大利的主人翁，此时北方的高卢蛮子羽毛未丰，只有地中海对岸的伽太基实力雄厚，甚至还出现了一个青年英雄带兵入侵罗马。在罗马与迦太基第一次布匿战争结束后，迦太基的将军哈米尔卡带上9岁的儿子汉尼拔前往西班牙殖民地，是汉尼拔自己提出同行的要求。父亲就把他带到贝尔神庙，要他向神发誓终生以罗马为敌。父亲去世时他18岁，26岁时任西班牙总督，带领部队翻越阿尔卑斯山攻入意大利，启动了对罗马的长期征战，足迹踏遍全意大利。在提契诺战役中，罗马兵败，汉尼拔抓到了第一批罗马俘虏。罗马的执政官却逃脱了，那个救出执政官的年轻骑兵也逃脱了。这位骑兵是执政官的儿子，父子同名普布利乌斯·科尔涅利乌斯·西庇阿，当时这位骑兵刚满17岁。小西庇阿26岁时，到元老院主动请缨，要求担任西班牙战线的总指挥官，代替在当地战死的父亲完成任务。第二年元老院把西班牙战线交给了他，仅一天时间他就用闪电战攻克了敌人的根据地——卡塔赫纳，那里正是汉尼拔度过青春岁月的地方。西庇阿以战绩当选执政官并进军迦太基。汉尼拔也在进军意大利16年后因本国危机奉命返回迦太基。两个具有同等才华的年轻名将在交战的前一天曾举行会谈，会谈无果第二天在扎马进行会战，西庇阿取胜，迦太基成为罗马独立的同盟国，西庇阿挑选100名迦太基青年作为人质带回罗马希望将他们培养成亲罗马者。

① ［法］让·皮埃尔·内罗杜著，张鸿、向征译：《古罗马的儿童》，广西师范大学出版社2005年版，第4页。
② ［法］菲斯泰尔·德·古朗士著，吴晓群译：《古代城市——希腊罗马宗教、法律及制度研究》，世纪出版集团上海人民出版社2012年版，第382页。

从王政开始到共和国结束这段"高速发展的时期",罗马青年英雄辈出。"许多文章指出,14 岁的儿童参加战争,这是为了说明他们生来骁勇善战,前程似锦,或者说明当时国家的情况非常危急。比如在第二次布匿战争中,戛纳惨案之后,国家被迫招募还穿着朱红边白袍的青年入伍。埃米柳斯·李必达就是其中一个令人难忘的年轻战士。此后,公元前 187 年和前 175 年,李必达任执政官。当他还是孩子时,就参加了一次战役,杀死一个敌人,挽救了一个公民的生命。后来元老院在卡皮多利尼山上授予李必达一尊他本人的雕像,身着朱红边白袍,佩戴有吉祥物的饰品。"① 三次布匿战争中,小西庇阿率兵征服迦太基时有人问他谁将是接替您的将军,他回答是身旁 23 岁的马略。青年英雄成为战争主力这样的事例还有很多。在研究古希腊罗马的著名女作家依迪丝·汉密尔顿甚至说:"有关英雄主义、爱国奉献和刚正不阿的美德的故事,没有哪个国家比罗马更多。"② 自公元前 264 年与伽太基开战,到公元前 146 年仅 120 年间,罗马毁灭伽太基又并吞了亚力山大的遗产,成为地中海的唯一主人,也就是上古各大文明的唯一承受人了。③

代表平民的利益

贵族与平民之争是实行共和制以后的一件大事。两个执政官任期只一年,权力有限,真正掌握国家权力的是由贵族垄断的元老院。市民大会虽然准许平民参加,多数仍然操在富人手中,共和国从诞生起就是贵族专政的一种方式。公元前494 年,平民为反抗债务压迫,团结一致离开罗马对付贵族,贵族被迫成立法院和四个民选法官。在长期奋斗下,在公元前 450 年将习惯法编为成文法,就是历史上有名的十二铜表。接着著名的李锡尼和塞克斯特等法案相继通过,平民在获得各种政治权力的过程中,大大巩固了在法律上的自由人身份,决定人的政治地位的主要是他的财产,过去的血缘关系被财产关系所取代。因为发明了私法,罗马人创造了人类个体,一个自由的、有内心生活的自我,每个人在集体中扮演了自己特殊的角色,罗马法因此被尼摩视为西方人文主义的源流:"没有私有财产的所有权和法律保护就没有人文主义。正是古罗马在法律方面取得的进步才最终

---

① [法]让·皮埃尔·内罗杜著,张鸿、向征译:《古罗马的儿童》,广西师范大学出版社 2005 年版,第 38 页。

② [美]依迪丝·汉密尔顿著,王昆译:《罗马精神》,华夏出版社 2012 年第 2 版,第 179 页。

③ 陈衡哲:《西洋史》,东方出版社 2007 年版,第 86 页。

使人类走出了部落制。西方把它与古希腊的公民责任感一起记载下来。"①

在扩张期间，罗马在社会经济方面发生了重要变化。在早期，贵族和富有者拥有较多土地和财富，一般平民也是占有小土地的生产者。由于扩张掠夺了大量土地，一部分用于安置军事性的农业移民，一部分则划为国有可以转让，为贵族和富人集中土地打开了方便之门。随军出征的农民，在长期的战争中土地荒芜了，只能拿田抵债。土地大量集中，形成了大田庄制度，出现了大量无业可守的平民。与此同时，扩张中被征服地区的军民俘虏成为奴隶，奴隶制是大大地发展了。此外，在骑兵中服役的有财产的人，被称为"骑士"，在扩张中有了发财致富的新途径，成为比平民要高一头的新型富有阶层，与贵族进行较量。罗马的阶级关系比以往要复杂得多了，"在财产不平等的社会里，法理和现实还隔着一座不可逾越的大山"。② 在共和国早期的平民与贵族的矛盾之外，又增加了奴隶与奴隶主的矛盾，发生了几次规模浩大的奴隶起义。

面临着新的社会动荡，贵族奴隶主之间也开始有了分化，顽固派死抱住元老院的旧秩序，而有远见比较开明的一派则希望通过笼络"骑士"与平民来巩固统治。这就出现了格拉古兄弟青年英雄的故事。他们的父亲 33 岁的时候，大西庇阿被反对派以公款用途不明为借口遭到审判，他们的父亲不惧权势为战胜汉尼拔的功臣大西庇阿辩护。大西庇阿为了感谢将女儿科尔涅利娅许配给他。父亲逝世时哥哥 10 岁，弟弟 1 岁。年轻又出自名门的未亡人科尔涅利娅，求婚者络绎不绝，但她拒绝一切专心养育这两个儿子。"在罗马，妻子理论上受其丈夫的监护，并且在法律上不享有任何权利。然而她并不像在一个希腊家庭那样，终日深居闺阁；她参与其夫的生活，并且定为后世所称羡的妇道母仪。"③ 罗马上流社会都重视家庭教育。恺撒的母亲奥利娅也因重视家庭教育与科尔涅利娅并列为罗马妇女的偶像。利尔涅利娅特地从希腊请来学者做家庭教师，罗马家庭教育一般都请希腊教师，孩子深受希腊文化的影响。他们上午努力学习，下午去体育场锻炼身体。罗马人又很重视实地教育，地点通常就是军团。年满 16 岁、刚举行成人仪式的提比利乌斯·森普罗尼乌斯·格拉古被送往在迦太基他表兄总司令小西庇阿的军营，既聆听小西庇阿与希腊史学家波利比乌斯丰富的对话，又和战士一样体验战争，作为人生第一课。他 26 岁随军去了西班牙收获战果。29 岁当选为护民官，

---

① ［法］菲利普·尼摩著，阎雪梅译：《什么是西方》，广西师范大学出版社 2009 年版，第 32 页。
② 吴于廑：《古代的希腊和罗马》，三联书 2010 年版，第 87 页。
③ ［英］H·巴洛著，黄韬译：《罗马人》，上海人民出版社 2000 年版，第 15 页。

在一次演说中他对平民说：

"你们为着意大利打仗和战死敌人，却只能享受空气和光线。他们是你们的唯一产业。你们无家可归，无地可以存身，同着你们的妻孥，漂流荡泊……你们打仗，你们战死，为的是使他人安富尊荣。人家说你们是世界的主人翁，但地面上却没有一块土地是你们自己的。"①

第二年格拉古就提出一部追求平等的改革法案《农地法》，被认为是公然挑战元老院的权威。拥护农地改革的民众与反对势力发生了公开的冲突，30 岁的格拉古被杀害。"发生在公元前 133 年的这场悲剧，却不幸成为其后持续百年的'罗马内乱'的开端。""这一百年对于罗马人来说，是战争的百年，然而与 3 次布匿战争时代的百年不同，那 100 年的敌人是伽太基这样的外敌，而这 100 年却是自身的内斗。"② 格拉古哥哥的故事，应该是青年英雄参与和创造罗马历史的又一个证明。

哥哥牺牲时，弟弟只有 20 岁，从军去了西班牙，第二年回国，然后又随军至撒丁岛，经过锻炼，30 岁当选为护民官。任期刚刚开始，盖乌斯·格拉古就接二连三提出一些改革法案，包括禁止招募不满 17 岁的年轻人入伍。他的改革既有他哥哥也有其家族平等意识遗产的影响，但是他也是失败了，在 33 岁时因群众暴乱而身亡，与古今中外改革者的命运相似。对两兄弟的失败，分析者认为他们过于超前，或是没有武力作后盾，或是年龄过于年轻的局限。盐野七生认为："尽管在位期间两兄弟实行的改革措施大都无疾而终，但对于行将结束一路高歌猛进的繁华时代，走向新的历史时期的罗马来说，格拉古兄弟起到了有转折意味的路标和里程碑的作用。"③

从内乱终止到帝国成立

盖乌斯·格拉古失败后不久，由"骑士"出身的马立登上了政治舞台成为将军，不顾元老院的反对，放弃兵役财产资格的规定改为募兵制，入伍后完全受国家给养，广大的无产游民成为雇佣军取之不竭的兵源，他们无田可归，成为长期追随将领的职业军，由国家配备的武器规格一致，又接受长期训练，作战效能大

---

① 陈衡哲：《西洋史》东方出版社 2007 年版，第 88 页。
② ［日］盐野七生著，刘锐译：《罗马人的故事》（第 3 卷），第 43 页。
③ 同上，第 66 页。

大提高，罗马统治者越来越依靠军事统治。当时的奴隶起义就是由这些职业军镇压下去的。

罗马的扩张使奴隶人数迅速增加，受尽饥寒、鞭笞和迫害之苦。从公元前2世纪后叶起，不断掀起了波澜壮阔的奴隶武装起义。奴隶暴动此起彼伏，连绵不断，都遭到了奴隶主统治者的残酷镇压。公元前135年，在西西里岛由两支奴隶武装队伍汇合发动声势浩大的起义，罗马派去很多军队血战几年才镇压下去。起义失败后约30年在西西里又发生了第二次奴隶起义，破产的贫民也加入了起义，占领了全岛大部分地区，建立了国家。罗马虽然有了职业军，也经过四五年血战才在全岛恢复统治。第二次奴隶起义后的25年，又发生了伟大的斯巴达克起义。斯巴达克是色雷斯人，因被俘而沦为罗马的年轻角斗士，生得英俊健美，勇毅过人。角斗士也是奴隶，在剧场拿起短剑白刃进行人与人斗、人与兽斗，在生死挣扎之中以生命供奴隶主取乐，"当角斗士战死在竞技场时，大多数人的平均年龄是18～25岁"。[1] 公元前74年斯巴达克逃出角斗士训练所，与74名共同逃出的角斗士在维苏威山建立根据地，聚集的起义者日益增加到几万人，以巧妙的战略与英勇踏遍全意大利，一度进逼罗马。由于内部一再发生分裂，终因兵力十分不足，斯巴达克负伤力战而亡，结束了长达3年的起义。斯巴达克没有称王称帝的意图，在军中禁止收集金银，严防部属腐化。但是斯巴达克"被俘的6000人被处以罗马社会的极刑，即被绑在十字架上，不给吃不给喝，让他们历经长时间的痛苦后死去。根据克拉苏的命令，阿皮亚大道沿线竖立的这种十字架，从加普亚一直排到罗马"。[2] 青年人又成了毫无人性的野蛮的受害者。文明与野蛮的较量成了罗马历史的一个重要内涵。

当时的罗马不仅存在阶级斗争，"从罗马的内部说，'骑士'已经成为政治上的强大力量，失去土地的平民是他们天然的盟友。他们号为'民主派'，竭力要求打破贵族垄断政权的局面，在共和国所面临的许多重大问题上采取和贵族对抗的立场"。[3] 这时期就出现了代表元老贵族派的军事独裁者苏拉，与"骑士"出身的马立之间的争斗。之后又有克垃苏和庞培转向"骑士"扩大了"骑士"的管辖范围。与此同时又出现了一个名叫恺撒的新人物。盐野七生15卷《罗马人的故事》第4、第5两卷都写了恺撒一生的历史，足见他在罗马史中的地位。第4卷

---

① 高福进、侯洪颖：《角斗士》，上海辞书出版社2006年版，第5页。
② ［日］盐野七生著，刘锐译：《罗马人的故事》（第3卷），第181页。
③ 吴于廑：《古代的希腊和罗马》，三联书2010年版，第115页。

共 5 章，分别为幼年期、少年期、青年前期、青年后期、壮年前期。其中有个故事，恺撒 16 岁与秦纳的女儿结婚。当苏拉在两年的内战（元老院派与平民派的斗争）率兵进入罗马城后，为了将与马略及秦纳相关的平民派赶尽杀绝，编了一本死刑黑名单，恺撒也在其中。包括极受尊敬的女祭司长也替恺撒求情。苏拉提出恺撒离婚才放人的条件，不料青年恺撒说不！18 岁的他逃离罗马城。史学家认为恺撒年少便勇气过人，一腔英雄侠气。恺撒依靠平民的支持政治日益成熟，与庞培、克拉苏结成同盟称为"三雄政治"，恺撒出任执政官，高卢和伊利里亚的总督，并且击败后来与他对立的庞培，成为终身的独裁者，最后被贵族以乱剑刺死。但是共和国元老贵族专政的制度再也不能复活，另一个恺撒跟随而来，他就是 19 岁的盖约·屋大维，恺撒的外甥，为恺撒收为养子。恺撒被史学家称为"罗马诞生的唯一的创造性天才"。"屋大维虽然不是创造性的天才，但是他具备了恺撒时代所没有的两大有利条件：第一，崇古主义者们在公元前 49 ~ 前 30 年的内战中都死绝了；第二，有阿格里帕和麦克纳斯等同辈人的大力支持。阿格里帕是恺撒亲选的屋大维的帮手，麦克纳斯是屋大维时代奥古斯都自己发掘的助手。这三位刚刚步入而立之年的年轻人，开始了'Pax Romana'（Pax Romana 意为和平）的构建。这个年轻的力量团体，正与罗马朝着新生时期进发的需要相符。"① 恺撒死后仅十几年时间，屋大维就掌握了罗马的大权，开启了罗马的帝国时代。公元前 27 年 1 月 16 日元老院给屋大维一个叫"奥古斯都"的称号，意为"崇高"和"庄严"。实际上屋大维以元帅的身份被史学家称他和他的后继者为皇帝，帝国的疆域也达到了其鼎盛时期的范围。他消灭了内战，一百多年来群雄自逐的局面有了升平的希望，为二百年的和平奠定了基础，并且形成了文化上的黄金时代。

古罗马青年不仅有战场上的英雄，而且也是学习文化的先锋。"年轻的罗马贵族竞相来到希腊，以其学习、追求希腊文化的实际行动和理想信念，证明了罗马人不耻下问，甘拜被征服者为师的优秀品质。这些年轻人积极探索的精神，带动和鼓舞了大批的罗马人对希腊文化的学习热情，其苏拉、恺撒、西塞罗和尼禄出于对创造辉煌的希腊人的崇敬，他们对这个伟大民族的子孙给予宽恕。"② 同时，也出现不少青年作家，他们往往会组成一个年轻人的小圈子。出生在罗马非洲殖民地的泰伦斯，本是个奴隶，送往罗马一个大家庭中长大，因为他的天分特

---

① [日]盐野七生著，谢茜译：《罗马人的故事》（第 5 卷），第 348 页。
② [美]腾尼·弗兰克著，宫秀华译：《罗马帝国主义》，上海三联书店 2012 年版，第 214 页。

地培育他并赦为自由人。"这些天分也为他在一个很小的年轻人圈子里找到了位置，他们是知识精英，也是罗马贵族阶层的青年。圈子的领袖是年轻的西庇阿，而形容优雅的莱利乌斯——不是那个卑鄙的诗人——以及光彩照人的卢齐利乌斯，讽刺剧的发明者，也紧跟左右；原先身为奴隶的泰伦斯，一旦获准进入这个圈子，竟不逊色于他们中的任何一个，这是令人震惊的成就。"① 据说泰伦斯去世时不满 26 岁，但已是著名的喜剧作家。在罗马、雅典求学 21 岁参军的贺拉斯，年轻时的诗作带着内战中的苦涩。30 岁返回罗马时，其大量诗作引起维吉尔的注意，推荐给奥古斯都。至于维吉尔更是罗马伟大的诗人，出生于农村，年轻时到罗马学习，26 岁返乡一边务农一边写诗。以后到罗马，与奥古斯都交往密切。维吉尔不仅是当时的诗人、作家中最受爱戴和赞美的诗人，他还是文艺复兴时但丁最崇拜的作家。比维吉尔年轻得多的史学家李维，早期受到良好教育开始写作。30 岁来到罗马，与屋大维的关系也很好，其《罗马史》是经典之作。此外还有青年时就起步的文学家、剧作家如卡图卢斯等。这时也正是屋大维消灭内乱奠定了罗马和平的时期，文人学者齐集罗马，成为文化上的黄金时代。

成长环境与价值取向

我们在讨论了罗马国创建时期、疆土扩大时期、内乱时期到帝国时期以及创造文化中的青年英雄以后，对罗马青年英雄的特点也应加以考虑。希腊罗马时代，都是英雄时代，但是罗马的英雄与希腊又有很大的差别。历史学家许倬云在论述时代转移的诸因素时，首先提到英雄史观，英雄史观又分英雄造时势与时势造英雄。心理学家埃里克森曾对马丁·路德与甘地作了研究，从文化层面对时势造英雄作了解释。英雄不能孤立地存在，他比一般人的敏感度要高，能感受到时代的情绪、时代的脉搏、时代的期望、时代的压迫感与时代的困扰。② 罗马诗人维吉尔曾写下罗马前所未有的史诗，"这首史诗把恺撒和奥格斯都列为英雄伊尼亚的后代，全篇倾注着歌颂罗马的感情"。③《伊利亚特》是写埃涅阿斯故事的荷马史诗。罗马人一直坚信建立罗马王国的罗穆路斯是从特洛伊城逃出的埃涅阿斯的子孙。恺撒与奥格斯都都是他们的后代，是公认的罗马英雄。古罗马的创建者罗

---

① ［美］依迪丝·汉密尔顿著，王昆译：《罗马精神》，华夏出版社 2012 年第 2 版，第 42 页。
② 许倬云：《从历史看时代转移》，广西师范大学出版社 2007 年版，第 5 页。
③ 吴于廑：《古代的希腊和罗马》，三联书店 2010 年版，第 136 页。

穆路斯是由天降的马尔斯与熟睡在河边的公主所生，又在狼奶喂养中长大的，也有半神半人的性质。这仍然是将罗马的青年英雄视为与阿波罗那样的半人半神的英雄。按古朗士的的说法，宗教情怀在罗马青年身上逐渐以法律、秩序、制度为基础的爱国主义情感所替代，是"鬼魂和英雄的观念"逐渐消失的过程。古朗士的研究指出，希腊文化都经历了对古代宗教的缓慢的知识革命，宗教的仪式仍然不变，但观念却变化了。哲学家将宗教和政治感情纳入人们的心中，而不是继续放在祖先的习俗以及不变的传说中。苏格拉底就不受传统思想的支配，将道德与宗教区分开来，相信行为准则存在于人的良心之中。神灵和英雄的观念在逐渐改变，正是这种知识革命的果实传到罗马推动罗马向着同一个方向发展。① 最初，建立在拉丁平原的罗马城邦被周围的部落包围，对外关系上是采取守势的，甚至曾被高卢游牧民族占领，到公元前 4 世纪后叶才转守为攻。向外扩张的目的日益明显是贵族为了掠夺其他城邦的土地、财富和奴隶，平民也能从中分得小部分土地而支持扩张，成为罗马军团的中坚力量。这时贵族与平民的阶级矛盾有了调整，公元前 450 年，根据平民要求将习惯法订立为成文法刻在十二铜表上。这是价值的转换时期，财富与资源受到高度重视成为争夺的原因，是由贵族还是平民统治的制度之争也是战争的诱因，为国献身越来越离开宗教而有了现实意义。面对汉尼拔的威胁，26 岁的西庇阿向元老院主动请缨，就不是什么神灵的指示，而是对时代的脉搏、时代的压迫感有了高度的敏感，完全是由内心的感受出发。哥哥格拉古送到小西庇阿的军营，不一定如汉尼拔那样是主动要求，至少自己是赞同的。在军营中，他亲自听到了小西庇阿与希腊学者波利比乌斯两人就迦太基的灭亡、罗马最后是否会有同样的命运的议论，深有感受。在前往西班牙的途中他亲自体会到了农民的艰辛而有了民主意识。加上母亲和希腊学者的家庭教育，时势造就他成为为罗马平民献身的青年英雄。正是这种为生存而斗争的生活目标，家庭和实地的教育与禀赋，使青年们具有了虔诚、严肃、宽厚、坚强和勇敢这些令人敬佩的品质。

在原始社会，父权垄断祭祀以后对青年举行野蛮的成人仪式，目的是使青年成为绝对服从神灵的勇敢战士。而罗马青年则是服从于当时的制度、法律与资源，是一种出自内心的自主行动，有了新的青年形象，"并且使青年成为社会中最重要的人群"。在军事征服、文化创造中都有青年的作用，即使在法律这个古

---

① ［法］菲斯泰尔·德·古朗士著，吴晓群译：《古代城市——希腊罗马宗教、法律及制度研究》，世纪出版集团上海人民出版社 2012 年版，第 369～374 页。

罗马最重要贡献的领域中，上面提到青年格拉古兄弟就制订过不少法规。由此社会对青年的认识发生了变化，青年的地位也有上升，这是由原始社会走到上古的历史进步的表现。

在古罗马高速发展的时期，青年英雄们东征西讨扩大了版图，又创造了文化的黄金时代，而且几乎每一代人对法律都带来了新变化，当低等级在政治上取得进展时都会争取在法律上作出新规定。青年为人文主义在罗马的诞生作出了重要贡献。但是，在高速发展的同时，罗马的阶级矛盾比以前要复杂得多了。共和国早期突出的是平民与贵族的矛盾，暴发了内战。格拉克兄弟就是在群众暴乱中被迫死亡。代表贵族元老院的庞培兵败逃往埃及被谋杀。而使贵族专政溃亡的恺撒则被布鲁多刺死。这类事例表明了与人文对立的野蛮的存在。

青年的演变历程

随着共和政体向元首制的转变，罗马进入稳定发展时期，经历两百年的和平，经济有了很大的发展。但是"罗马帝国的全盛时代同时是奴隶主极尽豪华享乐的时代。经济发展的果实全都落在奴隶主的手里。他们过着奢侈淫佚的生活，成为社会上的纯粹寄生者。"① 罗马元老院议员的财力高于国家的任何一处。例如，西马库斯在罗马有3处宅邸，在意大利各处有15处别墅有30个房间，田园别墅占地甚广。他们家中摆设的银器其重量可达1万磅以上。形势的发展是富者愈富，贫者愈贫。由于不再对外扩张，作为奴隶重要来源的战俘不再有大量供应，劳动力缺乏造成的经济衰落从城市扩大到农村，到第3世纪危机暴露无遗。为了供应庞大的官僚和军队体系，日益腐败的官僚只能横征暴敛扩大税收。长期的重税、残酷的剥削压迫和军事混乱，加上蔓延难制的瘟疫，人民的生活陷入苦难的深渊。特别是大量涌入城市做小买卖或没有工作的平民，其生活尤其困难。为了使这些平民不致被煽动闹事，或者为了拉到他们的选票让自己升官，更多是为了炫耀财富，奴隶主和富人靡费惊人的资金组织包括角斗比赛的各种娱乐活动让平民参观。大官席马克为他儿子获得官职举行为期7天的私人游艺庆典，花费金子竟达2000镑。罗马人因此将大部分时间都花在了剧场、斗兽场和竞技场。角斗是由伊特鲁里亚人传给罗马的，他们有用活人为死者做祭品和角斗的习俗。公

---

① 吴于廑：《古代的希腊和罗马》，三联书店2010年版，第137页。

元前 254 年罗马第一次角斗比赛也是表示对逝者的纪念。随着频繁的战争，角斗比赛已失去宗教意义，成为一种娱乐坚持不懈，盛况空前，甚至导致街道的拥挤、混乱，曾因观众激动引起剧场坍塌发生惨剧。通过戏剧、体育、聚会等享受人生乐趣本是人之常情，但是将血腥的角斗也当作娱乐当时就有争论。《角斗士》一书认为要理解它存在和生长的缘由，必须回到对于人性论的理解，要在一定的文化背景和社会价值观念变迁的前提下才会有这种毫无人性的娱乐。"就角斗活动而言，罗马人心目中的美德就是：人们（特别是男子）面对死亡、流血，要表现出大无畏的气概，要有勇敢、无惧的精神。"① 当时的战争实际也是短剑白刃相接的人与人的角斗，对苦难和死亡不屑一顾的人们习惯于将角斗的野蛮当成一种日常的娱乐就不足为奇了，何况角斗的死亡者都是奴隶。到了后期，这种精神虽然没有完全逝去，但情况已大大不同，观众更关注的是格斗的技巧了。统治者花费大量资金主办角斗时没有想到的是，那些为政治服务的血腥角斗和淫秽表演，在统治者自己腐败的同时，也激起了平民性格中残酷和贪婪的一面，罗特指出："罗马帝国的另一个特点是平民极端冷漠的精神状态。麻木衰弱的民众维系了罗马帝国后期的专制统治。"② 罗特就认为，公共精神的堕落是罗马衰败的主要原因。因此对角斗比赛当时人们又爱又恨，直到基督教成为国教才宣布禁止举行。

古罗马从建国到高速发展的时期，青年英雄发挥了重要的作用，并且使青年成为社会中最重要的力量，从上到下包括家庭在内都出现了青年崇拜，为他们成为英雄倾注全力。这说明一个民族或国家在其上升时期青年的崇拜与青年的作用都十分明显。到了大功告成，统治者多数不思进取贪图享受的时候，他们的短视必定会忽视青年的作用。《西方教育史》一书中，谈到元首制时期罗马对青年的教育时写道："直到 2 世纪开始，奥古斯都之后的皇帝们的教育活动，主要是受他们个人对学术的兴趣或为博得声望所鼓舞，而不是出于对帝国需要的明确的认识或对政策广泛的考虑。""由于皇位的不断易人，使学习在国内动乱和军事起义的环境中很难进行。"当时也办了学校，但中心人物不是学者或哲学家而是修辞家或"智者"，没有文学、哲学以及任何纯智力的事。"以言词的雄辩作为罗马的

---

① 高福进、侯洪颖：《角斗士》，上海辞书出版社 2006 年版，第 245 页。
② ［法］菲迪南·罗特著，王春侠、曹明玉译：《古代世界的终结》，上海三联书店 2013 年版，第187～205 页。

最高理想的教育，由于它脱离生活现实和它本身思想的贫乏，必然会衰微和死亡。"① 既然对青年的作用已经不如初期那么重视，又在人民的道德日益衰落的情况下，"年轻人的恋爱观念改变了，开始设法满足自己的享乐欲，无心经商或者务农，更无心从军戍边，有无正当职业也满不在乎"。② 不要说从军，连有无职业都满不在乎，这是与罗马高速发展时期完全不同的另一种青年形象。什么样的社会就会有什么样的青年，说明环境与青年的重要关系。人类的上古时期，青年仍然是作为被压迫的群体，但是在特殊的环境中出现了希腊青年公民与罗马青年英雄，有别于普通的青年群体，是一种什么样的历史环境使青年的天性释放出来发挥了作用，这是值得青年研究探讨与总结的历史经验。

但是，另一个阶级的青年又起来发挥了推动历史的作用。从公元 235 年起，无纪律的军队几乎随心所欲，朝立一帝，夕弑一君，有了整整 50 年的军事无政府的黑暗时代。3 世纪中叶，各地不堪压迫的人们爆发多次武装起义。高卢北部的贫民、隶农和奴隶掀起了号称为"巴高达"的革命运动。"巴高达"的意思是"斗士"，他们占领田庄和城市，推举自己的领袖做皇帝。到了 3 世纪下半叶，运动虽然暂时平息，但余波未已，一直绵延到下两个世纪。罗马的手工业者、贫民、奴隶曾联合起义，一举击杀了 7000 名帝国的军士。③ 正是内部的奴隶、隶农、贫民的起义，与不断的蛮族入侵相结合，消灭了残存的奴隶主政权，结束了欧洲上古的历史。

文明与野蛮的较量

罗马统治阶级中的青年也不是完全没有发挥作用。马可·奥勒留是著名的帝王哲学家，贵族家长私聘 10 位左右的学者做他的老师，开始学写诗，后来专心于斯多葛派哲学。18 岁协助养父安东尼治理国事，19 岁升为执政官。他在青年时就写笔记开始沉思各种人生体验。公元 2 世纪下半叶，他 40 岁继承皇帝东征西讨无法沉思了。后来笔记被整理为《沉思录》一书，是西方历史上最为感人的伟大名

---

① ［英］博伊德、金著，任宝祥、吴元训译：《西方教育史》，人民教育出版社 1985 年版，第 79 ~ 81页。

② ［法］让·诺埃尔·罗伯特著，王长明、田禾、李变香译：《古罗马人的欢娱》，广西师范大学出版社 2005 年版，第 15 页。

③ 高福进、侯洪颖：《角斗士》，上海辞书出版社 2006 年版，第 194 页。

著，内容充分体现了人类神性坚定不移的信念。他反对角斗比赛，但没有效果。屋大维以后第 42 代皇帝君士坦丁，年轻时在推行改革的戴克里先军中服务，很快成为帝国上层的重要人物。他成为罗马皇帝后皈依基督教，并迁都拜占廷后来成为东罗马帝国。在西罗马灭亡后，公元 518 年牧猪人出身的查士丁作为查士丁一世登上东罗马皇位。他的外甥，出身贫寒的乡村少年查士丁尼·亚努斯成为他的助手。查士丁尼聪颖过人，同情贫民，在君士坦丁堡浓厚的文化气氛中广泛涉猎有了丰富的学问。继承皇位第二年召集 10 位著名法学家编辑成《查士丁尼法典》《法学汇编》《法学阶梯》《新律》，合称《民法大全》，是欧洲第一部系统完备的法典，后来成为欧洲各国的法律范本。因此，在古罗马，正如汉密尔顿所说的："在塞内加的书信中，在爱比克泰德的谈话中，在马可·奥勒留的日记中，则弥漫着一种虔诚气氛、惩恶扬善和高尚的力量，这在全世界文学作品中都很罕见。在古罗马的最后时光，各种极端对立并存共生。一个极端的反应不会导致另一个极端：一面是对人类无可挽回堕入深渊的悲观无望的黑色精神，另一面则是对人类神性坚定不移的信念。"①

小西庇阿在灭亡迦太基时曾寻问罗马是否也有消亡的时候，这是历史的眼光。他可能没有预料的是，英雄们创造的成果，却造成了享有者的腐败与贪婪，以及公德精神的衰弱，让野蛮横行一时，成为罗马消亡的内部原因，也是主要的原因。但是文武英雄们创造的人文主义并没有消失，不仅挽救危机延续了帝国的寿命，即使在帝国消失以后仍然留在人间成为人类的精神遗产。文艺复兴创始者但丁"将古罗马最伟大的诗人维吉尔作为自己灵魂道路上的智慧之光，带领自己穿越黑暗的地狱和布满烈火的炼狱，最后到达天堂的门户"。②

古罗马的历史是充满文明与野蛮较量的历史。汉密尔顿说罗马是分裂的城市，"绝对的善与绝对的恶彼此对立，它们之间根本无法调和。罪恶心满意足，美德也同样如此"。③ 在这两个彼此对立的极端之中，都有青年的角色。这也是人性的复杂性在历史中的表现。顾准在分析奴隶制的时候，就提到罗马占领非洲时曾发现有吃人肉的，人殉，人牺，在早期希腊史籍中也有。"人自相残杀，看起来是在逐渐缓和之中。……这个世界如果过分太平，大家做起葛天氏之民来，哪

---

① ［美］依迪丝·汉密尔顿著，王昆译：《罗马精神》，华夏出版社 2012 年第 2 版，第 220 页。
② 朱文信："生命是伟大的朝圣之旅"，载《读书》2013 年第 12 期，第 7 页。
③ ［美］依迪丝·汉密尔顿著：《罗马精神》，第 237 页。

还有奋斗、追求、自我牺牲？哪还有什么进步可言呢？历史是由事件组成的，没有斗争，就没有事件；没有事件，岂不是就没有历史了吗?"① 顾准并且指出："罗马人，其实比起希腊人来是蛮族。""罗马没有哲学，假如说也有哲学的话，无非是征服的哲学。"② 这样，古罗马的历史为我们提供了关于青年的画面：青年既是人文的倡导者，又是野蛮的执行者与受害者。前者在日益提升，后者也不会退出。两者的较量可能要贯穿人类历史和青年的历史存在。

---

① 顾准:《顾准文稿》，中国青年出版社 2002 年版，第 307 页。
② 同上，第 235 页。

第三章
中世纪承前启后的欧洲青年

从公元476年西罗马帝国灭亡到文艺复兴约800~1000年的时间被称为欧洲的中世纪。只有欧洲的历史中才明确认定有这样一个中世纪，对它的评价也众说纷纭，认为是黑暗的世纪，或者只是一个过渡的阶段。《中世纪欧洲史》的作者则认为中世纪这个说法是自命不凡的人文主义者提出来的。中世纪就有两次文艺复兴，还有11世纪的宗教改革，城市化和世界观的世俗化等主要发展都是由中世纪持续到现在。相比16世纪的改革，4~10世纪（或12世纪）的那些变革更像是根本性的变革。[1] 这些论证使我们对欧洲的中世纪应有更加全面与深刻的认识。

澳大利亚历史学家约翰·赫斯特在所著《极简欧洲史》中，第一章"从希腊说起，讲到日耳曼——古典时期到中世纪"开始就写道：

在欧洲文明发端之初，它的组成元素有三个：

①古希腊与罗马文化。

②基督教——犹太教（犹太民族之宗教）的一个奇特分支。

③对罗马帝国进行侵略的日耳曼蛮族的战士文化。

赫斯特描述了这三大元素如何彼此强化，又相互对立，最终形塑为欧洲文明的内核。[2] 正是这三者在中世纪开始碰头相会，既形成了中世纪独有的特征，也构成了欧洲文明发展的重要阶段。在这个重要又独特的历史阶段中，青年爆发了新的特征，从悲观失望发展到冒险拼搏，为现代化埋下了种子，扮演了承前启后的角色。

信仰的力量

当日耳曼人消灭西罗马帝国的时候，基督教已经成为罗马的国教。罗马历史

---

① [荷] 维姆·布洛克曼、彼得·霍彭布劳沃著，乔修峰、卢伟译：《中世纪欧洲史》，花城出版社2012年版，第5页。

② [澳] 约翰·赫斯特著，席玉苹译：《极简欧洲史》，广西师范大学出版社2012年版，第7页。

学者塔西佗形容日耳曼人简直是为打仗而活。而传教士保罗认为基督教对爱的教诲凌驾于一切律法之上。赫斯特对这三个对立因素在中世纪的运作做了归纳："我们知道，蛮族现在变成了信奉基督的骑士，也知道希腊和罗马的学术被拿来支持基督教。而教会，就居于这个怪异的结盟体之间运筹帷幄，努力维系这个体制于不坠。"① 赫斯特在另一处还说："所谓的中世纪，也就是基督教会在智识和社会生活上实现全面操控的时期。"② 在三者的组合中，基督教为什么有如此强大的作用？

基督教诞生的时候，耶路撒冷所在的巴勒斯坦已经是罗马帝国统治的一个行省。行省的总督彼拉多以"煽动犹太人造反"为由将耶稣钉死在十字架上。按《圣经》的说法，耶稣在第三天复活了，教导门徒要将福音带到全世界去。十二门徒之一的彼得在公元42年最早将基督教传播到罗马城，接着思想家保罗也相继到来。他们的传播是在无产者、贫民、奴隶这些弱势群体中通过地下方式进行的。这时正是奥古斯都的统治将罗马成为极其富裕的超级大国的时候。罗马人本身就是一个物质主义和功利主义的民族，建立起庞大帝国后，统治阶级在富裕之中开始醉生梦死，日益堕落达到了登峰造极的程度。底层的奴隶、贫民和无产者则因为官吏的横征暴敛生活在水深火热之中。基督教的"救赎说"昭示了死而复活灵魂得救的福音，此生只有无尽的苦难和罪孽，得救的希望就在于从此生延到了彼岸，将理想推向了另一个世界，强调的是内心的虔诚信仰，信仰是首要的和最重要的。基督教的传播使弱势群体得到了安慰，凭着虔诚的信仰纷纷加入基督教会，那种发自内心的信仰使他们再也不想回到过去非基督徒的生活。

早期基督徒在精神上和道德上的信仰很快产生了影响。罗马人信仰的是多神教，当然欢迎耶稣基督加入他们的万神殿。基督徒则毫不含糊地坚守上帝，拒绝参加公共的祭酒仪式，在半夜三更或黎明时分的业余时间男男女女聚集举行自己的基督教宗教仪式，罗马人对他们采取一种鄙视态度。皇帝们早就有处理基督教的意图，基督教在首都的发展更是引起了统治者的不安，严重的、大规模的镇压开始了。奥古斯丁曾列举了自公元64年罗马暴君尼禄开始到公元303年戴克里先皇帝的250年间对基督徒的10次大迫害。尽管要迫害，皇帝们却苦于找不到迫害的正当理由。被称为基督徒都成了迫害的理由。德西乌斯皇帝颁布禁止做礼拜的法令，如果不执行就要处死。而尼禄更是将自己放火的行为说成是基督徒所为加

---

① ［澳］约翰·赫斯特著，席玉苹译：《极简欧洲史》，广西师范大学出版社2012年版，第36页。
② 同上，第41页。

以迫害。迫害的残酷则是罗马所特有，请看历史学家塔西佗的描写："基督徒的死刑被加以各种嘲弄的方式。他们被用兽皮包裹，被狗撕裂，然后腐烂，或者被钉在十字架或者被判决火刑并点燃他们的身体作晚上的照明。"①"奥古斯都继位者的历史，根据培西佗的叙述，是一段让不受限制的可怕权力弄得疯狂的人们的历史。"这是汉密尔顿在《罗马精神》书中的话，她接着写道："在罗马的晚期，是崇高的宗教对抗着最极度的堕落。这两股潮流似乎从未交汇。卑劣者并没有因为他们中间出现了伟人和善者而提升到更高的层次，而处于最可耻的邪恶之中的斯多葛派也从未降低自己的标准。……绝对的善与绝对的恶彼此对立，它们之间根本无法调和。"②

与统治者的暴戾和堕落状况相比，基督徒们在迫害面前却采取了以德报怨、以爱报恨的回应方式，他们前仆后继走上十字架演出了感人至深的殉道悲剧，其纯洁高尚的信仰与道德像燎原之火迅速蔓延开来，反而吸引更多的信徒加入了基督教，正如教父德尔图良所说的："基督徒的鲜血成为基督教会的种子。"到了3世纪，长期的政治混乱，日益严重的腐败，甚至使贵族和富有者中间也出现了对现世生活失去信心的代表人物加入了基督教，将财富捐给教会。出身富贵又有文化教养的教徒自然成为教会的领导，提高了教会的社会地位。

而那些实行迫害的皇帝们自己或是被刺杀、毒死，或是自杀，只有少数是正常死亡。曾经援助戴克里先迫害基督徒的伽勒里乌斯皇帝患上了重病，在临终的病床上签发了《宽容法令》，准予敬拜上帝建立教堂。基督教对君士坦丁皇帝更是产生了潜移默化的影响，看准了教会可以做统治者的帮手，于公元312年与东罗马皇帝李锡尼一道颁布《米兰敕令》，承认基督教的合法地位。到公元380年，罗马皇帝狄奥多西宣布取缔多神教要求全体人民都要信仰基督教。公元392年基督教被正式确立为罗马国教，全国各地都有了教会。教会有国家给予的财产，内部又分出不同的等级。基督教由一个简单的精神团体，这时已经是一个有系统、有等级的组织。耶稣不是政治人物，基督教初期只是以语言和行为传播信仰、道德、爱，改变了无数的人，超过了权力成为推进善的重要社会力量。

作为青年研究，我们不能不提到青年在基督教由弱到强的过程中所发挥的重要作用。在郑建业所著《宗教演化史》中，谈到基督教时指出，1世纪末到2世

---

①　[美]阿尔文·J·施密特著，汪晓丹、赵巍译：《基督教对文明的影响》，上海人民出版社2013年版，第10页。

②　[美]依迪丝·汉密尔顿著，王昆译：《罗马精神》，华夏出版社2012年版，第227～237页到

纪上半叶，由于残酷迫害使斗争形势转入低潮，原始基督教初期的成员已陆续老迈或去世，"这时期，在第二代和第三代年轻信徒中出现了一些新说法"。① 书中就介绍了第一位拉丁教父德尔图良，在迦太基和罗马学习法律，30 岁左右皈依基督教著《护教篇》，为受迫害的教徒辩护，成为最早提出宗教信仰自由的古代学者。生于亚历山大城一个基督徒家庭中的奥利金，17 岁时父亲被迫害，在贵妇的资助下完成学业，致力于校勘希腊文《旧约》和注释《圣经》，被视为最有影响力的教父。我们还要提到被称为"修道运动之父"的安东尼，是罗马时期埃及的基督徒。20 岁父母去世将家庭财产与妹妹交给他，受到上帝的影响，不久将部分财产留给妹妹，其余接济穷人，在自家附近过退隐生活，30 岁渡过尼罗河到沙漠中的一个山上修道，通过虔诚的内省与内心的情欲和魔鬼的权力争战。当马克西米努斯皇帝迫害基督徒时，他到亚历山大城愿与受害者同时殉道感动了众人。他的思想与行为产生了很大影响，其中就有奥古斯丁。罗德尼·斯达克在论述基督教教义的发展时指出，没有人比奥古斯丁和阿奎那影响更大的了，他们以理性为工具获得对上帝意图的洞见。② 奥古斯丁公元 354 年出生于北非的塔加斯特，19 岁立志攻读哲学，开始信仰摩尼教，29 岁到罗马，不久又到米兰担任雄辩术教授，投入到对新柏拉图主义的研究，改信基督教。以后回到家乡成为教会最受尊敬的领袖，著有《忏悔录》《上帝之城》等名著，主张理性和信仰不可分离。其《上帝之城》中就隐含着现代的青年观——希望与未来。这些对基督教的兴旺起了重要作用的伟大神学家、修道运动的创建者都是年轻时就起步，而且都出现在远离罗马的埃及、北非一带，他们成长的环境没有像罗马那样血腥残忍和奢侈贪婪达到了登峰造极的程度，不仅相对比较宽松和自由，而且有亚细亚和希腊文化的影响。他们保留了从童年到青年自然性质的人性，通向了基督教关于人的生命神圣的伦理观、关于爱与同情的精神信仰。这种对基督教的发展是人类历史上善与恶较量的重要新篇章，体现了精神信仰的力量在人类进化中的非凡意义，也是青年作为时代超越者的又一个历史证明。

　　基督教不仅改变了罗马，而且感化了入侵的蛮族。日耳曼民族是一个很大的集合概念，各部族入侵后将西罗马帝国四分五裂建立起一个个蛮族王国。只知打仗的日耳曼人打到那里烧杀掠夺，加上当时瘟疫横行，罗马官史逃之夭夭，结果

---

　　① 郑建业:《宗教演化史》，中国大百科全书出版社 2013 年版，第 84 页。
　　② ［美］罗德尼·斯达克著，曾欣译:《理性的胜利——基督教与西方文明》，复旦大学出版社 2011 年版，第 4～5 页。

是文物破坏，百姓人心惶惶。与入侵蛮族交涉的只有教会。"那时基督教中的教士，一方面代替罗马官吏，去保护人民，维持秩序；一方面靠了他们的旧教育，去保护那不绝如缕的一点文学美术；一方面又利用他们超出政治以外的资格，去感化那些入侵的野蛮人。"史学家陈衡哲认为："这个罗马化和政治化的基督教，是欧洲旧文化的一个大救主，也是欧洲近世文化的一个大功臣。"陈衡哲接着指出基督教是黑暗里的唯一光明："我们明白了这一层，才能明白中古的历史。"①

日耳曼各民族皈依基督教有一个互动的过程。这些蛮族占领一块地方后就画地为牢，有了安身之地不再游牧，但缺乏统治的经验。正好强大的基督教会的"社团""定居"等观念启发了他们的农耕生活。教士们还表示可以协助他们进行治理。宗教对暴力的想法也有改变，认可为公平正义而战，信奉基督更能克敌制胜。而百姓在艰苦生活中将极度绝望的心灵强烈地寄托在基督教上，使蛮族深感基督教的力量。法兰克人对推动蛮族皈依基督教有重要作用。法兰克王国首领克洛维在战胜另一日耳曼部落后，为得到信仰基督教人民的支持，带领3000名随从集体皈依罗马教会。查理曼大帝每打到哪里必令人民立誓尊敬教会，以产业所得的1/10和土地供献出来建立教会，主教成了那里的领袖。公元800年查理曼已成为西欧的主人翁，蛮族全部皈依了基督教，各教会领袖将罗马皇冠加封在查理曼的头上。其结果就形成了好战者与基督徒的矛盾结合，出现了教会与国王两种政治权威，既互相依赖又彼此争斗，根据顾准对此的分析，这对于欧洲政治之不能沦为绝对专制主义，对于维护一定程度的学术自由，对于议会制度的逐渐发达都是有影响的。② 由此可见陈衡哲所说的基督教对欧洲中世纪的关键作用。

骑士文化

基督教与日耳曼人相互结合所产生的一个硕果是骑士文化，它体现在青年骑士的成长过程之中，是历史上最早的青年文化。

史学家陈衡哲提到欧洲封建制度兴起时的两个重要背景：一是因为罗马帝国消亡时社会秩序混乱，小地主愿将土地出售给大地主召纳佃奴耕种。大地主中有的是贵族、教士或者长老，成为一地的主人。小地主及佃农成为他们的奴属寻求保护。这是采邑制的源头。另一背景是"日耳曼的少年武士，常须择一酋长为他

---

① 陈衡哲：《西洋史》，东方出版社2007年版，第108页。
② 顾准：《顾准文稿》，中国青年出版社2002年版，第247页。

的主人，自己立誓做他的臣属。酋长须保护这个少年武士，而少年武士也须服从他主人的命令。这个约是双方的，无论哪一方面都不能违犯他"。第一个背景是经济上的，后者是道德上的，两者相互混合，"这个混合物的产生，便是欧洲封建制度的起点"。① 这里说的少年武士就是骑士，由此可以看到青年骑士在封建制度中的社会角色。

日耳曼军队中都有英勇的骑士，公元 8 世纪马镫传入西欧，骑士在马上有了无比的打击力量成为军中的主力。但是马匹及其装备的价格水涨船高。国王查理·马特和矮子丕平将土地分给军功贵族，贵族再分给手下的骑士，骑士通过土地有了收益才得以装备马镫，造就了中世纪第一批骑士。查理大帝进一步完善了分封制度，皇帝、国主和大主教站在最高峰，官吏、教士和长老是诸侯，上待诸侯下令骑士的便是诸侯的臣属，臣属下面有少量田地足以自备战马者成为骑士。在查里曼统一西欧时封建制度已遍布于西欧各地，骑士数量由少到多，是骑士制度完善时期。

日耳曼人有少年武士立誓仪式的习俗。日耳曼部落早期的成年礼是少年从父辈手中接过盾牌和长矛，表示有了参战权力。骑士的受封仪式初期也很简单，随着骑士已经是一种身份象征的时候，加上教会对仪式的介入日深，仪式的程序与场面变得日益复杂，形成漫长的过程。男孩 7 岁左右就要送到领主或贵族家庭成为侍童，接受骑士的风度与信仰的教育。到 14 岁左右由父亲带领去接受由神父主持的军事训练。到 20 岁左右才正式接受受封仪式。少年要在仪式前一天住进教堂接受沐浴仪式表示身心的洁净，然后穿上象征宗教纯洁礼服关在房内反思不足之处。第二天早晨到教堂参加弥撒，祈祷骑士战无不胜，永不妥协，对抗邪恶。准骑士必须大声宣誓忠于教会，保护弱者。紧接着穿上作战装备，站在某贵族长者面前为他佩上宝剑，装上马刺，单膝跪地，领主用剑背拍击受封者，朗声宣布他已成为骑士，受封仪式才算结束。接受受封仪式成为骑士的不仅有中小贵族，也有大贵族甚至国王，还有非贵族出身者。为了培育一个骑士，从 7 岁左右到 20 岁，时间之长，程序之复杂，场面之铺张，可以说达到了历史上的巅峰。顾准在"马镫和封建主义——技术造就历史吗？"一文说它是一种革命性的新战斗方式。骑士享有土地财富的权利，又有必须从军的义务，不尽义务不得享受权利，王侯如果超额要求骑士也可反抗，关系的两方面都有信守契约的权利和义务，是平等的关系，有了个性的萌芽，是重要的历史变革。顾准说：

① 陈衡哲：《西洋史》，东方出版社 2007 年版，第 125 页。

"骑士服役这种责任，是封建制度的关键所在。……认为财富的享受和公共责任不可分的这种封建意识，是使中世纪的所有权观念不同于古典的和现代的观念的主要区别。"①

既然骑士已经成为社会的强势群体，又有了特殊的身份和新型的责任有了个性的萌芽，在基督教与骑士文化的结合中必然形成了自己独特的生活方式与思想观念。"骑士的一切高贵品质都以勇敢为依托，骑士的所有行动都要通过勇敢来实践。"② 史诗《罗兰之歌》就是歌颂罗兰和奥利维宁死不屈战斗到最后的英雄故事。在基督教的教化下，骑士们在彪悍勇猛的同时，又增加了虔诚的新品性，不仅对国王忠诚，还要效忠于教会，不惜钱财，在面临危险的时候能慷慨献出自己的一切。保护弱者也是基督教教化的重要信条之一，并且是衡量其行为是否高尚的指标。弱者指妇女、儿童、鳏寡孤独，特别是尊重妇女。骑士的爱情被千古传唱。骑士在战场、比武场上的勇敢举动竟然是受贵妇人的爱情激励而引发的，充满了浪漫主义色彩。"这种向往高尚和纯洁的'罗曼蒂克'风尚由于与基督教的唯灵主义理想相激励，显示出一种玉洁冰清的唯美特点，渲染了一种崇高典雅的天国情调。虔诚本身就带有天国色彩，忠诚也是一种崇高品德，然后再加上一尘不染的'罗曼蒂克'爱情，这三者结合在一起就更加美妙了。"③ 骑士的这种天国情调的浪漫理想一直延续下来，竟然推动了浪漫主义思潮在近现代的发展。

青年骑士的这些生活方式与思想观念，是骑士组成为群体以后日积月累形成的欧洲历史上最早的青年文化，在当时出现的史诗、抒情诗、传奇等骑士文学中得到了精心描绘，代表性的作品有《罗兰之歌》《熙德之歌》等。文艺复兴时期对它曾有不同的评价。而顾准在"欧洲中世纪的骑士文明"一文写道："罗素的西方哲学史说到过，欧洲文化中骑士文明是一个重要的因素，它是一夫一妻制，是西方传统中的个人主义等的渊源。"④ 骑士们创新的青年文化是中世纪的一个亮点。骑士文明是日耳曼人与基督教连结的产物。顾准指出，在中国，古老文明同化了蛮族，以致蛮族文明后来竟然全部湮灭。欧洲的蛮族征服之后其文化则没有被吃掉。"蛮族文明以骑士文明的形态，发展成为和教士文明并行的一种文明。教士文明还是罗马传统。但是两种并行的文明并不是各不相干的，它们在互相渗

---

① 顾准：《顾准文稿》，中国青年出版社 2002 年版，第 314 页。
② 汪丽红：《骑士》，上海辞书出版社 2006 年版，第 56 页。
③ 赵林：《基督教与西方文化》，商务印书馆 2013 年版，第 191 页。
④ 顾准：《顾准文稿》，中国青年出版社 2002 年版，第 310 页。

透。"① 但是，骑士毕竟是贵族中的低级阶层，本来就缺少文化，长期而又严格的受封仪式除了宗教信仰主要还是军事训练，较少知识的学习。训练出来的骑士，既是战争的机器，又是战争的工具，仍然是文明与野蛮并存的复合体，镇压过多次农民起义，又进行烧杀抢劫，特别在十字军东征的时候。顾准也说"骑士当然大大地为非作歹了"。陈衡哲也指出封建时代本身的野蛮："强者即是合理者。"臣属对于主人，今天不妨立誓矢忠，明天羽翼丰满便可以立刻反叛。臣属对臣属，诸侯对诸侯也是互相侵犯。甚至家庭中的父子兄弟也为争取家产而相杀如仇人。社会的混乱到了极点。这时唯有各地的主教能发挥作用，仍然是基督教的教导在改善人性。

从农民到市民

日耳曼部族在罗马帝国土地上定居，不仅没有改变农业经济的根本特征，反而加速了回归自然经济的进程，农业生产遭受到严重的破坏。早在古希腊罗马的奴隶社会，人们包括学者都轻视体力劳动，对农民的评价既有按基督教的贫穷理论给予同情，但更多的是对农民的偏见，将早期那种对野蛮人、异教徒的偏见也加在农民身上，如野蛮、疯狂、愚蠢、笨蛋，"天生就是农奴的命"。② 农村青年只是家中的劳动力，通过模仿就可以成人没有选择的余地去提高个人的才干。长期以来，大多数农村家庭不存在温情脉脉和柔情密意，由于缺乏关照、营养不良和不卫生的环境使很多婴儿就死去了。至于那些茅舍人、仆佣、散工家庭等低于农夫的社会阶层的年轻人，其社会的基本权利都被剥夺了，很早就将他们送去当佣工。有继承权的长子，或者由长辈选定的最胜任的儿子，从小就注定要承担将来的职责，从长辈那里学习家长式的责任感和权威感，引起兄弟姐妹之间的竞争，没有特权的不得不早日离开父母。年轻人的这种生涯，使他们很快就适应了成年社会的行为模式，恪守传统的思维和感情方式，完全符合他们所处的毫无变化的环境。③

"在中世纪早期的动荡社会中，修道院成为农业生产的经济中心，同时也是

---

① 顾准：《顾准文稿》，中国青年出版社 2002 年版，第 246 页。
② ［荷］维姆·布洛克曼、彼得·霍彭布劳沃著，乔修峰、卢伟译：《中世纪欧洲史》，花城出版社 2012 年版，第 121 页。
③ ［奥地利］迈克尔·米特罗尔、雷因哈德·西德尔著，赵世玲、赵世瑜、周尚意译：《欧洲家庭史》，华夏出版社 1987 年版，第 87～88 页。

基督教信仰得以在广大的农村社会中广泛传播的精神中心。"修道院制度开始兴起是在埃及。当基督教在罗马国教化以后，面临着一些异教文化的包围和教会内部开始出现的腐败，由"修道运动之父"的安东尼兴起了一场禁欲主义的修道运动，在他的影响下修道运动在埃及和北非的教会中开展起来，接着传到西欧，主要推动者是圣安布罗斯、圣哲罗姆和圣奥古斯丁 3 位圣徒。在 6 世纪初，罗马贵族青年本尼迪克在意大利的辛鲁伊尼山区建立修道院，为修道院制定了严格的院规，指出"懒惰是灵魂的敌人"，要求修道士身体力行将开垦荒地、从事农业和手工劳动作为宗教生活不可缺少的重要部分，为修道院积极参与社会经济活动，也为提高农业劳动的社会地位提供了教义理论的依据。占有土地的教会和修道院被纳入当时的封建政体的关系之中，主教、大主教、修道院长都因占有土地都而成为君主的封臣。法兰克王这样做不仅是依靠基督教克敌制胜，还因为修道院提高了他们对农业的重视，克服了他们不精于农业生产的缺陷，他们甚至提出了"憎恨刀剑，转向锄头"的主张。修道院初期建立时，入院的修道士中不少是为逃避帝国的苛重赋税或者躲避蛮族欺侮的下层人士，而且以青年人为主，农业生产和手工业技术因此在修道院中得以保存。这些技术加上从事经济活动的组织职能成了法兰克的贵族们经营自己大地产的借鉴。贵族们支持建立修道院，既是虔诚的行为，又是一种经济活动，尤其是修道院拓垦荒地、林地和沼泽地更是有百利而无一害的事情。"7 世纪在西欧出现的建立修道院的高潮与农业生产的恢复有着密切的关联，抑或也可以这样说，在兴建修道院的浪潮中，西欧中世纪历史上开始了第一次大拓荒运动，从而使西欧社会能够从日耳曼人的大迁徙造成的经济大退化中走出来。"[1]

在讨论基督教与西方文明的书中，斯达克宣称："资本主义不是在威尼斯的账房里发明的，也不是在荷兰的新教银行里发明的。它是从 9 世纪开始，在天主教僧侣推动下发展起来的。"[2] 他接着对事实作了论述。大约在 9 世纪，由于改用马匹、铧式犁、三区轮作等创新生产方式，显著提高了修道院大庄园的农业生产率，不再限于自给自足而有了多余的产品，通过销售获得利润，由此开始专业化生产，多种商品投入市场，出现了现金经济。随着收入不断增加，借钱给贵族成为银行，或将财富购买更多的土地，又将利润再投资，教会成了中世纪最大的地

---

① 王亚平:《西欧中世纪社会中的基督教教会》，中央编译出版社 2011 年版，第 13~17 页。

② [美] 罗德尼·斯达克著，曾欣译:《理性的胜利——基督教与西方文明》，复旦大学出版社 2011 年版，第 41 页。

主，开启了一个快速扩张的时代。这就推动神学家们对商业伦理进行重新评价，摒弃了反对利润、利息的传统教义，将资本主义的主要因素合法化。修道院的管理者们继续做慈善活动的同时，重新思考商业的伦理性。这是一个重大的转折，神学革命是直接接触世俗要求的结果，有学者称之为"宗教资本主义"。但是，修道院的这些活动只是从自给自足的农耕经济向资本主义走出的第一步，而且产权还属于教会，没有出现资本家，称之为"宗教资本主义"也许是恰如其分的。

农业的发展推动了商业的发展，商业的发展又促进了城市化，是向资本主义迈出的最重要一步。前工业时代的少数城镇主要沿着水路航道由商人和手工业者自动集合建立，由于人口死亡率高，必须靠乡村人口来补充，农业的增长又能满足居民的饮食需要，因此吸引农民进城。这些最早聚居的居民为求安全，借鉴古老方式在圣物面前集体宣誓，订立契约，相互帮助，和平共处，避免暴力侵犯。瓦朗西安市民的"法令"原指一种"和约"，在后来的特许状中称共同体或自治体。满16岁就要宣誓遵守和约成为市民，否则要放逐。市民在法律上可以自由迁移和择偶，不像农奴那样受到种种限制。在11～12世纪开始了争取城镇特权的斗争，最终从国王、领主和主教那里争得了自治权，与领主们订立合同，交纳年租，给予市民共同体特许状。顾准指出，中国的城市从来是在皇朝严格控制之下，城市自治是绝对不会发生的。① 西欧接着出现了大大小小的城镇，经济和人口实力越强，捍卫司法自治权的能力也就越强。城镇当然希望人口越多越好，居民来自四面八方，大多数是农村过剩的自由民，而且以青年为主。但是领主还可以到城里将他们带回去。城镇因此规定，只要在城里住上一年加一天即366天，就可以摆脱农奴身份获得市民的权利。这个规定的重要意义在于不再有城乡的二元结构，为人口流动打开了大门，为解放农奴创造了条件。处在底层环境中的农村青年对城镇更是趋之若鹜。对他们而言，自由就是摆脱无穷无尽的义务，生活与行动不再受到限制。《中世纪欧洲史》指出："这就与封建制度中的个人效忠关系形成了对比。"自由意味着不再是"某人的人"，不再依附此人，无需听命效忠于他。在家庭和隐修团体中，父亲和院长是最高权威，领主与封臣、庄园与农奴也是不平等的。城镇则与此相反，也许受到信徒在上帝面前人人平等的影响，市民的地位呈水平结构，是平等关系。"这便给11～13世纪的社会秩序带来了极大

---

① 顾准：《顾准文稿》，中国青年出版社2002年版，第333页。

的震动。"① 这个极大的震动就是打破了封建社会的封闭状态，大大增进了社会流动。

中世纪早期，欧洲除了意大利几个城邦外，各地几乎没有商务活动。当时远程旅行的只有不畏艰辛的极少数商人和虔诚的朝圣者。到 11 世纪，越来越多的朝圣者带去赠品带回圣物，开启了物品的等价交换，渐渐形成为"朝圣经济"。远程贸易商人与朝圣者带回的信息和物品，使处在封闭中的人们对商品的产地有了无限的遐想，尤其是具有勇敢冒险精神的年轻人纷纷往来各地从商，出现了"商业革命"。本来是平等主义的市民，也因此产生了新的社会差别，商人崛起成为社会新贵，被称为"市民阶级"。这些通过贸易聚财最多的商人，为了显得高人一等，组织商业行会强调在远途贸易中互相帮助，并垄断城镇政务为自己谋利，逐渐脱离共同体带有明显的阶级特征。陈衡哲认为城市兴起的最大效果是在解放那些诸侯的佃奴，他们在城市中争得一己的自由成为工人和商人。"他们是中等社会的基础——欧洲中古时，没有什么中等社会。这些新起的、富庶的中等社会，在智识方面固然是僧侣的敌手；在生活方面也远非当时的贵族所能企及。欧洲社会的中心点，遂由诸侯的宫堡和基督教的寺院移入到城市中去了。第 13 世纪中叶时，城市代表的加入英国议会，第 14 世纪的初年，中等社会的加入法国的三级会议，都是可以证明这些新起的城市，在欧洲政治上所发生的影响的。他们在历史上和列国有同等的地位，也是打翻封建制度的一个重要工具。"② 这就是资本主义的萌芽。

手工业劳动者则是另一个阶层。中世纪早期，唯一兴盛的手工业就是贵重物品的制造业如金匠和瓷釉匠，木匠、铁匠、烘烤、制酒等手工业作坊大多依附于农业，也是农村年轻人的去路所在。当商业革命兴起以后，同一个行业的工匠们集中在同一条街上，城镇当局将他们组织成专业的宗教性行会。行会对学徒的身份十分重视，规定有入会仪式，年龄在 10 ～ 18 岁之间，父母或担保人应先与师傅签订契约，规定必带的衣物、支付的学费以及训练期见习期的时间等。训练期通常为 3 年，有的甚至长达 8 ～ 12 年。从被行会接纳的那一刻起，学徒就属于师傅的家庭，师傅成了"异地父母"，不经同意不得外出。师傅们则要培养他们成为行会中一位令人尊敬的成员。"在 16、17、18 世纪，匠人师傅很少有 3 名以上的

---

① ［荷］维姆·布洛克曼、彼得·霍彭布劳沃著，乔修峰、卢伟译：《中世纪欧洲史》，花城出版社 2012 年版，第 219 ～ 221 页。

② 陈衡哲：《西洋史》，东方出版社 2007 年版，第 155 页。

学徒和雇工。而在 19 世纪，师傅家中学徒与雇工的人数显著增加。""工业化的第一次浪潮总的来说以技术工人的数量极为迅速地增长为特征。在这些人中有很多童工和青少年工人。"他们成了廉价劳动力。"有报告说贩子们走街串巷去搜集'多余的'儿童，然后将他们提供给城镇的师傅，领取佣金。"实际上"这是一种涉及绝对服从和剥削的劳动环境"。① 当然，作为生产商的师傅们，一般说收入也不是很高。满师学徒们有的留下来，有的甚至可以当选为行会的领袖，有的就要另寻出路。这些自寻出路的青年还成立协会互相帮助。14 世纪下半叶，在神圣罗马帝国的城镇中，15～22 岁的满师学徒工长期四处漂泊已很常见，这些德意志青年有的成批前往意大利城镇寻找生路，尽管处于弱势地位但奋斗不息。②

青年们先是离开农村的家庭与父母，接着又离开行会与师傅，到处漂泊去寻找自己的生路，这是一种自由，一种个人主义的兴起，它始于中世纪商品经济的增强，瓦解了封建制度中盛行的人身依附关系，个性意识得到增强，开始认识到作为个体的自我在整个社会中存在的意义。这是欧洲中世纪非常重要的社会革命。这些变革又与当时基督教的教义相吻合："基督教的基本教义是：人类有能力和责任决定自己的行为。圣奥古斯丁一再写道：我们'拥有意志'，'由此可以推出：任何人只要想合乎正义和荣誉地活着，他就能做得到'。"③

但是不可否认的是，在中世纪农民仍然占绝大多数，处在贫富差距的最底层。为了反抗剥削与压迫，农民起义曾经此起彼伏。恩格斯曾针对 17 世纪的德国农民起义写过小册子《德国农民战争》。直到 17 世纪，德意志帝国具有了法治国家的法律基础，农民可以起诉封建主，德国再没有农民起义了。

从武士到文人

在农业稳定增收，人口逐步增加，商业开始发展，城市日益兴起之后，11 世纪的西欧出现了扩张的势头。在当时的军事征服中，最令人浮想联翩的是诺曼人。诺曼人坦克雷德 1029 年在意大利南部建立第一批根据地。坦克雷德勇敢的儿

---

① ［奥地利］迈克尔·米特罗尔、雷因哈德·西德尔著，赵世玲、赵世瑜、周尚意译：《欧洲家庭史》，华夏出版社 1987 年版，第 93～97 页。

② ［荷］维姆·布洛克曼、彼得·霍彭布劳沃著，乔修峰、卢伟译：《中世纪欧洲史》，花城出版社 2012 年版，第 228 页。

③ ［美］罗德尼·斯达克著，曾欣译：《理性的胜利——基督教与西方文明》，复旦大学出版社 2011 年版，第 19 页。

子罗伯特·吉斯卡尔1053年率军打败了教皇利奥九世的军队，俘虏了教皇本人。6年后这位教皇和国王发生冲突，为求罗伯特相助便承认他为阿普利亚和卡拉布利亚的伯爵。1084年教皇格列高利七世与享利四世发生冲突后被大军包围，也是罗伯特出兵相助。罗伯特的远征军一直打到塞尔维亚，1081年还干预了拜占廷的王权之争。他的弟弟罗杰在1061年开始率军进攻，终于从摩尔人手中夺回西西里岛。教皇不仅表示赞许，还任命罗杰为特使。特使通常都是由高级教士担任的，这就为十字军任命特使开创了一个先例。① 这个故事说明青年骑士在西欧长期你争我夺中存在重要作用的最典型实证。

十字军东征是由教皇发起的。尼摩指出11～13世纪的"教皇革命"，是建立西方文明的5个最重要的事件之一。"格列高利改革"是经过格列高利七世在位之前与之后的其他教皇以及教士与知识分子几十年的共同努力，而且影响到欧洲社会的知识、价值、法律和制度的重组，因此称"教皇革命"。② 当时的西欧因血腥复仇和内战而动荡不妥，缺少精神导引，甚至神职人员也在堕落。针对这些问题，10世纪的克吕尼改革已显示教会的力量。11世纪格列高利七世发布《教皇敕令》，宣称教皇既对教会又间接地对世俗王国拥有至高无上的权力，教皇在教会实行绝对的立法权，颁布教士单身法令，财产专管专用。1080年左右创立欧洲第一所法学院，重新研究几乎被遗忘的古罗马法，构思制定新的教会法大全——《格拉蒂安教令》。其结果既使严峻的罗马法"基督教化"，又使基督教道德规范化更易于实施，以法律途经替代暴力解决纠纷使之更具基督教特色。接着设立起神学、医学、教会法的学院体制，开始了经院哲学的黄金时代。尼摩将教皇们发动这场革命的意图看成是一个精神的或者哲学与智力的突变。最受钦佩的修道士生活是在世界之外而且避免对现实产生影响，这就使这个世界并未成为基督教的世界，因此应该彻底改变态度。"教皇革命"倡导的神学伦理观为人类的救世行动提供了理论依据。上帝不仅号召他们静修、布道，而是号召他们以人类行动改造世界，要将古希腊科学和古罗马法作为现成的理性工具，将生活在世界之外的修道态度变革为以理性工具改造世界的态度。教皇革命的主张对青年来说有非常重要的意义，有学者甚至说："那种脱离实践的纯粹的脑神经运动，是不能被算作真实思维的。"③ 教皇革命提出以行动改造世界的号召是提高青年素质发挥青年

---

① ［荷］维姆·布洛克曼、彼得·霍彭布劳沃著，乔修峰、卢伟译：《中世纪欧洲史》，花城出版社2012年版，第181页。

② ［法］菲利普·尼摩著，阎雪梅译：《什么是西方》，广西师范大学出版社2009年版，第52页。

③ 梁作民主编：《当代思维哲学》，人民出版社2003年版，第40页。

作用的革命。新基督教精神开始了相对其他文明而言的腾飞，典型特征是罗马基督教国家向东方的大规模地理政治扩张，其中的重点就是十字军东征。

早在 7 世纪伊斯兰教崛起，政教统一的阿拉伯帝国将欧洲以外的西亚、小亚细亚、北非从基督教世界里夺走，甚至占领了西班牙，基督教和伊斯兰教的矛盾早就存在了。格列高利七世就有东征的愿望。当伊斯兰教威胁到君士坦丁堡时，拜占廷的皇帝写信向教皇求助，这时正是罗马教会崛起的时候。1095 年 11 月 24 日乌尔班二世在法国克莱蒙主持宗教会议，曾批评过骑士的施暴行为，会后他在教堂前的广场上布道，号召基督徒消除分歧团结起来踏上前往耶路撒冷的征途。"蒙上帝赐予你们强大的武力，要毫不迟疑地前进，这样不仅罪得赦免，而且将得到天国不朽的荣耀。"最早聚集东征的，就是贫困的农民、乞丐、罪犯加老弱妇孺，被称为"农民十字军"或"穷人十字军"，他们要想赎罪，最便捷的办法就是响应号召从军，最先出发当然被击溃了。接着东征的真正的十字军都是由骑士和诸侯率领的久经沙场的军队。第一次十字军中有一支来自西西里王国的诺曼人部队，由罗伯特·吉斯卡尔的长子波希蒙德率领，是标准的青年骑士队伍。第一次十字军经过两年奋战终于攻陷耶路撒冷。十字军大部分返回，留下少数骑士组成医院武士团、圣殿武士团、条顿武士团等为朝圣者服务。但他们攻陷城市后抢劫财宝，屠杀居民，血流成河，被阿拉伯民族英雄萨拉丁率领的穆斯林军队击败，收回耶路撒冷，才有了第二、第三次十字军东征，也都被打败。第四次东征利用拜占廷皇室的内讧，在威尼斯商人的鼓动下攻陷君士坦丁堡建立"拉丁王国"。他们同样展开了抢夺金银财宝的竞赛，洗劫之彻底，赃物数量之多为历史上罕见，将胜利品运回西欧装饰一新。最荒唐的是在教皇怂恿下有两个 13、14 岁的德国和法国少年竟然组织农家孩子成立"儿童十字军"参加东征，坑害了五六万名天真无辜的孩子。以后还有过 4 次规模很小的东征，已是强弩之末，历经 200 年的十字军东征终于结束。在十字军东征的同时，西欧掀起了歌颂东征的宣传运动。学术界则有不同的评价。18 世纪法国启蒙学者霍尔巴赫则认为其目的是让骑士名正言顺地到东方去犯罪，还可以得到教会的赎罪嘉奖。赵林教授认为这个说法有一定道理，他写道："在中世纪的基督教社会中，充满了这种二元对立的情况，那种崇高、虔诚的信仰和卑劣、暴戾的手段之间的结合是屡见不鲜的，这一点在十字军东征中表现得最为明显。"[①]

十字军东征在宗教上的效果不十分明显，但是东西方的交流却推动了西方的

---

① 赵林：《基督教与西方文化》，商务印书馆 2013 年版，第 219 页。

商业扩张。在激烈的竞争中，意大利北部商业城市崛起，特别是威尼斯和佛罗伦萨。在第一次十字军占领耶路撒冷以后，威尼斯总督就和耶路撒冷国王的代表签订条约，以获准在耶路撒冷各城镇开辟商业区并享受税赋优惠为条件派舰队支援国王。第四次十字军东征必须由海路进军，威尼斯更是大显身手提出派舰队的条件：有权分得 3/4 的战利品，3/8 的新征服领土，威尼斯又在克里特岛建立殖民地。以后商业从意大利扩展到北欧，形成为一支独立的力量。"正是西方教会、君王、商人之间的分权，促成了比基督教正教和伊斯兰教更具活力、更灵活、更持久的制度。宗教、国家政权和市场经济各有其独立的领域。这种西方模式（包括种植园和贸易站这两种殖民模式）已成为世界主流。"① 出现政治、宗教和经济三者各自独立又互相影响的局面应该是历史的新起点，是中古历史向近现代历史分期的开始，它为青年的发展提供了广阔的空间。

史学家陈衡哲在谈到十字军东征大失败时，认为却产生了几个意外的重要结果。"第一个重要结果，是欧洲青年从东方所得到的教育。那时小亚细亚及东罗马帝国的文明程度，实远在西欧之上。西欧的少年武士，大抵闻见狭陋，除了打仗之外，没有别的智识。但现在却不同了。他们目见东方的繁华，学业的发达，社会礼俗的文和，不由得自惭自愧，甘心的去做他们敌人的学生。所以从军而去的，都是些粗暴鄙陋的武士，及至他们回来时，大多数是知书识礼的君子了。"② 在十字军东征前夕，当西欧文化在加洛林文艺复兴以后又归于沉静的时候，正是拜占廷世界的全盛时期。在 9、10、11 世纪时期，罗马政府管理卓有成效，经济稳定，边境太平，文化也得以复兴。赵彦编著的《拜占廷文明》一书写道"拜占廷的文化，融合了古希腊——罗马文化、基督教文化和东方神秘文化的内容，显得格外丰富多彩。拜占廷的作家们习惯于天马行空般的思考，他们往往打破宗教和哲学、文学和历史之间的界限，在各门学科之间来回穿梭"。③ 因此产生了一批文化巨人的著作。拜占廷的教育也很发达，其皇帝大都受过系统教育，很多成了学者和作家，每个家长也都非常重视对孩子的教育，有初级学校还有高等教育、法律、医学等专门人才教育和教会教育。那些十字军中缺少文化的青年骑士初到东方时暴露出蛮族打砸抢的本性，当他们在更文明的环境中留住下来，对于有可塑性的青年来说，等于是进了学校。"在东征过程中，十字军战士亲眼目睹了拜

---

① ［荷］维姆·布洛克曼、彼得·霍彭布劳沃著，乔修峰、卢伟译：《中世纪欧洲史》，花城出版社 2012 年版，第 193 页。

② 陈衡哲：《西洋史》，东方出版社 2007 年版，第 159 页。

③ 赵彦编著：《拜占廷文明》，北京出版社 2008 年版，第 192 页。

占廷帝国壮丽雄伟的古都、豪华奢侈的皇宫和珠光宝气的贵族，对这一切感到万分惊讶。就连拜占廷人安逸闲散的市井生活，也令他们羡慕不已。他们中许多人留下的日记和书信里都记载了这种心情。"① "东征回来的士兵把一些东方的知识和产物带回本国，在历史著作方面写私人回忆录，尤其是在方言著作方面的贡献颇大，……希腊古籍的输入西方，以及对古希腊文化研究的兴趣，种下日后文艺复兴的根源。"② 东西方的交流改变了青年的社会角色：从粗暴鄙陋的武士，变成了知书识礼的君子；从维护旧世界的工具，变成了开拓新世界的标兵。回到西欧以后，以文人为背景又兴起了 12 世纪的文艺复兴。

十字军东征、殖民地扩张、国际贸易发展、城市化进程加快、地域和社会流动性增大，构成了 12 世纪文艺复兴的背景。"这个背景加剧了'精神饥渴'，促进了心灵和自我意识的重新开放，推动了学术复兴，导致了对进步的真正信仰。"③ 西方学者收集和翻译了大量希腊藏书。1150~1250 年间学者们将亚里士多德的全部作品从阿拉伯语和希腊语译成拉丁语，被称为亚里士多德复兴。最终使亚里士多德逻辑学成为经院理性主义基础的是阿伯拉尔，年轻时就已名扬巴黎，后又在巴黎圣母院学校讲授神学。他的著作中有一本《了解自己》，指出在审判罪过时了解罪人的意图比罪的性质更重要。如果没有内心的忏悔和觉悟，外在的惩罚毫无意义，在基督教思想史上明确提出认识自己的重要性。除了哲学著作当时还出现了大量文学著作。尼摩认为，从希腊和阿拉伯传来的大量手抄本固然重要，面对书本知识还需要有教皇革命带来的将它们纳为己有随后又令其获得新生的精神。"这种精神是科学复兴的形式因，在东方被发现的手抄本则是其物质因。"④ 这就是说，有了以理性工具改变世界的自我意识，书本知识才不再只是文字摆放在那里，而是通过思考植入自己的认知结构才能进行创新。有了教皇革命提倡的这种精神，人们已经意识到人有自我意识、内心世界、多样个性、责任感和创新的驱动力。也许正是这些因素，使东征的十字军青年经过同化，从武士变成了文人。

---

① 赵彦编著：《拜占廷文明》，北京出版社 2008 年版，第 86 页。

② 刘增泉：《西洋中古史》，吉林出版集团有限责任公司 2009 年版，第 279~280 页。

③ [荷] 维姆·布洛克曼、彼得·霍彭布劳沃著，乔修峰、卢伟译：《中世纪欧洲史》，花城出版社 2012 年版，第 240 页。

④ [法] 菲利普·尼摩著，阎雪梅译：《什么是西方》，广西师范大学出版社 2009 年版，第 76 页。

第一批大学生

蛮族的入侵曾使西欧陷入一种野蛮而蒙昧的丛林状态。由于基督教的文明传承促进了查理大帝的"加洛林文艺复兴"。查理大帝虽是一介武夫，却深感文化的重要，他邀请各地著名学者来到宫廷，设立宫廷学校、大教堂学校和修道院学校，恢复了罗马专业学校，下令要使孩子们甚至奴隶的儿子读书识字。无论宫廷学校或修道院学校都设立了图书馆，保存了收集到的大量古代经典著作的手抄本。但是加洛林文艺复兴只是文人小范围的活动尚且没有维持多久，社会上很难找到有一定文化的人，甚至很难找到读书识字的人。在思想上，曾受到基督教的安慰与寄托，但是当教皇的势力大增竟使他们忘了原来的天职成为政客实行思想专制，人们则付出了失去思想自由的代价。加上国王之间贵族之间的斗争依然频繁，人民惴惴不安。面对新起的中等社会，现实中存在的种种危机，人们很不适应，感到了精神的饥渴，祈求思想的解放。正好由于十字军东征等引进的拉丁古典著作、希腊、阿拉伯的新知识形成的 12 世纪文艺复兴为青年强烈的求知愿望提供了实现的条件，这些重新发现的自由思想与怀疑哲理的文化正是解除精神饥渴的良药。"这个智识界希求解放的奋斗，是中古末年的一件大事。而最能代表这个精神的莫如大学。"①

不能不承认，修道院是大学的雏形。本尼迪克在创建修道院时就设立了图书馆，精心收集包括圣经、教父的著作、圣经注释以及希腊罗马作者写的非宗教书籍，复制手抄本出租给别的修道院，培养了一批学者。正是各地修道院的学者成了翻译家，研究学问，著书立说。特别是几个著名城市的翻译家和学者们声名远扬，吸引着各地渴求知识的青年们。在整个 12 世纪期间，为投奔到拥有著名教师所在的都市，远离故土，在地势险峻、强盗出没、交通困难还要准备旅费的条件下，忍受长途跋涉艰辛的青年学子成千上万，如此规模的求学潮历史上都十分罕见，可见青年的求知欲望当时何等的强烈。他们不论乘车或步行，往往要花几星期甚至几月的时间走 500 公里乃至 1000 公里。《欧洲中世纪的大学》介绍了 14 岁的 Jean Corbin 为到巴黎上学的故事。他是农民的儿子，为了前往巴黎求学，牧师资助和亲朋借来的路费远远不够，于是削发跻身教会获得神职身份以免除苛捐杂税。他又用学生身份享有的乞讨权沿途乞讨节省开支，以便到巴黎后租借房屋。

---

① 陈衡哲：《西洋史》，东方出版社 2007 年版，第 152 页。

终于到了巴黎求学。① 巴黎当时就是年轻人向往的地方，1200 年就有学生 3000 ~ 4000 人，约占全市人口的 1/10。学生来源遍布欧洲，既有达官贵族的子女，更有来自贫困家庭的。与封建社会等级森严的晋升路径相比，教会的选举制度更注重自身的能力，因此上大学也是当时"穷学生"人生道路的一个重要选择。除了巴黎，意大利几个城市因为有著名学者也是青年向往的地方。学生们到达异地长期居住，为自己争得更合理更有利的生存权利，仿效当时已经流行的商业界为互相帮助誓约组成的联合体——行业公会的形式，也组成行会，被称为学术性行会或由学者组成的行会，是大学最初的起源。

最早的大学就是由学生聚集在教师周围自然形成的。意大利南部的萨莱诺、北部的博洛尼亚和巴黎圣母院这 3 个地方形成了最早的以医学、法学和神学为中心的 3 所大学。由于教师大多都职教于大主教教堂的学校或修道院学校，学生们的行会也得到教会的支持使大学得到了发展。12、13 世纪是欧洲大学勃兴的时代。13 世纪，英国的牛津大学和剑桥大学成立了。法兰西、意大利、西班牙等处的著名大学也相继成立。日耳曼的大学则成立较晚。1200 ~ 1500 年间，依靠自身力量白手起家办起的大学约有 75 所。

在中世纪，大学生的学习时间文科为 7 年，前 4 年获学士位，后 3 年获硕士学位及教师资格。神学至少要 10 年。青年日益强烈的自主意识使大学演变成为培养社会精英的摇篮，托马斯·阿奎那（1224 - 1274）就是其中的代表人物。阿奎那出身在意大利西西里享有盛名的贵族家庭，很小就送到附近的修道院学习。14 岁送到新创办的那不勒斯大学学文科，加入多明我会。他拒绝父母兄弟要他从军的一切手段，翻山越岭到巴黎大学和科隆寻找阿尔贝特教授，两人成了忘年之交。25 岁获学士学位正式成为神父，31 岁成为神学教授，先后写下了《反异教大全》《神学大全》等经典之作。文聘元所著《中世纪的故事》中记载的阿奎那关于什么才是人生幸福的答案，所谓最完满的幸福便是接近上帝。"这是因为人类从那些金钱美女醇酒之类所得到的只是一种感性方面的享受，人类是不可能满足于此的，人所需要的是一种理性的满足，这才是幸福。""理性的幸福则当是精神上的满足，而所谓精神上的满足，就是真善美。"这个至高的真善美又是何方神圣呢？"就是最高的神圣——上帝。"②

当时大学的主要课程是"七艺"，文法、修辞、逻辑是基础课，天文、音乐、

---

① 张磊：《欧洲中世纪大学》，商务印书馆 2010 年版，第 270 页。
② 文聘元：《中世纪的故事》，上海社会科学院出版社 2009 年版，第 166 页。

算术和几何 4 门叫"高阶"课。值得注意的是，当时还兴起了一种最具特色的讨论课，还有每位教授每年必须主持一到两次"自由讨论"。在那个充满危机的时代，"自由讨论"难免要涉及各种宗教或政治问题，具有很大开放性。因此自由讨论受到教会的坚决禁止，甚至开除教籍。这样反而产生了一个受过教育的非教士阶级，社会生活更具活力，使大学逐渐摆脱了教会的控制。教会与王权的明争暗斗也因此发生在争取大学上，反而促成了大学的独立，形成了教务、政务、学务三足鼎立的局面，培养了学生具有自由的精神和批判的意识，成为一支新兴的、具有叛逆倾向的社会力量。这正好与兴起的市民社会的生活方式与价值观念相吻合，它们之间仿佛有着一种天然的联盟。"实际上，早在中世纪繁盛期，即13、14 世纪，大学里就已经涌现出一批具有科学思想和批判精神的人。……在经院哲学中也有一些所谓的'异端'思想家，主要是一批英国神学家或哲学家，例如曾经在牛津大学或巴黎大学学习和执教的罗吉尔·培根、邓斯·司各特、威廉·奥康等人，他们在近代到来之前就已经表达了新兴的科学思想和经验主义观点。"[①]

　　在欧洲中世纪，出现了教权与政权的对立，随着商业革命的发展又有了教会、君王与商人的分权，最后又有了教会、王权与大学相互的独立，这是欧洲中世纪历史中的显著特点。这一切都是日耳曼诸部落灭亡西罗马帝国的结果，从此西欧再也不曾出现一个统领整片疆土的强大力量，不像东方那样形成大一统的专制体制，为人民也为青年的发展提供了广阔的空间。到中世纪后期，大学生甚至成为了一支有自由精神和批判意识的社会力量，越来越接近现代社会中的青年形象。随着中世纪几百年甚至近千年形势的进展，青年既继承了古代的文化，又为进入近现代作好了思想准备。我们可以将欧洲中世纪的青年称为承前启后继往开来的一代。

---

① 赵林：《基督教与西方文化》，商务印书馆 2013 年版，第 175 页。

第四章
人文主义传统中的青年角色

　　《西方人文主义传统》是牛津大学副校长阿伦·布洛克的名著。他将人文主义当作一种宽泛的倾向，一个思想和信仰的维度，一场持续不断的辩论。他认识到这些思想和假设之间的血缘关系，相互联结延续下来形成这一传统，决定着人们的生活方向。① 阿伦·布洛克特别提到青年在文艺复兴中扮演了重要角色，年轻人不要盲从权威，而是根据自己的经验和观察重新发现新的价值观，布洛克认为"这是现代世界重新创造价值观的唯一办法"。② 对文艺复兴，恩格斯称"这是一次人类从来没有经历过的最伟大的、进步的变革"。③ 接着发生的宗教改革与启蒙运动，这段文化变革的历史是人文主义传统的第一阶段，而且是青年作为群体首次参与变革历史的时期，在研究青年的历史存在时，不能不对人文主义传统中的青年角色作出认真讨论。

文艺复兴的历史背景

　　如何确定欧洲中古史与近现代的分期时间，众说纷纭。著名史学家陈衡哲列举了 6 个理由将分界归于 14 世纪初，在当时许多事件中，尤以"但丁之死"为最能结束中古的文化史。④ 但是更多的史学家都将 15、16 世纪作为欧洲中世纪与近现代之间的划分标志。学术界认为尽管有不同的确定时间，但是中世纪与文艺复兴之间并没有遽然的断裂。中世纪也有"加洛林文艺复兴"和"12 世纪文艺复兴"。中世纪歌颂骑士爱情故事的诗歌也影响到以后的文艺复兴。但是，承认文艺复兴与中世纪有千丝万缕的关系，并不意味着将连续性当作同一性。"中世

---

① ［英］阿伦·布洛克著，董乐山译：《西方人文主义传统》，三联书店 1997 年版，第 3 页。
② 同上，第 280 页。
③ 《马克思恩格斯选集》（第三卷），人民出版社 1972 年版，第 445 页。
④ 陈衡哲：《西洋史》，东方出版社 2007 年版，第 104 页。

纪对古代世界的感觉是轻松随便的熟悉的感觉，而文艺复兴时期则第一次从历史的角度来看待它，觉得它既遥远生疏，又令人着迷。"①

　　恩格斯说文艺复兴是历史上最伟大的进步的变革时指出："这是从 15 世纪开始的时代。国王的政权依靠市民打垮了封建贵族的权力，建立了巨大的、实质上以民族为基础的君主国，而现代的欧洲国家和资产阶级社会就在这种君主国里发展起来。"从 11 ~ 13 世纪，十字军的东征，僧社的成立，城市的兴起，大学的发展，青年求知欲的增加，陈衡哲说"这时期是欧洲人民感情爆发的一个时期，到了 14 世纪时，从前如火如焚的情感化成轻烟淡雾"。② 据陈衡哲的分析，基督教政治化成为一个有财产有权力的系统组织以后，竟然忘了原来的天职，变成巧取豪夺、富有又腐败的组织，教皇成了政客，成了思想界的专制魔王，束缚人民的思想自由，敢违犯者就有火刑从其后。不仅没有思想自由，一切日常生活和日间所思、夜间所梦，都要受到教会的节制。但是，受到基督教开化的日耳曼人这时已能建立强固的政权消灭国内的诸侯，形成为以民族为基础的君主国，超越中古的思想和制度的新文化渐露萌芽，必然要发展。更重要的是，崛起的市民阶层不论在政治、经济和文化方面都兴旺起来了，市民生活既安定又有了余暇，便不由自主要挣脱教会的束缚过起自由的生活了。"这个个性的复活，也便是历史家所说的'人的发现'。他是文艺复兴的酵，没有他，便不能有文艺复兴。"③ 请看房龙对当时市民生活的生动描述："当夜晚昏暗的街灯已不再吸引人们争论政治与经济问题时，为了活跃气氛，消磨漫漫长夜，民谣歌手和游吟诗人来讲述他们的故事，吟唱他们的浪漫之歌——这些歌曲歌颂冒险，褒扬英雄，赞美对淑女的忠贞。与此同时，青年人无法忍受慢吞吞的发展，成群结队涌向大学，由此又演义出一番故事来。"④

　　人们特别是青年渴望理解这个由市民生活形成的物质和精神的世界。"文化一旦摆脱中世纪空想的桎梏，也不能立刻在没有帮助的情况下找到理解这个物质和精神的世界的途径。它需要一个向导，并在古代文明的身上找到了这个向导，因为古代文明在每一种使人感到兴趣的精神事业上具有丰富的真理和知识。"⑤ 对

---

① ［英］阿伦·布洛克著，董乐山译：《西方人文主义传统》，三联书店 1997 年版，第 10 页。
② 陈衡哲：《西洋史》，东方出版社 2007 年版，第 176 页。
③ 同上，第 178 页。
④ ［美］房龙著，张海平、张丽海译：《人类的故事》，北京出版社 1999 年版，第 213 页。
⑤ ［瑞士］雅各布·布克哈特著，何新译：《意大利文艺复兴时期的文化》，商务印书馆 2013 年版，第 189 页。

向导的追求当然会发生在文化相对发达的地区。在 12、13 两个世纪，法国南部的文化不亚于 14 世纪的意大利，但因为法王的摧残，更由于时机不成熟，而是过了一两百年终于在意大利发生了。意大利曾是上古文化的老家，14 世纪初教廷迁往阿维农，意大利有了较为宽松的政治环境，相继出现了教皇国、那不勒斯、米兰王国、威尼斯和佛罗伦萨共和国等 5 个国家。专制国家的暴君横征暴敛。教皇则骄奢淫逸。威尼斯财富巨大，政治稳定，文化上又相对落后。佛罗伦萨却在不断改变政治与社会的面貌，城邦之间甚至国内的党派竞争正好促进了思想自由与新文化的诞生，激发了市民积极参与公共事务的积极性与主体性。他们特立独行，在立身行事甚至在穿着打扮上都不害怕与众不同。"最高尚的政治思想和人类变化最多的发展形式在佛罗伦萨的历史上结合在一起了，而在这个意义上，它称得起是世界上第一个近代国家。"① 佛罗伦萨教育普及，文人辈出，特别是统治集团美第奇家族为文化所作的贡献首屈一指。美弟奇家族的老柯西莫就是文化强人，有作家、思想家在其左右。他建立了藏书丰富的图书馆。他的好友、从拜占廷来的著名学者、对希腊思想史有惊人熟悉的阿尔季罗普洛被任命为佛罗伦萨大学教授，培养了一代青年。柯西莫的孙子洛伦佐也是渊博的学者，一群著名学者由于对哲学的热情团结在他的周围。他们热诚崇拜古代文化，承认它是一切需要中的最大的需要，为文艺复兴创造了条件。佛罗伦萨因此被陈衡哲称为第二个雅典。② 在当时，财富的增加也支持了大学教育发展，于是在意大利出现了在 14 世纪以前还不曾有过的对古典文化巨大而普遍的热情："年轻的一代生机勃勃，热情洋溢，对于他们所学的东西，即使有点不好意思，也要打破沙锅问到底。文艺复兴就在这一片喧闹声中形成了。"③

登上变革历史的舞台

布洛克在谈到青年与文艺复兴的关系时写道："年轻人想寻找他们要遵循的价值观，在我看来，正好说明了人文学可以起的作用。这需要史学、文学和在艺术的表现方法上来一场革命，不是从过去的成就出发，而是从今天年轻人的人性需要出发。但是，这也是重新发现古代世界为文艺复兴起的作用，为当时的年轻

---

① ［瑞士］雅各布·布克哈特著，何新译：《意大利文艺复兴时期的文化》，商务印书馆 2013 年版，第 80 页。

② 陈衡哲：《西洋史》，东方出版社 2007 年版，第 179 页。

③ ［美］房龙著，张海平、张丽海译：《人类的故事》，北京出版社 1999 年版，第 217 页。

人揭示了一个陌生的激动人心的世界，供他们探索，供他们汲取营养，帮助他们对他们的经验所提出的问题和冲突，自己来作出答复。"① 于是出现了另一种不同于基督教的新的世界观：主宰宇宙的不是神而是人，人生的目的不是死后的"永生"，而是现世的享受。人的自然欲望不是什么罪恶，而是应予以满足的正当要求。它标志着历史的转折和一个新时代的产生。

恩格斯在说文艺复兴是最伟大的、进步的变革时，紧接着说"是一个需要巨人而且产生了巨人——在思维能力、热情和性格方面，在多才多艺和学识渊博方面的巨人的时代"。在 14 世纪，这些巨人也就在"第二个雅典"佛罗伦萨出现了。但丁首先登上舞台。但丁早年师从著名学者系统学习诗学、神学、哲学等，视维吉尔为自己的精神导师和智慧海洋。仲夏之夜伴随满天星斗在广场上坐到天明足见他沉思的深度。他对少女阿特丽切怀有深厚情感。少女的父亲却将她嫁给了他人，数年即去世。但丁怀着绵绵无尽的思念写下 31 首爱情诗，27 岁时命名《新生命》将其结集出版感人至深成为文坛的重要作品。由于他年轻时就登上了政治舞台被放逐出佛罗伦萨。军人掌权后曾开出条件如果他答应就可回来。但丁以个人的尊严拒绝返回，并写出《神曲》。2013 年 12 期的《读书》第一篇文章是朱文信先生的"生命是伟大的朝圣之旅"对但丁的《神曲》作了评述："当人间的美好愿望还没有成为现实的时候，当天堂的理想还停留于圣职买卖的阶段，伟大的诗人但丁（Alighieri Dante，1265－1321）已经开始不安了。欧洲在大陆的天主教团的整体腐败，根本无力将天国的诺言在人间兑现。最优秀的人必然很快醒悟到：抵达理想王国的道路无法由僧侣阶层来引领，而必须由一己的生命来铺就。"于是就有了《神曲》。但丁特别告诫青年，生活中的道路如果错了还可换个方向，一旦走上了精神的歧途，那极可能导致毕生的黑暗。布克哈特一而再地评价但丁：有人称他为诗人，又有人称为哲学家、神学家。在整个精神或物质世界中，几乎没有一个重要的主题没有经过诗人的探测。② 布克哈特还就《新生命》对但丁作了评价："仔细地读这些十四行诗和'短歌'，以及他那散在它们中间的青年时代的日记中那些美好的片段，我们就会想到：整个中世纪，诗人们都是在有意识地避开自己，而他是第一个探索自己灵魂的人。""即使没有《神曲》，但丁也会以这些青年时代的诗篇划出中古精神和近代精神的界限。人类精神在向意

① ［英］阿伦·布洛克著，董乐山译：《西方人文主义传统》，三联书店 1997 年版，第 281 页。
② ［瑞士］雅各布·布克哈特著，何新译：《意大利文艺复兴时期的文化》，商务印书馆 2013 年版，第 146 页。

识到它自己的内在生活方面迈出了一大步。"①

被认为是人文主义之父、古代文化活代表的彼特拉克，也是佛罗伦萨人，父亲是与但丁同时被放逐的战友，他在但丁身边长大，但丁去世时他 17 岁。以后到法国、意大利学习，少年时就写过一些抒情小诗。他从小就有好古的奇癖，穿梭于法国、意大利、德国、西班牙搜寻拉丁文写成的经典和手稿，校勘了李维的著作，寻找到《荷马史诗》译成拉丁文等，仿佛这些古作者还活在人间，甚至给他们写信，其中有写给西塞罗、荷马的，他被称为古文化的活代表。但是，彼特拉克学习古籍不是为了解释神学，"彼特拉克自己在他的《对策》中讨论了 250 种可能引起人们绝望或高兴的常见情况，对如何应付生活中的感情危机，提出了他的建议"。② 布洛克说他"以一个伟大创新者的所有天资使人文主义有了生命"。③因此又被称为人文主义之父。36 岁时罗马大学对他举行桂冠的加冕礼，事业可算登峰造极了。"后来他年老了，对于方言的文学颇生轻视之心，因此便把这些小诗也毁弃了。但普通的欧美人士，至今尚以为彼特拉克的所以不朽，乃在这些抒情小诗。"④

将彼特拉克作为良师益友，被彼特拉克叹为少年未易之才的薄伽丘，自幼爱好文学，自学成才。23 岁写下传奇小说《菲洛柯洛》、长诗《菲洛斯特拉托》等著作。最有名的是《十日谈》，描写黑死病期间 10 名青年男女在乡村避难，终日游玩唱歌，每人每天讲一个故事共有 100 个，涉及到王公贵族、骑士僧侣，也包括贩夫走卒、市井平民多姿多彩的故事。基督教士被描写成贪财好色、无恶不作的恶魔的代表，充分说明薄伽丘对基督教会腐败的强烈批判。

随着薄伽丘 1375 年的去世，标志着以文学为特征的文艺复兴初期走向兴盛的新时期。当时出现了一个重要人物萨鲁培蒂，1375 年任佛罗伦萨总理。他罗致一批年轻人要继续发展彼特拉克的传统，为此他以公费聘请拜占廷学者曼纽埃尔·克莱索拉勒为教授，3 年内为一代学生打下了学习古希腊经典的基础。这代学生中就有一名穷学生辽那多·布鲁尼。他因精通拉丁文在教廷任秘书，在 15 世纪逐渐成为佛罗伦萨政治与文化的中心人物，并继萨鲁培蒂之后任总理，著有史学里程碑的一部《佛罗伦萨史》。接着又出现一个接近全才的里昂·巴蒂斯塔·阿尔

---

① ［瑞士］雅各布·布克哈特著，何新译：《意大利文艺复兴时期的文化》，商务印书馆 2013 年版，第341 页。

② ［英］阿伦·布洛克著，董乐山译：《西方人文主义传统》，三联书店 1997 年版，第 21 页。

③ 同上，第 31～32 页。

④ 陈衡哲：《西洋史》，东方出版社 2007 年版，第 183 页。

伯蒂，"从儿童时代起就在一切方面出人头地"。布克哈特用 3 页篇幅介绍他的成就。① 他自学音乐作曲受到专家称赞。处境困难却多年学习民法。24 岁开始研究物理学和数学。又顺便学习绘画和造型艺术。著有艺术的、伦理的、哲学的、历史的等著作和诗篇，创立了美术理论。他既是运动员，又是人文主义者、科学家、数学家、音乐家、建筑师、密码专家。

继文学之后，艺术出现了空前的繁荣。佛罗伦萨世俗生活的发达产生了广泛的多样化艺术需求。而社会日益富裕使家族、行会、教会甚至政府和个人都能出资向艺术家订制艺术品，对艺术题材、内容、风格等方面提出要求。发达的手工艺作坊成了艺术家的摇篮，自幼就学会了各种技艺，成熟以后又向古典艺术学习，研究数学、光学、解剖学等。这样，不仅作品栩栩如生，而且提高了艺术家的地位和形象，出入宫廷，受到礼遇，有的被封为贵族，开始强调创作的自主和自由，促进了艺术的创新与发展，形成了艺术创作的高潮。在众多艺术家中就有被称为三杰的达芬奇、米开朗琪罗和拉斐尔。达芬奇被称为巨人中的巨人，14 岁开始学画，20 岁就造诣很高，有绘画神童的美称。他认为自然中最美的研究对象是人体，人体是大自然的奇妙之作。诸多作品中有著名的《最后的晚餐》。实际他的成就涉及多项领域，被称为博物专家、画家、艺术家、建筑师、工程师、数学家、解剖学者。米开朗琪罗 13 岁就在佛罗伦萨著名画家作坊工作，24 岁开始成为雕刻家，其中《大卫》雕像被称为神化的人形，公认的完美人类形貌，是人类尊严、高尚和美的化身，达到文艺复兴时期雕塑艺术的最高峰，他集雕塑家、画家、建筑师和诗人于一身。拉斐尔的父亲就是宫廷画家，11 岁父亲去世后去当画家的助手，21 岁画成《圣母的婚礼》，22 岁以后画出一系列圣母像，被称为"专业的圣母制造者"，其中最优美的是《草地上的圣母》，圣母像都以母性的温情与青春的健美体现人文主义思想，将宗教的虔诚与非宗教的美貌相结合。

诗歌、艺术、雕塑、绘画和建筑充分表达了人文主义的内涵。布克哈特在他的书的第四篇"世界的发现和人的发现"中提出，意大利人在打破了中世纪以神为中心的传统之后，不但发现了世界，还发现了自己。意大利人是现代人中最早看到和感到外部世界有美丽之处的人。在发现外部世界的同时由于揭示了完整的人性而发现了人自己，但丁就是第一个探索自己灵魂的人。画家和雕塑家的现实主义作品则保存了理想的人的典型。米开朗琪罗的《大卫》和《上帝造人》是人

---

① ［瑞士］雅各布·布克哈特著，何新译：《意大利文艺复兴时期的文化》，商务印书馆 2013 年版，第148～150 页。

文主义的最高表现。

正是在 15 世纪，出现了关于人文科学价值的激烈争论。布洛克介绍了最喜欢讨论的几个话题。一是积极活跃生活与沉思默想生活孰优孰劣的比较。二是命运的无常和拒绝对之屈服的人之间的冲突。伯克哈特将那个社会描绘成一个自信的、互相竞争的、一心要获得成就的、追求光荣和不朽的社会。对于活跃在贸易、政治的城市阶级来说，修道出家的"无所事事的生活"当然无法相题并论。提高自我意识、塑造生活能力、培养创造思维，制服命运，迎接挑战，以坚强的个性享受积极活跃的生活，人文主义关心的这些话题同时也就是青年成长中的话题。文艺复兴中一代又一代的领军人物，从少年到青年就形成了强烈的自我意识，是个性所以复活的主要原因。人的觉醒，因此首先是青年的觉醒。

在上述艺术家使文艺复兴达到激动人心的高潮之后，还出现了佛罗伦萨的政治家马基雅维里、英国写成《乌托邦》的莫尔以及被称为"16 世纪世纪末伟人"的法国作家蒙田，他们也是在青年时就起步的人文主义者。《西方现代思想史》一书在介绍蒙田时写道："他和莎士比亚一样，兴趣广泛，对人性好奇，头脑开放，不恪守教条，喜欢标新立异，讨厌学究气。这才是成熟的文艺复兴人文主义结出的硕果。"① 文艺复兴作为欧洲现代史的初期阶段，其间出现的伟大人文主义者在人数上不算很多，他们也没有组成为一种运动，但是他们对人文主义思想的坚持则对历史产生了巨大的影响。这批人文主义者在青年时期就登上了变革历史的舞台，谱写了青年历史存在的重要篇章。

促成新教的诞生

16 世纪初在北欧发生了宗教革命。运动首先发生在德国，日耳曼之于宗教革命，就像意大利之于文艺复兴。

文艺复兴以意大利为中心，"第一代北方人到意大利来学习的是在 15 世纪 80 年代和 90 年代，北方的人文主义到 16 世纪初期开始结出果实来"。② 托马斯·莫尔的《乌托邦》和伊拉斯谟的《圣经新约》在 1516 年出版。但是，人文主义对北欧的影响不在文化方面而是引发了一场宗教革命。与意大利相比，北欧的情况

---

① ［美］罗兰·斯特龙伯格著，刘北成、赵国新译：《西方现代思想史》，金城出版社 2012 年版，第 21 页。

② ［英］阿伦·布洛克著，董乐山译：《西方人文主义传统》，三联书店 1997 年版，第 21 页。

特别是日耳曼世界，分裂成 300 多个诸侯国和骑士领地相互争夺，经济上相对落后，文化上不懂拉丁语。他们心怀虔诚的信仰，看到的却是神父们背道而驰的腐败行为。他们本来就比较贫穷，教皇和主教们却编造种种名目来征税，主教们肆意挥霍，人民则苦不堪言，埋伏了抗争的种子。当时的日耳曼世界还没有出现市民阶层享受欢乐的生活方式，他们渴望解答的主要是信仰问题。何况在 14 世纪，教廷迁往法国阿维农达 70 年之久，由法国人任教皇，被称为"阿维农之囚"。罗马甚至另立教皇，德国也在模仿立教皇，被称"西方教会大分裂"。教皇在人们心中的威望早就已经名声扫地。由于上述的诸多原因，使得马丁·路德发起的宗教改革像火星一样，落在了日耳曼民族的干柴之上，迅速地燃起熊熊烈火，形成燎原之势。

早在 13 世纪日耳曼人就在信仰领域出现了宗教异端的新思潮，也是青年走在前面。曾经是大阿拉伯特的学生的德意志修道士艾克哈特，年轻时就有深厚神学造诣，两次被巴黎大学聘任为神学教授，他宣称上帝就在每个人的心灵深处，每个个体都可以通过阅读圣经实现与上帝的沟通。因此他被宣布为异端分子，著作被禁止焚毁。一批追随者特别是出身市民阶层的年轻教士和修道士依然在宣传他的思想。其中最有名的就是法国的 18 岁就成为修道士的陶勒，他比艾克哈特更强调人的自我认识能力。与陶勒稍晚的英格兰的威廉·奥卡姆，先在牛津大学后又到巴黎大学求学，能言善辩，被称为"驳不倒的博士"。他将神学称为"信仰的真理"，哲学才是真正的知识，被称为经院哲学的掘墓人，宗教改革运动的先驱。到 14 世纪，出身伦敦的约翰·威克里夫，牛津大学的学生，又用很长时间读完硕士、博士。他尖锐批评罗马教会诠释的教义是对原始教义的歪曲，批评主教和教士滥用权力谋求财富生活奢侈，主张只有《圣经》才对所有信仰具有最高的宗教权威。他的主张广为流行，尤其在波西米亚地区。14 世纪末，出生波西米亚一个村庄的约翰内斯·胡斯，家境贫寒，靠唱诗班完成早期学业，又靠捐助上布拉格大学学习，以后成了该校校长。他也抨击教会的腐败，完全赞同上述人物的宗教意识。胡斯因发动反对教会的游行被判火刑处死。这些都为以后伊拉斯谟、马丁·路德的宗教改革奠定了基础。

荷兰人伊拉斯谟在宗教改革的地位相当于彼特拉克之于文艺复兴。他 8 岁时就受到名人的称赞，惊叹他将来必成大器。33 岁去英国学习，与莫尔成为莫逆之交。1506 年到意大利的威尼斯一个出版社工作，1509 年离开意大利重返英国，在与莫尔的交往中写成《愚人颂》，强烈指责教会与贵族的腐败，嘲笑经验哲学家和僧侣愚昧无知的空谈。他又进行了大量人文主义的教育，曾与路德通信，虽然不同意激进的革命，但是他的著作《愚人颂》当时就重版43次，成为16世纪的畅销书，被认为是轰开通向宗教改革之路的炸弹。

宗教改革作为运动则是由马丁·路德引起的。路德在上大学时就对主张宗教改革的人物十分向往，更是受到伊拉斯谟的影响，25岁开始在大学任神道学教授。当时教皇在各地销售赎罪券，实际是在捞钱。德国不少国王对教会深感不满，撒克森国王因此尊重路德。在这种有利情况下，34岁的路德以青年人天赋的才智胆量，在1517年10月公布95条论文对赎罪券作了学术上的批判，很快传遍欧洲。教廷极为震怒令路德去罗马，路德拒绝前往，发表了"致德意志基督徒贵族的公开信""教会被囚巴比伦"和"基督徒的自由"3篇论文与教廷彻底决裂。教皇宣布革除他的教籍。路德则针锋相对，当着支持他的大学生与市民面前焚烧教皇的驱逐令。他的处境更加危险。"威丁堡、艾尔福特以及莱比锡等地的大学生们也向他表示，如果教廷要将他逮捕下狱，他们一定会挺身出来护卫他。"① 这是青年开始以群体在历史中显示力量的事件。在这种情况下，教皇求助神圣罗马帝国皇帝兼西班牙国王查理五世出面，要路德到沃尔姆斯的帝国会议上进行辩护。100年前，胡斯就是奉召到宗教会议辩护被斥为异端送上火刑架的。但路德却理直气壮毅然前往。他每路过一地包括大学生在内的民众纷纷同行，沃尔姆斯的人民打开城门欢迎他，随从民众竟然壮大为浩浩荡荡的大军，会议大厅周围的窗户和房顶上都坐满了人。路德慷慨陈词。查理五世只好放了他，但下达了通缉令。支持路德的萨克森国王将他隐匿起来。他仍然积极指导运动。路德的核心思想是"因信称义"。这是针对教会号召做一些购买赎罪券、捐献财户等"善功"就能得救的"善功称义"。"因信称义"则认为每个信徒凭着虔诚的信仰就可以与上帝直接联系。他并将《圣经》译为德语，德国人不再需要罗马教会，直接阅读"圣经"与上帝交流。路德的改革使德国经历了一次精神启蒙，为德国民族的崛起产生了至关重要的作用。

随着路德的宗教改革，发生了武士对教堂的抢劫焚烧和农民起义，发生了赞成路德诸侯组成的新教同盟，与信奉罗马教诸侯组成的旧教同盟相互对垒，几乎西欧国家都被卷入引发30年的宗教战争。战争加剧了德国的分裂，同时也结束了天主教一统天下的时代，出现新教。新教开始是松散的，以后英国的安立甘宗又叫圣公会，与路德教、加尔文教并称是新教的三大主流教派。加尔文在巴黎大学

---

① ［日］日高六郎、日高八郎著，国家出版社编译组译：《西方文明故事》，台北国家出版社1982年版，第231页。

求学，19 岁往奥尔良学习民事法律，又到布尔日拜意大利法学家阿尔恰蒂为师。22 岁父亲逝世返回巴黎继续上学，支持当时的宗教改革观念。巴黎大学校长科普发表演说公开支持路德，市议会要对他实施处理。加尔文因参与编写这篇演说词，安全受到威胁逃离巴黎，成为宗教改革的热心支持者。27 岁出版《基督教要义》，初版有 6 章，一再增订，最后出版时全书有了 80 章，被视为宗教改革中最伟大的著作之一。1541 年 9 月，32 岁的加尔文获邀重返日内瓦。"这时候返回日内瓦的加尔文已经是一个有智慧和经验的年轻人，远比 3 年之前更有能力担负面前的重任。"① 他成为日内瓦的领袖，进行一系列宗教改革形成加尔文主义。其中一项重要改革是针对天主教的腐败倡导圣洁的宗教信仰和家庭伦理，提倡节俭、反对奢侈，鼓励正当地发财致富发展经济。加尔文同意"因信称义"，但他认为也需要善功，不过不是教会宣扬的那些虚假活动，而是敬职敬业地做好日常工作和世俗劳动。马克斯·韦伯在《新教伦理与资本主义精神》一书中就充分肯定了加尔文的理论。加尔文新教更大地促进了资本主义精神。

为了说明宗教改革中的青年角色，这里要提到《宗教改革运动思潮》一书中，第五篇"改革家生平导论"，特别介绍了 5 位改革家的生平②，其中马丁·路德和加尔文已在上文有了介绍，其余 3 位是茨温利、梅兰希顿和布塞，这 3 位也是在青年时就起步成为宗教改革家。茨温利出生于瑞士，22 岁成为教士，随军出征。30 岁出头就站在伊拉斯谟等圣经人文主义者的阵线，成为激进改革者，对加尔文的改革起了非常重要的作用。梅兰希顿是路德最亲密的伙伴之一，给予路德很大的支持。21 岁就在维腾堡大学任教，24 岁出版著作《教义要点》。布塞 26 岁到海德堡研读神学时就景仰伊拉斯谟，32 岁开始投身于宗教改革运动。《宗教改革运动思潮》专著的作者将这 5 位作为书的单独一篇说明他们是运动中的领军者。至于大学生对路德如火如荼的支持，是青年群体最早出现的英雄故事。宗教与人人都有关系，宗教改革比文艺复兴又进一步，将人文主义影响到了社会。当这些新教的产生与发展使宗教的分裂成为既成事实的时候，宗教宽容精神也就应运而生。青年针对当时罗马教会存在的问题对如何信仰提出了新的思想，对于面对未来的青年来说，情感的寄托与精神的升华这种信仰问题，将是他们始终要面临的重要课题。

---

　　① ［英］阿利顾特·麦格拉思著，蔡锦图、陈佐人译：《宗教改革运动思潮》，中国社会科学出版社2009 年版，第 94 页。

　　② 同上，第 83 页。

启蒙运动与浪漫主义

文艺复兴产生了天文发现和地理发现两个重大成果，对欧洲进入近现代起到了重要作用。哥白尼以及支持日心说的伽利略的学说，将大自然与精神分开，使中世纪人奉行的"封闭世界"极大地拓展为"无限的宇宙"。哲学家倪梁康对此的评价："需要强调的是，这种变化的发生并不具有连续性，而是带有突发的、跳跃的性质，所以我也将开辟了近代的这个变革称作'裂变'。""在这里，另一个更为恰如其分的表达是'苏醒'，姑且不论这种苏醒究竟是一个人的苏醒以及他对其他人的唤醒，还是一个群体的同时苏醒。"① 事实上，紧接着哥白尼、伽利略的科学革命，出现了培根、笛卡尔、洛克、牛顿等一代接一代的思想巨人的群体，形成了欧洲文化的新高潮。至于地理大发现的一个重要结果是激起人类的诗情和希望。"中古的欧洲人民，比如久闭于暗室的人，十字军东征已经使他们目眩神惑，惊讶天地之大了。如今忽然在天涯海角之处，发现了一个灿烂庄严的新世界，又怎能叫他们不目注云山，心游天外呢？这个诗情的刺激和新希望的怒放，也是欧洲新文艺的一个大源泉。"② 当时工商业与交通的发达，加上印刷技术与出版业的兴起，为文化的传播提供了广阔空间，人们追求知识，特别是青年为学习新语言发现新习俗到欧洲各地长时期旅行被称为大旅行时代。"大旅行是年轻贵族教育中的重要内容。"③

欧洲列强在海外对殖民地的竞争，在本土对政权与土地的争夺促成了战争的新形势，士兵的入伍与武备的费用增加了百姓的负担，君主们以专制的手段压制人民的反抗。专制的统治与科学思想的苏醒正好形成了对立。但是，欧洲列强又是分为许多国家不像东方的大一统，为思想潮流的相互流动留有空间，各种形式的沙龙使高级知识分子有了自在的聚会机会，在交流中碰撞出理性的火花，像是黑暗中放出的一道亮光，恰恰冲击和驱散专制、愚昧和落后。一场伟大的在更深层次将社会推向前进的思想文化革命必然来临，迎来了启蒙或称理性时代。如果没有深刻触及文化、观念、传统甚至信仰的革命，没有埋葬民众内心的威权迷信和精神桎梏，注定难以完成对旧制度的革命。正是有了文艺复兴、宗教改革和启

---

① 倪梁康：《自识与反思》，商务印书馆 2002 年版，第 9 页。
② 陈衡哲：《西洋史》，东方出版社 2007 年版，第 259 页。
③ ［法］德尼兹·加亚尔、贝尔纳代特·德尚著，蔡鸿滨等译：《欧洲史》，海南出版社 2002 年版，第415 页。

蒙运动，欧洲才从落后走向了近现代的前列，说明了文化与制度的相互关系。陈乐民在《启蒙札记》中写道；"我们甚至可以说，任何一个民族要摆脱愚昧、黑暗和迷信，都需要有个'启蒙'时期。这是历史规律。"①

一般认为启蒙运动的中心是在以伏尔泰为代表的法国，其实最早出现启蒙思潮的是在英国尤其是在苏格兰。在英国，由于王室的权力时时受到批制、削弱，并在"光荣革命"后成了"虚君"，社会斗争要比大陆舒缓平稳得多，宗教冲突也早已解决，有了比较充分的言论和出版自由。在偏僻的苏格兰，有各种各样的自由结社，爱丁堡就以被称为"北方的雅典"而自豪，爱丁堡大学培养出很多学者，包括大卫·休谟、亚当·斯密、亚当·弗格森等一大批杰出思想家。整个英国，有代表性的启蒙学者就有培根、牛顿、霍布斯、洛克等。培根22岁就当律师，开始独立思考将经验与实践引入认识论，被誉为整个实验科学的真正始祖。牛顿22岁在大学学习时就发现广义二项式定理发展数学理论，为他后来关于运动和引力的伟大发现奠定了基础。洛克牛津大学硕士毕业后当老师，34岁完成《人类理解论》，36岁入选英国皇家学会，1689年和1690年相继出版《政府论》。陈乐民指出：牛顿、笛卡尔和洛克这3位"先哲"意味着"启蒙的启蒙"，这3位大师对伏尔泰的思想起到了振聋发聩的作用，受他们深刻影响的伏尔泰可说是启蒙运动的最高化身。②

1694出生的伏尔泰被称为法兰西思想之王，启蒙运动的旗手，欧洲的良心。当时的法国实行君主专制，言论禁锢，宗教迫害，史学家陈衡哲说当时法兰西最能以专制的榜样给予全欧各国。③ 伏尔泰终其一生都在剖析和批判专制社会。伏尔泰年轻时血气方刚思想奔放，在高中就掌握了多种语言，23岁写讽刺诗影射宫廷的淫乱生活被投入巴士底狱关押11个月。在狱中完成《饿狄浦斯王》剧本。32岁又遭贵族诬告再次被投入巴士底狱达1年。"还在他青年时期，卜莱神甫说他'喜欢把欧洲的任何重大问题放在他的小秤上称过'。"④ 出狱后被驱逐出境流亡到英国，3年期间他体验到了与祖国完全不同的经验：政治自由，宗教宽容，知识界受到的尊敬。他将感受写成《哲学通信》在法国被查禁。晚年他写《论宽容》，呼吁以仁待人，理性至上，建立公正、理智的社会，反对人际关系中的残虐暴戾。84岁他凯旋般回到巴黎，人们像欢迎国王般迎接他。孟德斯鸠25岁就

---

① 陈乐民：《启蒙札记》，三联书店2009年版，第18页。
② 同上，第33页。
③ 陈衡哲：《西洋史》，东方出版社2007年版，第265页。
④ 陈乐民：《启蒙札记》，第50页。

任波尔多法院顾问，27 岁任庭长。32 岁用笔名发表《波斯人信札》，揭露和抨击封建社会的罪恶，他的《论法的精神》被称为是亚里士多德以后第一本综合性的政治学著作。作为启蒙运动最后一位思想家的康德，在科尼斯堡大学刚毕业任家庭教师时，就根据笛卡尔、牛顿、布莱尼茨的哲学与科学命题写下了著名的"关于生命力的真实估计之思考"。康德的三大批判是重要的哲学著作。他在"何谓启蒙，答复这个问题"一文中说："启蒙运动就是人类脱离自己所加之于自己的不成熟状态。""不成熟状态就是不经别人的引导，就对运用自己的理智无能为力。"所以康德大声疾呼："要有勇气运用你自己的理智！这就是启蒙运动的口号。"① 他对启蒙的经典解释也是他最大的贡献。布洛克称康德是启蒙运动最后一个也是最伟大的思想家，"启蒙运动思想至此趋于完善和有序，同时实现了康德自称在思想界开创的哥白尼革命"。②

启蒙运动的几个世纪中，一代接一代出现了成批的思想巨人，每一代的思想家都是在青春时期就向前辈学习，接过前辈的交接棒，在变革历史的思想文化运动中演出了灿烂辉煌的思想接力赛。当然，拿下接力棒并非对前辈的理论一成不变，而是创新或是有了不同见解引起激烈辩论，体现了青年继承与创新的特质。牛顿在谈到自己的成就时就说是站在巨人的肩膀上。洛克年轻时就崇拜笛卡尔、霍布斯。"伏尔泰赞美培根、洛克、牛顿等到了对他们折服的程度。……尤其是洛克，一直到晚年，伏尔泰仍是念念不忘。"③ 卢梭自己也承认受益于洛克。著名的《百科全书》主编狄德罗、写出《论精神》一书被禁被焚的爱尔维修，这两人年轻时都曾接受过伏尔泰的亲自指导。而康德在大学学习时就沉浸于卢梭的著作之中。因对康德极其崇拜而到科尼斯堡成为他的学生，歌德与席勒是其中的佼佼者。这场思想的接力赛，是人类历史上对世代传承最经典、最有意义的说明。吴端在论述世代时指出："世代又是一种学习的共同体，承担着已知与未知、人类的精神世界与客观世界的进化。……学习与创造是世代传承的根本。构成世代的思想比整个社会生产资料更为重要。"他并且说，人所具有的青年性质并不是年龄，而是一种与生俱有的学习与创新的性质。④

这场思想接力赛，不是政治性的运动只是一场思想运动。"启蒙运动的了不

① ［德］康德著，何兆武译：《历史理性批判文集》，商务印书馆 1991 年版，第 22 页。

② ［英］阿伦·布洛克著，董乐山译：《西方人文主义传统》，三联书店 1997 年版，第 29 页。

③ 陈乐民：《启蒙札记》，三联书店 2009 年版，第 46 页。

④ 吴端："青年评价与突现进化理论——以学习与创新为基础的世代更新"，载《中国青年研究》2013年 12 期。

起的发现，是把批判理性应用于权威、传统和习俗时的有效性，不管权威、传统、习俗是宗教方面的、法律方面的、政府方面的，还是社会习惯方面的。"① 康德就说过，一场革命可以推翻个人专制以及贪婪和权势的压迫，但绝不能实现思想方式的真正改革。新的偏见会像旧的枷锁一样成为驾驭缺少思想的广大人群的圈套。"康德点明了启蒙的两大'敌人'，那就是以权势为中心的专制主义和存在于民众中的愚昧主义，"② 在 18 世纪，启蒙思想的结果正好主要在两个方面：启蒙的文化思想促进了公民社会的建立，是文化促进制度的有力证明。

当时欧洲的贸易往来从地中海发展到大西洋，欧洲的社会已经以市场经济为基础。文人们认为市场社会还是自然状态，卢梭就说市场经济社会是一种野蛮状况，应该使它文明化，这就有了启蒙运动的作用。"因此公民社会是由两方面构成的：市场经济和社会精英们的介入、变革。"③ 这些思想精英组成沙龙、论坛纵论天下，传授知识，传播信仰。在学术界以外，还有一些非常有文化底蕴的人也参与各种讨论，大量阅读有时还写作，是启蒙运动的有生力量。更值得注意的是，商人们为了保障财产权也长期资助文人的活动，推广征订报刊，支持出版书籍并兜售到乡下，启蒙民众，非常成功。青年更是自由结社成立读书俱乐部或举行音乐表演，出现了多种多样的思想圈子，使启蒙思想日益扩大到了民间。"长年内战后，欧洲各国失去所有的社会形式，为了公共生存必须建立一个新的社会形式，到了 18 世纪末，慢慢摸索出一些社会准则，公民社会脱颖而出。"④ 由于启蒙思想的普及，开始有了人的尊严。人的尊严是其他一切价值与人权的根源。财产权与其他权利也由此开始衍生。理性与自由成为现代性的基本理念。

北美没有历史负担，不像欧洲为实现启蒙存在着历史继承下来的障碍。"创建合众国的那一代人——杰斐逊、亚当斯、华盛顿、富兰克林、汉弥尔登——都是启蒙运动的后继人。在 18 世纪，他们对启蒙运动思想形成了自己的见解和选择，把他们自己对理性、对人性的可以完善、对道德感、对进步的不可避免性或至少可能性等的看法，适应于他们自己在一个新国家们经验，这个国家与欧洲的历史性的各国社会是完全不同的。……凡是读过杰斐逊起草的《独立宣言》及其'不言自明的真理'和'人的自然权利'以及在起草美国宪法时的辩论的人，都

---

① ［英］阿伦·布洛克著，董乐山译：《西方人文主义传统》，三联书店 1997 年版，第 84 页。
② 陈乐民：《启蒙札记》，三联书店 2009 年版，第 13 页。
③ 晨枫编译：《对话欧洲——公民社会与启蒙精神》，三联书店 2009 年版，第 13 页。
④ 同上，第 15 页。

可以看出这一点。"① 杰斐逊幼年就学习拉丁文、希腊文和法文。17 岁入大学每天长时间坚持广泛学习古希腊罗马著名学者的著作。24 岁获得律师资格。33 岁成为《独立宣言》主要起草人，启蒙思想在美国的主要代表。由此也可以看到青年在创建美国时的重要角色。

早在 18 世纪 70 年代，一场新的思潮就在聚集力量，其目标是针对启蒙的理性主义。这股思潮被称为浪漫主义，它的出现尤其是在德国。"狂飚运动的年轻人谴责理性主义把感情的自发性、人的个性、天才的灵感从属于冷冰冰的古典主义理性化规则和不自然的趣味。"② 歌德与席勒是运动中的代表人物，浪漫主义的先驱者。狂飙运动以天才、精力、自由、创新为中心口号，象征一种力量，含有摧枯拉朽之意，主张个性解放，呼唤民族意识的觉醒，冲破社会的黑暗。歌德的《少年维特的烦恼》就反映了人类内心感情的冲突与奋进精神，扩展到欧洲在青年中产生了"维特热"。施莱尔马赫的神学（1799 年）和贝多芬的音乐（自 1800 年起）标志着这一时期浪漫主义富于创造的青春期。③ 浪漫主义也有不同派别，既有退隐田园的浪漫派，也有战斗的浪漫派。"青年意大利党"的创建人马志尼，就是要与所有民族的青年和谐地同情地相处。"一种'年轻化'对应着这个去老年化：如果 1789 年标志着政治的青春的太阳升起，那么在 1777 年歌德的《少年维特的烦恼》宣告了文化的青春的太阳的升起。政治的和文化的这两种推进从此有时联合有时交替地进行。浪漫主义是一个宣示青春的热忱和标志青年人的觉醒的广泛的运动，它接替了老人世界的倾覆并宣告了新人的向往。"④ 这里提到的 1789 年是指法国大革命，它有启蒙运动的影响。启蒙运动与浪漫主义并存。"一边是科学和进步，一边是感情和解放，这两股孪生力量迄今依然强劲，有时彼此强化，有时互相对立。"⑤

与启蒙思想和浪漫主义同时存在的，仍然有基督教文化。伏尔泰在猛烈抨击教会腐败的同时，仍然主张信仰上帝的必要性。康德从哲学上否认上帝的存在，但是又将对上帝的信仰当作坚守道德的根据，将宗教定义为"将责任视为神的命令"，提出了"理性神学"的思想。在康德之后，神学家试图将宗教信仰建立在

---

① ［英］阿伦·布洛克著，董乐山译：《西方人文主义传统》，三联书店 1997 年版，第 120～122 页。
② 同上，第 112 页。
③ ［美］罗兰·斯特龙伯格著，刘北成、赵国新译：《西方现代思想史》，金城出版社 2012 年版，第 228 页。
④ ［法］埃德加·莫兰著，陈一壮译：《时代精神》，北京大学出版社 2011 年版，第 164 页。
⑤ ［澳］约翰·赫斯特著，席玉萍译：《极简欧洲史》，广西师范大学出版社 2011 年版，第 65 页。

感情之上。人的理性毕竟有限，生命与情感也容易受到伤害，一个作为精神支柱和情感慰藉的上帝就成为灵魂的最后栖息所。与上述学者的协调相呼应，民众中也掀起了宗教大复兴运动，将基督教信仰从各种体制性的教会机构和教堂中走出来，直接诉诸人心，植根于信仰者活生生的生命体验之中。这样，在道德与情感领域中保持人心的神圣维度，基督教仍然在社会中发挥着重要的作用。

角色期待与角色形成

陈映芳在所著《'青年'与中国的社会变迁》中，根据众多学者关于角色的理论写道："对于角色类别的形成而言，角色期待是最重要的因素。"① 陈映芳认为，中国民族危机与教育改革是中国青年阶层形成的机制，梁启超与陈独秀等人强烈提出青年崇拜也起了重要的推进作用。上述欧洲青年角色的出现，同样是在伟大的历史变革中，但是社会期待并不是由于社会危机或者青年崇拜，而是社会逐步演变水到渠成的结果，角色期待自然形成了。青年是否有运用理性自由的勇气，是否能锲而不舍的探索与奋斗，如何认同这种社会期待很值得研究。事实证明当时青年对自己的社会角色已有了自我认同，布克哈特指出"这些知识上的巨人，这些文艺复兴的代表人物，在宗教问题上就表现出一种在青年人身上常见的性格"。他接着解释这种性格就是不认为自己有原罪需要祈求上帝的恩赐，越来越感到没有得救的必要，即使内心失衡也可以靠自己的智谋解决，做自己的主人。②

陈乐明在他的《启蒙札记》中写道："'启蒙'的意思并不难理解。然而'实现'启蒙却不容易，第一需要有认识自己的'勇气'，再者需要对人类社会进行锲而不舍的探索、奋斗，不断地用理智代替'不成熟'。"③ 这个结论是根据康德的思想，康德在《什么是启蒙》一文开头就写道："启蒙运动就是人类脱离自己所加之于自己的不成熟状态，不成熟状态就是不经别人的引导，就对运用自己的理智无能为力。"为什么说不成熟是自己所加于自己的？因为你没有运用自己理智的能力。为什么没有？因为你没有自我意识。如果反思与批判停止了，认知结构不变，处在无知的状态，不成熟状态就是自己所加于自己的了。因此，第一

---

① 陈映芳：《"青年"与中国的社会变迁》，社会科学文献出版社 2009 年版，第 56~58 页。
② ［瑞士］雅各布·布克哈特著，何新译：《意大利文艺复兴时期的文化》，商务印书馆 2013 年版，第535 页。
③ 晨枫编译：《对话欧洲——公民社会与启蒙精神》，三联书店 2009 年版，第 16 页。

需要就是要有认识自己的勇气，这对青年来说有特殊的重要意义，因为青年是自我意识成熟的时期，如果错过这个时期仍然没有自我意识，习惯成自然，即使有引导也因为与原有思维结构差距太大，会以忽略的方式继续保持不成熟的状态。

为促进青年的成熟，教育也有重要作用。布洛克写道："人文主义的中心主题是人的潜在能力和创造能力。但是这种能力，包括塑造自己的能力，是潜伏的，需要唤醒，需要让它们表现出来，加以发展，而要达到这个目的的手段就是教育。人文主义者认为教育是把人从自然的状态中脱离出来发现他自己的 humanitas（人性）的过程。"[①] 陈乐民在对话中也指出，从中世纪萌芽到 18 世纪末长期持续推进公民社会脱颖而出的许多因素中，教育是第一位的。[②] 12 世纪以后的欧洲成为教育勃兴的时代。弗拉纳根在所著《最伟大的教育家》一书的引言中，描述了欧洲教育的发展过程："它既是一个经济发达与科技进步相互交织的过程，也是政治自由与个体人权不断发展的过程，还是人类理解能力不断提高的过程，以及人类对教学与学习所带来的社会效力、文化影响力和经济效益的鉴别能力逐步发展的过程。"[③] 引言还指出，从卢梭开始，教育思想发生了翻天覆地的变化。在为了巩固社会秩序和社会意识形态的正统教育与卢梭及其理论继承者所倡导的个体自由的教育思想之间，不断发生教育博弈。人文主义教育的兴起不断削弱教会对教育的控制，对青年的角色形成也有非常关键的作用。

应该承认，担当这种角色的青年只是一部分，其中的精英更是少数，不同社会阶层特别是工农阶层的子弟仍处在边缘地位。但是，这种青年角色的出现与社会存在，是创新性的青年品质在漫长历史中遭受父权体制压抑后初次重新登上历史舞台的表现，有极大的代表性和历史意义。而且为下两个世纪工业革命、教育普及中形成的、为社会所认知的青春期打下了基础。不仅如此，青年的社会存在也使社会对青年有了新的认识，马赫列尔称它为"对青年认识的前科学的整体模式阶段"。当时已有对青年的很多论著，马赫列尔举出考门斯基、卢梭和黑格尔。考门斯基著作中已有关于青年社会地位的新观点。而卢梭的论述则标志着对青年的前科学认识走向科学认识的转折点，黑格尔的哲学体系中则有论述童年和青年

---

① [英] 阿伦·布洛克著，董乐山译：《西方人文主义传统》，三联书店 1997 年版，第 15 页。
② 晨枫编译：《对话欧洲——公民社会与启蒙精神》，三联书店 2009 年版，第 16 页。
③ [爱尔兰] 弗兰克·M·弗拉纳根著，卢立涛、安传达译：《最伟大的教育家》，华东师范大学出版社 2009 年版，第 1 页。

个性发展的提纲。① 这些论述构成了"青年哲学"的最高点，打开了通向对青年的科学认识的道路，也是对上述青年角色在理论上的总结，迎接它们的是多学科研究青年的高潮。

面对挑战的青年

布洛克在论述了文艺复兴，启蒙运动，19、20世纪的人文主义，最后一章提出"人文主义有前途吗？"他提出人文主义在20世纪不得不面对的挑战分为4类：①人口的增长和历史规模的改变；②技术和历史步伐的改变；③集体主义和极权主义国家；④战争和暴力的蔓延。前两个问题是19世纪以后的现象。人口增长带来了贫富差距，弱者享受不到人文待遇。技术进步无法阻挡，但是作为人在技术的价值天秤上已无足轻重。而后两项特别是战争和暴力，在史前氏族制度中就开始存在了。然而，自人类诞生之日起对于在自身中存在的这种野蛮的兽性也一直在认识和批判，维护和提升人性。雅斯贝斯认为轴心期是人类历史文化的突破期，是人类意识的觉醒。而人的贪欲与野蛮在不同的历史时期也有不同的表现，有时恶甚至成为推动历史的动力。因此布洛克写道："比较现实的人文主义观点承认人的局限性和软弱性，因此把希望寄托在人的潜在创造性上，寄托在那潜在的力量一旦觉醒可能完成什么样的成就上，而不是寄托在人的天性善良上，也不寄托在人的天性邪恶上。"② 布洛克将这种创造的希望寄托给青年。文艺复兴时青年的作用和20世纪60年代的学生运动使布洛克将希望寄托在青年一旦觉醒可能完成的成就上。这里我们再引用法国思想家莫兰在《人文政治导言》一书中的分析：工人阶级已失去其先锋作用。广大群众则是带着睡意显不出任何敏锐性。至于知识分子，在现代"同时又是一个被虚无主义腐蚀的患神经症的阶级"。莫兰也将希望寄托于青年："青年人获得了对于成年人社会的一种相对自主性。他们能够以批判的眼光看待后者。他们还没有养成顺从的习惯。他们想要赢得世界，但希望那个世界是另一种样子。青少年可能是这样一个年纪，在这个年纪里人们达到人类总体意识的可能性在今天最大。……尽管前后相继的青年运动的浪潮迅速瓦解，但是仍然存在着这样的期望：青年人当然不是由年龄决定的救世

---

① ［罗］F·马赫列尔著，陆象淦译：《青年问题与青年学》，社会科学文献出版社1986年版，第29～37页。

② ［英］阿伦·布洛克著，董乐山译：《西方人文主义传统》，三联书店1997年版，第270页。

主，但却是人本政治使命的优先承担者。"① 布洛克是围绕文艺复兴和 60 年代学生运动得出这个结论，而莫兰则是提到青年运动的浪潮瓦解后存在着这样的期望。那么，当历史不是处在变革的时刻而是较为正常运转的情况下，青年成为重新创造价值观的唯一办法、成为人本政治使命的优先承担者又表现在哪里呢？青年研究应该在前人的基础上对此作出满意的论证，为青年成为优先承担者创造条件。人类现在仍然是生活在一个并不完美的世界上的并不完美的生物，正处在历史的十字路口，需要青年重视内心的思想甚于外在的享受，珍惜内在的精神财富甚于外在的物质财富，创造新的人文主义推动历史的进步，迎接以精神生活为主轴的人类历史的新阶段。青年的任务任重而道远。

---

① ［法］埃德加·莫兰著，陈一壮译：《人本政治导言》，商务印书馆 2010 年版，第 95 页。

第五章
现代化与青年的崛起

现代化是指 18 世纪工业革命以来人类社会所发生的深刻变化。在文艺复兴启蒙运动思想影响下，资产阶级在复杂的斗争中以民主政治取代君主制，科学技术的发展推动农业文明进入工业文明，随之而至的是欧洲的崛起。美国也随着两次大战的结束崛起为新的帝国。青年也随着物质与文明的崛起而崛起。吴端写了一篇题为"青年的崛起与近现代文明的形成"的论文，说明青年的崛起与近代国家形成的惊人的一致性。由于青年在现代化中的崛起，有学者就将青年称为一个阶级。法国著名学者埃德加·莫兰说：青年作为一个年龄阶级出现在 20 世纪中叶，这一现象在西方资本主义世界表现得最为充分。① 他在另一处又指出现代性的推进使青少年身上所有分散的、个别的倾向汇集起来并具有了比较坚实的社会意义："一个青少年的年龄阶级的形成不仅在西方文明中，而且在世界范围内发生。"② 程巍在论述 20 世纪 60 年代学生运动时也写道："马克思基于 19 世纪的经验，说青年不是一个阶级。他显然没预料到大学将是一个新阶级诞生的地方。"大学生宣示自己作为一个新阶级登上历史舞台，"这的确是一个新阶级，带有全新的特征"。③ 将崛起的青年称为一个阶级，说明青年在社会中的重要性，已成为相对独立的社会和历史实践的主体，青年的历史存在也进入了崭新的阶段。

青春期的命名

16、17 世纪是欧洲为进入现代化做准备的时期，尽管君主专制国家之间仍在进行列强争夺，资产阶级革命还是有了相当进展。接着工业化、城市化带来了繁荣，教育事业也在发展，延长了青年期，成人仪式不再存在。这个时候也是欧洲

---

① ［法］埃德加·莫兰著，阎素伟译：《社会学思考》，上海人民出版社 2001 年版，第 217 页。
② ［法］埃德加·莫兰著，陈一壮译：《时代精神》，北京大学出版社 2011 年版，第 174 页。
③ 程巍：《中产阶级的孩子们》，三联书店 2006 年版，第 38～39 页。

人口大增长的时代，1750～1845 年，由 1.4 亿人增加到 2.6 亿人，1900 年达到 4.6 亿人。迅速增加的人口中，青少年占有相当大的比例。在社会发生深刻而迅速的转型时期，猛然增加的青少年群体，将扮演怎样的角色，出现怎样的新特征，是全社会关注的问题。

美国政治学会会长塞缪尔·亨廷顿在所著《文明的冲突与世界秩序的重建》书中讨论了人口规模与社会动员相结合所具有的 3 个重大政治后果："首先，青年人是反抗、不稳定、改革和革命的主角。历史上，存在着大批年轻人的时期往往与发生这类运动的时期重合。据说，'基督教新教改革是历史上杰出的青年运动的范例之一'。杰克·戈德斯通曾令人信服地论证说，人口增长是 17 世纪中叶和 18 世纪末发生在欧亚大陆的两次革命浪潮中的主要因素。西方国家青年人口引人注目的扩大与 18 世纪最后几十年的'民主革命时代'在时间上相吻合，19 世纪成功的工业化和向外移民减轻了欧洲社会青年人口对政治的冲击。"① 这是就人口增长与青年角色关系的重要论述。法国大革命就被认为是一场由年轻人主宰的大革命。梅特涅复辟时代有日耳曼大学生的政治活动。1831 年马志尼成立要求意大利统一的"青年意大利"党，接着相继成立"青年德意志""青年波兰""青年爱尔兰"等组织，《欧洲史》将他们集合称为"青年欧洲"。文艺复兴倡导的个性解放，启蒙运动的自由、民主、平等思想，工商文明的发展与个人主义的兴起，这些都促进社会日益变迁为开放式的社会，不断壮大的青年群体，既是促进社会变迁的力量，又在比较宽松的环境中越来越多的青年参与到革命运动中，出现了"创新"优先于"继承"的新一代人。这是青年与成人社会关系的根本变化。

在人类历史上一直存在的战争，进入现代化作为欧洲痼疾的战争不仅没有削弱反而增强了。欧洲列国仍然在争夺政权与土地，加上对海外殖民地的竞争，年轻人依然成为动员的主要对象。统治者强调民族主义、军国主义，德国尤其如此，德国陆军中校格尔茨男爵 1883 年出版《全民武装》一书详细说明青年的战斗力，他总结道："国家的力量存在于青年人中。"② 法国是最早实行征兵制的国家颁布严格的征兵条例。英国创立以军事训练为主要活动的少年军，19 世纪 80 年代成员过万人。人类自从进入父权制，原始部落的成年仪式就是为了造就勇敢的战士，直到资本主义社会，国家利用其优势力量使青年成为战争的工具，受到

---

① ［美］塞缪尔·亨廷顿著，周琪等译：《文明的冲突》，新华出版让 2002 年版，第 120 页。
② ［英］乔恩·萨维奇著，章艳等译：《青春无羁》，吉林出版集团 2010 年版，第 17 页。

政治家们的重视与利用。

18 世纪末期至 19 世纪初欧洲兴起了浪漫主义运动，尤以德意志为例。浪漫主义运动崇尚感受、情绪以及所有的强烈情感，呐喊自由解放，人与人之间坦诚相见。歌德的《少年维特的烦恼》是浪漫主义的代表作。在法国，小说家亨利·穆杰的作品《波希米亚生活》宣扬"城市是一个挣脱主流伦理道德、让持不同政见者和年轻艺术家追求自己的理想并推迟成长的地方。30 年过去了，波希米亚风席卷了柏林、伦敦和纽约"。① 浪漫主义构成了广泛的青年群体，保守主义者称他们为颓废派，军国主义者称他们是堕落者，但是文学家音乐家则更愿意描述青年这种自娱自乐的生活，加上传媒的不断宣扬，浪漫主义在青年中一直在延续，并极大地影响了 20 世纪 60 年代的学生运动。

18 世纪欧洲的居民仍然生活艰苦，大部分人在农村，更忍受着劳动、饥饿与疾病，前往城市以乞讨为生，儿童死亡率高，弃婴问题严重。过剩人口于是移民美国获得土地，但是无情竞争使农民纷纷前往城市成为贫民，孩子们 12 岁就做童工挣钱，而被遗弃在街头的则走向了偷窃、抢劫、行凶，相互联系形成为许多帮派。19 世纪中期纽约的帮派就曾有组织地发展壮大分成了很多界限明确的小王国。英国曼彻斯特"斗殴少年"曾发动过一次涉及 500 余青年的帮派之间的混战。1899 年 7 月美国伊利诺斯州通过《少年法院法》，成立独立的少年法庭，以教养方法为主对待问题。少年法庭很快传遍美国各州。1905 年英国仿制，很快传遍欧洲。然后经过印度，1923 年日本公布少年法。仅 20 多年，少年法的实行就绕地球一周，足见当时青少年犯罪问题的普遍性、严重性与全社会对它的高度重视。

随着工业化城市化的进展，不仅成年仪式消失了，已经拉开了青年与成人社会的距离，进入成年成了一种渐进的多样化的过程。青年既是革命的主力军，又是战争的生力军；既是及时行乐的追求者，又是贫困环境的受难者；还有上层富裕家庭的继承人；当然还有其他的类别。在向成年的过渡中有了如此多样的变化是历史性的，引起社会的高度重视，期待对这个已成为独立的过渡阶段有一个科学的解释。对此作出重要贡献的是克拉克大学第一任校长 G·斯坦利·霍尔。1894 年他认为这个人生的过渡阶段是全新的未知领域，经过 10 年的精心探索，在 1904 年出版有 50 多万字的《青春期》，青春期开始成为关于青年富有诗意的新概念。"凭借强大的学术影响力和横跨东西的市场，《青春期》一书加速了

---

① ［英］乔恩·萨维奇著，章艳等译：《青春无羁》，吉林出版集团 2010 年版，第 14 页。

正在扩大的教育机会的需求，并让美国人注意到了这个无所不在却一直被忽视的年龄阶段。"①

《青春期》的出版启动了对青年进行科学研究的新阶段。瑞典学者埃仑·凯伊在 1900 年发表了《儿童与青年》专著，在瑞典发行 3 版，德国发行 36 版，译成 13 种文字向世界发行。此外还有德国普莱尔在 1882 年发表的《儿童心理》。接着出现青年社会学、青年心理学。文化人类学也开始了对青年的研究。青年出现种种不同的角色，已完全不同于中世纪的历史存在，这些分散的倾向有着内在的联系，都是从不同角度对成人社会的抗争，汇聚起来使青年具有坚实的社会意义。对青年进行科学研究新高潮的来临，表明人类社会关于青年认识的变化，是新的青年观的形成。

青年与战争

在现代化的高潮中，居然在欧洲出现了两次世界大战，成为人类历史上空前的滔天大罪，特别是希特勒法西斯主义的大屠杀。历史学家陈衡哲称战争是欧洲的痼疾。汤因比也认为欧洲的文明模式是凭借武力称霸世界。杜兰特更是说明有历史记录的 3421 年中仅有 268 年没有发生过战争②。欧洲的战争从新石器时代后期就开始了。"大约在公元前 4300 年或公元前 4200 年，在欧洲开始的古代世界遭到了一次又一次蛮族入侵浪潮的猛烈打击。"这可能反映了从母系社会向父系社会的变迁，战争成了家常便饭。③ 战争当然离不开青年，尽管没有给予他们社会地位，但是却要求他们成为战争的工具。原始社会的成人仪式就是要求青年成为英勇的战士。古罗马的开国君主为使用武力开拓疆土就曾做过人口调查，认为青年是重要的力量。中世纪，为了培养战无不胜的骑士，要举行从 7～20 岁长时期的受封仪式和军事训练。在 1346～1453 年的英法百年战争中，法国出现了一位名叫贞德的女青年英雄，本是一个平易朴直的村女，面对外族的侵凌感到上帝曾命令她担当起救国的责任。她的至诚感动了国人以她为马首出兵解开了英军对奥

---

① ［英］乔恩·萨维奇著，章艳等译：《青春无羁》，吉林出版集团 2010 年版，第 68 页。

② ［美］威尔·杜兰特、阿里尔·杜兰特著，倪玉平、张闶译：《历史的教训》，四川人民出版社 2015 年版，第 137 页。

③ ［美］理安·艾斯勒著，程志民译：《圣杯与剑：我们的历史，我们的未来》，社会科学文献出版社 2009 年版，第 75 页。

尔良的包围，打败了英军。1430 年她被英军所俘，英勇就义。① 到了近现代，经过长期战乱后 1871～1914 年的 40 年间欧洲没有战争，少有的和平带来了经济繁荣，法国人称为美好时光。但是兴起的各民族国家之间反而加剧了敌对情绪。在 18 世纪，资产阶级为了发展拼命征服殖民地，掠夺原料、寻找市场。其结果是扩大了势力范围，增强了经济实力，改善了生活条件，促进了民族认同，一种狂热的民族主义发展到登峰造极的程度。为了增进本民族的利益，不惜付出任何代价，甚至侵犯别国争夺利益，统治者因此仍在厉兵秣马，对青年实施军国主义的培训与控制。德国成立宣扬民族主义的"德国青年联盟"，英国有了誓言忠于国王、国家的童子军运动。斯特龙伯格在探讨"战争的思想根源"时，认为"民族主义的兴起是导致战争的一个显见因素"。他写道："一种奇异的神秘精神可以解释人们为何多年忍受痛苦而大力支持这场战争，这种精神主要存在于青年人当中，在那些带有诗人气质的青年人、理想主义者和不安分的年轻人当中。"青年诗人、艺术家、大学生争先报名参军。② 到第二次世界大战，德国青年更是成了希特勒法西斯主义的工具。1933 年 18～30 岁的青年占德国总人口的 31.1%。曾经是纳粹党的一个青年组织在 1926 年命名为希特勒青年团，1936 年和 1939 年颁布法律规定 10 岁以上的孩子都必须加入，仔细规定青年应该想什么、读什么、穿什么，其座右铭便是"元首，下命令吧！我们服从"。《20 世纪欧洲社会史》的作者写道："青年和战争的一代对法西斯主义的神话来说至关重要，而且开始时两者几乎是同一词。1924 年，几乎有 1/4 的法西斯国会议员不到 30 岁。"③

从 17 世纪以来直到 19 世纪，德意志长时期都是由君主统治的许多大小邦国的联合体，在经济、文化、教育等方面相对落后于英、法两国，尽管有少数笃学深思的学者，但缺乏社会影响，广大民众惯于服从统治者，服从成了日耳曼的一种"民族惯性"。拿破仑占领期间，费希特 13 次演讲激励了民族觉醒，歌德惊呼"德国？她在哪里？我们怎么才能找到她的整体？"存在一种德国人是最高等的"优等种族"观念。强烈的民族主义群众基础使俾斯麦将分裂的各邦统一成德意志帝国，参与了第一次世界大战。战后的德国在战胜国的种种重压之下生活十分困难，几百万的失业大军其中的大部分就是在无人监护中长大的战后一代，犯

① 陈衡哲：《西洋史》，东方出版社 2007 年版，第 208 页。
② ［美］罗兰·斯特龙伯格著，刘北成、赵国新译：《西方现代思想史》，金城出版社 2012 年版，第 428～429 页。
③ ［英］理查德·韦南著，张敏、冯韵文、臧韵译：《20 世纪欧洲社会史》，海南出版社 2012 年版，第 75 页。

罪率达 60%。而大学生则对民主明确表示敌意，大多数都在"追求德意志帝国的伟大复兴，已经准备好为伴随他们出生的失败而复仇"。① 再加上国会纵火案等引起的政治动荡，"以致民族主义由失望转向了对'救星'式的极端人物的渴望，加上朦胧而又原始的'社会主义'在社会上无控制无引导地漫游浮动，于是就为希特勒的'国家社会主义'提供了滋生的适宜土壤"。② 青年对希特勒的个人崇拜达到了极点成为希特勒的帮凶。除了民族惯性和从儿童起就开始锻造以外，在一次大战前 20 岁出头的奥地利作家茨威格认为有一种更深、更神秘的力量在起作用。"那股向人类袭来的惊涛骇浪是那样猛烈、那样突然，以致把人这种动物身上暗藏的无意识的原始欲望和本能都翻腾到表面上来了，那就是弗洛伊德深刻看到的、被他称之为'对文化的厌恶'，即要求冲破这个有法律、有条文的正常世界，要求放纵最古老的嗜血本能。"③ 菲利普·尼摩也说："法西斯主义是不属西方所有的一种现实。这是一些不正常的现象，是回到模拟部落生活形态、重新部落化的群体的短暂'返祖'现象。"④

　　著名古人类学家利基在所著《人类的起源》一书中，引用珀坡和施赖尔的评论："按照狩猎模式，人类为了在严酷的大草原中生活而吃肉，人类变成了一种特殊的动物，其随后的历史被置于一种暴力、掠夺和流血的环境中。"接着他又引用了罗伶特·阿德里流行的话："人类不是生来就清白无罪的。"⑤ 汤因比与池田大作的对话录中有一章专门讨论战争。他们认为，在地球上所有生物中，唯有人是在同种之间进行殊死战争的生物。在人的本性中，理性只占其中的一小部分，生物内部都潜藏着暴力和残酷性。但是，战争与个人之间的暴力和残酷并不是一个东西，而是它的一种特殊的表现形式。在战争中，敌对双方的士兵没有任何个人冤仇，是在政府的命令下相互残杀，"战争就是有组织按制度地发挥这些暴虐性"。⑥ 战争与人类的文明同时起步又一直同时存在，人类是所有生物中最复杂的生物，在物质文明高度发展进入到现代的同时又出现了历史上空前的滔天大罪。在这种复杂的历

---

① ［英］乔恩·萨维奇著，章艳等译：《青春无羁》，吉林出版集团 2010 年版，第 252～253 页。

② 陈乐民：《20 世纪的欧洲》，三联书店 2007 年版，第 134 页。

③ ［奥］斯蒂芬·茨威格著，舒昌善译：《昨日的世界——一个欧洲人的回忆》，三联书店 2010 版，第 250 页。

④ ［法］菲利普·尼摩著，阎雪梅译：《什么是西方》，广西师范大学出版社 2009 年版，第 105 页。

⑤ ［英］理查德·利基著，吴汝康、吴新智、林圣龙译：《人类的起源》，上海科学技术出版社 2007 年版，第 56 页。

⑥ ［英］A. J. 汤因比、［日］池田大作著，荀春生、朱继征、陈国梁译：《展望二十一世纪——汤因比与池田大作对话录》，国际文化出版公司 1985 年版，第二编第二章，第 229～247 页。

史背景下，青年的神圣与灵性也被赋予了更复杂的形式与内涵。有少数青年成了战争中的英雄，广大的青年则是在权力的控制与命令下成为祭祀与牺牲品。

在没有历史包袱的美国，没有构成上述复杂的环境，专心在广阔的国土发展经济，"在这个国家战略中，年轻人享有至高无上的地位。正当北欧的年轻人在为即将到来的战争做准备时，美国的年轻一代正准备在商界大展拳脚"。① 美国建国时期的领军人物大多是青年。在经济开始繁荣带来贫富差距、腐败盛行等问题的时候，与工业化同步成长的年轻一代，主要是指有文化修养与专业知识的知识青年、企业家以及志同道合的政界人物又怀着崇高的同情心，在 19 世纪掀起社会改革的进步运动，运动的对象是工人阶级和城市下层流离失所的人们。到 1911 年参加运动的大学生志愿者超过万人。当商品日益丰富的时候，企业家与传媒结合发行大量广告鼓励青年消费，19 世纪的头 10 年间，年轻人已将自己的独立与消费联系在一起，超过 2/3 的中学男生在课余时间赚钱选购商品证明自己的权利。当时又是大众娱乐日益流行的时候。电影与年轻人有异乎寻常的关系，那里有远离现实的幻想世界和青少年的生活画面。青年们每周到 5 分钱影院看 1～6 次电影。音乐、舞蹈和文学也开始流行。正在兴起的美国梦幻经济，将想象中的事物与消费、享受的现实相融合促进了新的大众文化，而且大众文化（包括电视）的题材都是"年轻的"题材。诞生于美国的大众文化以后传到欧洲和全世界，青少年在创建大众文化中享受着快乐的生活，没有介入到战争的领域。

和平与发展是人民最基本的需求，对照美国的进步，战后的欧洲开始了反思，青年也开始公开反对战争。欧洲出现一种要求消灭战争，寻求民族与国家之间和谐的精神。其思想渊源可以追溯到一种"自我认同"的古老观念，像神圣显灵似的出现在威廉·彭和圣皮埃尔教士的乌托邦思想里以及康德关于"欧洲永久和平计划"的著作中。维克多·雨果以卓绝的风格预言美国式欧洲的来临，而欧洲联邦又将是全人类和解的先驱。② 在青年中，作为对军国主义和工业主义的回击，新的青年运动曾在英国和德国兴起。英国的新异教组织外出野营，讨论社会主义。德国的"候鸟运动"试图遁入恬静的桃源，以一种简单却方便易行的形式逃避专制。但是他们数量上微不足道，仅限于象征意义影响不大。而且在战争真的来临时，候鸟组织成员普鲁士剧作家沃尔特·弗莱克斯写道："我已经不再是我自己，而是这个神圣群体中的一员，我随时准备为祖国牺牲。"③ 尽管数量较

---

① ［英］乔恩·萨维奇著，章艳等译：《青春无羁》，吉林出版集团 2010 年版，第 86 页。

② ［法］埃德加·莫兰著，康征、齐小曼译：《反思欧洲》，三联书店 2005 年版，第 25 页。

③ ［英］乔恩·萨维奇著，章艳等译：《青春无羁》，第 134 页。

少，仍然有不屈不挠坚持反战的青年。奥地利的茨威格在希特勒攫取政权后移民英、美，最后移居巴西，夫妻不忍法西斯暴行双双自尽。在他所著的《昨日的世界》中回忆了他青年时的反战行动："我从来没有比在第一次世界大战前的最后几年更热爱我们那片古老的土地，从来没有比那个时候更希望欧洲的统一。"他在巴黎、柏林结识许多青年，"恰恰是新一代的人最最拥戴这样一种欧洲人的想法。……他们和老一辈的人不同。他们反对任何狭隘的国家主义和好侵略的帝国主义"。为了将志同道合的青年与文人组织起来，他找到了罗曼·罗兰，在罗兰周围形成一股反战的力量。[1] 第一次世界大战结束时只有 20 岁出头的奥地利的理查德倡导"泛欧运动"。他认为，由于仇恨，欧洲比任何时候都更分崩离析，他寄希望于"联邦"制度，到处奔走多方游说。希特勒兴起时他转到美国继续作泛欧主义宣传，1943 年 3 月在纽约举行了第五次泛欧大会。[2] 1933 年 2 月英国牛津大学学生通过反战的《牛津誓言》，"无论如何决不为国王和国家战斗"。美国布朗大学等高校学生迅速在美国推广，参与反战的学生人数直线上升。1934 年是 2.5 万人，1935 年 15 万人，1936 年达到 50 万人。"美国学生联合会"在上百所校园设有分部，几乎将能组织起来的学生都组织到反战中来了，如此大规模的学生反战运动在美国历史上是第一次。[3] 二次大战结束，残酷的战争使青年们感受到了令人痛苦的幻灭，他们指责父母和祖辈，更是形成了严重的代沟。

在学术界与政治家的共同努力加上青年的推动下，特别是对希特勒法西斯的反思，西欧实现了一体化，战争中的敌国变成了战后的盟国，仇人成了朋友。陈乐民如此评论："'欧洲联盟'从作为'共同体'在 20 世纪 50 年代诞生和发展的历程应属最具有重要历史意义的事件。"其重要的历史意义在于它结束了战乱不已的历史，联盟中各民族普遍实行了民主立宪制度，西欧与美国一样都是实行民主宪政的国家，民族之间相互视为同胞。[4] 对青年来说，其重要的历史意义就在于：①在几千年战争的历史中，青年从来是战争的主力，青年公开反战这是第一次，掀开了青年历史的新篇章，以后又有美国青年反对对越南的战争，法国青年反对对阿尔及利亚的殖民侵略战争，日本青年反对安倍的新安保法。②几千年来，青年拥护和参与战争是有组织按制度在权力的命令下进行的，现在的反战行

---

[1] 斯蒂芬·茨威格著，舒昌善译：《昨日的世界——一个欧洲人的回忆》，三联书店 2010 版，第 222 页。

[2] 陈乐民：《20 世纪的欧洲》，三联书店 2007 年版，第 56～58 页。

[3] 吕庆广：《60 年代美国学生运动》，江苏人民出版社 2005 年版，第 51～52 页。

[4] 陈乐民：《20 世纪的欧洲》，三联书店 2007 年版，第 46 页。

为显示了青年的主体性，对权力不再只是服从而是进行批判与反抗。从 20 世纪下半世纪开始，战争确实减少了。以经济手段获取资源比使用战争的成本要低多了。美国发动伊拉克、阿富汗战争不仅没有达到预期效果反而陷入两难境地。但是，战争仍在继续进行，发动新战争的危机也迫在眉睫。青年与战争是青年历史存在中一个非常显著而又复杂的问题。古罗马国王为了以武力扩大疆域曾调查人口确认青年的数量。1995 年，美国的重要智库和情报部门对中世纪以来的历史中，青年人口与战争的关系做了比较详尽的分析，青年人口的膨胀是战争的重要原因。现在，青年居然兴起反战的思想和行为，其中有怎样的理由与特征，是一种对理想的幻灭，还是对屠杀的震惊，是一种对生命尊严的觉醒，还是一种感性深沉的宗教情怀，它将如何影响战争的历史和人类的前途，青年又应该如何科学地认识与处理战争，反战思想的出现在青年的历史存在中又有怎样的价值，……将青年与战争作为一个专题进行研究，将是青年研究中另一个非常有意义的新领域。

青年的理想主义

　　美国在建国初期，正如《美国人：开拓的历程》一书所描写的：天边的土地，无尽的资源，无数的机会，只要努力奋斗人人都能成功。① 因此他们奉行一种孤立主义，不热衷于战争。第二次世界大战将要爆发时，美国议会通过"中立法"表明不参战，青年的反战运动也直到珍珠港事件才停止。可是没有预料到的是，两次世界大战使美国得到了史无前例的成功机会，战后的经济繁荣举世无双，人们沉迷于富裕的生活之中，提出了以"最大的自由去挣最多的钱"的金碧辉煌的美国梦，美国梦这个浪漫的概念像野火一样蔓延开来，政治家们信心百倍地要按自己的形象重塑世界。在国际上表现为咄咄逼人的霸权行为，与苏联进行全面的冷战，面对各殖民地兴起的民族解放运动盛气凌人举起战争的旗帜，成为试图拯救世界的新帝国。在国内，经济迅速发展形成了贫富差距，美国梦不是"所有人"的梦，种族歧视更是严重。但是，政府却掀起一股反共浪潮，迫害、打击异己人士和进步力量，实行麦卡锡主义。在万马齐喑、了无生气的局面中，又加上每天的防空演习，对原子弹战争的恐怖感在年轻一代的心灵中投下无法抹去的阴影。人类学家米德发现了一位 15 岁少年香农·迪克森写的随笔，表达了这

---

① ［美］丹尼尔·布尔斯廷著，中国对外翻译出版公司译：《美国人：开拓的历程》，三联书店 1993 年版，第 215 页。

一代人面对现实的强烈感情："我们把世界看成一只巨大的滚筒，带着战争、贫穷和偏见飞快地滚动；人与人之间、国与国之间缺乏了解。于是，我们停下来思考着：一定还有更好的办法，我们必须找到它。我们看到，争吵不休的人每天忙个不停，就是为了把与他们相同的人打垮。这些行动集中在一起就导致了国与国之间的不宁和国内的不宁。我们这一代人几乎像机器一样被使用着。……我们对每一个人的巨大的爱，我们需要人与人的普遍理解，我们需要思考自身，表达我们的感情，可是这一切都不存在。"他最后写道："答案就在某个地方。我们需要去寻找。"①

大学生担当了这个寻找答案的任务。20 世纪 60 年代美国总人口中青少年占有 36%，高等教育空前发展，大学生人数高达 7852000 左右，几乎接近全国人口的 1/4，超过农民人数。当时出现了可以容纳几万甚至十几万学生由若干分校组成的巨型大学。美国整个社会突然变得年轻化。将如此规模的大学生集中起来，法拉克斯大为吃惊，他写道："在人类的历史上，大概再找不到一个社会曾把那么多可能成为异己份子的人物集结在一个那么容易互相影响的环境了。"② 当然，也不是所有的大学生都可能成为异己分子，"美国青年争取自由组织"（YAF）的成员大部分信仰新教，自称自己是保守主义者。而且，要将同学们集结起来形成为运动，还需要一批具有影响力的带头人。法拉克斯引用了卡尔·曼海姆"代单位"的论点，当一小群人凝聚于一种新观念并开始建立一种独特的对抗模式时，就有可能向同龄群人推广。"所以，代际的反抗运动并非一朝一夕便能形成，而是由一小群先锋引领的。"法拉克斯认为代单位概念是了解当时美国文化变迁的关键。③ 这一群先锋又是那些学生，1960 年 1 月，"学生争取民主社会组织"（Students For a Democratic Society，简称 SDS）成立，是美国学生运动的起点。据理伯卡·E·卡拉奇对 SDS 的调查，"一半成员信仰犹太教，一半以上成员是东欧移民的后裔，1/3 是'红巾婴儿'（即指共产党员的孩子），而绝大部分成员的家庭背景属父母受过大学或更高程度的教育的中上层中产阶级"。④ 他们是东欧移民的后代，主要居住在纽约等东部沿海大城市，长辈有浓厚的社会主义思想，对美国带有批判的眼光，使他们从小就关心政治。父母们根据自己艰难创业的经历，希望子女能在竞争中获取财富，子女则是享乐与消费的一代有自己的追求。在代

---

① ［美］玛格丽特·米德著，曾胡译：《代沟》，光明日报出版社 1988 年版，第 75 ~ 76 页。
② ［美］李察·法拉克斯著，区纪勇译：《青年与社会变迁》，台湾巨流图书公司，第 58 页。
③ 同上，第 67 页。
④ 程巍：《中产阶级的孩子们》，三联书店 2006 年版，第 82 页。

际矛盾中，长辈尊重子女使他们不再是听话的一代，有了自主性。高学历家庭又使他们进入了名牌大学。当时美国大学因经济发展成为公司科层人员的培训机构，又为军事研究服务，要求学生循规蹈矩，而人文学科的老师大多是等级制文化的拥有者，具有强烈批判意识的学生对这些不可能顺从。"无论是非人性的技术官僚治理方式还是令人窒息的政治环境，无论是疯狂的物质追求还是沉闷的生活气氛，也无论是弥漫于整个社会的冷战思维还是广大民众中普遍存在的'小富即安'心态，抑或是顽固不化的种族歧视和冷漠无情的社会环境，所有这一切对中产阶级年轻一代中那些具有个性追求、拥有美好理想、期望体验人生、渴望全面自由、主张生活方式丰富多样化的人来说，不仅无法接受，难以容忍，而且有必要予以坚决抵制和竭力反抗。"①

　　1962 年 6 月在底特律以北的休仑港 SDS 召开代表大会，通过长达 62 页的《休仑港宣言》，以 4/5 的篇幅对美国现行制度和社会进行了分析和批判，余下的1/5 是关于青年一代的社会理想和行动战略计划，宣言提出了参与式民主制和实现个人真正的自由和尊严的乌托邦政治蓝图。"该文件不仅是 20 世纪 60 年代学生反叛运动的宣言书，也不仅是战后美国社会运动的里程碑，而且是美国社会文化史上一个划时代的文献。"② 正是在 SDS 与其他青年组织的共同推动下学生运动风起云涌。开始的行动是支持黑人争取民权的斗争，接着发生了伯克利分校的自由言论运动、哥伦比亚大学、哈佛大学及其他院校的社区改革等运动。然后转向到以反对越战为中心的大规模反战运动，参加反战游行的青年超过 10 万人。1967年，学生的政治运动与先锋艺术合流，导向反主流文化，出现数千个嬉皮士群居村。接着有 1968 年在芝加哥围绕民主党全国大会进行的抗议活动、1969 年加州大学伯克利分校的"人民公园事件"等。总之，运动不断发展，规模也越来越大，动辄成千上万，1967 年 4 月在纽约游行的学生有 20 万人，向华盛顿进军的学生居然达 100 万人。法国、英国等甚至日本各国几乎都发生了类似的学生运动。"20 世纪 60 年代运动的一个奇特之处，是它不仅发生在西方世界，也发生在第三世界，可以说是青年知识分子的第一次，或许也是最后一次全球意义上的左派运动（伊曼努尔·沃勒斯坦从世界体系角度，认为 1968 年运动是对旧的世界体系的愤怒，但随即被旧的世界体系的支持者压制下去），是从旧制度的政治和经济结构或传统的文化和生活方式中摆脱出来的解放运动，以此宣布青年对世界、对未

　　① 王恩铭：《美国反正统文化运动》，北京大学出版社 2008 年版，第 97 页。
　　② 吕庆广：《60 年代美国学生运动》，江苏人民出版社 2005 年版，第 118 页。

来的领导地位。"①

胡小芬在 2013 年第 1 期的《青年研究》发表文章论述 20 世纪 60 年代学生运动价值观的变迁。《休伦港宣言》以人人直接"参与民主制"替代议会民主制，在对各项社会制度改造的前提下，使公民彻底摆脱发达的技术社会对人的全面控制，实现个人的真正自由、平等与尊严，是一种理想主义。运动与反文化运动合流后，接受马尔库塞等思想家的理论，拒绝现存社会的准则，为实现一个非压抑的、无异化的、合乎人性的文明社会而奋斗，更是超越了理想主义。当然，类似直接民主制的人人参与协商共同体事务的制度，并没有现实实践的可能性。对国家社会进行根本改造以实现公民个人的全面自由，也只是对未来的想象。《休伦港宣言》起草者海登在 20 世纪 80 年代末谈及学生运动的历史地位时指出："运动最基本的作用是，摧毁了种族隔离制度，迫使美国政府放弃越南政策并令全国进行冷战反思，促成了大学教育与管理决策的民主化，影响了民主党政纲的制定，直接催生了女权、环境等后续运动。"② 各国的学生运动都产生了实际的成果，西欧各国的学生的一个重要成果是促进了殖民地的民族解放。运动的实际成果体现了青年的价值，更值得重视的是青年的理想主义，"学生运动这一社会现象所引起的思索以及运动所追求的理想信念和价值观念同样为后现代主义思潮的勃兴提供了资源和导向"。③ 自由、平等、博爱、奉献，在人类诞生的青春化中就以一种自然的理想植根于青春之中。在以后几千年的历史中，青年被埋没了。在轴心时代出现了人类意识的觉醒，中国提出了世界大同的理想。在文艺复兴与启蒙运动中，一批思想家提出了人文主义思想，紧接着社会主义思潮风起云涌。随着现代化中青年的崛起，由青年群体在全球范围内以革命的形式公开表达人类的理想主义，这在历史上是第一次，是人类文明史的重大进展，所以人类学家米德称 20 世纪 60 年代的青年为"新一代中的第一批青年人"。④ 学生运动的理想主义，作为一种青年文化在推进人类社会的进步中继续发挥作用。

文化的重要作用

学生运动在 1965 年升级换代，开始了超越制度的政治对抗与文化革命。在当

---

① 程巍：《中产阶级的孩子们》，三联书店 2006 年版，第 16 页。
② 吕庆广：《60 年代美国学生运动》，江苏人民出版社 2005 年版，第 362 页。
③ 同上，第 383 页。
④ ［美］玛格丽特·米德著，曾胡译：《代沟》，光明日报出版社 1988 年版，第 95 页。

年举行的 SDS 代表大会上，以海登为代表的兄长们淡出，由西部自由精神孕育的大一大二的弟妹们走上了前台。吕庆广引用《处女地——作为象征和神话的美国西部》一书描述的美国西部特征：西部在历史上一直就有巨大的想象力，土地肥沃、果实丰盛和自给自足的农业乌托邦，是自由民主社会的典型。从辽阔西部的田野和草原走出来的学生，年幼时无拘束的生活所培育的自由灵魂，使他们拥有对压迫的敏感。当他们进入 SDS 的时候，以前争取言论自由、社区改革等学生运动没有明显效果甚至受到挫折，而暴力、谋杀、恐吓等事件频繁发生，使他们感到美国社会已病入膏肓，越南战争的突然升级更使他们难以平静。他们深感必须采取更为彻底与过去决裂的行动，以新生活方式取而代之。①

　　他们拥有的新激进思想来源于作为异类的嬉皮士文化。其最早的源头可以追踪到 19 世纪初期，在歌德之后雨果年轻时就发表作品提出了浪漫主义文学主张。他的剧作《赫纳尼》是波西米亚式生活的反映。接着法国青年艺术家在巴黎建立"波西米亚咖啡社交界"。此后成千上万的作家、诗人和艺术家齐集巴黎，以扭曲、变形、怪异、荒诞的艺术形象反对理性追求非理性、轻淡现实崇尚心灵、鄙视物质赞赏自然，使巴黎成为"世界艺术家之都"。19 世纪中叶波希米亚文化传到美国，旧金山、纽约不断涌入波希米亚文化人。到 20 世纪 50 年代，一些不满现实的年轻诗人和作家奔向纽约格林尼治村和旧金山北滩，艾伦·金斯堡的《嚎叫》，杰克·凯鲁亚克的《在路上》等作品形成为垮掉的一代（Beat Generation），以奔放、信奉、自信、快乐、超越的精神批判中产阶级价值观。这些激进思潮对嬉皮士青年文化产生了很大影响，在 20 世纪 50 年代中后期就在大学校内发展，20 世纪 60 年代已经溶入学生的生活。

　　由嬉皮士登上 SDS 前台其行动特征表现在两个方面：一方面是将嬉皮士与政治抗议行动相结合。1968 年美国民主党在芝加哥举行全国代表大会，学生从各地到那里举行街头抗议，举行各种演戏、展览、研讨会，抗议活动成了反文化运动的成果展示会，被命名为"生活的节日"。特别有趣的是任命一头猪为总统，看似非理性，实际是反对当时的政治制度，又是理性的。

　　另一方面是性革命、吸毒的幻觉革命、摇滚乐的社会动员与乌托邦的群居公社生活。性革命是私人生活方式的革命，吸毒被称为幻觉革命，是一种获得身心自由和反叛清规戒律的表现，有它产生的原因，但其负面作用则不可忽视并在以后得到纠正。摇滚乐是 20 世纪 60 年代反叛文化的灵魂。20 世纪 60 年代初英国甲

---

① 吕庆广：《60 年代美国学生运动》，江苏人民出版社 2005 年版，第 218～223 页。

壳虫乐队来美国演出征服千百万青少年组成摇滚乐队举行一系列大规模演唱会。影响最大的是 1969 年 8 月在纽约伍德斯托克举行了 3 天、有 20 多个乐队、近 50 万听众参加的超大型摇滚乐音乐节，在雨水和泥泞中狂欢。摇滚乐震耳的声响、富于煽动性的歌词和疯狂的表演，恰好是年轻人最渴望拥有的感受，因此成为年轻人的文化和心声。群居生活历来就有，大多数群居者是出于宗教、经济或政治原因。嬉皮士群居公社则是不理会现实，以消极逃避来谋求解脱，以和平和社会实验的方式来表达对资本主义的批判，探索一种无为而治远比现存社会完美的类似社会主义的生活。到 1970 年，美国嬉皮士公社共计 7000 多个，其中城市和乡间分别为 5000 和 2000 多个，嬉皮士公社社员总人数在二三百万。美国学者 Otto 对公社评价：嬉皮士们"开创出一种与正统文化截然相反的生活方式：一种敬畏自然、信奉神秘、反对权势、珍视自由、提倡关爱、主张平等、崇尚精神、相信直觉、怀疑理性、轻视物质、强调感官享受的生活方式"。①

青年们打着红旗走上街头希望建立新社会的理想没有兑现，但以特殊的风格实现了文化与生活方式的革命。首先以长发、奇装异服等外在形象来表示回归自然与自由。在思想上拒绝当时的政治制度，反对服从一切权威和传统性道德。经济上贬低金钱的作用，心灵的自由才是最重要的，将尊重自然作为新社会伦理的核心。新文化认为个人行动的目的不是最大数量的财富、权力、知识，而是自我觉醒、自我实现，对自己的行动负责，"做你自己的事"。个人追求的不是得到世界，而是"把自己给予世界和他人"。② 伯明翰学派的杰出代表迪克·赫伯迪格 28 岁时出版名著《亚文化：风格的意义》，书中写道："至此，我们可以回到青年亚文化的意义中来了。因为，青年亚文化群体的出现，已经以一种惊世骇俗的方式标志着战后时期社会共识的破灭。"③

美国社会学家丹尼尔·贝尔在《资本主义文化矛盾》一书中，沿着韦伯的理论认为资本主义文化价值观中同时起作用的有两个中轴原理：一是劳作克己，即韦伯的新教伦理中的"禁欲苦行主义"；一是追求金钱，即桑巴特所谓的"贪婪摄取性"。贝尔称这两者为"宗教冲动力"和"经济冲动力"。随着科技与经济的迅猛发展，"经济冲动力"为所欲为，张扬到了极致，"宗教冲动力"耗尽了能量，宗教精神所代表的道德基础被彻底粉碎，文化发生了断裂。本是同根生的企

---

① 王恩铭：《美国反正统文化运动》，北京大学出版社 2008 年版，第 178 页。
② 吕庆广：《60 年代美国学生运动》，江苏人民出版社 2005 年版，第 334～336 页。
③ ［美］迪克·赫伯迪格著，陆道夫、胡疆锋译：《亚文化——风格的意义》，北京大学出版社 2009 年版，第 19 页。

业家与艺术家也分道扬镳。企业家贪得无厌，本能地维护稳定。艺术家则把人字一再大写，对功利主义和拜金主义挞伐不断。在这近百多年的文化过程中先锋派艺术家掀起了对正统文化进行批判的现代运动。[①] 许纪霖教授指出，西方崛起的背后有两个方面：一个是富强，另一个是文明，富强是躯体，文明是灵魂。在 19 世纪到 20 世纪上半叶，西方曾出现物质主义与国家理性携手走向全球野蛮扩张的文明歧路。这种以富强为核心的现代性，对人性的独特理解是追求自我保存、自我利益最大化的"生物人"，无异是一种野蛮的现代性，反文明的文明。二次世界大战的爆发就与文明内部的这种残缺性有关。[②]

19 世纪以来就存在对正统文化进行批判的现代运动，其中就有青年的浪漫主义文化。到 19 世纪中叶出现波西米亚文化，又有了垮掉的一代，到 20 世纪，承接波西米亚、垮掉的一代在下一代青年中形成了嬉皮士文化。在"宗教冲动力"与"经济冲动力"的较量中，在富强与文明的互动中，青年曾经是维护宗教与文明的重要力量。当现代化出现重富强反文明、精神发展大大落后于物质发展、引发精神危机的时候，正是青年形成重要社会力量的时候，是青年群体以惊世骇俗的方式高举文明的旗帜，成为反主流文化的主力。美国历史学教授西奥多·罗斯扎克 1969 年出版《反正统文化的形成》书中指出，以理性主义为基础、以技术治理为特征、以物质主义为导向的现代工业社会成为学生反对和抗议的对象。"年轻人背叛我们社会的行为之所以成为文化现象，而不仅仅是政治运动，是因为它所涉及的一切已远远超出政治原则的范畴。反正统文化关心的是人的自我意识，即试图改变自我、他人和社会在人们心目中根本概念。"[③] 紧接着 20 世纪 60 年代青年的反文化运动，20 世纪 80 年代在青年中兴起了后物质主义价值观。美国著名教授英格尔哈特对青年的这种文化现象进行了持久深入地研究，出版了《静寂的革命》《发达工业社会的文化转型》《现代化与后现代化：43 个国家的文化、经济与政治变迁》等著作，解释了大众文化的变迁是如何发生的，变迁的具体机制是什么，以及变迁后的文化又如何反作用于社会政治的发展，改变了普通大众参政的态度与方式，充分说明了文化的重要作用。青年是促进这种文化变迁的主体，显示了青年在推进现代化中的重要地位。20 世纪 60 年的运动使现代化进入了后现代，青年继续以新的价值观推动历史。

---

① 严翅君、韩丹、刘创：《后现代理论家关键词》，江苏人民出版社 2011 年版，第 37～38 页，对丹尼尔·贝尔的理论解说。

② 许纪霖："中国凭什么统治世界"，见 2016 年 4 月 20 日公识网。

③ 王恩铭：《美国反正统文化运动》，北京大学出版社 2008 年版，第 29～30 页。

第六章

后现代与寂静的青春

　　西方在 20 世纪 60 年代进入后现代，这是一种时代的变革。到 20 世纪 70 年代，更加繁荣的经济促进了科学技术的发展，新发明的信息网络技术广泛应用，人们享受消费主义和享乐主义。在享受其成果的同时，又面临着新的风险：科学技术的发展破坏了自然的生态环境，信息技术的膨胀增加了失业，扩大了贫富差距，信息技术开展的虚拟交往造成人际关系的新障碍等。面对这个一日千里的信息社会，这个物欲横流的消费社会，这个光怪陆离的影像世界，这个稍纵即逝的变动世界，后现代主义思想家们早就展开了对现代化的批判。学者高宣扬在所著《后现代论》一书中分析了后现代社会的基本特征："简单地说，后现代社会的基本特征是信息和科学技术膨胀泛滥，符号化和信息化的人为文化因素压倒自然的因素，各种事物之间的差异的界线模糊化，休闲和消费优先于生产，社会风险性增高，以一夫一妻为基础的原有社会基本单位'家庭'正在瓦解和松解，社会和文化生活的'全球化'等。"① 这个时代的变革，带来了多种青年的新问题，青年面临着高风险的挑战，又奉行新价值观推动历史的进步，青年与后现代的关系既表明青年在现代化中崛起之后的新状态，又预示着青年未来发展的新方向。

青春期的延长

　　法国国家科学研究中心研究员、欧盟和欧洲议会青年政策问题专家让·查尔斯·拉葛雷主编了《青年与全球化——现代性及其挑战》一书，已出版了中文版。他在中文版序中写道："现代青年是新近的一个创造，是源于社会结构的社会建构和历史产物。"他分析了现代性对青年的挑战：新信息技术和信息时代的发展是以特殊性、排他性和地方性为基础的。特别是知识爆炸，瓦解了旧有的分

---

① 　高宣扬：《后现代论》，中国人民大学出版社 2005 年版，第 33 页。

类概念和原则，原有的世界观也受到巨大冲击。有些人拥有使用新型沟通工具的潜质和能力，有些人只是被动的消费者，这种差异拉大了已经存在的文化差异，产生了经济与社会的不平等，完全就业的现象已经消失了，改变了整个社会的面貌。青年面临着长期失业、工资递减、生活水平降低、由政府提供的社会保障措施也在减少的局面。除了这些客观因素，青年人担心不再获得年长一代所给予的庇护，由此引发恐惧、焦虑、担忧和渴望的情绪，对未来充满了危机。拉葛雷因此进一步分析了延长青年期问题。生命历程概念涉及到人生从一个阶段向另一个阶段的进化。青年向成年的的过渡原来涉及社会化、认同形成、政府规定且被认可的状况、自治、成家和经济独立，在大多数情况下是通过就业获得，在特殊情况下是通过稳定的职业获得。但是，现在欧洲青年的情况表明，只有少数新人能够获得长期的永久性工作。占人口总数的 10% ~25% 的青年长期失业，甚至永远失业，处于一种不稳定状态。对他们来说，拥有一份稳定的工作在今天只是个梦想。① 教育的时间也是一个需要重构的主题。离校时间原来定在 14 岁，后升到 16 岁，以后就是上大学。对于中小学的学徒和非学徒，受教育时间的选择十分缺乏，有时会限制在不断进行的训练过程之中。"改变使得以生命周期和人生道路为基础的发展性和直线性概念失去效力。在这样的背景下，一些理论和假设认为，有关从一个阶段到另一个阶段的时间段正在'延长'，以及像青少年、新'青年'或前成年期等新型的年龄段正在浮现，这些都不再切合转型道路了。"拉葛雷认为这就支持了高利尔的理论："他认为，我们正在发生着某种转变，即从一个僵化、系统化和制度化——由于各种社会政策——划分年龄段的社会，转向一个促进'弹性年龄段'的社会。"②

"延长青年期问题""个体转型期的延长"在经济发达的国家中已是普遍现象。2010 年 5 月 24 日《环球时报》第 7 版整版篇幅报道了该报驻外记者写的"全球青年晚长大十年"的文章，报道了欧美及日韩青年"只见性成熟，不见心理成熟"的一些情况，在小标题"欧洲青年赖在家里和学校"那一节文字中，就介绍了欧洲青年期延长的情况：在英国，很多年轻人抱怨如今社会竞争的压力太大，学校里学的知识在社会上不实用，不如在家中当宅男。法国一些年轻人留恋校园，"赖校一族"开始增多，不少人一读就是十几年不肯毕业。中国台湾精神

---

① ［法］让·查尔斯·拉葛雷主编，陈玉生、冯跃译：《青年与全球化：现代性及其挑战》，社会科学文献出版社 2007 年版，第 386 页。

② 同上，第 389 页。

科名医王浩威根据他对学生及其父母的门诊个案，运用社会学、心理学等理论于2013年出版《晚熟世代》一书，书中指出，2013年中国台湾"教育部"宣布，当年大学毕业生延迟毕业的已高达41845人，比前一年增加1503人，等于每6名毕业生中就有1人延毕。① 该书的封面就写有："啃老族、尼特族、靠爸族、妈宝族、赖家王老五……这些跨国的普遍现象，喻示着一个从父母到子女都晚熟的世代，已然来临！"针对如此严重的问题，美国社会学家亚奈特2000年认为在现代，在青少年和完整的成年之间，应再加上"成年涌现期"这个新阶段。涌现期的青年是指那些"已经离开了儿童和青少年阶段的依赖"，却还没有办法承受成年期应有的责任感的人。王浩威写道："在人类发展史上，成年涌现期的出现，是可以从经济和历史的脉络来谈论的。在当今的产业化经济、高度资本主义化社会或资讯化社会里年轻人需要更多的教育，才能胜任许多技术性或专业学术领域的工作。大学毕业后的继续训练成了必要，进入新阶段的年龄自然也就延缓了，也允许更多时间的自我探索。"② 王浩威还在书的序中指出：人类的活动随着这个世界的资讯化和全球化，愈来愈加速了。其速度是人类世界工业革命时代的至少快10倍以上，英国葛洛夫所著《十倍速时代》译后在台湾出版成为畅销书，书中不断指出，这是一个机会和威胁都以10倍速度来临的时代，为求生存与发展，人人应自我省察，掌握机会，创造格局。面对这个十倍速时代，王浩威指出"对大部分的人来说，他们只是更紧张地想要自我保护，想要找到自己的诺亚方舟来逃过这个看起来像洪水来袭的快速时代，而不是打造一艘新的承载工具来利用这水流的能量和速度"。青年们总觉得自己还没有准备好，面对洪水不是战斗而是逃逸，大学读得愈来愈长，赖家赖得愈来愈晚，单身阶段也愈来愈不可思议的长。他们的父母也同样越来越晚熟。"在这诸般因素影响下，一个晚熟的时代就这样诞生了。"③

值得非常重视的是，青年面临的这种挑战持续到了现在。直到今天，无论是在欧美等发达国家，还是在亚非拉等发展中国家，包括中国在内，全球青年都面临着严重的失业问题。陈季冰在2016年3月29日《中国青年报》发表"世界无法承受失去一代青年"的文章指出：发达国家青年的失业率居高不下的情况已持续数十年，在欧元区，25岁以下的青年失业率高达24%，希腊、西班牙接近

① 王浩威：《晚熟世代》，台湾心灵工坊文化事业股份有限公司2013年版，第47页。
② 同上，第55页。
③ 同上，第20~24页。

60%，失业青年成为"失落的一代"。这些国家青年的犯罪率上升，吸毒现象增多，更糟的是一些青年变得愤怒而暴力。文中介绍了英国和法国青年的群体暴力活动，甚至认为当代恐怖主义既与宗教冲突和国际政治高度相关，但它也是世界范围内"青年不满"和"青年造反"的一个后果。青年的困境正在累成严峻的社会问题，侵蚀着传统的"美国梦"和欧洲的进步主义观念。陈季冰建议："从现在开始，世界的政治领袖、经济精英和文化权威们都应当将这个问题放到最重要的议程上。"奥地利《标准报》网站2016年3月25日发表诺贝尔经济学奖得主约瑟夫·施蒂格利茨题为"新代沟"的文章，文章指出现在的年轻人一辈子都面临工作的不确定。今天的年轻人从代际公平的角度看待世界。他最后写道："我们的年轻人察觉到了这个问题。他们认识到缺乏代际公平，他们理应愤怒。"青年理直气壮的愤怒，是代际关系断裂的新表现。由父权制兴起的代际冲突，因工业革命和民主政治的兴起，青年从中崛起为一种领导力量，尽管仍有代沟，但是代表未来的前象征文化取代了只能复制的后象征文化，青年有了自己的话语权，参与了历史的创造。现在，社会的迅速变迁使青年难以适应，被动地反自然地延长了青春期，预示着一个新的代际关系历史的来临，难以解决的不断扩大的贫富差距将是人类面临的新难题。

寂静的青春

在人类进入近现代的历史中，青年逐渐崛起成为重要的社会力量。在文艺复兴、启蒙运动中，一批青年知识精英兴起了人文主义思潮，到了20世纪60年代，发生了全球范围的青年革命运动。由于青年在历史进步中的革命性，社会上出现了青年崇拜，对青年有高度的期待。牛津大学副校长阿伦·布洛克在所著《西方人文主义传统》一书中，认为青年在尽力为自己找到有所依据的新价值观，他下结论：这是现代世界重新创造新价值观的唯一办法。[①] 著名社会学家埃德加·莫兰在所著《人本政治导言》中认为无论是无产阶级、群众还是知识分子，都不构成救世的群体，"但是仍然存在着这样的期望：青年人当然不是由年龄决定的救世主，但却是人本政治使命的优先承担者"。[②] 没有预料到的是，"可是到了21世纪初期，这一处于常态的知识系统（青年）突然的发生异变，我们以为会持续不

---

① ［英］阿伦·布洛克著，董乐山译：《西方人文主义传》，三联书店1997年版，第280页。

② ［法］埃德加·莫兰著，陈一壮译：《人本政治导言》，商务印书馆2010年版，第95页。

变的青年现象，和其他已经成为历史的人类文明现象一样，在一定的条件下（如后现代时期）会呈现出衰退与消失状态，出现'寂静的青春'的现象"。① 吴端在《寂静的青春——儒学民众化与青年现象的消失》一书中一再指出，青年的衰退与消失成为被社会注目的现象，是从发达国家在 20 世纪后期开始出现的。在近现代历史上青年作为一种新型群体的英雄性和革命性被学术界视为社会发展的动力，承担着改造世界的历史使命。青年这种革命的英雄气质是在"现代化的发达国家的社会中最先消失的青年特征"。今天的日本青年一方面独立性更强，更加自我中心，另一方面失去了对偶发事件的对应能力和适应能力，与冒险相比更趋向安定的生活。本文上面提到的啃老族、妈宝族以及延长毕业等现象，也是青年消失的现象。

发达国家进入后现代是在 20 世纪 60 年代末，而 20 世纪 60 年代出现了学生革命运动的高潮。问题也恰好就在这里，在程巍所著的《中产阶级的孩子们》一书中，将这次青年运动称为"最后的革命"。资产阶级经过几个世纪的激烈斗争通过工业革命和政治革命改变了经济结构和政治结构。集中在高等学校中的中产阶级孩子们以最低成本在经济和政治革命之后完成了文化革命。程巍对这次运动作出评价："这或许正是 20 世纪 60 年代的非凡成就，它扩大了自由，促进了种族平等和性别平等，并通过搁置价值判断使任何一种此前被认为歪门邪道甚至大逆不道的文化或生活方式获得了合法性。一句话，它摧毁了一切专横的价值权威，在文化和生活方式上实现了早在政治和经济层面实现了的自由、民主和平等，但也正因为它摧毁了一切专横的价值权威，使任何政治激进主义失去了存在的根基。通过 20 世纪 60 年代，西方进入了后现代。"20 世纪 50 年代的美国青年们曾对政治麻木不仁，被欧文·豪形容为"这个铁板一块的 50 年代"。奇怪的是，20世纪 60 年代学生运动结束后，青年再次表现了对政治的冷漠。"狂热过后，人们变得冷淡，不再谋求改变社会，而是谋求改变自己以适应社会，像狄克斯坦所言：'仅满足于过日子。'"20 世纪 50 年代青年的冷淡是社会控制下的被消失，而从 20 世纪 70 年代开始的冷淡则是社会变迁的结果，是相对主义和虚无主义造就了一批批似乎除了自己的身体外什么都不关心的人。② 乌托邦与意识形态的势微，形成了思想的多元化，有可能是青年消失的社会背景。

社会结构的变化是更重要的因素。资产阶级在经济、政治并在文化方面都取

---

① 吴端：《寂静的青春——儒学民众化与青年现象的消失》，中国发展出版社 2015 年版，第 88 页。
② 程巍：《中产阶级的孩子们——60 年代与文化领导权》，三联书店 2006 年版，第 22~24 页。

得胜利后，集中力量发展经济。经济发展促进了科技发展，科技的发展又促成社会以空前的速度发生变化，拉开了人与人之间的距离。市场经济提倡个人之间的竞争，到了后现代，由信息所提供的"智能技术"与机械技术交错应用，技术专家与权力机构相互勾结，造成了科学技术和知识在整个社会中的特殊地位。在人与人之间的竞争中，越来越多的竞争失败者被排除到社会的边缘，社会不知不觉变成一个"排除的社会"。① 拉葛雷在自己的"信息社会的挑战""青年一代：从工业社会到后现代社会"等文章中就详细论述了青年与新信息技术之间的关系。他认为全球化可能是资本主义最后的发展阶段，还意味着竞争在世界范围内成为关键因素。对知识与技术的研究与创新成为在竞争中取胜的主要手段，那些在新知识、新思维方式和新信息领域作出贡献的人变得更加重要。由于能力不尽相同，信息与技术带来的日益增大的不平等的风险也在大量涌现。在不确定性、不安全感逐日上升的背景下，各个年龄群体都在担心着他们的未来，"青年"是否真正存在都成了讨论的话题。"我们仍将提出那个一直反复强调的观点，即青年人所面临的困难是不尽相同的。他们克服这些困难的能力是与他们所面临的风险成反比的。一些人可能会运用自身被赋予的能力在风口浪尖上自由地冲浪，一些人将不得不在漩涡中努力地挣扎，当然，还有一些人则干脆会被涌浪冲走。"② 那些在漩涡中挣扎被涌浪冲走的青年现象就是吴端所说的青年消失、寂静的青春现象。

政府为了社会的有序性和可预测性，利用专门知识和政策将青年群体的行为和方向性规范化。青年心理学、社会学等理论也主要是为了维持成人社会的稳定与安宁。更突出的是，与既得利益集团结合的统治者要求青年一代循规蹈矩，社会用合理化的人生设计终结了青年的反抗，有意识的青年人格在逐渐减少，青年群体的思想与情感集中于与统治者一致的方向上。问题是，物欲横流的社会现实，充满了贪污腐化、见利忘义、巧取豪夺的现象，青年人担心受骗上当，由此引发恐惧、焦虑、担忧的情绪，对未来深感失望。

令人欣慰的是，这不是一代人的消失。与寂静的青春同时存在的还有一个青年英雄群体。曼海姆提出世代单元的理论，在同一个年龄群体中，由于经验与认同的差异而存在不同的亚群体。在 20 世纪 60 年代学生运动后，经过一段沉寂，

---

① 高宣扬：《后现代论》，中国人民大学出版社 2005 年版，第 39 页。

② ［法］让·查尔斯·拉葛雷主编，陈玉生、冯跃译：《青年与全球化：现代性及其挑战》，社会科学文献出版社 2007 年版，第 340 页。

接着就相继发生了维护自身权利的抗议运动，以及种族平等、环境保护等青年运动。对现代化进行批判的后现代主义思想家中，有的就是 20 世纪 60 年代学生运动的参与者。发起这些运动的青年毕竟不是多数。由于社会机构的转变，家庭和传统组织面临衰落，社会化职能从官方向网络转移，公民变得更为自主，在市民社会中要自己承担相应的责任和使命，出现了新个体主义。对多数青年来说，政治参与在后现代更多是表现为一种个人行动。拉葛雷主编的《青年与全球化》中，有 1·桂娣克瓦的"全球化与文化参与"一文，开始就说明：全球化的交流与文化过程为青年政治参与创造了新条件，本文就是要提出在多元认同与社会变迁中复杂的青年参与问题。文中认为个体化已经成为文化现代化的核心特征。在乌托邦和意识形态缺失的情况下，年轻人追求的是个人目标，他们倾向于参与针对单一问题的运动或保护行为，或者倾向于在地方上进行活动。在美国，在地方上活动的志愿者中，青少年占 37%。而将电子网络作为政治或准政治交流工具更是年轻人的普遍现象。"青年文化给我们带来的另一个启示就是：一个人只有通过改变自身才能改变世界。"① 因新个体主义的出现，青年主张用自我完善的努力来推动社会变革，启动了每个人都参与创造历史的时代，这是一种新型的革命，英雄气质并未消失，只是历史的进展给革命的英雄主义增添了新的含义。

既使是被消失的青年群体，迫不得已也会起来革命，占领华尔街运动就是最经典的说明。在 2011 年发生的自称代表 99% 的"占领华尔街"就是由被消失的失业青年发起的，是一个没有纲领、没有组织、没有领导的松散运动，但是却很迅速地推广起来又长期地坚持下去，并且蔓延到世界多数国家。由于贫富差距日益悬殊的趋势，一种民意、民怨和民愤忍无可忍必须表达出来。与那些要求改变社会制度的青年运动不同的是，"占领"不以更替政权和变更制度为诉求，是在宪法确立的民主制度框架下展开的，要求改变政策推进社会的逐步变革。实际上，美国政府重视贫富差距，用增加税收在住房、医疗、教育等方面使穷人分享经济发展的红利。但是，只要市场经济的制度存在，贫富差距就不可避免，消失与革命也将继续同时存在。"但可以确定的是，这场运动通过对财富鸿沟、金钱权力等'顽疾'的警示和批判，将在全球范围内对'平等''公正'等核心价值进行一次强有力的伸张和推广。"② 近 10 余年，青年正在世界范围兴起一场新的

---

① ［法］让·查尔斯·拉葛雷主编，陈玉生、冯跃译：《青年与全球化：现代性及其挑战》，社会科学文献出版社 2007 年版，第 289 页。

② 包丽敏："别把'占领华尔街'当'美国之春'"，载《青年参考》2011 年 10 月 19 日。

革命，反建制主义已经再一次成为世界性思潮和以学生为主体的社会运动的目标，他们认为现存的资本主义建制已经不能代表他们的理想和利益。

在古代，年轻一代基本被排除在社会之外，既使有背叛者也是少数。进入现代化，青年固然出现多样化，革命曾是其中的一种主流。进入后现代，青年的消失与青年的革命同时成为两种主要的现象，也就是在一代青年群体中的两个亚群体，吴端因此提出要对"青年"与"年轻人"在概念上加以区别："'青年'作为时代的超越者，呈现出实践理性和实践主体的现象；而'年轻人'作为社会的弱势群体，需要得到社会的援助和关怀，更多地表现出被动和客体的形象。在'青年'与'年轻人'之间并没有什么不可逾越的障碍，他们不断地互换角色，在不同的历史阶段表现出不同的特征，或者同时体现两种特征。""'青年'的超越性和'年轻人'的被动性构成了现实青年成长的难解的性质。……现实的青年应该是生活在'青年'的主体性与'年轻人'的客体性之间的历史存在；是过去与未来的两种相反相成的历史运动的合力所构成的。"[①] 正因为"青年"的超越性主体性与"年轻人"的被动性客观性成为合力，形成现实青年的历史存在，所以对青年的研究不能只强调超越性。"观察处于静止状态的保守青年比观察运动状态的革命青年，能够使我们更容易从个人的发展、人类的发展、'人的解放'的立场对青年本质等基本问题进行理论上的分析与考察。"[②] 吴端甚至将《寂静的青春》作为他论文集出版时的书名。寂静的青春是处在自在阶段的年龄，不具有哲学意义上的时间性，但是不论是个人或人类，都不会是静止的，如何使"年轻人"的被动性孕育为"青年"的超越性就是重要课题。吴端指出，青年研究现在很少有对年轻人过渡到"青年"的研究。"所谓'青年'，不仅是自我意识的扩大、自我存在的客观化、自我人格的形成等心理层面的要素所构成，更重要的是对历史意义的认识，对历史使命的承担以及对历史变革的参加。"[③]

面对挑战的年轻人，在愤怒之余也应该自强不息。贝克在《风险社会》中写道："在个体化的社会里，个体必须忍受永远的不利条件，去学习将自身看做行动的中心和自己生涯、能力、取向和关系等等的规划者。"[④] 吉登斯也认为青年应

---

① 高宣扬：《后现代论》，中国人民大学出版社 2005 年版，第 39 页。
② 吴端：《寂静的青春——儒学民众化与青年现象的消失》，中国发展出版社 2015 年版，第 87 页。
③ 同上，第 84 页。
④ [德] 乌尔里希·贝克著，何博闻译：《风险社会》，译林出版社 2004 年版，第 166 页。

成为"必须在充满不确定性的海洋中寻找到方向的航海者"①。对于以新个体主义角色出现在新时代的青年来说,作为面向未来尚未完成而有待生成的新生命,如何塑造自身、成为自身生命的规划者就有重要的意义。"传统社会化的制度消失得越快,在互动中领悟时代的'生命原理'的'自然'(spontaneous)社会化过程就越重要。"② spontaneous 可译为自发的、自动的,也就是更需要有个人自主的努力。人的生成是历代思想大师们最关注的课题。从苏格拉底引用德尔斐庙门楣上的名言"认识你自己",到尼采的"成为你自己",到萨特的"如果存在真是先于本质的话,人就要对自己是怎样的人负责。……我们并不是指他仅仅对自己的个性负责,而是对所有的人负责"。③ 对于前面提到的只想留在家庭与学校的青年来说,只有不断审视自己的生活,对于存在的问题给予理性的回答,在脱离原有的社会关系后重新植入新的社会义务,在愤怒之余要理智地避免走向歧途。有了这种能力,才能超越自我,成为一个有责任的存在物。

后物质主义价值观

与消失的青年同时存在的革命青年中,出现了一个具有重要影响力的新观念,即后物质主义价值观。美国密歇根大学英格尔哈特教授任该校社会调查中心主任,以后任世界价值观调查项目的联合会主席,对后物质主义价值观一直进行了长期又深入的研究,成为当代政治文化研究的大师级人物。英格尔哈特 1977 年出版《寂静的革命》,率先发现了西方发达工业社会的青年在向后物质主义价值观转变,可以在 20 世纪 60 年学生运动中找到它的源头。在 1981 年和 1990 年展开两次世界范围的价值观调查,覆盖 40 多个国家,包括世界人口的 70%。英格尔哈特负责整个欧洲的调查,他认为调查的结果表明,向后物质主义价值观转变是代际更替的结果。一个新的时代正在到来,青年人正是这一进程的推动者,因为他们受过良好的教育,生活状况也有很大提高,生存安全有保障,可以充分追寻自己的价值取向和生活态度,形成后物质主义价值观。这一过程尚未结束,至少欧洲是如此。年复一年,这个过程是不可替代的,随着老一代退出历史舞台,

---

① [法]让·查尔斯·拉葛雷主编,陈玉生、冯跃译:《青年与全球化:现代性及其挑战》,社会科学文献出版社 2007 年版,第 23 页。
② 同上,第 160 页。
③ [法]让·保罗·萨特:《存在主义是一种人道主义》,上海译文出版社 1988 年版,第 8 页。

终将带来特定社会主流价值观的显著改变。①

　　随着后物质主义价值观的兴起，人们对经济增长的关注让位于对生活目的和生活意义的关心，认为生活质量的重要性要高于经济增长，过度物质消费的欲望让位于对自身幸福与快乐的追求，而并非工作的稳定与高收入。卢春龙在为英格尔哈特所著《发达工业社会的文化转型》一书的中文版写的序中写道："后物质主义价值观被定义为：更多发言权（保证人们在工作单位和社区中有更多的发言权）、美丽宜居（努力使我们的城市和乡村变得更美丽）、人道（向更人道的社会发展）、重视精神（向精神重于物质的社会发展）、影响政府决策（使人们在重要的政府决策上有更多的发言权）以及言论自由（保障言论自由）。"② 在英格尔哈特设计的调查问卷中，既有物价上涨、经济增长等属于生理需求的内容，更有言论自由、美丽的城市与乡村、高于金钱的理想社会等体现自尊、审美的项目。他在《寂静的革命》一书中运用了马斯洛的需求层次理论，由物质主义价值观向后物质主义的转变，就是由生理需求、安全需求、归属需求、发展到自尊需求、自我实现需求的转变。所谓自尊、自我实现主要是要重视人的作用，实现人生的价值，在日益物质化的世界里，领悟到某种更高的个人使命，以精神享受替代物质享受。德国的克劳蒂娅小姐就是奉行后物质主义价值观的青年的代表。2007 年 3 月 15 日的《上海青年报》刊载俞天白的"邂逅德国后物质主义者"一文，作者在德国会见了儿子的朋友、经济学硕士克劳蒂娅小姐，她收入不菲，但拒绝使用小汽车，不论天气如何都骑自行车往返 30 公里上下班，只在大雪封路才坐火车。为了减少开汽车，她乐此不疲为朋友修自行车。她的住房一室一厅，衣服都是棉纺的，家具、装饰、食品都非常简朴，家中回荡着一派原始古朴的气氛。监督政府的浪费成了她生活的重要内容，而且有人呼应，一批志同道合者时时交换信息，公开打出"可持续发展"的旗帜统一行动。俞天白深受感动，他写道："让我只觉得面对的，是一位既感性又被理念驱动着的勇敢、自信、独立的女性，一位在当代物欲横流下奋力维护人类生存环境的社会群体的代表。"

　　英格尔哈特为他的《发达工业社会的文化转型》中文版写的序中写道："40年前，我提出：'发达工业社会的政治文化可能正在经历一场转型。它似乎正在

---

　　① 　[法] 让·查尔斯·拉葛雷主编：《青年与全球化：现代性及其挑战》，第330页。
　　② 　[美] 罗纳德·英格尔哈特著，张秀琴译：《发达工业社会的文化持型》，社会科学文献出版社 2013年版，第 23 页。

改变特定几代人的优先价值观，因为条件的变化影响着他们的基本社会化过程。'"① 二战以后是西方经济社会高速增长的时期，而且在发达国家之间实现了持久和平，物质的富足导致了经济上的安全性。那些与寂静的青春不同的亚群体，是在富裕家庭环境中成长的青少年，从小就认为经济安全已是理所当然。加上父母们的高级知识水平，使他们走进大学，是一代人中受教育程度最高的群体。这种生活条件自然会将自己的首要目标定位在归属感、自我表现、知识和审美满足上，形成与经受过残酷战争与经济苦难的前一代人明显反差的观念体系。而且他们的影响在持续扩大，英格尔哈特写道："38 年时序数据提供的证据清晰地表明，1970 年发现的与年龄相关的差异反映的是持久性的群体差异。这也意味着，随着较年轻、物质主义程度较低的年龄群体在成人人口中替代较老年的群体，这些社会会从物质主义价值观转变为后物质主义价值观。……截至 2008 年，西欧的后物质主义者在数量上已经略超物质主义者。在美国，前者是后者的 2 倍。"② 而且后物质主义者已经走出了学生圈子，诞生了新的阶层。"截至 1980 年，在西方国家的年轻技术专家、专业人士和政客中后物质主义价值观已经变得比物质主义价值观更普遍。"③"新兴阶层"的兴起已经引起思想家们的注意。后物质主义者的力量日益壮大，引发一些重要的运动，包括妇女运动、消费者维权运动、环境保护运动和反核运动，涉及到的是把经济增长放在首位，还是把自我实现的权利和生活质量放在首位的问题。英格尔哈特坚持认为，向后物质主义价值观的代际转型带来了非常显著的政治后果，并对民主政体的巩固以及深化发挥着深远的影响，基于生活质量基础上的新型政治分化开始出现，国家的政治结构因此在改变，对发达工业社会的文化转型作出了重要贡献。

后物质主义价值观更是难能可贵的新人文主义精神。工业文明是以征服自然和经济增长为核心的物化文明，运用科学技术追求物质生活成了唯一的目的导致单独的物欲追求。它在给人们带来丰富的物质财富的同时，也使环境破坏和资源浪费演变成全球最大的公害。历史学家章开沅教授在讨论"价值体系的重建与人类文明的重构"时指出：反思 20 世纪，"这一百年，人类对自然环境与精神文明的破坏，在规模与危害程度两方面史无前例。20 世纪末，无论你走到那里，都可以看到单纯的物欲追求导致的许多社会问题：环境污染、资源浪费、食品危害、

---

① ［美］罗纳德·英格尔哈特著，张秀琴译：《发达工业社会的文化持型》，社会科学文献出版社 2013 年版，第 2 页。

② 同上，第 7～8 页。

③ 同上，第 336 页。

信仰迷失、道德沦丧、甚至吸毒、自杀等人类自残行为也急剧增加，暴力犯罪更是日益猖獗，人类正在毁灭自己，这并不是悲观主义者的危言耸听。"① 面对资本主义所造成的精神与生存危机，后现代主义掀起了对现代化的批判，夷平了现代性的壁垒，但没有给人们留下未来生活的蓝图。正是在享受和追求物质的环境中长大的青年，兴起了后物质主义价值观，可以说是"出污泥而不染"，非常难能可贵，证明了吴端在书中反复说明的"青年"的超越性、主体性。后物质主义价值观的超越性表现为：建立有人性化的社会，对人的尊严、价值的关切与维护，理想高于金钱；建立美丽的城市与乡村，以一种审美的需求保护自然免受污染；保证言论自由，在政府中有更多的话语权，推进民主政治等。在这种新人文主义思想的影响下，人们对经济增长的追求，转向个体幸福或生活质量；从追求个人经济收入的最大化转向注重自我实现；不再强调任何权威而更看重个人自主；对科学技术和理性的信任也有了一定程度的保留。工具理性将让位于价值理性。② 满怀这种人文精神，青年们为他者、为人类、为地球着想，既要对人类生存的这颗蔚蓝色星球有发自内心的珍视，还要确立对人类整体利益的充分尊重和基于整体需求的认知方法。青年以后物质主义价值观形成的新人文主义是一个重要的思想思潮，同时存在的类似思潮，还有 21 世纪初由著名生态哲学家约翰·科布提出的建设性后现代主义。与解构性后现代主义不同，科布明确地把生态主义维度引入后现代主义中。后现代是人与人、人与自然和谐相处的时代。这个时代将保留现代性中某些积极性的东西，但超越其二元论、人类中心主义、男权主义，以建构一个所有生命共同福祉都得到重视和关心的后现代世界。③

后物质主义有更重要的历史意义。超出生存需要的物质享受，在人类能够创造出更广义的生活资料时就已经存在了。历史上就有贤哲提出轻物质重精神的主张。孔子就赞美颜回虽箪食瓢饮不改其乐。陶渊明辞官归隐，"久在樊笼里，复得返自然"。基督教兴起过修道院运动，但是其影响很有限，帝王将相也曾动员几十万人大修官殿坟墓。追求超过生存需要的物质享受更是历史上存在战争的起因。到了资本主义社会后期，理性与主体性的自我膨胀将人视为世界的中心、自然的主人，鼓励自私与贪婪，继续暴力与战争，无限地掠夺资源，加速了对地球的破坏，构成对人类生命的不可抗拒的威胁，科学家纷纷发表迫在眉睫的警告。

---

① 章开沅、陈才俊："价值体系们重建与人类文明的重构"，载澳门大学《南国学报》2014 年第 2 期。

② 吴鲁平、刘涵慧、王静等：《后现代化理论视野下的青年价值观研究》，社会科学文献出版社 2013 年版，第 132 ~ 133 页。

③ 王晓华："为了共同的福祉——约翰·科布教授访谈录"，载《上海社会科学报》2002 年 6 月 13 日。

因此人类的历史再也不能由单纯追求物质的物化文明来主导，人类不仅要享受物质更要享受精神，这是减少国际纠纷的主要途径，是从物对人的统治转变为人对物的统治，从对物的依赖性走向人的自由全面发展的关键一步。马克思曾将人类对抗性的发展历史包括资本主义社会称为"人类社会的史前时期"。马克思恩格斯都赞赏人类学家摩尔根的说法："自从文明社会开始以来所经历的时间，只不过是人类已经经历过的生存时间的一小部分，只是人类将要经历的生存时间的一小部分。社会的瓦解，即将成为以财富为唯一的最终目的的那个历程的终结，因为这一历程包含着自我消灭的因素。政治上的民主，社会中的博爱，权利的平等和普及的教育，将揭开社会的下一个更高的阶段，经验、理智和知识正在不断向这个阶段努力。"①《古代社会》发行后的 100 年，青年奉行的后物质主义价值观成了进入这个更高历史阶段的切入点，轻物质重精神已经不是少数哲人的呼吁，而是在青年群体中蔓延的价值观念，形成了静悄悄的革命，青年走在了环境保护的前列。20 世纪 60 年代美国的学生运动就将环境保护作为重要的目标之一。1970 年 4 月 22 日，美国哈佛大学学生丹尼斯·海斯发起并组织了环境保护运动，全美国有 1 万所中小学、2000 多所大学的 2000 多万人举行游行，联合国将 4 月22 日命名为"地球日"。2013 年 8 月 29 日西班牙《国家报》报导，由于年轻人逐渐增加的环保意识，德国人对汽车的热情渐渐消失，越来越多的人骑自行车出行。1975~2001 年德国自行车使用量增加了 4 倍，2008 年至 2013 年又增加了 1倍。目前德国总人口超过 8050 万，有 7300 万辆自行车正在被使用。

面对未来的挑战

最后我们还要思考另一个问题：与出生在富裕阶层奉行后物质主义价值观青年的同一代人中，那些被消失的失业青年亚群体如何看待后物质主义价值观。他们希望寻找到职业，有稳定的生活，当然会将生理需求、安全需求放在首位，这恰好是物质主义价值观。物质主义价值观就不只是老一辈人才有，两种对立的价值观在青年中同时存在。这就是吴端所说的"青年"与"年轻人"不断地互换角色，在不同的历史阶段表现出不同的特征，或者同时体现两种特征。持有物质主义价值观的消失青年渴望经济高速发展解决就业问题，问题是经济发展又总是将

---

① ［美］路易斯·亨利·摩尔根著，杨东莼译：《古代社会》（下册），商务印书馆 1977 年版，第 556页。

财富集中在少数富翁的手中，为了发泄被消失的怨气与愤怒，他们发起了"占领"运动。那些富裕阶层的人们对此并不认同，创建一个名为"我们是53％"的网站，写道："我们付钱你们才能到处发牢骚。"意思是说，竞争是公平的，你们自己没有创造财富，就是不用交税的46％。这是两种价值观的对立，至少也反映了不同阶层的认知差异。但是，持后物质主义价值观的青年，其最终的矛头也是对着少数贪婪物质的富有者以及支持他们的统治者，由此带来的环境破坏，资源浪费。这两个青年亚群体又有他们的共同点。吴端说现实的青年应该是生活在这两种青年之间的历史存在，是过去与未来的两种相反相成的历史运动的合力所构成的。这个合力所要达到的目的就是希望实现人类的理想：自由、平等、博爱。

　　"平等成为最重要的价值理念，缩小不平等成为政治、社会、文化过程的核心。"耶路撒冷大学历史系教授、《人类简史》作者尤瓦尔·赫拉利应邀2016年4月21日在清华大学演讲。他指出，不平等可谓人类社会的常态，自农业革命以来，几乎所有文明、社会、甚至家庭内部都存在某种等级制。纵观20世纪，长期存在的不平等获得了很大程度的弥合。在他看来，平等化的潮流在21世纪可能发生反转，不平等的程度可能是人类历史上前所未有的。新的工业革命正在到来，人类掌握了比石油、电力更巨大的力量，那就是生物技术和计算机技术，不只是生产食物、武器、交通工具，其主要产品将是躯体、大脑和心智，在人类漫长的历史上将开始改变人类自身。过往的贫富差距、国王和农民的差距，都不是生物学意义上的。"在21世纪，新技术将赋予人们前所未有的能力，使得富人和穷人之间有可能产生生物学意义上的鸿沟：富的精英将能够设计他们自身或者他们的后代，使其成为生理和心理能力都更为高等的'超人'，人类将因分裂为不同的生活阶层，先前的社会经济阶层系统可能转化为生物阶层系统。"他指出：新的不平等可能将社会分裂为两个截然对立的部分，一边是新的"经过升级的精英"，一边是新的"百无一用的普罗大众"。当时在场的评议人汪晖和崔之元教授认为社会公正、法律框架有能力介入不平等。挑战是多样的，可能性也会是多样的。赫拉利最后说，他之所以描绘出"耸人听闻"的前景，更多是引起人文学界的关注，不能仅将设计未来的任务留给生物、工程科学家。① 针对贫富差距日益扩大的趋势，人文学者的确提出了新主张，社会上出现了新措施。美国《时代周刊》"全球最具影响力的100人之一、汽车共享公司、无线网络连接公司、点对点汽车租赁公司以及拼车网站的联合创始人、共享经济鼻祖罗宾·蔡斯出版《共享经

---

① ［以色列］赫拉利："21世纪会是史上最不平等的时期吗"，载《共识网》2016年4月24日。

济：重构未来商业新模式》指出，人人共享重新定义了我们对于资产的理解：它是专属于个人的还是大众的；是私有的还是公有的；是商业的还是个人的，并且也让我们对监管、保险以及管理有了重新的思索。传统经济发展的理念，财富是通过一点一滴累积起来的，要将它们储存好保管起来。其结果造成了巨大的损失——本可以被充分利用的产能严重过剩。"如何利用过剩产能推动经济转型，并为全人类带来富足？"罗宾·蔡斯写了"欢迎来到共享经济的决胜期"。① 现在，美国的大资本家在做慈善公益事业的同时，又用做企业的办法，有钱的出钱，有智慧的出智慧，有力的出力，进行创业使自己的财富与人分享。现在，在德国、日本等国家出现了汽车、住房等分享的现象，使闲置资源利用最大化。《参考消息》记者沈忠浩和饶博在 2016 年 3 月 9 日的《参考消息》上写道："除了汽车分享之外，分享衣服甚至食品等也在德国人尤其是年轻人中悄然兴起。"共享经济的出现是重大的转折，有多少人会因此获得帮助则难以置信，加上钱权结合的腐败与贪婪对共享经济的阻碍，贫富差距远远没有解决，为了人类的自由与平等，资本主义世界究竟应该往哪个方向走仍是时代的难题，这不是青年研究的领域，这里不必继续论证。随着奉行后物质主义的青年队伍日益壮大，一种回归自然的理想信念，促使他们身体力行，以静悄悄的革命推动政治、经济与文化的渐进转型，毫无疑问是解决世界难题的重要理念与重要力量。

---

① ［美］罗宾·蔡斯著，王芮译：《共享经济：重构未来商业新模式》，浙江人民出版社，见《共识网》2015 年 11 月 27 日。

结 论

第一章
青年的历史存在

在地球上所有的存在物中，人的存在是最独特的，总是力求创造新的存在不断展示人的存在的意义与价值。这是一个没有止境的人的进化发展过程。人的历史存在就是不断为自己创造新的存在直到现代化的波澜壮阔的历史进程。在人的历史存在中，青年的历史存在又是如何？提倡在历史中发现青年和在青年中发现历史的田杰教授写道："在以往的青年研究中，对于青年是否属于一种历史的存在，青年是否是历史地存在着的，以及这种历史究竟可以追溯到离人类文明进程的源头有多远，人们的看法一直有着较大的分歧。具体说，这种分歧主要集中在两个方面，一是在工业社会到来之前是否有青年存在，二是古代社会（甚至可以包括远古神话传说时代）的'年轻人'在现代人文社会科学以及青年研究中究竟具有何种意义与价值。"① 田杰最近给我的邮件中更是提到："探讨青年的历史到底有什么用？目的是什么？我想，寻找和发现历史上青年的足迹固然重要，但最重要的还是恢复历史关于青年的记忆，并在这些记忆中找回人类关于青年的信念。青年的历史存在，不仅仅是一种经验事实，它更是一种古老的信仰，这一信仰伴随人类历史之始终，它使人类既对现实充满信心，也对未来充满希望。这种信仰，植根于人的天性与自然，属于人、人类、社会的自我意识的一部分。没有这一信仰，人类将看不到新生，直面的只有死亡。因此，关于青年的历史研究，或将给人对青年、对社会、对历史一种新的认识和理解。"

人类诞生中的青春化

对青年的历史考察，最初由人类学开始，以后心理学、历史学等分别介入。法国社会学家莫兰认为关于人类和文化的起源问题是一个具有巨大的、多方面的

---

① 田杰："青年研究的史学范式与理论图景"，载《当代青年研究》2009 年第 6 期。

和普遍的理论意义的问题。① 莫兰在生态学、动物行为学、生物—社会学等的启示下，将英国古人类学家路易斯·利基夫妇和他们的儿子理查德·利基的考古发现与对灵长类动物的研究联系起来，将类人猿和原人、原人和现代人之间联结起来进行研究，人类诞生中的"青春化"是他研究中的重要成果之一。

理查德·利基指出：在距今 300 万 ~ 200 万年前之间，发展出脑明显增大的一个物种，是人属出现的信号。当脑容量逐步增加，胎儿没有成熟也必须提前出生，人类发展的最重要的方面之一是初生儿要经历一段较长的儿童期和青年期。在动物界中唯独人类才有这种现象。② 这个生命界独一无二的青春期在人类的进化中发挥了重要的作用。

莫兰的研究从类人猿群体开始，其社会内部成年雄性、雌性和未成年之间，个体之间以及个体与群体之间的关系，由合作—团结和竞争—对立的双重原则支配着。母子的亲和性表现为青少年生活中的友谊，青年猴受到特权集团排斥处在低下的社会地位，但是他们游戏、探索时有创新。原始文化的突现就与青年猴有关。九州岛上生活在森林边的一群猕猴原来是用手将挖出的块根食物擦干净，一个青年猴偶然将块根落在海边，拿回来发现不仅被海水洗净而且带来了调味。老年猴不予理睬，青年猴争相仿效在下一代传播开来延续到成年，一个随机的事件就成为变化的源泉，作为崭新的要素被整合到复杂的社会中。"我们可以看到好奇的猴喜玩耍、好探索，虽然它们地位卑微，处于社会边缘，但是它们的存在构成了整个社会开放的边界，变化的因素通过这里发生。"莫兰将它视为人类社会所特有的文化创新、整合和传播的前史。③ 第三纪末期地球的干旱缩小了森林面积扩大了草原。是谁开始冒险走向草原的？初生牛犊不怕虎，人口的压力已将未成年猴排挤到森林边缘，好奇心驱使他们冒险走向了草原。"因此看起来是不正常者、被抛弃者、'无国籍者'、探险者、反叛者成为原人革命的先锋。"④ 草原的新环境启动了直立行走，脑—手—脚相互作用的辩证机制促进了狩猎技术和其他进步，导致了头脑发达的原人的胜利。

在原人向智人进化的时期是脑量增长最快的时期，原人的青年期因此大大超

---

① ［法］埃德加·莫兰著，陈一壮译：《述失的范式：人性研究》，北京大学出版社 1999 年版，第 38 页。

② ［英］理查德·利基著，吴汝康、吴新智、林圣龙译：《人类的起源》，世纪出版集团、上海科学技术出版社 2007 年版，第 40 页。

③ ［法］埃德加·莫兰著：《述失的范式：人性研究》，第 30 ~ 31 页。

④ 同上，第 46 页。

过了类人猿，成了原人进化的关键。"青春的品质在社会里活跃和发展着。比年轻的类人猿存在时间更长的年轻的原人游戏、探索、被新鲜事物吸引。在吸收成年人的知识和技能的同时，他们还能够对之加以修改、完善和创新。""这样，青年人的半社会化，他们和成年人的关系，使得社会有可能直接享受创新和发明之利。此外，青少年的特点如友好、好玩、求新，甚至发明的能力也愈益维持到成年的年纪；青春化变成了一个人类学现象。青年人被'融合''回收'，而他们的在类人猿社会里处于边缘地位的品质现在却浇灌着原人社会。"①莫兰为此设计了一个循环关系：脑的进化引发青春化，青春化又推动文化与社会的发展，文化与社会发展又促进了脑的进化。青年在原始人进化中的作用，可以从当时的年龄结构得到证明：对 22 个北京猿人的考查，有 15 人死于 14 岁，3 人死于 15～30 岁，22 个北京猿人中青少年就占 18 个是绝大多数。青春期在人类诞生中的作用还可以在各民族的神话中几乎都是健壮、聪颖、俊美的青年男女形象得到证实。

从类人猿进化到人是宇宙中的奇迹，是自然界发展到一定阶段的产物。对于人性的生成，特别是有智慧的人脑的诞生，尽管有了丰富成果同时也存在很大空间有待继续探索。学术界议论较多的人类的诞生是自然人化的结果，包括两个方面：一是外在自然的人化，人类的活动不断向自然的深度和广度进军，出现了由人类的创造活动加以改进过的自然界，即人的世界。另一是人自身的自然本性越来越人性化，一般指感官的变化，如眼睛变成审美的眼睛，耳朵成为音乐的耳朵，而思维的人脑的出现则是热烈议论的话题。参与发现"北京猿人"的古生物学家德日进在论述人类出现反省意识时指出："这个升华的伟大过程，可以用'人化'（hominization）一词称之。'人化'可以用以称呼个体从本能进入思想的顿跃，但也可以广泛地指称在人类文明中从动物世界转入精神世界的过程。"他在论述人是否比动物更高级的问题时写道："我认为只有一条路——彻底扫除关于人类行为的那些次要、蒙混的内在表现，而单刀直入去探讨中心的现象——反省。"②

反省就是自我意识，是在实现目的的活动中，主体对客体的已有认识进行再认识，主体也成为认识的对象，经过反思设计实现目的的正确手段，形成创造未来的能力。人的自然本性的人性化程度越来越高，人不仅创造了人的世界，而且创造人自己，证明由自我意识导致的创造力对人类的重要意义，自我意识构成了

①② ［法］德日进著，李弘祺译：《人的现象》，新星出版社 2006 年版，第 106～118 页。

人的意识与动物心理的根本区别。埃克尔斯在所著《脑的进化——自我意识的创生》书中引用多布赞斯基对人类自我意识的不同寻常的萌芽所作的表述："自知是人类的根本特征之一，可能是最根本的特征。"① 哲学家恩斯特·卡西尔所著《人论》一书第一句就写道："认识自我乃是哲学探究的最高目标——这看来是众所公认的。"② 哲学、人类学等的论述使我们认识到人类的本质特征就在于具有高度发展的自我意识。

这两方面的人化都与青年有密切关系，青春化就参与了外在自然的人化。而人内在自然的人化则主要是在青春期实现的。作为生物物质的脑的潜能必需要有后天的开发，初生婴儿还不能思考，认知心理学表明，在与外界发生接触和相互影响中，随着生理的成长，不同年龄的儿童的认知能力也分为不同阶段，由量变到质变，经过近20年时间自我意识成熟，是脑的人化，是人的自然人化的核心。在内在自然人化的过程中，吸纳祖辈在自然人化中所留下的社会文化硕果越丰富，继续创新的能力也就越强大，潜能也发挥得越充分，内在自然的人化使青年的自然和天性中蕴含着旺盛的生命力和巨大的创造力。对面向未来的青年来说，自我意识的成熟因此对一生都有决定性的影响，是青春期的关键问题。"主我——客我的分化是人生进入青年期的根本标志，也是所有青年现象世界的内在动力机制。因此，它是青年的人的本质的核心所在。"③

父权体制下的青年

青春化的作用，在父权制的统治下有了根本改变。恩格斯在《家庭、私有制和国家的起源》中，就认为父权制替代母权制是人类所经历的最激进的革命之一，又说是女性的具有世界历史意义的失败。④ 父权制替代母权制，一部分男性脱离生产专职政治、军事、文化事业，各民族都经历了自己的英雄时代，创功立业，是由蒙昧时代向文明的转变，是历史的进步。但是统治者不仅贬低了妇女的地位，而且将穷人、奴隶当作工具，各部落之间为了争夺资源，将战争当成了经常的职业。年龄结构与权力结构密切相关。父辈运用自己的权力控制青年，开始

---

① ［澳］约翰·C·埃克尔斯著，潘泓译：《脑的进化——自我意识的创生》，上海世亿出版集团2007年版，第276、239页。
② ［德］恩斯特·卡西尔著，甘阳译：《人论》，上海译文出版社1985年版，第3页。
③ 安继民、刘国建：《绿色世界的构思——青年学描述》，湖北人民出版社1989年版，第17页。
④ 《马克思恩格斯选集》（第4卷），人民出版社1972年版，第51～52页。

是举行巫术的成年仪式，以后用极其野蛮的隔离、考验和接纳模式进行，真实目的是要造就勇敢的战士。成年礼成为成人权力的象征，父子关系从此有了很大改变，代际冲突替代了青春化，青年从此作为一个被压迫的等级而存在，是异化首当其冲的对象。

在中国，秦始皇以法家的尊君、制臣、抑民这三个政治原则，建立起令人敬畏的绝对专制权力。汉朝独尊儒术制定三纲六纪，从《白虎通》全书内容来看，本是为调整和规范人伦所确立的礼制，但是作为一种统治的手段，成了政治斗争的工具。为了粉饰专制统治以笼络人心，将君臣关系饰成父子关系，使专制王朝的严格等级制蒙上温情脉脉的面纱，形成垂直式的统治直达庶民。此后历代王朝都奉行"以孝治天下"，要求由行孝到尽忠。对民众进行严格的"孝悌"教化，大力宣传许多残酷的行孝故事，规定不孝之人轻者不得为官，重者不得保身。童年时由于让梨名垂青史的孔融，他主张孝道不足守，离经叛道的言论成为处死他的罪状。宗法人伦像枷锁钳在男女青年的心中，养成了麻木、愚昧、绝对服从的奴性。女青年缠足、守节命运更是悲惨，造就一个又一个爱情与婚姻的悲剧，出现类似《孔雀东南飞》《白蛇传》等一大批作品在社会上广为流传，形成一种批判的力量。对于谁都冲不破的中国宗法人伦的罗网，杨适教授称"这是一个窒息着几乎一切人自主发展的社会文化形态。其异化是非常细致深刻的"。① 扬适在引用了马克思的言论以后认为要实事求是承认异化的历史功绩，中国历代王朝的业绩就有史书记载，曾有过汉唐盛世。但是绝对的权力导致绝对的腐败，对异化的反抗从未停止。吴端指出，克服由于分工所造成的异化是青年反抗的前提，因为青年的概念，青年的本质，最主要的不是年龄的差异，甚至不是青春期，而是其没有被社会化、没有被角色化、没有被职业化，是社会分工前的人。② 贾宝玉和他周围的女孩子们就将大观园外面的世界代表肮脏和堕落，他们追求的是理想世界的永恒，精神生命的清澈。③ 刘再复用存在论的视角讲述了《红楼梦》中自己如何成为自己的"存在"内涵。人生如梦，为何还要辛苦劳作儿女情长？这就要依据各人对活着意义的不同理解进行选择，选择是存在的第一条件。贾宝玉、林黛玉充分意识到自己并想成为自己，企图按自己的自由意志去选择，去爱，去争，去生活。而被传统道统观念所主宰的贾政、王夫人等却不让他们成为自己，

---

① 杨适：《中西人论的冲突——文化比较的一种新探求》，中国人民大学出版社 1991 年版，第 167 页。
② 吴端：《寂静的青春——儒学民众化与青年现象的消失》，中国发展出版社 2015 年版，第 176 页。
③ 余英时：《中国思想传统的现代诠释》，江苏人民出版社 1995 年版，第 332 页。

要求他们成为孝子贤孙，规规矩矩，为荣华富贵而辛苦奔波。这就是贾政与宝玉"父与子"的冲突，贾宝玉的反抗以悲剧告终。①

　　欧洲的代际关系则有变化。"如我们所见，年轻人在家庭中的历史是他们从家庭依附和缺乏自主状态下得到部分解放的历史。"这是《欧洲家庭史——中世纪至今的父权制到伙伴关系》一书的结论。② 在欧洲中世纪，骑士要举行从 7～20 多岁长时期的严格效忠仪式。广大农村的孩子更是没有自我。与中国不同的是，欧洲在古罗马灭亡以后分成众多国家，加上独立的教会，形成权力分散。文化也分为古希腊和罗马、基督教、日耳曼战士这三种并存相互影响。权力分散对于欧洲政治之不能流为绝对专制主义，对于维护一定程度的学术自由，都是有影响的。青年的自然生命力是非常顽强的，权力的分散为青年的历史出场提供了空间。原来依附于家庭中的青年，在修道院推动农业和商业的发展中，勇敢地奔走相告从事经商，聚合为新的城区，成了促进城镇化的力量。从 11 世纪开始了争取城镇特权的斗争，从国王、领主和主教那里争取到了自治权。这就吸引更多青年从农村进城发展，打破了封建的等级制与封闭状态，扩大了个人的发展空间和商务往来。城市的自治与居民身份的变化带来了极大的震动，启动了资产阶级革命，在一代又一代的努力下形成了一群社会新贵被称为"市民阶级"，与僧侣和贵族形成三足鼎立，宗教、国家政权和市场经济各有其独立的领域。

　　青年能够走向社会，使 12 世纪初的欧洲开始出现大学，代表了知识界和青年希求解放的精神。特别是十字军东征的少年武士，在接触到小亚细亚及东罗马帝国的文化以后，回来时成了知书识礼的君子，渴望学习。在整个 12 世纪，远离故乡长途跋涉投奔著名教师的青年已有成千上万，形成历史上罕见的求学潮。最早的大学就是由学生聚集在教师周围自然形成的，大学和学生的数量迅速增加。到 13 世纪就有了 19 所大学，巴黎大学有学生三四千，占全市人口的 1/10。以后新建大学越来越多。学生除了听讲还兴起了自由讨论课涉及各种宗教或政治问题，产生了一个具有批判意识的非教士阶层。在商人与教会、君王分权之后，又增加了大学中的新兴社会力量。

　　在谈到欧洲中世纪的青年时，不能忽视日耳曼蛮族的战士文化，它是三大元素之一。蛮族入侵后战争从未停止，武器装备的革新使骑士代替战士，由贵族子

---

① 刘再复："《红楼梦》的存在论阅读"，见 2015 年 6 月 26 日共识网。
② ［奥］迈克尔·米特罗尔、雷因哈德·西德尔著，赵世铃、赵进瑜、周尚亲译：《欧洲家庭史》，华夏出版社 1987 年版，第 103 页。

弟与市民青年混合组成。英勇无畏、团结奋斗是战士原有的基本素质，在教会的教诲下增加了虔诚、慷慨、荣誉、扶持弱小、典雅爱情等美德，两者结合被许多作者写成诗集加以歌颂，形成骑士传奇文学深深影响了西方文学传遍欧洲。"罗素的西方哲学史说道过，欧洲文化中骑士文明是一个重要因素，它是一夫一妻制，是西方传统中的个人主义等的渊源。"①

在高度统一的中国王朝也曾发生过几次抗议朝政的太学生运动。而在春秋战国、魏晋南北朝、明末清初动乱的暂时分权的时代，同样形成文化繁荣，倡导个性解放，增加了社会流动，为青年提供了上升的空间，在道教中甚至出现了对青春的崇拜。明朝末年青年领军人物黄宗羲等为代表的民主思想曾被誉为是中国的启蒙，被清兵入关夭折。中国历史中的青年仍然处在长期延续的父权统治之中。父权体制当然会竭力维护自己的统治权，即便在欧洲也是如此，"欧洲君主的低调谨慎也是不得已，因为在这个群雄环伺的微妙均衡局面下，他只是玩家之一，而且商人要是被欺压太过，可能转而投靠敌营"。② 欧洲国王和教会的统治也曾经极为专制，争权夺利的战争成为痼疾，教皇为控制思想设置异端裁判所，重者处以死刑。欧洲中世纪的青年从家庭依附中得到的也只是部分解放。但是，由于存在相互制约的多元力量，欧洲在 1215 年还是出现了限制国王权力的英国《大宪章》。到了 17 世纪英国革命时，保皇派的菲尔麦还将君权与父权混为一谈，演绎成君权神授的理论，主张复辟专制主义。洛克用整个《政治论》上篇驳斥君权神授学说，提出三权分立实行宪政的理论。洛克可能不了解中国"以孝治天下"的历史，《政府论》却详细批判了将君权与父权结合的专制主义。他认为父亲只是天生有教养和保护子女的权力，是一种亲情。"父权固然是一种自然的统治，但决不能扩展到政治方面的目的和管理范围。"③ 洛克对父权的分析是关于代际关系的重要理论。父权体制将父权与专制统治相结合，是对青年的控制，将父权还原为亲情，是对青年的解放。青年解放的程度是一种社会解放程度的标志，是由代际冲突走向和谐、人类由野蛮走向文明的必由之路。

青年的解放，既是权力的解放，又是思想的解放。当后一代进入成年社会的时候，是被成年的暴力与贪婪所吸纳成为继续控制再下一代的力量，还是继续将青春的品质融入成人社会成为弘扬人性与人文的主力军？作出何种选择，决定于

---

① 顾准：《顾准文稿》，中国青年出版社 2002 年版，第 310 页。

② ［澳］约翰·赫斯特著，席玉萍译：《极简欧洲史》，广西师范大学出版社 2011 年版，第 224 页。

③ ［英］洛克著，叶启芳、瞿菊农译：《政府论》（下篇），商务印书馆 2009 年版，第 108 页。

在青春期继承和创新人类人文文化导致精神升华达到了何等丰富的程度，令人欣慰的事，历史迎来了源于青年的思想解放运动。

伟大的思想接力

青年们摆脱了依附性身份成为新兴阶层过着勤劳活跃而又闲暇娱乐的生活，但是他们仍然处在封建旧制度环境的包围之中，战争频繁，腐败横行，民不聊生。青年以顽强生命力所建立的资本主义萌芽，肯定要突破环境的压力成长为大树。比较有利的是，"最高尚的政治思想和人类变化最多的发展形式在佛罗伦萨的历史上结合在一起了"。布克哈特因此说它称得起是第一个近代国家。[①] 陈衡哲也说佛罗伦萨是第二个雅典。正是在在佛罗伦萨青年中出现了文艺复兴的思想巨人。

作为中古文化先锋的但丁，青年时的日记片段使他成为第一个探索自己灵魂的人。在但丁身边长大的彼特拉克是人文主义之父，但史学家认为其不朽之处仍在他少年写下的抒情诗。写下《十日谈》的少年学问家薄伽丘视彼特拉克为良师益友。崇拜彼特拉克的萨鲁培蒂当上佛罗伦萨总理，招收一批年轻人发展彼特拉克传统。其中的穷学生布鲁尼著作佛罗伦萨的历史成为史学的里程碑。还有儿童时代就出人头地、24 岁研究物理学、数学的建筑师里昂·巴蒂斯塔·亚尔培蒂，14 岁开始学画 20 岁就造诣很高被称为"巨人中的巨人"的画家、科学家达芬奇……他们的绘画不再以肉体为罪恶的根源，而是提升了人的价值，人的形象和身体成为关注的中心，青春和生命的主题在文艺复兴的艺术中光芒四射。

接着，针对教会日益专制与腐败，由伊拉斯谟、深受伊拉斯谟影响的马丁·路德、青年领袖加尔文相继发动宗教革命，进一步将人文主义影响到每个家庭、每个民族，人作为独立的个体可以直接面对上帝。

文艺复兴促进了科学革命和地理大发现，引发了启蒙运动。启蒙运动中，青年学者同样演出了变革历史的思想接力赛。牛顿就说是站在巨人的肩膀上。洛克年轻时崇拜笛卡尔、霍布斯。伏尔泰赞美培根、洛克、牛顿到了对他们折服的程度。卢梭自己也承认受益于洛克。狄德罗和爱尔维修年轻时都受过伏尔泰的亲自指导。而康德在大学就沉浸于卢梭的著作之中。在康德的学生中歌德与席勒是其

---

① ［瑞士］雅各布·布克哈特著，何新译：《意大利文艺复兴时期的文化》，商务印书馆 2013 年版，第80 页。

中的佼佼者。每一代都是在青春期就向前辈学习，接过思想交接棒，进行创新有了不同见解引起激烈辩论，推动了思想革命。占统治地位的神学主张"神"的存在至高无上，启蒙思想家将人的认识与宗教信仰分开，理性与主体性成为替代上帝的价值之源。有"近代哲学之父"美称的笛卡尔以理性和自我意识作为哲学体系演绎的出发点。启蒙运动最后的思想家康德也以自我意识作为认识的主观能动性的轴心。哲学家倪梁康认为：这意味着人类的"自我意识"在经历了漫长的沉睡和艰难的苏醒之后处在一个前所未有的清醒状态之中，这个状态是所有思想努力的出发点和前提。①

康德对何谓启蒙作了著名的答复："启蒙运动就是人类脱离自己所加之于自己的不成熟状态。不成熟状态就是不经别人的引导，就对运用自己的理智无能为力。"如何理解不成熟状态是人类自己加之于自己的？历史说明，父权制增长了财富创造了文明，但是又实施专制统治与愚民政策，启蒙的批判就是针对以权势为中心的专制主义和存在于民众中的愚昧主义，提出民主与法治、自由与人权等一系列观点。他们的著作、登录他们文章的报刊被商人兜售到乡下，社会上各种培训中心、读书俱乐部、学者协会风起云涌，使启蒙走向社会开启民智，经过社会来推动历史的变革是了不起的成就，促进了工业革命和资本主义现代化，而且促进了美利坚合众国的建立。"创建合众国的那一代美国人——杰斐逊、亚当斯、华盛顿、富兰克林、汉弥尔登——都是启蒙运动的后继人。……凡是读过杰斐逊起草的《独立宣言》及其'不言自明的真理'和'人的自然权力'以及在起草美国宪法时的辩论的人，都可以看出这一点。"② 杰斐逊26岁当选为议员，33岁时起草《独立宣言》。

在上述三次伟大变革中，都是一代又一代青年接过前辈的思想，形成了灿烂辉煌的思想接力赛。古希腊有苏格拉底、柏拉图和亚里士多德三人的亲密师生关系，名垂青史，但是，像文艺复兴到启蒙运动几个世纪的长时期中形成了如此连贯的师生群体，历史上是第一次也可能是唯一的一次。他们在接力赛中创建了伟大的思想，作出了历史的贡献，是对青年的历史价值最经典的说明，也是经过漫长岁月的压抑后青春化对父权制的有力冲击，是人性善与恶的较量，谱写了青年历史存在的最新篇章，值得在青年的历史上大书特书。

---

① 倪梁康：《自识与反思——近现代西方哲学的基本问题》，商务印书馆2002年版，第39页。
② ［英］阿伦·布洛克著，董乐山译：《西方人文主义传统》，三联书店1997年版，第120～121页。

后现代与新价值观

我们已经发现青年参与了历史进程的演化，历史也陶冶了青年人性的提升，青年与历史的合力贯穿了整个人类的历史。进入 20 世纪，我们却看到了青年与历史的空前碰撞。发生在欧洲的两次世界大战，特别是希特勒的法西斯罪行，成为震撼世界的大变乱，是历史上令人难以置信的杀戮与蹂躏的滔天大罪。青年既成了制造这个滔天大罪的工具，又是进行反战弘扬人文精神的力量。

这个滔天大罪，正好发生在启蒙运动导致的人文主义思潮空前活跃的时间与地点，为什么会这样？启蒙运动的思想促进了美利坚共和国的建立，正当美国集中力量发展经济的时候，欧洲仍然热衷于战争。陈衡哲的《西洋史》指出，17 ~ 18 世纪的 100 余年中，欧洲各国一是在海外殖民地争夺，一是在本土对政权与土地进行争夺，后者促成列强战争的新形势，为此后的欧洲政治立一个不幸的新基础。① 19 世纪仍然战争不断，著名的就有法国与普鲁士的普法战争、俄罗斯与土耳其的克里米亚战争。历史学家以第二次大战为标志将 20 世纪的欧洲史分为两个阶段，上半世纪是 19 世纪的继续。19 世纪 30 年代从法国派往美国考察的托克维尔，发现美国由于没有历史包袱建立了新的生活，他深感欧洲旧制度之"旧"，根子全在于社会的不平等和旧贵族势力之盘根错节。启蒙思想还没有从根本上改变这种旧制度。

达千年之久热衷于战争的历史惯性，必然会由统治者将其神秘的精神植入青年的心灵之中以维持旧制度之"旧"。德国 1911 年成立"青年德意志联盟"，英国 1908 年发起了少年童子军运动，以狭隘民族主义和保守主义灌输青年。斯特龙伯格在谈到战争的思想根源时写道："研究 1914 年思想氛围的人都知道，一种奇异的神秘精神可以解释人们为何多年忍受痛苦而大力支持这场战争；这种精神主要存在于青年人当中，在那带有诗人气质的青年人、理想主义者和不安分的年轻人中。"书中举了青年慷慨赴难的事例，而反战者属于极少数。② 其实，学术界当时曾接二连三举行会议为挽救欧洲的命运而呐喊，许多地方还组织了反战团体，其中就有青年，最有代表性的是 20 岁出头的理查德到处奔走倡导"泛欧运动"。

---

① 陈衡哲：《西洋史》，东方出版社 2007 年版，第 265 页。
② ［美］罗兰·斯特龙伯格著，刘北成、赵国新译：《西方现代思想史》，金城出版社 2012 年版，第 428 ~ 429 页。

经历过战争从中觉醒的青年更是壮大了反战的青年队伍。在学术界、政治家的共同努力下，西欧终于实现了一体化，战争中的敌国成了战后的盟国，仇人成了朋友，而且从殖民地撤退，结束了战乱不已的历史，各同盟国实行了现代民主宪政制度。20 世纪的下半个世纪，和平与发展成了主题，经济加速发展，促进了全球化。有意义的是，20 世纪 60 年代的大学生竟然成了高举要求自由、人权、和平的革命大旗，代表文明一方的主角。反战就是西方各国学生运动的主要目标之一，而且留下了环境保护、种族和男女平等、社会公正等许多关乎人类文明进程、关乎现代社会的发展和人生意义的问题。人类学家米德称他们是新一代中的第一批青年人，是以巨大的爱寻找人类出路的新人，出现了青年代表未来的前象征文化，代替了历史上长期存在的只能根深蒂固复制老一代期望的后象征文化。

青年与历史的空前碰撞，促进了青年对历史的深刻认识，新一代人替代了旧一代人。盘根错节的旧制度的历史惯性仍然不可忽视，文明也将继续面临野蛮的挑战，对青年内在自然的人性化也有了更高的要求。但是，在代际关系上青年已有了自己的话语权，充分发挥了青年的生命力、创造力和想象力，已形成为参与社会运作的又一支重要力量，创造了历史。这是现代化为青年的历史存在带来的历史性变化。

历史仍在进行中，"历史同认识一样，永远不会在人类的一种完美的理想状态中最终结束；完美的社会、完美的'国家'是只有在幻想中才能存在的东西；相反，一切依次更替的历史状态都只是人类社会由低级到高级的无穷发展进程的暂时阶段"。① 恩格斯真是将历史看得很透彻，现代化经历几个世纪日益成熟也只是历史进程的暂时阶段，当它的理论能量和创造精神得到充分发挥的同时，其内在矛盾也充分暴露出来，进入了后现代。启蒙高举理性的大旗，否定由神所造成的迷信与蒙昧，促进了工业革命，但是理性与主体性的自我膨胀将人视为世界的中心、自然的主人。极端的人类中心主义与追求极端物质享受的既得利益集团相结合，富裕价层取得了空前优势，主导游戏规则，民主沦为寡头政治，使资本主义成了最浪费的制度，鼓励自私与贪婪，继续暴力与战争，加速了对地球的破坏，成为对植物、动物和人类生命的不可抗拒的威胁。后现代主义的激进思潮对此进行了批判，科学家纷纷发表对环境破坏的实证研究，洪水、暴风雨及其他极端气候灾害以惊人的速度发展，受灾人口超过 23 亿人，夺走了数千人的生命，继

---

① 恩格斯："路德维希·费尔巴哈和德国古典哲学们终结"，载《马克思恩格斯选集》（第四卷），人民出版社 1972 年版，第 212 页。

续下去岛国、沿海地区将有淹没的可能。一大批科学家对于自然环境受到破坏带来的风险不断作出调查，发出呼吁。与 20 世纪面对的是大战的危机不同，21 世纪面临着整个人类的生存与精神危机。

青年继续担当了创造历史的使命，一个新的价值观在青年中诞生了。1981年、1990 年进行了两次世界范围的价值观调查，密执根大学英格尔哈特教授负责欧洲的调查，结论是一个新的时代正在到来，青年是这一进程的推动者。他认为这是代际更替的结果，出生在二战后经济发展的一代形成了有别于老一代的后物质主义价值观。这一过程尚未结束，终将带来社会主流价值观的改变。[1] 20 世纪80 年代正是乌尔里希·贝克出版《风险社会》的时候，书中写道："令人惊异的是，对于环境的工业污染和自然的破坏，以及它们只在高度发展的社会才有的对健康和社会生活的多种多样的影响，居然缺少社会的思考。"[2] 墨菲（Murphy，1994）则恰好指出，从环境破坏的恶果最终由谁承担的长远现实来看，年轻人才是环境破坏的相对受害者，所以对环境保护比长辈更加积极。美国环境社会学家巴特尔（Buttel，1979）指出，在西方环境运动中，年轻人特别是青年学生表现出高涨的热情，构成了绝对的参与主体。[3] 英格尔·哈特将这股潮流称为静悄悄的革命。许多青年经过深思熟虑满怀理想与精神力量对后物质主义价值观身体力行，成为当代物欲横流中弘扬人文精神的先行者。德国经济学硕士克劳蒂娅小姐收入不菲，却骑自行车往返 30 公里上下班，住房一室一厅，家具、服饰、食品非常简朴，一派原始古朴的气氛。德国青年拉斐尔·费尔默过着拒绝消费、修理代替丢弃、减少垃圾、资源回收、资源再利用的生活，作为他推动人类进化的社会运动。一种"极简主义"正悄然流行。刘悦笛在"'新简朴主义'生活美学"一文中也说，当今欧洲开始了一场《新简朴运动》。这场运动的口号就是"简化你的生活"！生活简单就是享受，只有生活变得简单，才能应对这喧嚣浮躁的世界，并从中得到心灵的宁静安详，从而健健康康一辈子。[4]

超出生存需要的物质享受，在人类能够创造出更广义的生活资料时就已经存在了。现在年轻人要将物质享受放在"后"面，以精神享受为主，这岂不是要改

① [法] 让·查尔斯·拉葛雷主编，陈玉生、冯跃译：《青年与全球化——现代性及其挑战》，社会科学文献出版社 2007 年版，第 330 页。
② [德] 乌尔里希·贝克著，何博闻译：《风险社会》，译林出版社 2004 年版，第 24 页。
③ 洪大用、范叶超、邓霞秋、曲天词："中国公众环境关心的年龄差异分析"，载《青年研究》2015 年第 1 期。
④ 刘悦笛："'新简朴主义'生活美学"，2015 年 9 月 29 日共识网。

变人类的历史吗？这正是后物质主义价值观的价值所在。战争就是从争夺生存资料开始的，追求超过生存需要的物质享受更是历史上一直存在战争的起因。人类不仅要享受物质更要享受精神，是从物对人的统治转变人对物的统治，从对物的依赖性走向人的自由全面发展的关键一步。马克思就曾将人类对抗性的发展历史包括资本主义社会称为"人类社会的史前时期"，如何形成和谐社会马克思都认为是"历史之谜"。马克思恩格斯赞赏人类学家摩尔根的说法："自从文明社会开始以来所经历的时间，只不过是人类已经经历过的生存时间的一小部分，只是人类将要经历的生存时间的一小部分。社会的瓦解，即将成为以财富为唯一的最终目的的那个历程的终结，因为这一历程包含着自我消灭的因素。政治上的民主，社会中的博爱，权利的平等和普及的教育，将揭开社会的下一个更高的阶段，经验、理智和知识正在不断向这个阶段努力。"① 摩尔根的《古代社会》发行后的一百年，青年奉行后物质主义价值观，一场静悄悄的革命成了进入这个更高历史阶段的切入点。这是人类历史转型的第一步。这个历史的转型将是长期的过程，但是，由于社会风险日益加骤这个转型又必须越快越好。因此奉行后物质主义价值观的青年，将是推动新历史时代来临的一个重要思想群体。青少年是人类社会第一批"网络原住民"，互联网一代民主意识的觉醒，以自己的方式表达政治诉求，传播新价值观念，参与历史的进程。更重要的是，奉行后物质主义价值观的青年是以全人类的福祉为目的，身体力行，而且他们的队伍正日益扩大。现在的日本青年为了"内心的满足"，"不仅仅在汽车方面，几乎在所有的领域，年轻人都在远离消费"。年轻人是未来的镜子，学者因此感叹日本社会对"增长的极根"没有从根本上进行反省。② 在中国，"从经济增长 VS 环境保护的优先价值选择来看，'80后'和'90后'表现出明显的后物质主义社会发展理念"。③ 这场静悄悄的革命必将推动社会生活与经济结构的重大变迁，同时又以超越物质享受的精神重塑社会秩序，拒绝以暴力、战争夺取物质，终结以财富为唯一最终目的的历程，走向人与人、人与自然和谐的时代。这将是人类新的诞生。正像青春化成为原人进化中的关键那样，青年正在为创建人类历史的新阶段而努力奋斗。

---

① ［美］路易斯·亨利·摩尔根著，杨东莼译：《古代社会》（下册），商务印书馆1977年版，第556页。

② ［日］儿美川孝一郎著，周国平编译"从青年消费行为看日本社会的未来形态"，载《青年学报》2015年第4期。

③ 李春玲："静悄悄的革命是否临近？——从80后和90后的价值观转变看年轻一代的先行性"，载《河北学刊》2015年第3期。

第二章
青年的未来走向

　　联合国教科文组织关于青年研究的国际信息交流"动员项目"中提出："Youth shaping the world"，蔡富有与樊和平译为"青年塑造未来"。据他们的解释，shaping 一词不仅有"塑造"，还有"设计""计划"的意义。world 本义是"世界"，又含有"人类""未来"的意义。因此，"Youth shaping the world"还有青年塑造世界、塑造人类、设计人类未来的深层意义。① 青年与未来是青年研究非常关心的问题。本书是论述青年的历史存在，历史存在不完全等于青年的过去，而是青年在历史中的特征与价值，其中就体现了青年面向未来不断创造新的存在形态的价值，因此，青年的未来走向顺理成章是应该关心的命题！

生命的创造力

　　青年研究是对人的研究，在所有的生命中，人是最为珍贵、十分稀罕的生命。人的始祖类人猿是高级动物，人类的诞生是人的生物特点不断人化的成果。人身自然的各个器官的结构和功能，在共同劳动的社会因素影响下，经过漫长的进化形成适应于人的活动的物质基础：直立行走促进其他器官的人化；灵巧的双手能做各种动作是人的智慧的感性呈现；头部端正立在肩上使视、听、味等感受器正面地接触外部世界；发达的脑的形成更是作为生物自然进化的最高成果。到了智人阶段，生物进化基本定型，具有人的属性的高级神经系统及其所联系的各种器官和功能，通过遗传基因（遗传信息）传递下来作为人的潜能，也是人类具有的所谓"天赋"。

　　婴儿作为一种有特殊组织的动物降生于世。德国哲学人类学家兰德曼对人和动物的婴儿作了对比："动物在天性上比人更完善，它一出自然之手就达到了完

---

　　① 蔡富有、樊和平："青年塑造未来与新世纪中国青年的历史使命"（代序），载《青年塑造未来》论文文丛，中国青年出版社 2001 年版。

成，只需要使自然早已为它提供的东西现实化。人的非特定化是一种不完善，可以说，自然把尚未完成的人放到世界之中；它没有对人作出最后的限定，在一定程度上给他留下了未确定性。"① 在芸芸众生中，人在生理上与一些高等动物相比并不是强者，婴儿更是非常脆弱。但是，人已经有了适应和改变环境的潜在可能性，只要在后天通过与社会的互动中开发潜能，就能以人独有的智慧和反思的能力去创造人的世界。兰德曼因此一再强调人必须靠自己完成自己，必须决定自己要成为某种特定的东西，"他不仅可能，而且必须是创造性的。创造性……作为一种必然性，植根于人本身存在的结构之中"。"首先，人能够决定他自己的行为方式，即他是创造性的；其次，他之所以能这样，就因为他是自由的。……因此，创造和自由是增加在纯理论的对世界的开放性之上的两个'属人的'特征。"创造和自由的特征是在人类独有的较长的青春期中形成的。婴儿出生后，伴随生理成长，不同的年龄阶段在接受社会的陶冶和塑造中认知水平和生活能力达到不同的程度，新阶段总是超过前阶段，这种内在自然的人化本身就是创造。在这个创造过程中，每一代人通过继承就达到了上一代的水平，在上一代的基础上拓展新的领域，追求新的境界，创造性作为一种必然性已经植根于青春期的身心结构之中，已经充分蕴含了属人的创造性特征，青春的生命力就是创造力，像训练有素整装待发的战士，一声令下将冲锋向前夺取胜利，到成人社会中去大显神通。

青春生命的创造力成为人类的理想。人们以人生周期与自然周期相对应，将青年现象与自然现象相统一来赞美和歌颂青春。青年是八九点钟的太阳，这是毛泽东对青年性质的经典表述。他又说，世界是你们的，也是我们的，归根结底是你们的。"归根结底"，是历史的决定，是自然的必然。一年四季、日起日落是宇宙的自然规律，青年则是万物生辉的春季。中国魏晋南北朝时期是道教对"青"的现象与"青"的色彩神格化的时期。"青"不仅代表一种高贵的色彩，更重要的是代表一种旺盛的生命力，对青色的崇拜就默示对生命本质的理解，对生命力量的追求。②

著名哲学家唐君毅更是如此论证青年之人生。"人生如四季，青年如春、壮年如夏，中年如秋，老年如冬。""只有青年如嫩芽初发，含苞未放。代表天地之生机，人类之元气。"他解释道：青年之所以有朝气是因为正在生长，生长中的嫩芽上纵有一点灰尘，也会因生长力的推动随风吹走，自然纯洁。青年又因生长

---

① ［德］米切尔·兰德曼著、阎嘉译：《哲学人类学》，贵州人民出版社 1988 年版，第 228 页。
② 吴端：《寂静的青春——儒学民众化与青年现象的消失》，中国发展出版社 2015 年版，第 45 页。

而不怕压力，不畏权威。我们不是都看到嫩芽在大石之下生长么！这个嫩芽必定要长成大树，青年所向往的是头上碧茫茫的太虚，要求顶天立地。"所以青年可以有开拓万古之心胸，推倒一世豪杰之气概。"①

在过去与未来之间

夏甄陶教授在所著《人是什么》一书中写道："前一代人已经获得和形成的经验、知识、本质力量，是后一代人继续前进的基础和起点。愈是向前发展，这种基础就愈广，起点就愈高。这样就会形成一种积聚性能量增殖和加速度，使得人类的经验、知识、本质力量随着人的历史性活动的展开、前进而发展得愈来愈丰富、愈来愈迅速。这是人类的精神、文化和本质力量所具有的继承性和发展性相统一的运动。这种又继承又发展的运动，是同动物的生物遗传进化发展方式根本不同的另一种崭新的社会遗传进化发展方式。"② 人类的历史就是各个世代依次交替的历史，继承又发展、学习与创造是世代传承的根本。对青年来说，继承是回首过去，发展是面向未来，青年处在过去与未来之间。

人类总是从过去走来，过去就是历史，不论多么复杂都是留给后代的社会遗产。对青年来说，历史的价值就在于在历史中寻找出路。对往事的继承，不再是往事的简单再现，也不是往事的松散记忆，而是对历史的重新整合，汇集到思想的焦点之中，力求了解历史发展的趋势，找到现实课题的答案，作出对未来的预测。青年把握了社会发展的趋势，就能站在未来的高度对现实作出合理的选择，满怀理想激发自己的创造力与想象力迈向完美的人生。作为前进的基础和起点，青年离不开过去。

"未来即是现在"，这是年轻人的说法，人类学家米德认为这句话似乎不合理，但是"我仍然认为他们为我们提供了一个重新形成思想的方法"。她以尚未出生的婴儿作比喻，未来就在我们中间，已经得到了为婴儿诞生而必备的东西，"这些东西倘若不事先准备好的话，临时准备就来不及了。因此，正如年轻人讲的，未来即是现在"。③ 青年对于现在与未来还有另一种主张："我相信，要去享受生活，一个人不应当成为未来的奴隶。未来是重要的，但还没有重要到要荒废

---

① 唐君毅：《青年与学问》，广西师范大学出版社2005年版，第1~2页。
② 夏甄陶：《人是什么》，商务印书馆2000年版，第311页。
③ [美] 玛格丽特·米德著，曾胡译：《代沟》，光明日报出版社1988年版，第90页。

现在的地步。"① 父母要省钱买保险和房子用于孩子的教育，孩子想的是旅游、买赛车、听摇滚乐，从中感受到快乐。米德表明这是代沟的存在。青年为什么要享受现在，长辈重视教育是要求他们现在要为未来作准备，这不是一般的代沟，应从人的生命之性即自然之性的正常发展来考虑。实行父权制以后，成年人压抑了自己原有的人性，以战争与暴力进行统治，以野蛮的成人仪式控制青年成为战争的工具。中世纪的骑士就要经过十多年的效忠仪式。在人性遭受压抑的状态下青年的创造力也被压抑了，历史也只能延续。历史上伟大的变革首先就是对人性的解放，文艺复兴对人的自然之性的高扬、重新肯定人世间对爱情、幸福的追求就是典型。进入现代化，青年在社会上有了更大的空间，但是成人的教育虽然不再是压抑，更多地还是强烈要求孩子在竞争中不要输在起跑线上，很少注意感情与人性的培育。这仍然是一种压力，青年希望享受现在就是对人的自然之性的追求，这对于青年面向未来有重要的意义。"道始于情，情生于性。"远古郭店楚简的这句话就说明了"情"的重要性。著名教育学家、曾从事"情感性素质教育"实践的朱小蔓教授强调了情感与人的发展的重要关系，而在影响人的生命享用质量的多种感觉情调中，最重要的积极情调是快乐。快乐增进人际交往，增强人对生活、生命的热爱。快乐增强人的自信与能力，使人勇于承受生活的负担和压力，还使人心胸开阔，对未来充满信心，运用智慧调动潜能，享受成功的欢愉。② 享受快乐对青年来说就是人的解放，获得自由。在压力之下强迫地接受教育，或者放任不管没有主客体交流，都不能使人成为人。孔子言："古之学者为己，今之学者为人。"只有在相对自由和宽松的环境中，按自己的兴趣、愿望、热情构成自己的学习动机，通过交流达到创新，将感官享受上升到精神层面，超越既定程序的樊篱，冲破时间空间的限制，以丰富的想象力去创造未来。创造活动本身就是一种自由的活动，甚至是一种美的享受。自由与创造作为人的特征就是青年的特征。对青年来说，特别是在高度发达的现代社会，对现在的享受直接关系到对未来的创造。

著名哲学家阿伦特提出"过去与未来之间的裂隙"的理论，在历史时间和生物学时间中不会发生间隙，间隙完全是一个精神场域，是思想序列、记忆和想象的序列把它们所碰触的东西从历史时间和生物学时间的损毁中拯救出来。③ 有意

---

① ［美］玛格丽特·米德著，曾胡译：《代沟》，光明日报出版社 1988 年版，第 117 页。

② 朱小蔓：《情感教育论纲》，人民出版社 2007 年版，第 27 页。

③ ［美］汉娜·阿伦特著，王寅丽、张立立译：《过去与未来之间》，译林出版社 2011 年版，前言、第 10 页。

义的是，吴端认为阿伦特的观点为青年研究提供了理论上的借鉴。"如果说过去与未来的力量的冲突被称之为'现在'的话，那么这种过去与现在的合力就有可能成为青年现象出现的一个重要前提，使得青年成为历史时间断裂中的'现在'，成为过去与未来的有着公共意义上的代沟与桥梁。"① 吴端也说在古代和中世纪历史时间的间隙并不明显，到了近代历史的间断性才以青年现象的方式出现。在历史上，青年以一种文化与精神的力量呈现在过去与未来之中，确是只在伟大的变革中才存在。古希腊的城邦民主制中青年曾有过这种表现，经过长期中世纪，人文主义的思想革命又有了青年的重要角色。曾任牛津大学副校长的布洛克根据文艺复兴中的青年角色和20世纪60年代的学生运动，认为在世风日下、价值沦亡的世界里，年轻人的创造是现代世界重新创造价值观的唯一办法。② 著名学者莫兰在所著《人本政治导言》中也认为工人阶级、人民群众、知识分子都不构成救世的群体。"尽管前后相继的青年运动的浪潮迅速瓦解，但仍然存在着这样的期望：青年人当然不是由年龄决定的救世主，但却是人本政治使命的优先承担者。"③ 进入现代化青年甚至成了一种重要力量，米德称之为前象征文化。这说明青年的生命运动与社会运动的交错关系。随着现代化进入后现代，世界的变化越来越快，各种矛盾日益突出，人类历史正酝酿一个伟大的新变化，青年如何在创造未来中发挥重要作用非常值得重视。

从物质到精神的转变

工业革命改变了农耕经济几千年停滞不前的历史，为人类创建了空前丰富的物质生活。可能始料不及的是，在短短两百多年间对地球的破坏到了威胁人类生存的程度，从人类诞生时就存在的人与自然的伙伴关系从此成了对立关系。

为了生存，人类必须通过劳动生产生存资料，这是人的"生命活力"的基础。但是，恩格斯指出，人和动物不同，"一有了生产，所谓生存斗争便不再围绕着单纯的生存资料进行，而要围绕着享受资料和发展资料进行"。④ 自从父权制有了分工和私有制，国王、贵族创造了物质财富和文明，同时要求享受超出生存需要之上的物质，在统治者身上更表现为永无止境的贪婪。中国帝王、贵族的贪

① 吴端：《寂静的青春——儒学民众化与青年现象的消失》，中国发展出版社2015年版，第215页。
② ［英］阿伦·布洛克著，董乐山译：《西方人文主义传统》，三联书店1997年版，第280页。
③ ［法］埃德加·莫兰，陈一壮译：《人本政治导言》，商务印书馆2010年版，第93~95页。
④ 《马克思恩格斯选集》（第三卷），人民出版社1972年版，第572页。

梦可能要排在世界前列。秦始皇为自己建陵墓历时 39 年用工占当时人口的 1/3。经过中世纪，文艺复兴与启蒙运动批判专制统治与神学统治，提倡人的解放，保证个人的自由发展，实现了工业革命，是人类历史的伟大变革。但是，资本主义的发展，竞争作为手段变成为目标，追求利润最大化满足物欲成了生活的唯一目的，扩大了贫富差距，经济发展的成果只落在少数人的手中。英国慈善组织乐施会发表报告：最富有的 1% 的人口占全球财富的比重从 2009 年的 44%，到 2014 年增长刻 48%，2016 年将增长到 50% 以上，差距仍在迅速扩大。① 既得利益集团代替帝王过着贪婪的宫廷生活，成为消耗和浪费物质的主力。理性与主体性的自我膨胀又将人视为世界的中心，极端人类中心主义的兴起将掠夺自然视为理所当然，环境的破坏与资源的浪费已经成为全球的最大公害。联合国减灾署（UNIS-DR）在 2015 年 11 月 23 日发表报告指出：自 1995 年以来，洪水、暴风雨及其他极端气候现象已夺走了 60 多万人的性命。气候灾难正以惊人的速度增长。从 2005～2014 年间共发生 335 起，比 1995～2004 年间多了 14%，比 1985～1994 年增加近 1 倍。20 年来，洪灾在所有气候灾难中所占比例达 47%，受灾人口超过 23 亿，其中 75% 来自中国和印度。②

早在工业革命初期，就有科学家提出工业生产与自然的关系。1827 年法国数学家富里埃就指出二氧化碳的排放会使大气变暖。在他以后，瑞典学者阿伦尼乌斯提出"温室效应"。③ 以后相继有科学家作出这方面的论证与提醒，没有引起丝毫注意。20 世纪 80 年代，德国学者贝克出版《风险社会》，提醒人们注意环境破坏已经带来的风险。直到 21 世纪，各国政府也不能不将可持续发展、建立绿色经济作为主要政策。问题是，政策的实际执行并没有紧跟风险发展的惊人速度，经济发展仍然压倒一切。1997 年通过的人类历史上第一个限制温室气体排放的国际法律文件《京都议定书》终于被埋葬就说明其执行的难度。2015 年 12 月通过的《巴黎气候协定》受到各国政府的重视，被盛赞为"世界的转折点"，但是科学家却不怎么乐观，法新社布尔歇在当年 12 月 12 日电：法国气候专家让·茹泽尔认为《巴黎气候协定》"雄心勃勃"，但对 2020 年以前缺乏行动规划感到惋惜。总之，环境保护仍然是极其严峻的命题。

青年在环境保护方面则发挥了重要作用。早在 20 世纪 60 年代的学生运动，

---

① 法新社 2015 年 1 月 19 日电《参考消息》1 月 20 日转载。
② "联合国报告称：20 年来气候灾难致 60 余万人丧生"，见《参考消息》2015 年 11 月 25 日。
③ ［法］德尼兹·加亚尔等著，蔡鸿滨等译《欧洲史》，海南出版社 2002 年版，第 499 页。

环境保护就是其重点目标之一。在运动中他们在乡间农庄和山林湖边人烟稀少的地方安营扎寨，以便亲近自然，保护环境。他们对人与自然关系的认识以及对环境的关心与爱护成为重要遗产。就在运动接近尾声的时候，1970 年 4 月 22 日，美国哈佛大学学生丹尼斯·海斯发起并组织了环境保护运动，全美国有 1 万所中小学、2000 多所大学的 2000 多万人参与游行，强烈要求政府采取措施保护生态环境，促使政府成立一个专门委员会和国家环保局。1972 年全球人类环境会议在斯德哥尔摩召开。1973 年联合国环境规划署成立，将 4 月 22 日命名为"地球日"。与此同时，在罗马俱乐部，来自 7 个国家 17 个平均年龄不到 30 岁的青年科学家组成研究小组，经过两年的努力发表《增长的极限——向罗马俱乐部提出的报告》，直接挑战无限增长的神话。进入 20 世纪 80 年代，环境保护意识已经在青年群体中普及开来，青年们正在从物质主义的价值观向后物质主义的价值观方向转变。殷格尔哈特认为这是代际更替的结果，一个新的时代正在到来。在西方国家，年轻一代的消费习惯正在改变，一种减少生活用品的简朴生活十分流行，分享汽车、分享衣服、分享住房的分享经济也在蓬勃发展。这是一场静悄悄的革命。

青年人兴起的这场静悄悄革命任重道远，面临的是物质生活与精神生活都全面物化的残酷现实，而且与长辈存在严重的代沟。20 世纪 60 年代学生运动领袖保罗·波特在 1971 年的回忆录中就指出，家长们的思维认为成功就是要在竞争中有意识地去获取和占有更多的物质。"为了帮助自己的子女走向成功——攫取财富、获得地位、享受权力，他们的父辈会撇开道德大谈竞争的重要性和必要性（Potter，1971：104 – 108）。"[1] 物质主义替代了理想主义，金钱与物质对人性的束缚代替了早期资本主义对人性解放的承诺，不仅家长这样要求子女，就是政府也仍然将经济增长放在首位，对资源的掠夺是权力控制与斗争的出发点。因此从物质主义到后物质主义是非常艰难的历史转型，而对地球自然的保护最迟也只能在下个世纪从根本上解决，否则全人类都有生存的危险。建立人与自然和谐的社会已经是历史发展的迫切要求和必然趋势，是"90 后""00 后"都要面临的课题。现在，后物质主义价值观是在富裕环境中成长的一代中开始出现的，因为他体验到了追求物质享受只考虑自己，在激烈竞争中种种战胜别人的计谋又束缚了人生的情味和生命的自然，因此转向对生态环境、生活质量、自我实现等方面的关注。这是人性的升华，是马斯洛学说从生理需要向自尊、自我实现的提升，也是马克思所说的从人的异化开始向人的自由全面的发展。李泽厚称之为"人自然

---

[1]　王恩铭：《美国反正统文化运动——嬉皮士文化研究》，北京大学出版社 2008 年版，第 93 页。

化","'人自然化'要求回到自然所赋予人的多样性中去，使人从为生存而制造出来的无所不在的权力——机器世界（科技机器、社会机器和作为二者现代结合的语言信息机器）中挣脱和解放出来，以取得诗意生存，取得非概念所能规范的对生存的自由享受，在广泛的情感联系和交流中，创造性地实现人各种不同的潜在的才智、能力、性格"。①

这是从物质到精神的转向，对在富裕家庭中长大的青年来说只是开始，对那些在困境中谋职业、求生存的青年们来说，首先要解决的仍是生存物质。他们的努力有两种结果，一种是获得起码的物质条件可以继续努力，也应该有简朴生活的理念转向对生活质量的追求。另一种是以自己的科学技术能力获得更多的财富有的成了巨富，这也是合理的，绝对的平均主义绝对不可能。现在，按资中筠的说法，美国的大资本家在继续做慈善公益事业的同时，又用做企业的办法做公益事业，有钱的出钱，有智慧的出智慧，有力的出力，进行创业使自己的财富与人分享。毕夫在"创造未来全新价值的分享经济"一文中指出：分享经济追求的是对闲置资源利用的最大化。"人们不再是通过购买所有权的方式而是通过取得使用权的方式进行消费，关注的不再是自己占有多少价值而是能够获得多大的使用价值。"拥有的物质越多越好是一种奢侈，结果是有大量物质被空置在那里，有用的东西变成无用。衡量身份地位的标准将不再是拥有汽车、别墅、城堡，而是拥有怎样的精神生活。分享经济给人带来一种物质消费与精神消费均衡的新生活，是人类文明的进化与提升。②

著名生态哲学家幻翰·科布将生态思维引入后现代主义，使后现代主义从解构向建构性转型。西方哲学认为只有人是主体，生命和自然界是人的对象。深度生态学认为不仅人是主体有价值，自然也是主体有价值，生态文明是人性与生态性全面统一的社会形态。工业文明的生产是从原料到产品到废弃物的非循环的生产，其生活方式以物质主义为原则，以高消费为特征。生态文明则致力于构造一个以环境资源承载力为基础、以自然规律为准则、以可持续社会经济文化政策为手段的环境友好型社会。③ 总之，人与自然的关系始终贯穿于文明的起落兴衰之中，对文明的走向和命运具有决定性的意义，是文明发展的永恒主题。因此，进行保护自然的静悄悄革命担当绿色家园的守护神，是每一代青年的未来走向。

---

① 李泽厚：《己卯五说》，中国电影出版社 1999 年版，第 159～161 页。
② 毕夫："创造未来全新价值的分享经济"，载《中国青年报》2016 年 3 月 14 日。
③ 乐黛云：《涅槃占再生——在多元重构中复兴》，中央编译出版社 2015 年版，第 117 页。

命运共同体的世界公民

面对全球化的迅速发展，将为青年一代提出另一个未来走向，那就是，在和平与发展日益成为全球化主旋律的新时代，要求青年成为爱国公民的同时成为世界公民。

杜兰特在《历史的教训》中写道："在过去有历史记录的 3421 年中，只有 268 年没有发生过战争。我们得承认，战争现在是竞争和人类物种自然选择的最终形式。……战争的原因与个人之间竞争的原因完全一样：贪婪、争强好胜、骄傲，以及对食物、土地、资源、燃料与霸主地位的欲望。"① 直到现在，人们仍然面临战争与暴力威胁着全人类的严重局面。

"人类一体"（Humanity is one）一直以来是一个很崇高的理念。爱因斯坦提醒我们，每个人都属于一个庞大的人类群体。甘地提倡"全人类属于不可分割的同一家庭"。② 人类学家米德认为导致 20 世纪 60 年代青年运动的各种条件中首要一条就是世界共同体的出现。那么如何以共同的责任组织人类的共同生活呢，她重提没有战争的世界的梦想："我们能为把保卫自己团体的英雄式的能力转化成保卫整个星球的能力创造条件吗？"她认为需要一个新的理想，每个国家都应克制自己尽到责任才能保住这个星球。③ 米德提出的问题已是当今学术界的热门话题。著名历史学家章开沅教授建议："在这样的背景下，民族主义、国家主义仍然会继续存在并大行其道。而这些民族情绪、国家情绪也有可能被少数政治家利用，重蹈历史的覆辙。为了防止排他的狭隘民族主义、国家主义滋长，当务之急就是要培养'世界公民'意识。在未来，国籍将会变得不那么重要，不论哪个国家的公民都应当持有'世界公民'的意识，不断加深对'世界公民'权利与义务的认知。这是历史的大势所趋。也许中国公民社会尚未发育成熟，然而世界公民社会已在形成之中。也许在不久的未来，全球公害激发人性复苏，在共同防治公害的奋斗中产生新的自我融合，促成世界公民新的公德诞生，那才是全球之幸，

---

① ［美］威尔·杜兰特，阿里尔·杜兰特著，倪王平，张阅译：《历史的教训》，四川人民出版社 2015 年版，第 137 页。

② 马凯硕著，韦民等译：《大融合——东方、西方，与世界的逻辑》，海南出版社 2013 年版，第 15、13、7～12 页。

③ ［美］玛格丽特·米德著，曾胡译：《代沟》，第八章技术带来的希望，光明日报出版社 1988 年版。

人类之幸。"①

　　章开沅教授认为，利益之争"剪不断，理还乱"，很难在一两人之间化解，但是又等不及一两代人的拖延。令人欣慰的是，青年是反对战争的和平主义者。早在 20 世纪一战后的 30 年代，英国、美国的大学生就掀起过反战运动。反战也是 20 世纪 60 年代学生运动的主题。青年中兴起的后物质主义价值观，一旦成为社会的主流将缓解因资源争夺引起的冲突。吴端指出：从人类文明起，经历了狩猎革命、农业革命、都市革命、科学革命、精神革命进入到青年革命的时代。所谓青年革命是指以未来世代的立场对待一切社会问题。20 世纪 90 年代以后的青年的眼界和思想范围就已经超越了国家范畴扩展到整个世界。② 我们可以从各国留学生的相互交流中看到世界公民意识的觉醒。北京大学国际关系学院教授、美国研究中心主任、联合国基金会董事袁明在一个会上娓娓讲述了"全球化时代：青年与世界深度交流"的人和事：2014 年向外国输送留学生最多的国家是中国，在美国的留学生就有 30 多万人，其次是印度、韩国、德国、沙特等。到北京大学来的留学生曾经不到 100 人，如今却有 133 个国家近 3000 名国际学生加入我们，为北大注入新的生命力。燕园里的中外青年以"We Are One World"为理念，热爱着、建设着北大这个微缩版的世界，使我们感知到这样一个广泛交流的大时代的特征。袁明教授还回忆起北大走出的杰出学子的故事。曾有机会留学海外名校、但心系中东的中国学生王丁楠毕业后毅然扎根埃及，经历了埃及革命的前前后后。他在给袁明老师的来信中写道，种种问题依然存在，但革命又深深地触及了埃及人的生活，莫谈国事的时代结束了。袁明老师感受到他在异国的成长，和他对于世界的深沉思考。这些国际交流与文明激荡的人和事，给当时在场的老师和同学留下了深刻印记，一致认为做具有国际视野的大国青年，应是每一位北大学子的使命与担当。③

　　曾任新加坡常驻联合国大使、联合国安理会轮值主席、现任新加坡国立大学李光耀公共政策学院院长的马凯硕著有《大融合——东方、西方，与世界的逻辑》一书，认为地球上 70 亿居民都生活在同一艘船上。在谈到驱动大融合的力量时，他写道：在过去的几十年里，这个世界造就了人类历史上绝无仅有的、最

---

① 章开沅、陈才俊"价值体系的重建与人类文明的重构"，载澳门大学《南国学术》2014 年第 2 期。
② 吴端：《寂静的青春——儒学民众化与青年现象的消失》，中国发展出版社 2015 年版，第 208～210 页。
③ 北大国际合作部记者辛苑、钟雪、景彤："袁明：谈大国青年与国际视野"，见《共识网》2015 年 11 月 27 日。

大规模的受过大学教育的大脑。日益高涨的新型人才潮流是孕育大融合的关键驱力之一。他特别提到留学生。从亚洲、非洲和拉丁美洲到西方国家大学留学的学生就以数百万计。"我们可以而且必须充分利用这一全新的融合态势，处理我们这个世界所面临的新难题。"① 上百万千万的各国留学生往往离开故乡走向世界，在深入社会作出贡献的同时，又结合实践以国际的视野思考人类面临的问题，他们正是章开沅教授期待的世界公民。他们的素质也体现了章开沅教授所解释的人文精神："人文精神从宏观来讲，是对人类生存意义和存在价值的关怀，它凝结为人的价值理性、道德情操、理想人格和精神境界；从微观而言，则是一个人的本质体现，因为人不仅是一个事实存在，更重要的是一种价值存在。"②

　　大同世界是人类祖先的理想，世界大融合已是历史的大趋势，全球的文化学者、经济学家和政治家都对此有精辟的论述和殷切的期待。世界各国的哲学家、伦理学家、宗教学家、社会学家提出了寻求全球伦理的问题。携手构建合作共赢的新伙伴，同心打造人类命运共同体，也是当今不少政治家的理念。中国国家主席习近平多次提出利益共同体、命运共同体的理念。他指出，全球治理体制正处在历史转折点上，推进全球治理体制变革已是大势所趋，全球治理应具备三方面的机制能力：保障世界和平、保障全球可持续发展，以及保障用合作方式解决问题。现在各国领导人忙于空前频繁的外交活动就是人类进入命运共同体的具体表现。面向未来、处在新轴心时代的青年，是建构全球伦理、走向人类命运共同体的重要力量，特别是往来于世界的留学生，他们已经用国际的视野探索全球性的问题，满怀理想的青年必将顺应历史的大趋势，担当起世界公民的权利与义务，正确处理民族主义与世界主义的关系，迎来全球的命运共同体，建构一个绿色与和平的世界，一个人与自然、人与人和谐的世界，这是青年的又一个未来走向。

　　青年的未来走向担当的是人类历史的转型。恩格斯认为来源于动物界的人不能摆脱兽性，只能在于摆脱多少，在于人性与兽性的程度上的差异。章太炎认为所以为进化必由双方并进：善亦进化，恶亦进化；乐亦进化，苦亦进化。双方并进，如影之随形，他称之为"俱分进化论"。③ 人类实行父权制的英雄时代启动了文明，但是又使战争成为经常的职业。轴心时代实现了人类意识的觉醒，战争却成了各国的痼疾。人文主义思想促进了现代化，却遇到了两次世界大战。经济繁

---

　　① 马凯硕著，韦民等译：《大融合——东方、西方，与世界的逻辑》，海南出版社2013年版，第15、13、7～12页。
　　② 章开沅、陈才俊"价值体系的重建与人类文明的重构"，载澳门大学《南国学术》2014年第2期。
　　③ 章太炎："俱分进化论"，载《民报》第7号，1906年9月5日。

荣极大改善了生活，却导致了生存危机。危机的严重程度又导致了新的觉醒，现在是改变这种持续几千年双方并进历史的时机了。但是，要实现只有善没有恶的世界，或者善能控制恶，在人性与兽性上有很大程度的改变，绝不是轻而易举的事情，否则不会延续几千年而且相互的较量愈演愈烈。由思想家、政治家与年轻一代共同兴起的这场改革之所以称为静悄悄的革命，就是因为不会发生突然的断裂，而是一个日积月累的过程，要在政治、经济、文化各个方面不断地总结经验，交流对话，超越突破。文艺复兴启蒙运动使几千年的农业文明转向了工业文明，现在这次转型更是历史的根本转型，更要兴起一场伟大的思想解放促进艰难的转型。这也许要经过好几个世纪，甚至不能确定其实现的终极时间。但是，实现这种理想的行动已经开始了，向理想世界的历史转型是人类一直的期待，具有非凡的划时代意义，说明了青年未来走向的历史价值。

第三章
我经历的青年研究

在团中央研究室

　　1978 年，正值"文革"结束，向发展经济党的工作转移的历史时刻，我调到团中央研究室工作，钟沛璋是研究室主任。在这个历史时刻，青年的变化走在了社会变化的前列：生活方式迅速世俗化，知青返城就业艰难，青少年犯罪持续增长，特别是观念开始转变，各种思潮风起云涌。这是新中国成立以来没有遇到的现象，引起了中央领导和整个社会各界的重视，举国上下引发了如何评价青年工人、农民和学生的激烈争论，出现了迷惘——思考、垮掉——奋斗等相互对立的形容青年一代的众多名词，如何正确认识青年成为最迫切的命题。1978 年 4 月团中央召开各省、市团委参加的青年问题研究会议，会议学习了有关青年的社会科学理论，商讨了调查研究的指导思想、内容和方法。会后各地团委掀起对青年进行调查研究的高潮，许多地方相继成立青年研究协会。当年我主持创办内部刊物《青年研究》，8 月 25 日第一期出版，发刊词提出要使青年研究形成为一门综合性的学科，并提出了青年特点、使命、思潮、代际关系等 42 项研究课题。接着根据当前需要集中为四个方面：青年的现状与特点、青年的培养目标、为青年广开出路应采取的政策、青少年的保护问题。8 月 30 日第 2 期就出现一个重头戏，发表由我和唐若昕、扬文撰写的西单民主墙 4 个民办刊物的调查报告，题为"一批关心国家大事爱思考的年轻人"。对西单民主墙，1979 年 2 月，时任中宣部长的胡耀邦就曾要团中央派人去调查，6 月在人大五届二次会议上发言又说要支持在社会主义制度下行使自己的民主权利。就在 6 月，团中央派我和唐若昕、杨文去调查，我们选择《北京之春》《四五论坛》《沃土》《今天》4 个刊物，与他们交往了近两个月写成上述报告，引起国内外的重视。香港已有转载，国内一些会议也在议论它。彭真委员长派杨景宇先生来与我长谈 5 次，详细了解他们的情况。在彭真委员长领导下当时人大成立了新闻法起草小组，并写出了草案，因此扬景宇先生对报告中提出的制定出版法、结社法的建议很感兴趣。

1980 年 3 月，团中央召开为期 5 天的"青少年保护法座谈会"，人大法制委员会、高检、高法、国务院有关部门、北大等知名大学派人参加，会议对青少年犯罪的情况、特点和原因作了分析，提出了政策建议。6 月 20 日《青年研究》发表"青少年保护法座谈会纪要"，会议除建议成立全国性的青少年科学研究机构外，还通过了"关于建立青少年保护法起草小组的建议"，起草小组由团中央与人大法制委员会、司法部等共同筹备，机构设在团中央。很快起草小组成立，成员是北京大学、中国人民大学、北京政法学院的 5 位老师，由我担任组长。我现在还保存有《中华人民共和国青少年保护法》第五稿的原件，上面有我用红笔作的一些修改，主要是将原稿的第三条与第四条合并为第三条，保护法不仅只针对违法犯罪的青少年，明确指出"本法的任务是保护青少年的健康成长，保障青少年的合法权益，支持青少年的首创精神，预防犯罪，教育、挽救、改造违法犯罪青少年"。起草小组为青少年保护法的正式建立做了开创性的工作。以后中国青少年犯罪学会成立，我担任副会长，曾在多次青少年犯罪问题学术讨论会上作专题发言与总结。

亲历青少年研究所

"在 1980 年的天空上，有太多的人、事、机构如流星划过，没有痕迹；而有一些流星则留下了轨迹，化作陨石。中国社会科学院青少年研究所就是这样一颗流星。"这是柳红在 2014 年 11 月 19 日《经济观察报》上发表的记载青少年研究所的文章的开头语。接着写道："它是中国社会科学院最短命的研究所，只存活了 4 年——从 1980 年 12 月至 1984 年 12 月。其背后体现的是在那个特定历史转型期对于青年的关怀、理解和包容。"我亲身经历了这 4 年，而且对青少年研究所如何诞生也曾身临其境。青年现象的突出使全社会对青年的研究充满了渴望和激情，1981 年 5 月，由杨宗义和张春翻译的日本依田新教授主编的《青年心理学》由知识出版社出版，同年 9 月第 2 次印刷就达到了 370000 册。1983 年王极盛著的《青年心理学》几年内陆续销售 894000 册。可见社会对青年研究的强烈需要。当时《中国青年》发起的"潘晓讨论"不仅在青年中掀起了巨浪，而且受到全社会的重视，胡乔木亲临编辑部表示称赞，陪同来的团中央书记胡启立建议，现在青年问题如此严重，希望成立一个青少年研究所。胡乔木当时答复：我是中央书记处书记，又是社会科学院院长，你们写封这样的信给我就可以了。信由钟沛璋发出，筹备工作就开始进行了。我现在还保留有"关于筹建青年研究所的初步设想"的资料，1980 年 8 月 1 日，由社科院副院长梅益主持，团中央、全国妇联、教育部、全国总工会和北京团市委有关人士参加的会议详细讨论了筹建工作，12 月 26 日中国社会科学院和共青团中央发出了"关于成立青少年研究所的通知"。青少年研究所正式成立，团中央研究室大部分人员转到青少年所，《青年研究》也成为所刊，由我任主编。成立后，青少年研究所对大学生、青年农民、青年就业、青少年犯罪、道德教育、青年心理等完成了一系列调查研究项目，并且支持出版轰动一时的《走向未来丛书》。1983 年 10 月，《青年研究》编辑部在江西庐山召开全国性的"青年研究方法论研讨会"，就方法论展开了广泛的讨论，并发表了研讨会记要，成为青年研究学科建设史上的一次重大活动。到 1984 年 11 月，突然宣布撤销青少年研究所，公开的说法是"社科院机构设置合理化"，实际有明显的深层次的政治背景。当时青少所是社科院清理精神污染的 4 个重点之一，并派联络员来所监督清理工作。所里的其他室如何清理我不清楚，至于我们，每年将《青年研究》的好文章编成《青年研究论文选》成为内销书，1984 年文选已经出版即将发送给定购者，其中选入了一篇论述性教育的文章，被定性为重点精神污染要在全所开展批判。我不服，拜访叶恭绍和周建人两位学者，他们用书面充分肯定该论文的学术价值。我带着两篇评论写信给胡耀邦对此提出申诉由胡德平转交，胡德平要我同时写信给邓小平。不久有人将胡耀邦的讲话交给我，其中提到对人体艺术都应肯定。在全所对性教育一文的批判会上我将此讲话交主持人，不宣读，批判的发言一个紧接一个，令人冷笑不止。院领导要所党组表决是否撤掉此文，只我一人投反对票。此文被裁掉后出售，成为新中国以来第一本明显缺几页仍然发行的书。

1985 年青少年研究所合并到社会学所以后，我担任青少年室主任和《青年研究》主编。1987 年，国家哲学社会科学"七五"计划重点科研项目"当代中国青年价值观念演变"课题由我任课题组长，主持课题的论证和问卷设计。当时写了"青年价值取向演变的意义"，以首篇发表在 1987 年《社会学研究》。我离休后，该课题与《青年研究》由楼静波、单光鼐负责。《青年研究》也在 1993 年批准由内部刊物成为正式公开发行的刊物，成为青少年研究所保留下来的唯一遗产。《青年研究》发表的论文对不同青年群体的现状作了大量调查，不少论文运用心理学、社会学、教育学、人类学等对青年的方方面面作了学术分析，从创刊起对青年研究的方法与学科建设一直不断进行了深入的探讨，日益提高了本身的学术水平，许多作者如孙立平、谢维和、杨东平、朱小蔓等日后成了知名学者，公认《青年研究》对推动我国的青年研究起了重要作用，有学者甚至认为它首开我国青少年研究之先河。1997 年 3 月，罗盈写信告诉《青年研究》编辑部：据中国社会科学院科研局报告，1996 年，由北京大学图书馆和北京图书馆期刊工作研究会共同评比后出版的《中文核心期刊要目总览》中，社科院全院有 17 种期刊排名居 20 个学科领域核心期刊第一名，17 种期刊包括《经济研究》《哲学研究》《历史研究》等，《青年研究》也是 17 种期刊之一。"《青年研究》以高质量的学术作品跻身于中国社会科学院 17 种排名居学科领域核心期刊第一名的行列中，这表明《青年研究》的办刊方向是对头的，学术水平是高的。今后，青年研究决心进一步提高政治责任心，牢牢把握办刊的正确方向，业务上精益求精，在刊物上多发表优秀的高质量的学术作品。"①

20 世纪 80 年代开启的《青年研究》充满了激情。很多参与《青年研究》的学者以丰富的知识发表了高水平的论文。说实在的，我是在战争为主的文化断层的环境中成长的，建国后的前 30 年，我一直在报社工作，主要是写些通讯报道，理论功底几乎空白，开始从事青年研究我完全是从头学起。国际上的青年研究从 20 世纪初走向学科化，100 多年已有了丰硕成果。这些成果在 20 世纪 80 年代，除一些论文外引入国内的主要是几本日本的著作。我通过学习先后在《青年研究》发表"关于青少年研究的方法""对青年研究的基本认识""关于'青年学'""青年研究在我国的发展"等论文，是我从头学习后对青年进行研究的起步。

继续参与青年研究与学术交流

从《青年研究》创刊时就有人提出要创建"青年学"，随着对青年研究学科化的强烈呼声，几年之间，一大批青年刊物纷纷出版，形成青年学热。但是大同小异，对于是否能成为独立学科引起了争论。我写了"关于'青年学'"一文，提到知识社会学认为将已有研究成果系统化，就像将珍珠穿成项链一样也是一种知识产业。其功能只是传播了已有的知识类似教科书，缺少新的研究成果。在中国，"在辽阔的疆域内，有这么多层次的青年和如此丰富的、反映了不同经济文化背景下的青年问题，应该说，它是一个难得的研究青年的矿藏，是一个有待整

① 罗盈："《青年研究》以高质量的学术成果赢得学界赞誉"，载《青年研究》1997 年第 3 期，第 41 页。

理的青年与青年问题的博物馆"。文章认为应该像美国的玛格丽特·米德或中国的费孝通那样深入一个地方若干岁月，掌握当地青年的历史与现状，不仅是用已有知识进行综合，还应有理论创新，才是学科化应有的道路。令人欣慰的是，黄海通过艰苦的"田野调查"，写成《灰地》《灰人》两书，体现了严谨学者的学科化道路。

到了20世纪90年代，经过10年的努力，青年研究的整体科学水平正在逐步提高，研究队伍的规模和推出成果的态势都是前所未有的。1992年，全国15家青少年研究所、团校共同开展了"现代进程中的中国青年"课题，为此建立了电脑数据库，拥有近5万份问卷的数据，课题发表后受到政府部门和新闻媒体的充分肯定，甚至连中国香港、新加坡和美国都转用了该资料。5年后的1996年，又开展了"迈向21世纪的中国青年课题"。从1990年开始，经联合国教科文组织提议，作为亚太地区社科情报网络关于青年研究向国际信息交流中心提供的论文信息资料，中国社会科学院文献信息中心与有关单位合作推出《青年塑造未来论文文摘》。出版五辑后，1996年社科院文献中心、中国青少年研究中心与吉林省青年学学会联合推出第六辑，选编摘录青年研究论文600篇。可见当时的青年研究已有了相当规模。

1993年3月26~28日在上海举行题为"现代化与青年"的国际学术讨论会，来自中国香港、澳门，马来西亚，日本，德国，瑞典，奥地利等地的学者包括国际社会学协会执行委员会主席哈特曼先生、青年社会学委员会主席芬克女士出席了大会。中国则有10多个省市的青年研究学者参加。29日，中国社会学会青年社会学研究会召开成立大会，我与魏久明同时被选为会长。在28日的会上，我作了即席发言，主题是"研究青年能预测未来"。先从中国旧体制下青年的发展模式谈起，那时青年农民只能永远是农民，青年工人也必须依附于工厂，他们改变地位必须上大学毕业后才能当干部或技术人员，当上干部按级别提升的机会也越少。所以《中国青年》的潘晓讨论发出了"人生的路啊，为什么越走越窄"的感叹，反应了当时青年要求变革的呼声。中国经济体制的改革，农村从生产责任制、城市从允许个体户开始，接着多种多样的经济、文化产业开始涌现，形成了全国性的人口大流动，青年是最活跃的力量，人才辈出，各显其能。然而在一片赞扬声中又听到了青年的另一种声音。在金钱与权力面前，道德滑坡，法制又不健全，互相算计，强者为王，人际关系既淡薄又紧张。富于理想的青年感到了新的压力，发出"赚钱又是为了什么"的呼声，向往更为自由自在的生活。也就是说，我们由贫困走向发达的第一个超越还在进行的时候，青年就在追求更为和谐与自由社会的第二个超越了。在会上，国际青年社会学会主席芬克博士就介绍了西方的后现代主义思潮。我将中国的情况与历史上以及日本和西方的情况作了对比，指出，"我们研究青年，不就是在研究人类发展的轨迹么！"这次讲话整理后以"研究青年能预测未来"为题，发表在上海《当代青年研究》上。1994 年 7月，我们就应邀到德国比勒菲尔德大学参加第 13 届世界社会学大会第 34（即青年社会学）研究委员会的学术活动。也算是走向了国际。以后中国青年社会学研究会又多次在上海、江西共青城、浙江舟山等地召开学术讨论会，我都提交有论文或主持会议作了总结发言。

探索青年研究向何处去

进入 20 世纪 90 年代，在 20 世纪 80 年代短时间就兴盛一时的各种"学"的著作少见了，只有青年社会学受到了重视。继谢维和发表"论青年社会学的学科特征"，又有平章起的"青年社会学与'中层理论'探索"、苏颂兴的"要重视青年社会学史的研究"等论文发表。1994 年谢维和等著的《当代青年社会学》、2006 年方巍等著的《青年社会学》等出版。与此同时，对兴起的实证研究也开始有了反思，好几位学者对社会调查在青年研究中的应用作了数据统计的分析，有马德峰的"实地研究方法在青少年研究中的应用回顾"、吴鲁平的"实证性青年研究中存在的问题"、尚会鹏的"沉下去，扎扎实实做点事"、李维的"测量数据的统计——青年研究中的若干测量问题"。不过，在肯定实证研究的同时也指出对经验事实进行系统的概括、归纳和分析，上升到理论的高度还做得不够。

经过 30 年的历程，一代又一代研究者的努力与探索使青年研究有了可喜的成果，但其不足之处也随着人们认识的提升受到注意，进入 21 世纪出现了对青年研究的认真反思。在一些反思的论文中，我注意到了沈杰在 2002 年第 1 期《中国青年研究》发表的"'青年研究'何去何从"、陈亮在《浙江青年学院学报》2002年创刊号和 2003 年第 4 期发表的"我们的青年研究缺什么"和"青年研究从质疑开始"、黄海在 2005 年 11 月《湘潭大学学报》发表的"从青年研究到青年学——一种真问题与真学问相结合的文化人类学反思"这几篇文章。陈亮和黄海的文中都引用了沈杰的论点，可见他们的观点是共同的。他们对已有的青年研究作出了评估：沈杰认为"如果对它的现状作一个判断的话，我认为，它正处于一个可以称作转型的时期"。"更确切的判断是：它正处在一种从'经验型'研究范式转变到'专业化'研究的时期。"陈亮认为"当下的青年研究更多的是现象的堆砌，很少对本质的分析，因而就谈不上学术研究的知识增量"。"真正的学术增长点，一定与许多未知知识的增量积累相关联，一定与有人在平凡的认识背景上进行个人的思考相关联，如果研究只是旧内容的洗牌，表面的喧哗不过是学术的末路。"黄海更是指出"迄今为止，应该承认青年研究仍然处于一个前学科发展时代"。我引用他们的论点加以综合分析，并收集其他学者的相关论文在 2006 年写成"对我国青年研究的反思"一文，就青年研究的现状与评价、对建立理论体系的各种意见、对青年研究方法的讨论以及为青年研究的发展应做出的努力做了分析，最后引用沈杰的话"如果说我们的青年研究要取得真正发展必须具有'两只坚实之足'的话，那么，一只必须站在社会变革的波涛汹涌之中，而另一只则必须立在学术探讨的最前沿"作为结束。我将文章寄往上海社会科学院青少年研究所的金志塈与孙抱弘两位先生，建议在《当代青年研究》上设"理论反思"专栏，并由中国青年社会学会与《当代青年研究》合作召开青年研究反思的学术讨论会，他们都同意了。《当代青年研究》2007 年第 2 期开始设"理论反思"专栏，我的文章放在第一篇。我还与一些较熟悉的学者联系为专栏组稿。以后该刊每期都有对青年研究反思的论文，一直维持到年底。对青年研究反思的学术研讨会也在当年的 4 月 25～26 日在上海召开。

　　《青年塑造未来——〈2007·论文精选〉》（这是由中国社会科学院文献信息中心与团中央宣传部共同主持的联合国教科文组织青年研究国际信息交流项目）一书中，由蔡富有和蒯辙写的代序"2007 年中国青年研究的回顾与思考"中对那次学术讨论会作了评价："其间，青年研究的老一辈专家、学者所做的历史性回顾与总结，新一代青年学者所做的理论思考与探讨，是本次研究会的一大亮点，而且与《当代青年研究》开辟的青年研究'理论反思'专栏密切呼应，声势大，影响大。这两项青年研究学术活动，使得 2007 年成为了青年研究理论回顾与思考年，对促进中国青年研究的理论进步和升华，推动中国青年学科的构建和发展，作出了重要贡献。"① 会后，参加会议的天津社会科学院研究员关颖在 5 月 2 日给我发来邮件，其中说"近几年我参加学术研讨会不少，但像这样大家如此认真地讨论问题的学术氛围，已经很少见了。除了上海社科院的努力，您在其中的领军作用更是功不可没。对我来说，这次会议受益匪浅"。《当代青年研究》"理论反思"专栏中的文章，由上海社会科学院青少研究所编辑成《青少年研究基础理论建设论文汇编》内部发行。《青年塑造未来——〈2007·论文精选〉》也选入了其

---

① 蔡富有、蒯辙主编：《青年塑造未来》（代序），中国经济出版社 2008 年版，第 1 页。

中的 10 篇放在该书"青年学科理论与方法研究"第一部分。我们期待青年研究经过反思能有更大的发展。

在中国社会科学院社会学所青少年研究室当时任主任的吴小英在"青年研究的代际更替及现状解析"一文中指出：20 世纪 90 年代中期到世纪之交的青年研究，虽然不像第一代那么繁荣火热，甚至有明显的沉寂迹象，但是反而可以视为在学术领域寻找新的定位的开端，在学科化和研究范式上完成了新的转型尝试。到 21 世纪，是青年研究第三代，面临巨大的社会需求，越来越多不同知识结构和学科背景的学者加入青年研究行列。[①] 除桑兵 1995 年出版《晚清学堂学生与社会变迁》，可以称之为本土青年之本土研究的经典之作外，在 21 世纪诞生了一批出色的青年研究学术成果：陈映芳的《在角色与非角色之间——中国的青年文化》（2002）、《青年与中国的社会变迁》（2007）、房宁等的《成长的中国——当代中国青年的国家民族意识研究》（2002）、程巍的《中产阶级的孩子们——60 年代与文化领导权》（2006）、徐丹的《倾空与器皿——成年仪式与欧美文学中的成长主题》（2008）、平章起的《成年仪式——兼及青年文化适应》（2002）、郑春生的《拯救与批判——马尔库塞与六十年代美国学生运动》（2009）、陆玉林的《当代中国青年文化研究》（2009）、卢德平的《青年文化的符号学阐释》（2007）等。到 2010 年廉思在著《蚁族 I》后又著《蚁族 II——谁的时代》、2012 年又有沈杰著《青年对社会变迁的反应——现代化进程中青年社会心理的变迁》、2013 年吴鲁平等著《大学生政治社会化的结果研究——以"社会结构论"为理论视角》、2013 年由李春玲主编、施芸卿副主编的《境遇、态度与社会转型——80 后青年的社会学研究》等相继出版，有了相当学术水平，在社会上引起了较大的反响。

从总体来看，中国的青年研究至今还没有赶上发达国家的水平。"五四"时期是我国青年研究的起步阶段，当时的领军人物在刊物上发表大量有关青年的文章，大多是政治主张。至于学术研究，1921 年中国心理学会成立，1922 年成立中国社会学会，推动了学科意义上的青年研究。杨贤江运用霍尔的理论在刊物上发表关于青年心理的文章，并在 1929 年出版霍尔《青年期》一书的节译本。到 20 世纪 30 年代由本土学者出版几本青年心理学著作，如沈履的《青年心理学》、姬振铎的《青年期心理研究》、朱智贤的《青年心理》等，也翻译了国外的青年心理学著作。以后因为接连不断的战争学术活动受到很大影响，新中国成立后，改

---

① 吴小英："青年研究的代际更替及现状解析"（上），载《青年研究》2012 年第 4 期。

革开放兴起了青年研究，直到 21 世纪初有了上述成果，十分可贵。但是，不要说相比西方，与日本比较，这些成果仍然是凤毛麟角。曾在上海社会科学院青少年研究所工作的吴端，以后定居日本，近几年在国内发表多篇学术论文，从中可以看到日本的青年研究很发达。1885 年 22 岁的文学评论家德富苏峰发表《第十九世纪日本的青年及其教育》，两年后改名《新日本之青年》再版发行数十万册。以后日本又相继翻译了一大批西方青年研究的著作，日本学者自己也撰写了几十本专著。吴端的多篇文中都引用了很多日本作者专著的论点作为他的理论资源，这里暂不一一列举。关于日本的青年研究，吴端写道："以青年为主体的探讨逐渐形成了青年论、青年文化论、世代关系论、自我论、青年期同一性论、政治社会化论、青年心理学等研究领域，在对现代社会青年状况的横向研究与经验研究上有了长足的进步。"[①] 日本学术界对青年的学术研究有相当的广度与深度，也许与日本脱亚入欧所产生的文化学术环境有关系，日本的青年研究为什么如此繁荣，无疑值得我们深思。

从青年的历史存在探讨青年

2007 年 5 月，我 30 多年来写的有关青年研究的论文 37 篇由上海人民出版社出版，书名《改革开放中的青年和青年研究》。此书荣获"第四届中国社会科学院离退休人员优秀科研成果奖三等奖"。

作为 30 多年来一直关心并直接参与青年研究的老人，面对中国青年研究与国外存在的差距，我深有感触，希望自己能坚持做点研究。2008 年 9 月我以《青春期概论》申请老年科研基金成功。我当时认为：青春期的出现是与人类社会进入现代化的同步现象。它是人类经历长期的传统社会以后进入到物质与精神文明空前发达，人与自然和人与人之间的关系比以前有了高度的扩展与深化的产物。正在这个时候，对青年研究理论基础很好的田杰提出的青年研究最缺的是历史，青年研究的重要意义和价值之一是在历史中发现青年，在青年中发现历史，青春的出场与人类的诞生是完全同步的。田杰的论点立即引起了我的注意，我在申请课题时的一个主要论点就是青春期是现代化的产物，不符合历史，正是缺乏历史的表现。我就与他联系，他用邮件给我发来他与此相关的论文、学习笔记和法国社会学家埃德加·莫兰相关著作的书目，我找到了莫兰的书，加上田杰的资料，认

---

① 吴端：《寂静的青春——儒学民众化与青年现象的消失》，中国发展出版社 2015 年版，第 1 页。

真阅读以后，写成"人类诞生时期的青春奥秘"一文，发给《北京青年政治学院学报》，不料以"本刊特稿"作为第一篇发表，受到鼓励，我没有想到其中的高难度，就兴致勃勃继续投入对青年的历史研究。我从没有学习过历史，身边也没这方面的书籍，于是就买书、到社科院图书馆借书，院图书馆没有就到国家图书馆借书复印带回家。由于当时年龄已过八旬，记忆力减退，读书、做笔记、再思考写成初稿，交田杰指正，根据他的意见又修改，写第二篇、第三篇……写多了对原来的初稿又有了新的认识，掉头又对初稿再修改，每一章都曾反复修改过四五次。这当然要延迟出版时间，田杰知道了，发来一封邮件劝我说，这样下去没有尽头，甚至也不会有一个最终理想的结果。你这个老头风风火火闯入对青年的历史研究，已经实属不易，就抛砖引玉吧。的确，我也完全知道离最终理想结果还非常遥远，但是，我现在十分投入，反复学习，不断思考，有时刚刚睡下却冒出了对青年历史的一个新的认识，担心第二天会忘记赶紧起床记下来。既然有了新认识难道要放弃吗？所以直到书稿已交出版社排版校对时，对已有的几章都作了几乎重写的修改。学习、思考、不断探索，力求创新，这种青年人的状态成了我的精神享受，我甚至忘记了我还是个老人。一个不知其艰难的冒险，却成了一个老年人的精神安慰，很只能只是一块毛砖，却体现了一个老年人的心愿，一个老有所为的故事，一个对学术的爱好与自由思想。

AFTERWORD
后 记

　　我在 2007 年出版《改革开放中的青年与青年研究》后，2008 年我继续以"青春期导论课题"向中国社会科学院成功申请到老年科研基金。申请这个课题，本来是希望在心理学、社会学等单学科的基础上，从哲学的高度对青春期进行宏观整体的论述。在收集现有的资料后，我发现仍然停留在生理、心理、社会化等个体成长的各个方面，跳不出单学科思维。2007 年，田杰教授指出我国青年研究最缺的是"历史"，应在历史中发现青年，在青年中发现历史。他的论述引起了我的注意，接着他又提出青年期是人类进化史上一直存在的重要事件，就更加引起了我的重视。我在写"人类独有的青春期"一文时，对青年的历史已有一些接触，为什么不能跳出自己的局限从历史中去发现青年获得更深入的认识呢？我开始尝试，沿着田杰提到的线索寻找理论资源写成文章"人类诞生时期的青春奥秘"，交给《北京青年政治学院学报》编辑部，受到好评，以本刊特稿发表。这对我是很大的鼓励，从此开始了我对青年历史的研究。

　　我从新闻工作转向青年研究理论工作，对有关青年的学科知识完全是从头学起，更没有接触过历史，现在居然要在历史中去研究青年，一种兴趣和愿望竟然使我没有考虑其中的高难度就冒然行动了，于是与提出这个命题的田杰教授密切联系，写成初稿请他指正。他不仅提出了意见，而且将他自己的相关论文和大量的读书笔记等发给我。这些资料反映了他深厚的学术基础和对青年研究的独到见解，对我有很大帮助，我都打印保留下来。类似师生关系，其中没有任何责任与义务，既不是为了评职称，更不是为名利，而是为了共同的兴趣，为了学术的追求，也是我一生难得的经历。经过几年的努力写成初稿，反复多次修改，至今仍不满意，由于年龄的关系，精力有限，也只能到此为止。尽管如此，对青年的历史研究还是引起了我的一些思考，认识到了青年在历史中的特殊存在。

人类诞生中脑量的增长使人类独有了较长的儿童期和青年期，推动了文化与社会的发展，文化与社会的发展又促进了脑的进化，脑量的增加与进化又进一步延长了青春期。青春的品质在成人社会里活跃和发展着，莫兰称为青春化，成了一种人类学现象，在原人进化中发挥了关键作用。

这种现象一直延续到新石器时代，父母与子女之间的平等与和谐是普遍规范。当然并非完全没有暴力，对于人类何时就有了暴力，人类学家理查德·利基在《人类的起源》中，引用雷蒙德·达特的评论，由于狩猎在生活中吃肉，人类变成了一种特殊的动物，其随后的历史被置于一种暴力、掠夺和流血的环境中。接着又引用罗伯特·阿德里的流行论点："人类不是生来就清白无罪的。"① 但是，明显以暴力、战争维持统治则是父权制产生之后的事。父权制替代母权制是由蒙昧、野蛮时代向文明时代的转变，一部分人脱离生产从事政治、军事、文化事业，各个民族都经历了自己的英雄时代，是历史的进步。但是统治者不仅贬低了妇女的地位，而且将穷人、奴隶甚至青年都当成工具，各部落民族之间相互争夺财富，战争成为经常的职业。恩格斯指出："卑劣的贪欲是文明时代从它存在的第一日起直至今日的动力；财富，财富，第三还是财富，——不是社会的财富，而是这个微不足道的单个的个人的财富，这就是文明时代唯一的、具有决定意义的目的。"② 在中国古代夏商周时期，青铜器既是礼器又是兵器，是政治权力斗争中必要的物质。到了帝王时代，超出生存的物质越来越丰富，皇帝们为了享受和显示自己的特殊地位，动员极大量的人力建立规模宏大的宫殿。到了资本主义，人类进入了以物的依赖性为基础的阶段，发展社会物质财富和创造个人物质生活成了重要的目的，在普通人的心目中，自我的需要和利益都看得高于一切。按照异化

---

① ［英］理查德·利基著，吴汝康、吴新智、林圣龙译：《人类的起源》，上海科学技术出版社 2007 年版，第 56 页。

② 《马克思恩格斯选集》第四卷，人民出版社 1972 年版，第 173 页。

理论，为了发展生产，即便将别人当作工具，甚至连自己也成为物的奴隶，都有其必要性，改变了社会关系中属人的性质。总之，善与恶在人类历史，尤其是父权制的历史中，一直同时存在，

　　面对这样的成人社会，青年在告别童年走向成熟的时候，必然要做出自己的人生选择，或是放弃童年时期所积累的一切，适应成人的模式，或是相反，保持童年所特有的一切，进入一个指在获得自我实现和解放的过程。青年这两种不同的选择形成了吴端所说的有了"青年"与"年轻人"在概念上的区别："青年"作为时代的超越者，呈现出实践理性和实践主体的现象；而"年轻人"作为社会的弱势群体，需要得到社会的援助和关怀，更多地表现出被动和客体的形象。① 青年的选择具有重要的历史意义。"年轻人"放弃童年所积累的一切以适应成人的模式是对历史的延续。"青年"保持童心进入自我实现和解放的过程将带来历史的创新。卢梭坚决主张青年要保持童年所特有的一切进入成年。卢梭认为童年是人最纯真、最符合自然、最具有天性的年龄阶段，处在人的生命过程中最高价值的地位。中国明朝的李贽写下《童心说》："夫童心者，真心也。若以童心为不可，是以真心为不可也。夫童心者，绝假纯真，最初一念之本心也。若失却童心，便失却真心；失却真心，便失却真人。"初心、本心是人的纯真洁白的本然状态，由本心通向真心，就是言必由衷，以真话表达无欺无蔽的自然本性。这是李贽对专制统治残害、扭曲人性的批判。② 童心在人类诞生时期曾有充分的表现。在母亲怀抱中形成纯真的童年情感，在成长期不存在任何个人利益，充满善意为共同的生存与发展不屈不挠地奋斗，想象力、生命力等这种普罗米修斯的精神和特征在父权制的压抑下不会消失，而是与父权制处在矛盾的状态，使青年有了不同的人生选择。

　　父权制以严峻的成人仪式要求青年适应成人的模式，成年社会固然在发展经济与文化，但是以暴力与战争进行统治，必然要青年放弃童心。在中国，周朝开始实行宗法统治，天子与诸侯既是君臣关系，又有血缘关系，宗法统

---

① 吴端：《寂静的青春——儒学民众化与青年现象的消失》，中国发展出版社 2015 年版，第 204 页。
② 左东岭：《李贽与晚明文学思想》，天津人民出版社 1997 年版，第 161～162 页。

治贯彻到国家与社会的各个方面。到了汉朝，为了使森严的等级统治关系蒙上温情脉脉的面纱，实行三纲六纪，以"亲亲"饰"尊尊"，将社会中非血缘的各种关系宗法化。孝则事亲，忠则事君，处在双重权威下的人们对父权和王权都应该盲目顺从，青年更是要对权威所安排的一切默默承受，无怨无悔，没有了自由。隋唐时代开始实行科举制，到明朝，规定应试文章要用八股文，只能代圣人立言，不许自由发挥，甚至流传"书中自有黄金屋，书中自有颜如玉"。《儒林外史》描写了青年人因追求当官发财走向腐败的故事。在西方，古罗马的祖先崇拜在培养家族观念中就起到了决定作用。到中世纪，在农民、工匠及小店主家庭中成长的年轻人通过实例进行学习，他们几乎没有机会发展自己的兴趣或提高个人的才干或有什么雄心。[①] 这就使人想起人类学家米德提出的历史上代代相传的后象征文化。"它的延续既依靠老一代的期望，又依靠年轻人对老一代期望的复制，而这种复制的能力几乎是根深蒂固的。""缺少疑问，缺少觉悟，这是保存后象征文化的两个关键条件。"[②] 进入现代化，尽管青年已经成为重要的社会力量，家长仍然以自身追求财富的经历要求孩子们不要输在起跑线上，加上社会上各种各样的诱惑和刺激，功利主义、拜金主义也成了青年的选择。

卢梭关于应该保持童年的特征进入成年，在父权制社会中绝不是轻而易举的事，但是仍然有坚持童心的青年，对成年的人性改变持有批判与反思的态度，有的成为思想家、叛逆者载入史册，一旦他们聚集起来，就创新了历史。人类诞生时期的青春化就是青年在创新历史。到了公元前6世纪，在中国、印度和西方这三个地区同时独立出现了精神发展的繁荣，许多伟大的哲学家首次涌现，这是第一次突破，是人类历史的重要转机，雅斯贝斯称为历史上的枢轴时代（也译轴心时代）。许倬云就分析了枢轴时代不同文化的转变过程。在中国，商代、周代的贵族中形成了一批识文写字能力的知识分子。春秋战国时期，列国纷争、礼崩乐坏引起了知识分子的反思："当需要有族与族之间或文化与文化之间的竞争与对比（例如夷夏之争、新旧之争），甚至有

---

① ［奥］迈克尔·米特罗尔、雷因哈德·西德尔著，赵世玲、赵世瑜、周尚意译：《欧洲家庭史》，华夏出版社1987年版，第87页。

② ［美］玛格丽特·米德著，曾胡译：《代沟》，光明日报出版社1988年版，第23、41页。

兴亡起伏的剧变（如商周之际的剧变，或周东迁以后的长期变迁），导致这些知识分子失去了当权贵的地位。他们转化为游离的知识分子，失去专业，可是也造成了他们对神圣传统的疑问。由疑问而反省，而遽然提出新的见解（如孔子及先秦诸子）。这才能突破与超越习俗与神秘，把古代文化提升到所谓枢轴时代的新境界。"① 孔子的家世就是由宋国卿大夫沦落为流亡鲁国的士。孔子年幼时父亲去世，身边只有姐姐和半残废的哥哥，由他挑起担子。"吾十有五，而志于学，三十而立"，足见孔子青少年时就投身于学问。三十而"立"不是成家立业，而是由疑问进而反省，学问达到了相当成熟的地步，有了独立的人格和自由的思想，开始投身文化事业，招收弟子，有教无类。他的学生来自五湖四海，有老有幼，有贵有贱，但是老者少幼者多，颜子、曾子等大多是青年。庄子自幼聪明好学，南游楚越，学习老子的学说。墨子是唯一农民出身的哲学家，早年师从儒者，读儒家经典，以后放弃儒学建立自己的学说。我们不必搜寻诸子百家的年龄求证其中有多少青年，以孔子自身以及他的学生来说，就足以说明青年在中国枢轴时代承前启后的作用。作为西方文明源头的古希腊文化的形成，也与众多青年携带埃及、两河流域文化跨过波涛汹涌的大海建成数百个希腊城邦有密切的关系。在印度，佛教也是一大突破，释迦牟尼 14 岁时外出郊游，深感一切生命都无法避免生老病死的痛苦，萌生出家的念头。29 岁他毅然抛弃王子的高贵地位，离别妻儿到深山密林中求师学道去了。枢轴时代的文化已经成为人类文化主要的精神财富，至今都有重要的影响。青年参与其中，是青年在人类诞生时期以情感与青春品质实现青春化之后，又一次以创新的思想促进历史的转变。

在轴心时代之后的两千多年，公元 14～18 世纪的几百年中发生了文艺复兴、宗教改革和启蒙运动，人文思想又一次促成重大历史转型：农业社会变成工业社会，专制统治转为民主政治，封建主义走向资本主义。在城市中新起的、富庶的中产阶级追求个性解放的要求，与贵族和教会的思想专制发生了尖锐矛盾，兴起的大学生希求思想解放的奋斗成为中古末年的一件大事。他们在古希腊罗马文化中吸取营养对自己的反思作出答复，出现一代接过一

---

① 许倬云：《中国古代文化的特质》，新星出版社 2006 年版，附录 "论雅斯贝斯枢轴时代的背景"。

代的思想巨人，每一代思想家都是在青春期就勤奋地向前辈学习，在继承的基础上创新，演出了灿烂辉煌的思想接力赛，再次显示了青年在变革历史中的重要作用。在中国，春秋战国时期、魏晋南北朝时期、明末清初时期三个分权时期也出现了文化繁荣。在春秋战围时期，从孔子到孟子，从老子到庄子，可以说也是青年的思想接力赛。魏晋时期的道家提出对生命最旺盛的青年的崇拜。以青年黄宗羲为代表的思想潮流曾被认为是中国的启蒙，被清兵入关后的大一统所淹没。

上述重大历史转变发生在父权分散的环境中，青年的作用是随着权力的变化而变化的。成年权力的变化与青年选择的变化之间形成了你强我弱、你退我进的关系，青年作为社会存在的过程，是一种生命运动与社会运动交错进行的过程。一旦父权被分散、被制约，出现相对自由的环境，青年的生命运动作为一种自然基础，必然要在重大历史转变中起到带头作用。

到20世纪二次世界大战以后，经济飞速发展，科技成倍提高，高等教育相应扩大，到20世纪60年代美国的大学生人数接近全国人口的1/4。青年的崛起与现代化的进展几乎同步，青年社会地位的变化已被形容为一个阶级，发生了20世纪60年代的学生运动。"20世纪60年代运动的一个奇特之处，是它不仅发生在西方世界，也发生在第三世界，可以说是青年知识分子的第一次，或许也是最后一次全球意义上的左派运动，是从旧制度的政治和经济结构或传统的文化和生活方式中摆脱出来的解放运动，以此宣布青年对世界、对未来的领导地位。"[1] "通过20世纪60年代，西方进入了后现代。"[2] 这是在轴心时代、在文艺复兴启蒙运动两次历史的转型后，青年再一次推动了历史的转型，而且不只是一批精英的行动，而是大众导引精英的参与，被米德称为"新一代中的第一批青年人"，这批青年人将童心带进了成年社会，是向社会的青年化迈出的重要一步。

在20世纪60年代的学生运动后，70年代又兴起大规模的环境保护运动，促进联合国确定"地球日"。80年代又兴起后物质主义价值观，以简朴生活

---

① 程巍：《中产阶级的孩子们——60年代与文化领导权》，三联书店2006年版，第16页。
② 同上，第24页。

身体力行。英格尔哈特教授引用马斯洛的需求层次理论对后物质主义作了解释。马斯洛将人类的需求由低到高分为生理上、安全上、情感与归属上、尊重上和自我实现五种,低一层次的需求相对满足就会向高一层次发展。二战后在惊人的经济增长环境中成长的新一代,有了生存安全的感觉,越来越强调自主、求知、审美、自我表现与生活质量。提倡简朴的生活,是从争权夺利的烦恼和奢侈浪费的庸俗中解放出来,为他人、为环境作想,追求人性化的社会、美丽化的自然。自古以来,一切贤哲都主张不当物质欲望的奴隶,保持精神生活的自由,进入人生的精神境界,从事创造性的活动,享受到自我实现的高峰体验。这也是坚持天真烂漫的童心,进入青年经过自我意识、将普罗米修斯精神更加理智的精神生活。这才是高质量的生活。

"静悄悄的革命",这是英格尔哈特对青年奉行后物质主义价值观所作出的结论,没有任何其他的词比"静悄悄的革命"要恰如其分的了。青年们奉行后物质主义,并没有提出什么乌托邦的目标,而是由于受过高等教育的一代反对父辈追求财富引起的反思,既没有什么口号,更没有过激行为,仅以勤俭简朴的生活方式,合情合理的思想观念,合作共赢的经济行为寻求一种更好的生活质量,本来就是静悄悄的。但是研究这种价值观转变的学者却发现了他们的观念和行为,其最终的结果可能要改变人类一直追求财富的历史,所以称它为革命,而且发现他们日积月累,步步为营的效率,正在重塑国家的政治与社会生活,促进发达工业社会的文化转型,因此给予高度的评价。应该客观地认识到,由大众自下而上的静悄悄革命之所以出现,既有它的时代性,又有它的艰巨性长期性。通过 20 世纪 60 年代的运动西方进入了后现代,文化与生活方式的更多自由与平等使价值权威失去了存在的根基。全球化、信息网络化形成了文化多元共存的局面,不同文化传统与不同学科之间正在相互渗透。哲学家汤一介就认为,企图将自己打扮成救世主的时代已经一去不复返,只能由众多思想群体的合力推动人类文化的发展。① 奉行后物质主义的青年就是众多思想群众中的一个重要群体。英格尔哈特就认为一个新的时代正在到来,青年人正是这一进程的推动者。在二战以后的全新背景下,

---

① 汤一介:《瞩望新轴心时代——在新世纪的哲学思考》,中央编译出版社 2014 年版,第 32 页。

青年人可以充分追寻自己的价值取向和生活态度。这是代际更替的结果，老一代为新一代所取代，这一过程尚未结束，"直到使那些在新环境下成长起来的青年成为社会的主要人群为止"。① 直到这批青年成为社会的主要人群，使人联想到幼态延续理论提出的社会的青年化。"荷兰解剖学家 L·博尔库（1866－1930）在《人类形成的问题》（1926 年）中从人类学的角度对幼态延续的现象提出论证。幼态延续是指人类将幼年的特征保留到成年期的现象，而且这种现象在人类的社会进化中表现的越来越突出，我们把这种社会现象称之为社会的青年化。"②

静悄悄的革命所以有长期性与艰巨性，因为它是人类历史的最重要的转型。恩格斯指出，卑劣的贪欲是文明时代从它存在的第一日起直至今日的动力，财富，财富，第三还是财富。进入工业革命后，第四还是财富。公元元年世界人均 GDP 大约为 445 美元，到 1800 年为 667 美元，近两千年只增长了 0.5 倍。而从 1820～2001 年的短短 180 年里，工业革命使世界人均 GDP 从 667 美元增长到 6049 美元，达到 8 倍。③ 人类过度耗费自然资源导致环境恶化的程度，已经使地球上的生物正面临新的物种大灭绝。这种社会风险已经引起了各国政府的重视并采取了措施，比如《巴黎协议》的签订，但是经济发展实际上仍然占据首位，追求财富仍然是具有决定意义的目的。人们仍然要实现着一个充斥着豪车、到处是高速公路、高耸的摩天大厦和消费品爆满的商店的富裕社会。首先发展经济的不仅严重破坏了自然，而且贪污腐败、钱权交易、诈骗横行，进而导致了精神危机。哲学界一直认为人性的改变像地质改变那样缓慢，以财富为唯一最终目的的历史已经历了数千年，如何提倡环保已是人类迫切面临的课程。

自然科学与人文科学界已经对这个课题作出了精辟的振聋发聩的论证，引起了广泛的重视。奉行后物质主义并且身体力行的青年不仅是对此进行反思的思想群体，更可贵的是社会中的实践者。他们是曼海姆所说的青年中的

① ［法］让·查尔斯·拉葛雷主编，陈玉生、冯跃译：《青年与全球化——现代性及真挑战》，社会科学文献出版社 2007 年版，第 330 页。
② 吴端：《寂静的青春——儒学民众化与青年现象的消失》，中国发展出版社 2015 年版，第 194 页。
③ 陈志武："人类历中其实只发生了一件事"，载《共识网》2016 年 1 月 16 日，历史中 GDP 的变化是陈志武在他的文中引用 Gregory Clark 教授的论点。

一个世代单元，但是星星之火可以燎原。在 20 世纪 70 年代，在西欧国家物质主义者的数目是后物质主义者的 4 倍，在美国是 3 倍。在接下来的 38 年里，到 2008 年，西欧的后物质主义者就略微超物质主义者，在美国，前者已是后者的 2 倍。① 而且后物质主义者已经走出学生的圈子，"截至 1980 年，在西方国家的年轻技术专家、专业人士和政客中，后物质主义价值观已经变得比物质主义价值观更普遍"。② 在德国，越来越多的年轻人骑自行车出行，据 2013 年 8 月 29 日西班牙《国家报》报导，1975～2001 年德国自行车使用量增加了 4 倍，2008～2013 年又增加 1 倍。德国总人口超过 8050 万，就有 7300 万辆自行车正在使用。共享经济也在发达国家的青年中流行。中国青年现在也成为环境保护的重要力量，李春玲在论述静悄悄的革命是否临近、年轻一代的先行性时写道："从经济增长 Vs 环境保护的优先价值选择来看，'80 后'和'90 后'表现出明显的后物质主义社会发展理念。"③ 已出现了陶渊明式的放弃财产或高薪到山林居住亲近大自然中的广大青年也为环境保护成立了许多组织，如"中国绿色青年环保公益组织""青年应对气候变化行动网络"等。

青年们身体力行将童心带进成人社会，已成为改变几千年以物质为重要目的的历史的重要力量，他们信心十足地坚持到底，并且以启蒙扩大队伍，由于它的合情合理相信会坚持一代又一代，直到轻物质重精神的青年成为社会的主要人群，实现社会的青年化。我们不知道要经过多少个世代，才能够实现这个更重要的人类历史转型，轴心时代、文艺复兴与启蒙运动就经历了好几个世纪，这个转型也许要更多的世纪甚至更长的时间。一旦因贪婪追求财富发生大战或引发巨大的致命的自然灾难，时间则可能提前。青年的历史存在以事实证明，青年在推动人类不断进步中的重要作用始终存在，对青年的信仰，使人类既对现实充满了信心，也对未来充满了希望。我们坚信，总有一天人类将会在诞生时期的青春化之后，再次实现社会的青年化，人类自相残杀引发的精神危机、破坏自然引发的生存危机将顺利解决，实现人与人、

① ［美］罗纳德·英格尔哈特著，张秀琴译：《发达工业社会的文化转型》，社会科学文献出版社 2013 年版，第 8 页。

② 同上，第 336 页。

③ 李春玲："静悄悄的革命是否临近？——从 80 后和 90 后的价值观转变看年轻一代的先行性"，载《河北学刊》2015 年第 3 期。

人与自然的和谐，那将是人类的第二次诞生。

理安·艾斯勒根据两性关系，对人类历史从母权制的伙伴关系转变到父权制的统治关系，以及如何用新的伙伴关系模式取代依赖暴力的统治关系模式，创建一个美好的新世界作了论证。艾斯勒为此写了《圣杯与剑——我们的历史，我们的未来》《神圣的欢爱——性、神话与女性肉体的政治学》《国家的真正财富——创建关怀经济学》等3本巨著，昭示了人类社会发展的方向，被评为20世纪最有影响力的20位思想家之一。年龄和性别是构建人类社会最基本、最自然的社会关系的两大要素。青年在人类历史以及面向未来中的重要性、与妇女的重要性是相等的，青年与妇女相互携手共同努力，将妇女文化与青少年文化再次同时融入成人社会，人类的未来肯定会更美满。如果有人像艾斯勒那样将代际关系放在人类历史的全景中加以详尽论述，也许能成为21世纪的思想家。笔者以一个年迈长者的情怀寄希望于我国的青年研究学者，能够在有关青年的历史研究中，作出像艾斯勒那样的贡献。因此要感谢田杰教授，要致谢孙抱弘和高中建教授提供出版资助，还要感谢吴端教授出版的那本《寂静的青春》所给我的很多启迪，并且要感谢出版社钟紫君编辑的大力支持与指导。

谢昌逵

2017 年 4 月 28 日